SASCHA ADAMEK

DIE
MACHT
MASCHINE

SEX, LÜGEN UND POLITIK

HEYNE ‹

MIX
Papier aus verantwor-
tungsvollen Quellen
FSC® C014496

Verlagsgruppe Random House FSC-DEU-0100
Das für dieses Buch verwendete FSC®-zertifizierte Papier
EOS liefert Salzer Papier, St. Pölten, Austria.

© 2013 by Wilhelm Heyne Verlag, München,
in der Verlagsgruppe Random House GmbH
Umschlaggestaltung und Motiv: Hauptmann &
Kompanie Werbeagentur, Zürich
Redaktion: Thomas Bertram
Satz: EDV-Fotosatz Huber/Verlagsservice G. Pfeifer, Germering
Druck und Bindung: GGP Media GmbH, Pößneck
Printed in Germany 2013
ISBN 978-3-453-20018-0

www.heyne.de

In Liebe gewidmet
Max, Nils, Anna, Amélie und Mélanie

Man selbst sagt immer nur,
was man über sich gedacht haben will,
nicht was man denkt.

Elfriede Jelinek

Erzähl eine Welt ohne Richter,
Henker und Galgenvögel, die trotzdem
kenntlich wird als die Welt.

Peter Handke

INHALT

1.

DIE MACHTMASCHINE – VERSUCH EINER VERMESSUNG

»Bald kam es zur Zügellosigkeit, die weder vor Privat- noch vor Amtspersonen haltmachte, und da jeder auf seine Art lebte, fügte man sich täglich tausendfaches Unrecht zu.«[1] Vor genau 500 Jahren begann der florentinische Politiker, Diplomat und Gelehrte Niccolò Machiavelli mit der Niederschrift seiner Überlegungen zu den Verführungen der Macht. Er schilderte, wie eine zügellose Günstlingswirtschaft den Nährboden für allerlei Verschwörungen und Intrigen bot, und wie das perfide politische Mittel der persönlichen Verleumdung seit Jahrhunderten in den Netzwerken der Macht wirkte: »Was die Ehre betrifft, so verletzt die Männer am tiefsten die Entehrung ihrer Frauen, sodann die Beschimpfung der eignen Person.«[2] Doch Machiavelli war kein Voyeur, ihm ging es darum, einen gesellschaftlichen Zerfall zu beschreiben, der zur ständigen Umwidmung der Macht von der Fürstenherrschaft zur Volksherrschaft und bald darauf wieder zur Fürstenherrschaft führte. Er lebte in kriegerischen Zeiten, in denen sich Machtverhältnisse häufig – und vielfach auf gewaltsame Art – änderten. Dennoch war Machiavelli, vielen gern wiederholten Zitaten zum Trotz, kein »Machiavellist«. Er war nicht, wie Friedrich der Große schrieb, der »Unhold, wie ihn kaum die Hölle hervorbrächte«[3]. Machiavelli war ein kühler Verfechter der Machtbesessenheit und zugleich ihr früher Kritiker und Analyst.[4] Er beschrieb, was geschieht, wenn Macht ungehindert auswuchert und nicht im republikanischen Sinne geteilt wird. Dabei allerdings distanziert er sich klar von der christlichen Ethik und den aus ihr abgeleiteten Tugenden.[5] In seinem Standardwerk der Regierungskunst *Der Fürst*, geschrieben und gedacht als Fürstenberater, formuliert er:

>»Ein kluger Herrscher kann und soll sein Wort nicht halten, wenn ihm dies zu Schaden gereicht und die Gründe, aus denen er es gab, hinfällig geworden sind. Wären alle Menschen gut, so wäre dieser Rat nichts wert; da sie aber nicht viel taugen und ihr Wort gegen dich brechen, so brauchst du es ihnen auch nicht zu halten.«[6]

Machiavelli argumentiert, einem Fürsten fehle es nie an guten Gründen, »um seinen Wortbruch zu beschönigen«. Viele Mächtige hätten es auf diese Weise weit gebracht. Allerdings, mahnt der mittelalterliche Politikberater, brauche es dazu eine weitere nicht gerade tugendhafte Charaktereigenschaft:

>»Freilich ist es nötig, daß man diese Natur geschickt zu verhehlen versteht und in der Verstellung und Falschheit ein Meister ist. Denn die Menschen sind so einfältig und gehorchen so sehr dem Eindruck des Augenblicks, daß der, welcher sie hintergeht, stets solche findet, die sich betrügen lassen.«

Ein halbes Jahrtausend später werden dieselben Taktiken der Macht gepflegt. Warum auch sollte das filigrane Spiel von Sex, Lügen und Politik in der modernen Volksherrschaft seine Bedeutung verloren haben? Aufgabe unabhängiger Beobachter und Kritiker bleibt es, die vielfältigen Mechanismen der Beeinflussung offenzulegen, die Politiker zu ihren Entscheidungen treiben. Dabei genügt es nicht zu fragen, ob Herr Wulff von der CDU etwas durfte, was Herr Özdemir von den Grünen auch so ähnlich tat, und was Herr Steinbrück von der Sozialdemokratie oder

Herr Westerwelle von den Freien Demokraten gar nicht erst nötig haben, weil sie sich zuvor mit Kontakten zur Finanzindustrie eine goldene Nase verdienten.

Dieses Buch über die Machtmaschine will hinter die verschwommene Matrix von verdecktem Lobbyismus und Regierungspolitik vordringen. Denn wir leben in einer Zeit, in der unter dem Vorwand der Rettung von Staaten Großbanken mit Steuergeldern finanziert werden, und in der unter dem Vorwand der Rettung Europas die größte und jahrhundertealte Errungenschaft dieses Kontinents aufs Spiel gesetzt wird: die Demokratie. Es ist also Zeit, die Machtfrage neu zu stellen.

Nicht nur die politische Macht erscheint uns häufig fern und selten geheuer, gehört es doch zu ihren Eigenarten, dass wir ihr nicht entrinnen können. Nein, die Machtfrage beschäftigt uns schon vom ersten Trotzalter an bis zum letzten Atemzug. Macht, so formulierte es vor einem halben Jahrhundert die Philosophin Hannah Arendt, sei dort, wo Menschen nicht nur handeln, sondern sich mit anderen zusammenschließen, um einvernehmlich zu handeln. Die Macht liege niemals in einem Einzelnen, sondern resultiere aus einer Anzahl Menschen, die ihn zu seinem Handeln ›ermächtigt‹ haben.[7] Macht wird verliehen.

Folgt man diesem Gedanken, so entsteht Macht unter 80 Millionen Einwohnern Deutschlands ebenso wie unter zwei Frischvermählten. Irgendwann lernen wir, dass auch Fragen der Liebe sich zuweilen als Fragen der Macht entpuppen. Wen wundert es also, dass wir ein überaus zwiespältiges Verhältnis zur Macht haben? Einer Studie der Friedrich-Ebert-Stiftung zufolge denken 37 Prozent der Deutschen, dass die Demokratie »weniger gut oder schlecht funktioniert«[8]. Trotz ihrer Skepsis beteiligen sich seit Jahrzehnten aber mehr als 75 Prozent der Deutschen an Bundestagswahlen.

Auf ein ähnliches Paradoxon stoßen wir bei der Bewertung der Institution der Ehe: 72 Prozent der Deutschen haben sehr großes oder ziemliches großes Vertrauen in die Ehe.[9] Dabei dürfte ihnen nicht entgangen sein, dass mittlerweile rund jede dritte Ehe in Deutschland geschieden wird.[10] Allen Schmährufen von der »German Angst« zum Trotz sind wir also ein Land der Optimisten. Allerdings glauben nur 15 Prozent der Befragten, dass die Regierung tut, was die Bevölkerung erwartet. Diese Zahl lässt wiederum mehrere mögliche Deutungen zu. Die einen werden daraus folgern, dass sich das politische Establishment einmal mehr vom regierten Volk entfernt habe, die anderen werden anmerken, dass Politiker trotz regelmäßiger Wahlen populistischen Versuchungen widerstünden und täten, was sie für vernünftig hielten. Ich wiederum halte dieses Ergebnis für einen Beleg unserer Sehnsucht nach mehr demokratischer Teilhabe und zugleich für ein Zeugnis unserer demokratischen Reife. Wir pflegen zu Recht ein gesundes Misstrauen.

Macht und Einflussreichtum

Bis heute ist die soziologische Machttheorie Max Webers sehr weit verbreitet: »Macht bedeutet jede Chance innerhalb einer sozialen Beziehung, den eigenen Willen auch gegen Widerstreben durchzusetzen, gleichviel, worauf diese Chance beruht.«[11] Macht besitzt in diesem Sinn vor allem, wer fähig ist, seinen Willen gegen andere durchzusetzen[12], also Mehrheiten gegen andere zu finden, selbst jenseits guter Argumente. Schon vor hundert Jahren reichte die Macht-»Maschine« weit über den politisch-parlamentarischen Raum hinaus. Dabei sah Max Weber die außerparlamentarische Macht, etwa des »amerikanischen Bosses« gegenüber den Berufspolitikern, durchaus positiv. Er sei mächtig, weil er Werte schaffe. Weber beschrieb das noch immer sehr aktuelle Phänomen der »Mäzenaten oder Leiter mächtiger politischer Interessenclubs« als Teil einer großen Machtmaschine:

»Das Entscheidende ist, daß dieser ganze Menschenapparat – die ›Maschine‹, wie man ihn in den angelsächsischen Ländern bezeichnenderweise nennt –, oder vielmehr diejenigen, die ihn leiten, den Parlamentariern Schach bieten und ihnen ihren Willen ziemlich weitgehend aufzuzwingen in der Lage sind.«[13]

Es wird uns nicht erspart bleiben, die Machtfrage auch an uns selbst zu richten. Wir lieben es, Demokratie im Sinne eines ›easy listening‹ zu genießen. Vielleicht finden wir die Politik auch nur noch als Hintergrundrauschen erträglich. Die Verfechter der Talkshow-Demokratie sind zufrieden, wenn wir gar nicht erst den Versuch machen, die ausgebuffte und komplizierte Mechanik der Machtausübung zu analysieren, und uns stattdessen mit dem Austausch von Schlagworten zufriedengeben. Vielleicht sträuben wir uns auch ein wenig, weil wir zu der Erkenntnis gelangen könnten, selber Teil dieser Machtausübung zu sein. Wir könnten zum Beispiel herausfinden, dass die Macht eines Menschen in unseren Augen nur deshalb so unangemessen wachsen konnte, weil wir sie ihm zuvor verliehen haben. Das gilt übrigens ebenso für das eheliche Jawort und für die Stimmabgabe bei der Bundestagswahl.

Der Philosoph Michel Foucault kritisierte die verbreitete Sichtweise, Macht reflexartig als ein Instrument der Unterdrückung oder Einschränkung wahrzunehmen:»Deshalb erscheint mir die Annahme einer Repression, auf die man die Mechanismen der Macht allgemein zurückführt, sehr unzulänglich und vielleicht auch gefährlich.«[14] Also versuchen wir, Macht unvoreingenommener zu betrachten – als Einflussreichtum, als einen Aggregatzustand, der die Kraft charakterisiert, die Menschen aufeinander auszuüben in der Lage sind, aus welchen Gründen auch immer. Foucault versucht den Machtbegriff von der Verengung auf die Legitimation der Macht zu befreien und verweist auf die Vielzahl der»Machtbeziehungen«, die es anzusehen gelte. Er unterscheidet dabei strategische Beziehungen, Regierungstechniken und Herrschaftszustände.[15]

Um die Macht verstehen zu lernen, ist es also nicht hilfreich, andauernd ihre Legitimität in Zweifel zu ziehen. Aber kann es gelingen, ihre Mechanik zu durchmessen? Foucault bleibt skeptisch:

> »Überall, wo es Macht gibt, wird Macht ausgeübt. Niemand ist im Grunde Inhaber der Macht; und dennoch wird sie stets in eine bestimmte Richtung ausgeübt, mit den einen auf der einen und den anderen auf der anderen Seite; man weiß nicht, wer sie eigentlich hat, aber man weiß, wer sie nicht hat.«[16]

Starten wir einen Versuch mit Hilfe einiger nackter Zahlen aus dem Regierungszentrum der deutschen Politik: Insgesamt arbeiten etwa 18 000 Bundesbeamte in den Berliner und Bonner Ministerien.[17] Hinzu kommen 620 Bundestagsabgeordnete mit ihren im Schnitt zwei wissenschaftlichen Mitarbeitern. Diesen knapp 20 000 Vertretern von Staat und Volksvertretung stehen etwa 5000 Lobbyisten gegenüber. Statistisch betrachtet, kümmert sich also ein Lobbyist um vier Vertreter von Politik und Staat. Mehr als 400 von Konzernen oder Verbänden bezahlte Lobbyisten hatten überdies seit 2006 sogar offiziell und direkt in den Bundesministerien einen Schreibtisch, um an den Gesetzen mitzuwirken.[18] Aber leben wir deshalb bereits in einer korrupten Republik? Die Europäischen Bank für Wiederaufbau und Entwicklung ging zuletzt in der 2010 veröffentlichten Vergleichsstudie *Life in Transition Survey II* der Frage nach, wie alltäglich Erfahrungen des Schmierens oder der Gefälligkeiten in verschiedenen Ländern sind. Wer hat in den vergangenen zwölf Monaten eine inoffizielle Zahlung vorgenommen oder ein Geschenk überreicht, damit das Gegenüber »einen mag«? Immerhin zehn Prozent der Befragten bejahten diese konkrete Frage. Damit gaben hierzulande mehr Menschen reale Korruptionshandlungen zu als beispielsweise die Bewohner Georgiens, Italiens oder Kroatiens.[19] Die Begünstigung ist ein fester Bestandteil des Alltagslebens und damit auch des Machtgefüges in Deutschland.

Die Republik der Günstlinge

Die Betrachtung der Machtmaschine soll allerdings über die bekannten Mechanismen des Lobbyismus hinausreichen. Wer sind die Günstlinge, und wer sind die Gönner? Schnell wird sich herausstellen, dass diese Rollen häufig austauschbar sind. Es geht um die vielfältige Verstrickung von politischen Entscheidern, Reichen und Einflussreichen und solchen, die sich vielleicht nur dafür halten. Meist entsteht eine sogenannte Win-Win-Situation, bei der alle etwas erwarten und sich längst daran gewöhnt haben, auch viel zu erhalten. Auf den ersten Blick mutet dieses System feudal an, denn es schließt diejenigen aus, die nicht bereit sind mitzumachen oder wegen ihrer fehlenden Relevanz gar nicht erst gefragt werden. Tatsächlich handelt es sich bei der modernen Machtmaschine um ein postfeudales System – eine Republik der Günstlinge –, denn es nivelliert und negiert im Zweifel sogar die soziale Herkunft. Wer sich in der Politik hocharbeitet und mit den vermeintlich richtigen »Entscheidungsträgern« vernetzt, hat alle Chancen, auch ohne dynastischen Hintergrund eine gewichtige Rolle in Parteien und Verbänden und schließlich auch im Staat zu spielen.

Unartigkeiten des »homo politicus«

Schöne Frauen und reiche Männer gehören auch im 21. Jahrhundert, zumindest im selbst ernannten christlichen Abendland, zu den äußeren Insignien der Macht. Ihre häufig fahrlässig unterschätzte Begleiterscheinung ist die mediale und politische, mitunter sogar ganz persönliche Erpressbarkeit. Sie bescherte Europa in jüngster Zeit gleich mehrere spektakuläre Rücktritte. Der französische Fast-Präsidentschaftskandidat und IWF-Direktor Dominique Strauss-Kahn verlor Amt und Würde im Zuge einer seiner vielen Sexaffären. Der semidiktatorische italienische Ministerpräsident Silvio Berlusconi musste gehen, weil ihm die Mehrheit seiner Landsleute zwar jahrelang Korruption und Steuerhinterziehung durchgehen ließ, nicht aber den mutmaßlichen Sex mit einer minderjährigen Prostituierten.

In Deutschland schieden innerhalb von nicht einmal zwei Jahren gleich zwei Bundespräsidenten außerplanmäßig aus dem Amt, wobei der zweite – Christian Wulff – über seinen privaten Lebenswandel und einen umstrittenen Umgang mit reichen Freunden aus der Wirtschaft fiel. Angesichts dieser und vieler anderer Unartigkeiten des deutschen »homo politicus« drängt sich die Frage auf: Was treibt Politiker zu Fehltritten, und warum versagen hier die hochbezahlten Berater und Bewacher des politischen Diskurses?

Narzisstische Störungen als Triebfeder der Macht

Heiko Kretschmer ist einer der wichtigsten deutschen Politikberater und seit seiner Mitgliedschaft im Bundesvorstand der Jungsozialisten ein politischer Kopf. Aus seiner Arbeit mit Spitzenpolitikern mehrerer Parteien kennt er die gefährlichen Begleiterscheinungen der Macht. Die »öffentliche Wirkung« und die »persönliche Bestätigung« trügen, so Kretschmer, ein Suchtpotenzial in sich. Besonders nach einem erzwungenen Rücktritt zeige sich der Grad der Machtversessenheit:

> »Wenn ich feststellen muss, dass Menschen, von denen ich glaubte, sie seien über die Politik hinaus auch so etwas wie Freunde, plötzlich nicht mehr anrufen, sich für mich nicht mehr interessie-

ren, nur weil ich aufgehört habe mit Politik oder womöglich sogar zurücktreten musste und jetzt noch aussätzig bin, dann sind das Momente des sehr tiefen Falls, in denen die psychologische Abhängigkeit sehr krass deutlich wird.«

Der Psychologe Hans-Joachim Maaz denkt, dass Macht an sich die Tendenz hat, seelische Defizite zu kompensieren. Narzisstische Störungen sind seiner Ansicht nach bei jedem Spitzenpolitiker anzutreffen.[20] In seinem Buch *Die narzisstische Gesellschaft* schreibt Maaz:

»Der Narziss tut alles, um die Bestätigung, die er zum Leben braucht, zu erhalten: Anstrengung, Fleiß, Perfektionismus, Leistung, Aussehen, Manipulationen, Suggestionen, Geschenke, Bestechung, Versprechungen, Teilhabe, Führung – alles, alles aus nur einem Bedürfnis heraus: dafür ›geliebt‹ zu werden.«[21]

Maaz wundert es nicht, wenn Spitzenpolitiker sich trotzig an ihren Posten klammern, während sie in den Augen der Öffentlichkeit längst fällig für einen Rücktritt wären. »Er muss diese Fassade aufrechterhalten. Wenn er sie öffnet, öffnet er ja sozusagen die Tür zu seiner tiefer gehenden seelischen Verletztheit oder Bedürftigkeit.« Das ganze innere Abwehrgebäude sei plötzlich in Gefahr und werde daher hartnäckig verteidigt.

Das Spektrum dieser Obsession ist entsprechend groß: Es reicht vom orgiastischen Ausleben der Macht bis hin zum angstbesessenen Festhalten an ihr. »Die Macht ist ein absolutes Aphrodisiakum«, sagte einst Henry Kissinger. Die Ereignisse um Dominique Strauss-Kahn legen nahe, die Analyse auf eine bislang tabuisierte Kampfzone auszudehnen: Die Machtmaschine besteht nicht nur aus einem komplizierten Geflecht politischer und zuweilen finanzieller Verstrickungen von Politikerinnen und Politikern, sie berührt nicht selten auch ihre Intimsphäre. Lügen und verdeckter Lobbyismus marschierten bislang Hand in Hand durch die politische Geschichte der Bundesrepublik. Dass sich am Wegesrand aber nicht selten Eros in die Geschicke einmischt, wird bei der Bewertung politischer Verstrickungen – zumindest in Deutschland – bislang unterschätzt und weitgehend tabuisiert – aus der berechtigten Achtung vor der Intimsphäre von Spitzenpolitikern heraus.

Andererseits existieren diese Verstrickungen auch ohne öffentliche Beachtung, und einem aufmerksamen Beobachter der Boulevardmedien dürfte kaum entgehen, dass die Enthüllung besonders fragwürdiger Umstände aus dem Privatleben eines Politikers nahezu immer in enger zeitlicher Nähe zu wichtigen politischen Entscheidungen erfolgt, die diesen Politiker betreffen oder für die er mit seiner Person einsteht. Es gibt keinen Zweifel daran, dass mit dem Privatleben auch in Deutschland längst Politik gemacht wird.

Aber dürfen Politiker nicht trotzdem Geheimnisse pflegen? Das ist eine Frage, deren Beantwortung kein einfaches Ja oder Nein verträgt. Auf der einen Seite galt und gilt es unter Journalisten als guter Brauch, die Privatsphäre von Politikern zu achten und sie nicht zum Gegenstand der Berichterstattung zu machen. Allerdings meinen einige Politiker und ihre Berater, sich dem Wahlvolk durch inszenierte Einblicke in ihr Privatleben menschlicher und volksnäher präsentieren zu müssen. Sie zahlen dafür mit dem Verzicht auf den Schutz ihrer Privatsphäre.

Für alle übrigen Politiker gilt: Überwiegt das politische Informationsinteresse der Öffentlichkeit, darf auch über private Dinge berichtet werden. Politiker, die ihre Hand aufhalten oder sich ihren millionenschweren Anschlussjob in der Wirtschaft bereits im Minister- oder Kanzleramt gesichert haben, können ebenso wenig mit dem Recht auf Schutz ihrer privaten Verhältnisse argumentieren.

Aber wie verhält es sich mit sehr privaten, intimen Abgründen? Als Bürger sollten wir nachsichtig mit unseren Politikern, ihren Lastern und Nachlässigkeiten umgehen, weil wir von Menschen regiert werden wollen, nicht von Maschinen. Und wer von uns wollte in dieser Hinsicht den ersten Stein werfen?

Vorsicht erscheint dort angebracht, wo genau diese Laster und Nachlässigkeiten instrumentalisiert werden, um die Entscheidungsfindung von Politikern zu beeinflussen – positiv, indem man ihnen die Reize verschafft, für die sie eine bekannte Schwäche haben, oder negativ, indem man sie mit ihrem Intim- oder Privatleben erpresst. Beide Spielarten gehören zu den Realitäten der modernen Machtmaschinerie. Längst sitzen den Politikern nicht nur Boulevardjournalisten im Nacken, sondern auch politische Widersacher, übrigens in den allermeisten Fällen die eigenen »Parteifreunde«. Das Sammeln von Informationen, die zuweilen auch das Privat- und Intimleben berühren können, gehört längst zum Geschäft einiger Regierungen und Parteien, Boulevardmedien und nicht zuletzt von Geheimdiensten. In Wahlkampfzeiten wird von den Politikstrategen üblicherweise eine »Gegnerbeobachtung« installiert, um Stärken und Schwächen der Spitzenkandidaten in Erfahrung zu bringen. In dieser verschwiegenen Welt wird nur geredet, wenn es opportun ist, wenn die Nachricht zur rechten Zeit – im Sinne ihrer Auftraggeber – kolportiert und möglichst massenhaft verbreitet wird. Es ist eine dunkle, bislang kaum beleuchtete Dimension der politischen Machtmaschine. Diese Dimension zu verschweigen oder gar zu leugnen würde bedeuten, undemokratische Mechanismen zu zementieren. Verdeckte Einflussnahmen bis hin zu persönlich-politischer Erpressung vertragen sich prinzipiell nicht mit Demokratie. Wir werden sie dennoch nicht aus dem politischen Alltag verbannen können.

▶ ▶ ▶

Die Geschichte von Christian Wulff wird in diesem Buch breiten Raum einnehmen, weil sie als archetypisch für viele Phänomene politischer Macht und persönlicher Verflechtung gelten kann. Sie lehrt uns überdies, dass nicht alles im juristischen Sinne korrupt ist, was den äußeren Anschein erweckt. Die Interessen, die sich mit Wulffs Handeln verbanden, etwa bei seinem persönlichen Eingreifen als niedersächsischer Ministerpräsident zugunsten der deutschen Versicherungswirtschaft im Bundesrat, waren jedenfalls nicht zwingend seine eigenen. Das Prinzip »cui bono« sollte uns begleiten, wenn wir den Maschinenraum der Macht ergründen. Es kommt auf eine präzise Unterscheidung zwischen Motiven, Interessen und dem »Begehren nach Macht« an, wie Michel Foucault formulierte:

> »Nicht zwangsläufig haben diejenigen, die die Macht ausüben, das Interesse, sie auszuüben; diejenigen, die das Interesse haben, sie auszuüben, üben sie nicht aus, und das Begehren nach Macht treibt zwischen der Macht und dem Interesse ein noch immer einzigartiges Spiel. (…) Dieses Spiel zwischen Begehren, Macht und Interesse ist noch wenig bekannt.«[22]

Das Private ist zuweilen politisch

»Das Private ist zuweilen auch politisch«, sagt Kai Diekmann, der Chefredakteur der *Bild*-Zeitung und Deutschlands einflussreichster Journalist. In seinem Tresor soll irgendwann ein Dossier über das Privatleben von Christian Wulff und seiner Ehefrau Bettina gelandet sein, was Diekmann allerdings bestreitet. Die 598 Tage währende Geschichte des Ehepaars Wulff im Schloss Bellevue ähnelt einem öffentlich aufgeführten Traum, der sich schnell in einen Albtraum verwandelte und am Ende sogar zu ihrer Trennung führte. Es war das ihr jahrelang anhaftende Erpressungspotenzial, das die Geschichte von Christian und Bettina Wulff politisch relevant machte. Dieses nicht immer nur juristisch zu verstehende Erpressungspotenzial lastete übrigens gleichermaßen auf den Erpressbaren wie auf den möglichen Erpressern – Menschen, die nach wie vor an höchsten Stellen politisch aktiv sind. Es sind Menschen in lebendigen Machtbeziehungen, wie Foucault sagen würde.

Nico Fried schrieb vor ein paar Jahren in der *Süddeutschen Zeitung* über die Schwierigkeit, Maßstäbe zu entwickeln, nach denen Berichte aus dem Privatleben von Politikern gerechtfertigt seien:

»Das Argument, dass Privates berichtet werden darf, wenn es politische Folgen hat, ist eine Krücke, deren Stabilität davon abhängt, wie stark man sich darauf stützt. Letztlich liegt die Entscheidung beim Journalisten. Es ist seine Freiheit. Und seine Verantwortung. Wer zu dem Ergebnis kommt, Privates sei politisch relevant, muss darüber berichten – sich dann aber auch kritisieren lassen.«[23]

Sascha Adamek,
im Februar 2013

2.

DER MENSCHLICHE MAKEL
ALS MACHTFAKTOR

Dass ein ehemaliger Bundespräsident binnen fünf Monaten ein gutes Dutzend Kilo an Körpergewicht verliert, die Haare kurz und grau statt jugendlich blond trägt, dazu neuerdings eine Hornbrille mit weißen Innenseiten und schwarzer Frontseite, war im Juli 2012 so gut wie jedem deutschen Printmedium eine kleine Meldung, wenn nicht gar eine Fotostrecke im Internet wert. Denn Christian Wulff hatte sich monatelang zurückgezogen, und die Neugier der Öffentlichkeit war somit über einen längeren Zeitraum aufgestaut worden. Beim Audi-Ascot-Renntag auf der Galopprennbahn in Hannover-Langenhagen stellten die Wulffs diese Neugier dann eine Stunde lang zufrieden. Es heißt, sie hätten viel gelächelt. Ernst dagegen und ohne seine Noch-Gattin erschien Wulff Tage später an historischer Stätte im Berliner Bendlerblock zum Gedenken an die Verschwörer des 20. Juli 1944. Da der Expräsident im Augenblick seiner Rückkehr in die Öffentlichkeit auf Erklärungen verzichtete, richteten sich deren Augen auf die nonverbale Botschaft des Gescheiterten: asketisch, weil abgemagert, ernsthaft, weil ergraut, und nachdenklich, weil intellektuell bebrillt. Das Gesicht war die Botschaft, denn Gesichter erzählen mitunter ganze Geschichten. Die schmerzvolle Geschichte dieses Mannes, das immerhin signalisierte er der Öffentlichkeit ohne Worte, trägt tragödienhafte Züge.

Die physiognomische Zerklüftung mächtiger Menschen ist in der Regel ein schleichender Prozess, wie die Fotoserien Herlinde Koelbls über die Werdegänge von Gerhard Schröder, Angela Merkel oder Joschka Fischer eindrucksvoll belegen.[24] Bei Christian Wulff hingegen sahen viele Menschen gebannt hin, weil sein Gesichtsverlust in wenigen Monaten vonstatten gegangen war. *Gesichtsverlust* ist in der Sprache der politischen Kommunikation etwas unbedingt zu Vermeidendes, denn er bedeutet, dass ein Mensch sich vor den Augen aller ins Unrecht gesetzt hat. Da Begriffe wie *Seele* oder *Würde* im Sprachgebrauch unserer postreligiösen Gesellschaft zunehmend ausgedient haben, ist die Metapher des Gesichtsverlusts also eine längst übliche Formulierung. Der Journalist und Unterhaltungsmoderator Robert Lembke flachste einst, manche Politiker hätten Angst, ihr Gesicht zu verlieren, dabei könne ihnen gar nichts Besseres passieren. Berater der politischen »Krisenkommunikation« können daran indes nichts wirklich Witziges finden. Ein im Sinne der PR falsch zur Schau getragenes Gesicht ist vermutlich noch schwieriger »einzufangen« als ein böses Gerücht.

Wir alle ahnen: Das eigene Gesicht kann nicht nur für Politiker zum Risiko werden. Offenherzige Menschen gewähren durch die Unbefangenheit ihres Gesichtsausdrucks tiefe Einblicke in ihre augenblickliche seelische oder gedankliche Verfassung. Andere Menschen nutzen ihr Gesicht als undurchdringlichen Schutzwall, sei es bewusst, da sie darin geschult wurden, oder unbewusst, weil sie das Talent dazu haben. Die wichtigste Funktion des Gesichts liegt jedoch in der Identifikation des Menschen, da sich dort die meisten Wiedererkennungsmerkmale befinden. Und bereits vor dem Zeitalter moderner Medien galt: Je mächtiger ein Mensch, desto wichtiger nahm er das eigene Erscheinungsbild. Friedrich der Große zum Beispiel weigerte sich bis auf wenige Ausnahmen, Malern Modell zu stehen, sodass die Künstler seiner Zeit sich damit begnügen mussten, die wenigen, zumeist idealisierten, Bildnisse zu kopieren. Folgerichtig ließen sie

Friedrich auf ihren Bildern sogar virtuell altern. Wer sich heute die Totenmaske des preußischen Herrschers ansieht, gerät ins Staunen: die grade, lange Nase, die ihn in beinahe allen Porträts ziert, war in Wahrheit buckelig und gekrümmt.

Für moderne Politiktreibende ist es eine Erfolgsversicherung, ein ebenso markantes wie makelloses Bild von sich zu verbreiten, dabei aber darauf zu achten, dass die emotionale oder seelische Verfassung möglichst nicht durchscheint. Im Zeitalter der Talkshow-Demokratie, in der allabendlich Politiker vor ihresgleichen, einem Talkmaster und einem Millionenpublikum glänzen müssen, ist das eine nicht ganz einfache Übung. Heiko Kretschmer ist Gründer und Geschäftsführer der Politikberatungsagentur »Johanssen + Kretschmer Strategische Kommunikation« in Berlin. Kretschmer wehrt sich gegen das Klischee, seine Branche »mache« Politiker, denn die wichtigste Voraussetzung für eine erfolgreiche Politkarriere könnten Berater ihrem Mandanten gar nicht vermitteln: Empathie.[25] Wie kaum sonst jemand müsse ein Politiker in der Lage sein, sich auf unterschiedliche Menschengruppen und Gesprächssituationen einzustellen. Zugleich müsse er seine Wirkung und die seiner Botschaften einschätzen können: »Welche Erwartungen werden hier auch an mich gestellt, die ich auch auf Nichtbotschaften, die ich auch emotional unter Umständen erfüllen muss, zum Beispiel als Landesmutter oder Landesvater.« Der Berater spricht von »emotionalen Projektionen«. Gemeint ist das »richtige Gespür« für Botschaften und »Nicht-Botschaften«, also auch für das, was nicht gesagt werden darf. Die Beachtung der Grenze zwischen notwendiger und absolut zu unterlassender Botschaft dürfte für wahrheitsliebende, authentische Menschen im Amt eines Spitzenpolitikers vermutlich die größte Herausforderung darstellen.

Die dadurch nicht kleiner wird, dass der politische Diskurs auf einem schillernden Maskenball stattfindet. Akribisch achten Politikerinnen und Politiker und ihre Entourage aus Kommunikationsberatern darauf, dass bei dieser Selbstinszenierung nichts dem Zufall überlassen bleibt. Das gilt vor allem für den in demokratischen Ländern regelmäßig auftretenden Machtverlust: Sind politische Führer gezwungen, von der Macht zurückzutreten, stellen sie ihren Widersachern oder Nachfolgern häufig nur eine letzte Bedingung: ihnen nach dem Machtverlust den Gesichtsverlust zu ersparen.

Amtsenthebungen, Misstrauensanträge, selbst abgründigste Intrigen ertragen Politikerinnen und Politiker mit der nötigen Fassung und im Zweifelsfall mit etwas mehr Kosmetik. Wenn es sein muss, lächeln sie sogar. Der Maskenball wird fortgesetzt, und weil wir als Gäste eigentlich nicht zugelassen sind und die Codeworte dieser Gesellschaft nicht kennen, macht es uns ratlos, wenn wir hören, dass es einigen prominenten Gästen plötzlich gelungen ist, den Maskenball unerkannt zu verlassen. Wie zum Beispiel Roland Koch, der als hessischer Ministerpräsident mehr politische Affären überstanden hatte, als man in einem demokratischen Land für möglich gehalten hätte. Er verließ die politische Bühne beinahe zeitgleich mit dem Bundespräsidenten Horst Köhler. Und weil der Maskentausch einmal im Gange war, betrat ein verhältnismäßig junger, beliebter Politiker samt schöner Gattin die Bühne als Bundespräsident.

Für die in Frankreich respektvoll so genannte »Madame Merkel« war jenes Jahr 2010 aber keineswegs so aufreibend, wie deutsche Kommentatoren es darstellten. Denn Madame Merkel wurde auf einen Schlag zwei lästige Kritiker ihrer Regierungspolitik los: einen innerparteilichen Widersacher und einen innerstaatlichen und überaus peniblen Korrektor ihrer Staatskunst. Und den Dritten im Bunde schaltete sie als potenziellen Nachfolger und Nebenbuhler in der Kanzlerfrage gleich mit aus, indem sie ihn kurzerhand ins Schloss Bellevue beförderte. Was in dieser ereignisreichen Zeit hinter ihrer eigenen Maske vor sich ging, musste die Kanzlerin dabei nicht für eine Millisekunde lüften. Angela Merkel ist seit zwei Wahlperioden das beinahe unangefochtene Gesicht der politischen Macht in Deutschland, sie ist ein einflussreicher Teil der Machtmaschine und in den Augen selbst konservativer Publizisten selber eine Art Machtmaschine.

Schröder, Berlusconi, Gaddafi: Niemand verliert hier das Gesicht!

Um wirklich zu erfahren, wo Politiker nur ihr Gesicht verloren haben oder bereits ihre Würde; um zu erahnen, ob es in der Sphäre politischer Machtausübung so etwas wie Seele, Gewissen oder gar Anstand überhaupt noch gibt, ist man auf wenige außergewöhnliche Episoden der politischen Machtgeschichte angewiesen. Wo Mächtige unversehens blank vor uns standen, und sei es auch nur für einen historischen Augenblick. Wir suchen nach solchen Archetypen des Gesichtsverlusts, nach Geschichten, die selten einen Platz in den Geschichtsbüchern finden. Womöglich erlauben sie Rückschlüsse auf den ethischen Zustand dessen, was gern als westliche Zivilisation bezeichnet wird.

Wie aber finden wir diese Geschichten? Die weitaus meisten Potentaten sind in den vergangenen Jahren entweder geflohen oder wurden getötet. Nehmen wir Muammar al-Gaddafi. Bei ihm fühlten sich Staatsgäste wie der deutsche Bundeskanzler Gerhard Schröder pudelwohl. Und seinen Freund Silvio Berlusconi inspirierten die polygamen Bräuche Gaddafis sogar zu Nachahmungspartys in den Gemächern seiner italienischen Paläste. Schröder, Berlusconi und Gaddafi dürfen wohl als glückliche Männer bezeichnet werden: Sie haben ihre Macht verloren und in den Augen vieler kritischer Bürger auch ihr Ansehen, nicht aber ihr Gesicht – nicht einmal der tote Gaddafi, dem die *taz* einen politischen Nachruf mit dem Titel »Der narzisstische Volkstribun« widmete, noch bevor er überhaupt physisch tot war.[26]

Als das zerschossene Gesicht Gaddafis schließlich im kollektiven Siegestaumel einiger visueller Weltmedien ausgeschlachtet wurde, kommentierte Jan Ludwig von der *Frankfurter Allgemeine*

Zeitung zu Recht:»Ein fatales Bild«[27.] Nicht Gaddafi hatte hier sein Gesicht verloren, sondern die geifernden Journalisten. Gaddafis langjähriger Freund Silvio Berlusconi erwies dem toten Diktator sogar die Ehre eines Satzes in der römischen Ursprache des Landes:»Sic transit gloria mundi« – So vergeht der Ruhm der Welt.[28] Der 75-jährige Berlusconi selbst denkt bereits ein halbes Jahr nach seinem erzwungenen Rücktritt im November 2011 laut über seine Rückkehr in die italienische Politik als Ministerpräsident oder Staatspräsident nach. Und Gaddafis ehemaliger Gast Gerhard Schröder bewegt sich trotz der dubiosen Umstände seines Wechsels in den Vorstand einer Gazprom-Tochter fröhlich auf dem deutschen gesellschaftlichen Parkett und darf gelegentlich sogar auf SPD-Veranstaltungen reden. Begegneten sich Schröder, Berlusconi und Gaddafi heute im Beduinenzelt des libyschen Führers, empfände wohl keiner der drei den jeweils anderen als tragische Figur. Denn es ist ihnen gelungen, trotz unschöner Abgesänge einer kritischen Öffentlichkeit ihr Gesicht zu wahren. Das aber gelingt nicht immer und vor allem nicht jedem.

Willy Brandt – Privates wird politisch gemünzt und umgekehrt

Wie wirkmächtig intime Details eines Politikers für die politischen Geschicke eines Landes sein können, hat in Deutschland wohl kein Ereignis so eindrucksvoll bewiesen wie die Spionageaffäre um Bundeskanzler Willy Brandt. Der Sozialdemokrat gehört bis heute zu jenen äußerst seltenen politischen Titanen, die Menschen gleichermaßen mit ihrer Vision und ihrem persönlichen Auftritt begeistern konnten. Brandts Vision war die Entspannung zwischen den Großmächten USA und Sowjetunion im Kalten Krieg und ein Ausgleich mit dem zweiten deutschen Staat DDR.

Brandt war nicht nur ein guter Redner, sondern auch ein Mensch des Körpers. Dass er mit einer physischen Geste Weltberühmtheit erlangte, ist wohl kein Zufall. Im Dezember 1970 reist er nach Warschau und kniet vor dem Mahnmal für die Toten des Aufstands im Warschauer Ghetto. Er bittet um Vergebung für die Toten der NS-Diktatur und des Zweiten Weltkriegs. Nicht zuletzt wegen dieser großen Geste erhält Brandt später den Friedensnobelpreis. Und die deutschen Wähler bestätigen Brandt und seine Ostpolitik bei der Bundestagswahl 1972 mit einem Rekordergebnis für die SPD von 45,8 Prozent. Brandt blieb dennoch zugleich ein zu seiner Zeit umstrittener Politiker. Zwar gehörte er zur Generation der vielen, die in die NS-Verbrechen verstrickt waren, doch seine Biografie verlief gänzlich anders als die der meisten.

Bereits als Jugendlicher war der gebürtige Lübecker, der damals noch Herbert Frahm hieß, von der Politik durchdrungen und bekleidete früh Ämter in der sozialistischen Jugendbewegung seiner Heimatstadt.[29] 1930, mit 17 Jahren, wurde Frahm in der SPD aktiv. Ein Jahr später kehrte er der Partei den Rücken und trat in die linkssozialistische SAPD ein. Nach der Machtergreifung der NSDAP 1933 wurde die SAPD verboten. Brandt floh über Dänemark nach Norwegen und übernahm die Koordination der Widerstandsaktivitäten deutscher Exilanten. Während dieser Zeit legte er sich auch seinen Kampfnamen Willy Brandt zu. Bei seiner Rückkehr nach Berlin 1949 ließ er sich seine neue Identität legalisieren.

Seit 1949 gehörte Willy Brandt dem Deutschen Bundestag an, und seit 1957 erlangte er als Regierender Bürgermeister von Berlin deutschlandweite Popularität. Sein Krisenmanagement während der Hungerblockade Berlins durch die Sowjetunion und der Empfang von US-Präsident John F. Kennedy trugen ihm breite Sympathien in der deutschen Bevölkerung ein. Brandt kam gut an, und nicht nur Frauen sahen in dem attraktiven Politiker einen deutschen Kennedy.

Diese Popularität entging der im Bund regierenden CDU und deren Bundeskanzler Konrad Adenauer nicht. Und so sah sich Brandt schon früh mit Anwürfen konfrontiert, die seine politische Vergangenheit zu einem ganz privaten Verrat an Deutschland ummünzen wollten. Ausgerechnet am Tag nach dem Beginn des Mauerbaus in Berlin sprach Kanzler Adenauer im August 1961 bei einer Wahlkampfkundgebung von »Brandt alias Frahm« und wiederholte das zwei Tage später.[30] Die Historiker sind sich nicht einig, ob Adenauer damit nur auf die uneheliche Geburt Brandts anspielen wollte oder auch auf dessen Exilaktivitäten während der NS-Zeit – wie viele extrem rechte Stimmungsmacher es damals taten. So tönte der CSU-Politiker Franz Josef Strauß bei einer Aschermittwochs-Rede im Februar 1961 in Vilshofen: »Eines aber wird man Herrn Brandt doch fragen dürfen: Was haben Sie zwölf Jahre lang draußen gemacht? Wir wissen, was wir drinnen gemacht haben.«

Willy Brandts Biografie und seine Politik mussten in der Bundesrepublik zwangsläufig polarisieren, denn ein großer Teil des gesellschaftlichen Establishments hatte sich nie wirklich vom Nationalsozialismus distanziert. In seinen *Erinnerungen* schreibt er dazu:

»Mit neunzehn, als ich aus Nazi-Deutschland flüchtete, wußte ich, was ich tat. Daß ich mich, später, gegen Unterstellung nicht energisch wehrte, hatte mit besonderer Rücksichtnahme zu tun – auf die Stimmung der Landsleute, die die Ausnahme von der Regel nicht erklärt wissen wollten.«[31]

Ein erpressbarer Bundeskanzler
wird zum Sicherheitsrisiko

Als Bundeskanzler sah Willy Brandt sich einem Land gegenüber, dessen eine Hälfte noch immer zuließ, dass der Staat mit vielen ehemaligen Nationalsozialisten durchsetzt war, und dessen andere Hälfte von einer stalinistischen Partei regiert wurde, der die Vision eines demokratischen Sozialismus ebenso fernlag. Im Ergebnis stand Willy Brandt gleich von mehreren Seiten nicht nur wegen seiner Politik, sondern auch ganz persönlich unter Beobachtung. Und er ahnte nicht, dass ein gewisser Günter Guillaume im Auftrag des DDR-Geheimdienstes in sein Leben geschleust worden war. Brandt-Biograf Peter Merseburger schreibt dazu: »Der Fall Guillaume ist wieder und wieder erzählt, analysiert und durchleuchtet worden, doch scheint sicher, dass er bestenfalls der Anlass, nicht aber die Ursache für den Rücktritt Willy Brandts gewesen ist.«[32]

Sehen wir uns die damaligen Ereignisse genauer an. Willy Brandt hat zwar in seinen *Erinnerungen* vielfach über seine Intimfeindschaft mit dem damaligen SPD-Fraktionschef Herbert Wehner geschrieben, doch seinen ungeheuerlichen Verdacht, dass Wehner ihn mit DDR-Verantwortlichen hinterging, verschlüsselte er allenfalls. Erst 1994, also zwei Jahre nach Brandts Tod, veröffentlichte die *Frankfurter Allgemeine Zeitung* Brandts »Notizen zum Fall G.«. Sie erst liefern den »Schlüssel« zum Verständnis der Guillaume-Affäre und verstärkten den Verdacht gegen Herbert Wehner, wie Volker Zastrow schreibt:

»Eindeutig handelt es sich nicht um eine sorglose Skizze, eine temporäre Gedächtnisstütze oder sonstwie achtlos hingeworfene Worte. (…) Was er in den ›Notizen‹ niederlegte, war das Ergebnis einer gründlichen Arbeit, an dem er festhielt – offenbar bis zu seinem Tod.«[33]

Brandt erwischt die Nachricht, dass sein Referent im Bundes-kanzleramt soeben als Spion der Stasi enttarnt worden ist, als er am Mittag des 24. April 1974 aus dem Flugzeug steigt. Er kommt gerade von einer Reise nach Kairo zurück. Im Kanzleramt erfährt er von seinem Vertrauten Egon Bahr, dass dieser bereits vor der Einstellung Guillaumes schriftlich Bedenken wegen möglicher Sicherheitsrisiken geäußert hatte. Brandt hat davon nie erfahren. Erstaunlicherweise allerdings geschieht an den folgenden beiden Tagen nicht sonderlich viel, und Willy Brandt notiert im Nachhinein: »So bedrückend dies alles ist, ich ahne nicht, dass dies in wenigen Tagen zu meinem Rücktritt führen wird.«[34] Auch am fünften Tag nach der Enttarnung sei er »entschieden gegen einen Rücktritt« gewesen, schreibt Brandt. [35] Aller Wahrscheinlichkeit nach hätte die Nachricht allein, dass es der DDR gelungen war, einen Spion im Kanzleramt zu installieren, nicht ausgereicht, um Willy Brandt zu stürzen.

Am Nachmittag des 30. April allerdings wendet sich das Blatt. Justizminister Gerhard Jahn betritt »besorgt« Brandts Büro:

»Er habe aus der Bundesanwaltschaft andeutungsweise gehört, Guillaume könne mir ›Mädchen zugeführt‹ haben. Ich sagte Jahn, dies sei lächerlich. Er könne dem betr. Bundesanwalt sagen, wegen dieser ›Vermutung‹ ließe ich mir zusätzlich keine grauen Haare wachsen.«

Bereits einen Tag später, am 1. Mai, überbringt Klaus Kinkel, da-mals persönlicher Referent von Bundesinnenminister Hans-Dietrich Genscher, Brandt ein brisantes Schriftstück. Brandt no-tiert:[36]

»Es handelt sich um einen Brief (Vermerk) des BKA-Präsidenten Herold an den Innenminister (Wie ich später erfuhr: angefordert vom Innenminister, der über Verfassungsschutz oder Sicherungs-gruppe – vermutlich ähnliches wie der Justizminister am Tage zuvor erfahren hatte.) Zum Inhalt: Aus Befragungen (von Angehörigen der Sicherungsgruppe) habe sich ergeben, dass ich mit einer namentlich erwähnten Journalistin ein Verhältnis habe bzw. mich wiederholt mit ihr während pol. Reisen getroffen hätte, dass ich zuletzt bei meiner Niedersachsenreise Anfang April im Sonderzug den Besuch einer Schwedin gehabt hätte.«[37]

Währenddessen trifft sich BKA-Chef Horst Herold mit dem Chef des Bundesamtes für Verfassungsschutz, Günther Nollau. Beide sind sich einig, dass Willy Brandt zurücktreten muss.[38] Den Beteiligten ist klar, dass ein erpressbarer Bundeskanzler jederzeit zum Sicherheitsrisiko werden kann. Am 6. Mai treffen Willy Brandt, Justizminister Jahn und Generalbundesanwalt Siegfried Buback zusammen. Brandt beschwert sich bei Buback über die Ermittlungen im Bereich seines Privatlebens. Er gibt zu, kein Heiliger zu sein, aber wirklich »ernst« sei nur eine Beziehung mit einer Bonner Journalistin, und davon habe seine Frau auch Kenntnis. Brandt hat zu diesem Zeitpunkt sein Rücktrittsgesuch an Bundespräsident Gustav Heinemann bereits geschrieben. Buback weist die Beschwerde zurück und erklärt, warum Ermittlungen bundesdeutscher Behörden und die Befragung von Brandts Sicherheitsbeamten notwendig gewesen seien. Einer dieser Beamten empfand es übrigens als Vertrauensbruch, ohne die Genehmigung Brandts auszusagen, und redete erst, nachdem ihm ein Bundesanwalt mit einer richterlichen Vernehmung und Beugehaft gedroht hatte.[39] In einem Brief an Brandt beklagte sich ein Sicherheitsbeamter kurze Zeit später, die Vernehmungen seien mit beamtenrechtlichen Argumenten erzwungen und für streng geheim erklärt worden. Allerdings wurden auch Kopien für andere Nachrichtendienste angefertigt und einzelne Detailinformationen jenen Teilen der Presse gesteckt, die Brandt gegenüber kritisch eingestellt waren. Denn kaum war die Guillaume-Affäre in der Welt, titelten Zeitungen plötzlich über »Frauengeschichten im Wahlkampfzug und in den Hotels«[40]. Um den

Druck auf Brandt zu erhöhen, waren diese von Schmierenreportern längst gesammelten Geschichten plötzlich überaus tauglich.

Die Guillaume-Affäre ist somit weniger eine Spionageaffäre als ein lange unterschätzter historischer Beweis für die politische Dimension sexueller Verwicklungen. Die Wähler Willy Brandts erfuhren bis kurz vor Ende seiner Regierungszeit nicht, dass einer der wichtigsten deutschen Bundeskanzler für seine Wahlkampftour durch Deutschland einen Zug der damaligen Deutschen Bundesbahn gechartert hatte, um und auf diese Art und Weise zwischen den Bahnhöfen ungestört junge Groupies in seinem Abteil empfangen zu können.

Erst 1994 tauchte eine Geheimakte des BKA auf, aus der die Namen der Brandt-Gespielinnen hervorgingen, vor allem aber die Tatsache, dass ausgerechnet der Stasispion Guillaume ihm die Frauen in Zügen und Hotels »zugeführt« hatte.[41] Nicht die Guillaume-Affäre an sich, sondern das Wissen um die eigene Erpressbarkeit zwang Brandt zur Rücktrittsentscheidung. Denn blamierter hätte die Bundesrepublik gegenüber dem versierten DDR-Auslandsgeheimdienst nicht dastehen können, hätte Guillaume die pikanten Details vor aller Öffentlichkeit in einem Gerichtsverfahren ausgebreitet. Zum Gespött der Weltöffentlichkeit zu werden, wäre damals noch der geringste Schaden gewesen – aber der Beweis der Verletzlichkeit inmitten des eigenen Machtapparats durch Agenten des Sowjetimperiums hätte der Bundesrepublik insgesamt massiv geschadet. Und die rechtskonservativen Gegner von Brandts Entspannungspolitik aus CDU/CSU und Springer-Presse hätten gezielte Indiskretionen über Brandts Privatleben ohne zu zögern genutzt, um einem international geachteten Bundeskanzler und Friedensnobelpreisträger in aller Öffentlichkeit einen schmachvollen Abgang zu bescheren.

Brandt-Biograf Merseburger beschreibt, wie schwer es Willy Brandt gefallen sein muss, die bittere Wahrheit politisch zu akzeptieren:

»Langsam beginnt ihm, dem durch endlose Diffamierungskampagnen Gebrannten, jetzt zu dämmern, daß die gegnerische Massenpresse ihn mit einer neuen Dreckkampagne, diesmal mit einem spannenden, um Sex angereicherten Agententhriller gnadenlos jagen, zur Strecke bringen, den Friedensnobelpreisträger moralisch hinrichten will.«[42]

Ein CDU/CSU-Geheimdienst verschwört sich gegen Brandt

Willy Brandt wurde in dieser Hinsicht nicht nur von der Stasi bedroht, sondern auch von einem informellen, nicht staatlichen Nachrichtendienst in der Bundesrepublik. Auf den stieß die Politikwissenschaftlerin Stefanie Waske bei den Recherchen für ihre Dissertation. In Briefen von CDU-Abgeordneten war von einem »kleinen Dienst« die Rede. Waske fand heraus, dass sich hinter dieser harmlosen Formulierung eine handfeste Verschwörung verbarg. Im November 2012 veröffentlichte sie die Ergebnisse ihrer Nachforschungen im *ZEITmagazin* und machte sie darüber hinaus zum Thema eines aktuellen Buches.[43]

Initiator des Partei-Geheimdienstes war demzufolge der konservative CSU-Abgeordnete Karl-Theodor zu Guttenberg, der Großvater des gleichnamigen späteren Bundesverteidigungsministers. Nach der Wahl Brandts zum Bundeskanzler traf sich zu Guttenberg im Herbst 1969 mit einer Gruppe Gleichgesinnter: dem ehemaligen Bundeskanzler Kurt Georg Kiesinger, dem früheren Kanzleramtsminister Adenauers und juristischen Kommentator der nationalsozialistischen Rassengesetze Hans Globke sowie Franz Josef Strauß. Sie alle fürchteten, die Union könne durch den Regierungswechsel vom üblichen Nachrichtenfluss durch den BND abgeschnitten werden, und sahen es als dringlich an, sämtliche Aktivitäten Brandts in Richtung Osten genau zu beobachten. Mit Hilfe eines hochrangigen BND-Mannes, der den

Dienst prompt verließ, bauten sie nun einen eigenen Geheimdienst mit eigenen Zuträgern auf: »Im Geheimdienstjargon hießen sie Sonderverbindungen, es sind hochrangige Politiker, Wirtschaftslenker und Militärs. Sie verfügen über besonders gute Zugänge zu höchsten Kreisen der Gesellschaft und Politik.«[44]

In den Akten von damals wurde auch das Ziel der Aktion formuliert: die Schaffung eines »echten geheimen Nachrichtendienstes im Sinne eines – zunächst winzigen – National-Security-Stabes für eine künftige CDU/CSU-Regierung«. Die seinerzeit geplanten Kosten beliefen sich auf immerhin gut 750 000 Mark pro Jahr. Finanziert wurde der Dienst von 1969 bis 1982 aus dunklen Kassen von CDU und CSU sowie über Personalkostenetats etwa der Bayerischen Staatskanzlei.

Im November 1970 ist der deutsch-sowjetische Vertrag bereits unterschrieben, und der Warschauer Vertrag steht kurz vor der Unterzeichnung. In Washington empfängt der damalige US-Sicherheitsberater Henry Kissinger einen Emissär des CDU/CSU-Nachrichtendiensts. Offenbar ist Kissinger klar, dass der Mann der deutschen Opposition zuarbeitet. Kissinger gibt ihm folgenden Ratschlag mit auf den Weg: »Es mag möglich sein, die gegenwärtige Regierung zu stürzen, offen bleibt aber, ob hierfür nicht Risiken eingehandelt werden, die eine CDU/CSU-Regierung in größte Schwierigkeiten bringen kann.«[45]

Vernetzt, verstrickt, verloren

In der heutigen Berliner Republik gibt es, wie Vertreter aller Fraktionen bestätigen, Politiker, die mehr Zeit auf das Knüpfen und Pflegen von Netzwerken verwenden als auf die inhaltliche politische Arbeit. Und tatsächlich gilt das Netzwerken als eine der wesentlichen Voraussetzungen für eine glanzvolle politische Karriere. Die eigene politische Macht zu mehren bedeutet nicht nur, eine wachsende Anhängerschar hinter sich zu versammeln.

Vielmehr kommt es auch darauf an, als Politiker seinerseits einflussreiche Freunde und Förderer zu haben. Allerdings sagt das rein gar nichts über die Intensität der Bindungen aus.

US-amerikanische Politikwissenschaftler haben die Netzwerke von Politikern und Lobbyisten der Energie- und Pharmabranche analysiert und dabei festgestellt, dass zahlreiche schwache Bindungen weit mehr ins Gewicht fallen als wenige starke oder exklusive Bindungen von Lobbyisten zu Politikern. Denn viele schwache Bindungen generieren sogleich neue Bindungen und erhöhen insoweit die Reichweite des Lobbyisten. In jedem Fall bergen Netzwerke für den Politiker immer die Gefahr der Verstrickung. So verlieren Politiker irgendwann die Bodenhaftung: Sie sind längst nicht mehr nur Spinnen im eigenen Netz. Und ihr Erfolgsrezept, das Netzwerken, bereichert die Politik um eine weitere Kategorie, die wir bislang gehörig unterschätzt haben. Denn zwangsläufig vermischen sich plötzlich Politisches, Geschäftliches und zutiefst Privates, wie das Reisen, das Schlemmen oder sogar die Erotik.

Was auf den ersten Blick den Reiz einer mächtigen Position ausmacht, erweist sich im realen Leben schnell als Hybris: Das geheime Wissen der Mächtigen erstreckt sich nicht nur auf das politisch zu Recht kritisierte geheime Herrschaftswissen, etwa über den wahren Zustand unserer Staatsfinanzen, sondern auch auf sie selber. Im sozialen Netzwerk der Reichen und Einflussreichen, der Gönner und Günstlinge entstehen auf diese Weise in regelmäßigen Abständen kritische Situationen. Es ist dann wie bei einem Duell: Solange niemand abdrückt, stirbt niemand, im ungünstigsten Fall aber beide.

Strauss-Kahn, Wulff und
die Geheimdossiers der Macht

Im Frühjahr 2011 stand der Chef des Internationalen Währungsfonds, Dominique Strauss-Kahn, plötzlich unversehens unrasiert
und in knittrigem Jackett vor den Kameras der Weltöffentlichkeit
und wurde der Vergewaltigung bezichtigt. Dieser Vorwurf führte
dazu, dass er das von ihm seinerzeit angestrebte Amt des französischen Staatspräsidenten nun nie mehr wird erreichen können.

Zur gleichen Zeit sah sich der deutsche Bundespräsident Christian Wulff unversehens öffentlich mit einer Vielzahl kleiner Verfehlungen konfrontiert, die er sich lange vor seiner Zeit als deutsches Staatsoberhaupt hatte zuschulden kommen lassen. Weil
eine dieser Verfehlungen, ein von einem befreundeten Filmproduzenten im Voraus bezahlter Wochenendtrip nach Sylt, plötzlich das besondere Interesse eines Staatsanwalts fand, gab Wulff
das Präsidentenamt vorzeitig auf.

Dominique Strauss-Kahn, der ohne die New Yorker Sexaffäre
mit hoher Wahrscheinlichkeit der nächste französische Staatspräsident geworden wäre, und Christian Wulff, der ohne seine
vergleichsweise kleinen Verfehlungen mit hoher Wahrscheinlichkeit auch in fünf Jahren noch deutscher Bundespräsident
wäre, haben einiges gemeinsam: Sie nahmen ihre Machtfülle für
selbstverständlich. Und sie nahmen an, dass dank dieser Machtfülle auch ihre privaten und intimen Lebensgewohnheiten und
Lebensgeschichten ein für alle Mal abgeschirmt wären. Dabei erlagen sie dem fatalen Irrtum, dass der Respekt vor ihrem Amt
auch ihre persönliche Unantastbarkeit garantieren würde. Bereits
Niccolò Machiavelli wusste diesbezüglich zwischen schädlichen
und unschädlichen Lastern zu unterscheiden:

»Der eine liebt zu geben, der andre zu rauben, der eine ist grau-
sam, der andre mitleidig, der eine wortbrüchig, der andre treu, der
eine weibisch und feig, der andre wild und mutig, der eine men-

schenfreundlich, der andre hochfahrend, der eine wollüstig, der andre keusch, der eine aufrichtig, der andre verschlagen, der eine starrsinnig, der andre nachgiebig, der eine ernst, der andre leichtfertig, der eine fromm, der andre ungläubig usw.«[46]

Selbstverständlich sei es löblich, wenn ein Fürst nur die Eigenschaften in sich vereinige, die für gut gelten, allein die Natur des Menschen stehe dagegen. Daher empfiehlt Machiavelli ein recht einfaches Rezept, das auch in der Politikberatung unserer Tage durchaus angewendet werden könnte:

»... so muß er klug genug sein, um den üblen Ruf derjenigen Eigenschaften zu meiden, durch welche er die Herrschaft verlieren könnte; vor den Lastern aber, welche seine Herrschaft nicht gefährden, muß er sich nach Möglichkeit hüten; vermag er dies aber nicht, so kann er sich ohne viel Rücksicht darin gehen lassen. Auch kann er unbesorgt den üblen Ruf derjenigen Laster auf sich nehmen, ohne die er schwerlich seine Stellung behaupten kann, denn alles in allem genommen, findet man vermeintliche Tugenden, bei deren Befolgung man untergeht, und scheinbare Laster, bei denen man Sicherheit und Wohlbefinden erlangt.«[47]

Macht und Reichtum schützen zwar in unseren modernen Mediengesellschaften vor allzu nassforschen Beschuldigungen durch Boulevardjournalisten und politische Konkurrenten – dafür sorgen schon die horrend hohen Stundensätze ihrer Star-Medienanwälte –, dennoch schützt weder Macht noch Reichtum vor dem geheimen Wissen anderer. Vor dem unveröffentlichten Wissen. Vor der unausgesprochenen Erpressung mit dem unveröffentlichten Wissen. Beides Themen, die nur auf den ersten Blick privater Natur sind, denn hinter ihnen steht die Frage nach der Erpressbarkeit der ersten Männer des Staates. Im Fall Strauss-Kahn wäre Frankreich erpressbar geworden. Das deutsche Staatsoberhaupt war es bereits, jedenfalls medial gesehen.

Die Relevanz der Erotik für die Realpolitik belegten die französischen Journalisten Christophe Deloire und Christophe Dubois 2006 in ihrem Buch *Sexus Politicus*:»Die Geschichten von Herz und Moral sind Munition.«[48] Ausführlich schildern die Autoren die amouröse Seite des politischen Frankreich. So hätten, abgesehen von General de Gaulle, alle Präsidenten ihre Geschichte gehabt. Valéry Giscard d'Estaing etwa hatte 1974 eines Morgens um fünf einen mysteriösen Zusammenstoß mit einem Milchlaster. Als Polizei und Feuerwehr eintrafen, erkannten sie den Präsidenten in einem geliehenen Ferrari und in charmanter weiblicher Begleitung. François Mitterrand führte sogar über Jahrzehnte ein privates Doppelleben. Neben seiner Gattin Danielle hatte er eine zweite Frau mitsamt einer unehelichen Tochter, was allerdings erst nach seinem Tod 1994 an die Öffentlichkeit kam. Mitterrand übergab seinem Erzrivalen Jacques Chirac übrigens nicht nur das Amt des Staatspräsidenten, sondern teilte sogar eine Mätresse mit ihm. Chiracs Gattin Bernadette zitieren die Autoren mit deren bitter-ironischen Frage:»Machen wir's kurz, wo steckt mein Mann heute Abend?«

Das Buch mag seine Leserinnen und Leser amüsiert haben, nicht aber die darin erwähnten Politiker. Zwar klagte niemand gegen das Werk – wohl aus Sorge vor möglichen weiteren Enthüllungen, doch der damalige Innenminister Nicolas Sarkozy soll alles andere als gelassen reagiert haben:»Wenn ich nicht Minister wäre und ihnen über den Weg liefe, würde ich ihnen das Genick brechen.«[49]

Was Sarkozy betrifft, berichten die beiden Autoren nicht nur über die verwickelte Liebes- und Eheanbahnung mit Gattin Carla Bruni, sondern auch über die Fallen und Intrigen, die der spätere Präsident politischen Gegnern zu stellen vermochte.

>»Viele dieser Episoden beweisen, dass die Geschichte der Fünften Republik voll von schrägen Begebenheiten ist, von Fallen und von Manipulationen auf dem Boden männlicher Leichtfertigkeit, weil

politische Gegner damit gezielt die Achillesverse ins Visier nehmen.«[50]

Andererseits kokettieren Politiker wie Sarkozy, Chirac oder Giscard d'Estaing zuweilen auch gern öffentlich mit ihrer besonderen Schwäche für das weibliche Geschlecht. Als Valérie Giscard d'Estaing 2009 einen Roman veröffentlicht, der eine Affäre zwischen ihm und Lady Di recht nahelegt, beschränkt sich die öffentliche Aufregung darüber vor allem auf das Vereinigte Königreich. In einer Umfrage gaben 83 Prozent der Franzosen an, mit einer außerehelichen Affäre ihres Staatspräsidenten kein Problem zu haben.[51] Die Autoren von *Sexus Politicus* folgern, dass eine Affäre wie die von US-Präsident Bill Clinton mit seiner Praktikantin Monica Lewinsky in Frankreich »nicht mehr als drei Zeilen einer Zeitungsmeldung gefüllt hätte«[52]. Das Erpressungspotenzial solcher Fehltritte ist also vermutlich bei französischen Politikern sehr viel geringer als bei ihren deutschen Kollegen. Es sei denn, die Natur des Fehltritts liegt jenseits der von den Franzosen so geschätzten Amour fou.

DSK – Chronik eines selbst angekündigten Untergangs

Dominique Strauss-Kahn wusste, wie mächtig er war. Ein mächtiger Mann, der allerdings die nötige Portion Selbstverliebtheit besaß, um genüsslich seinen eigenen Untergang vorherzusagen. Man schreibt den 28. April 2011. DSK, wie er in Frankreich von Freunden und Gegnern genannt wird, betritt gut gelaunt ein Restaurant im 2. Arrondissement. Der Direktor des Internationalen Währungsfonds ist dort mit Antoine Guiral verabredet, einem Redakteur der französischen Tageszeitung *Libération*.[53] Es sollte eigentlich ein vertrauliches Treffen sein, aber seit DSK wieder in Paris ist, wird er die Paparazzi nicht los. Sie lungern an der nächsten Straßenecke, während er mit dem Journalisten spricht. Zur Begrüßung fragt er Guiral, ob er ein Handy dabeihabe. Er selbst habe zwei Diensthandys des IWF in der Tasche, die aber abhörsicher seien.

Guiral ist nicht ganz klar, ob Strauss-Kahn nur die Sorge vor einer frühzeitigen Publikation ihres vertraulichen Gesprächs umtreibt oder wirklich die Angst, von einer staatlichen Stelle abgehört zu werden. DSK möchte in wenigen Wochen offiziell seine Kandidatur als Präsidentschaftskandidat der Sozialistischen Partei verkünden und keine Indiskretion riskieren. Er habe sich bereits mit der Parteichefin Martine Aubry geeinigt, berichtet er dem Journalisten vertraulich. Aubry verzichte auf die Kandidatur und lasse ihm den Vortritt. DSK kommt nun direkt auf seine Besorgnisse zu sprechen. Er glaube, dass ein Schlag gegen ihn geplant sei »aus dem Innenministerium.« Und er sagt auch, welche Angriffsflächen er als Kandidat biete: »Das Geld, die Frauen und mein Judentum.« DSK beginnt mit den Frauen: »Ja, ich liebe die Frauen, na und?«, sagt er kokettierend. Seit Jahren spreche man von kompromittierenden Fotos, fährt er fort, »aber ich habe keines gesehen, das sollen sie mal zeigen«. Nun erwähnt DSK ein Zusammentreffen mit Nicolas Sarkozy am Rande einer internationalen Konferenz. Auf der Herrentoilette habe er den französischen Präsidenten gebeten, damit aufzuhören, sein Privatleben zu beschmutzen. Strauss-Kahn, so kann man Wochen später in der *Libération* lesen, habe sich in eine Opferrolle hineingesteigert, sich vorgestellt, dass er »auf einem Parkplatz eine Frau vergewaltigt haben soll und die Frau 500 000 oder eine Million Euro erhalten habe, um diese Geschichte zu erfinden«.

Sechzehn Tage später. Samstag, 14. Mai. DSK hält sich privat in New York auf. Um zwölf Uhr ist er mit seiner 26-jährigen Tochter Camille und ihrem neuen Freund zum Lunch im Seafood- und Steakrestaurant McCormick & Schmicks in der Sixth Avenue verabredet. Am späten Nachmittag will er eine Air-France-Maschine nach Paris nehmen und dann nach Berlin weiterfliegen.

Auf dem Terminplan steht ein Krisengespräch mit der deutschen Bundeskanzlerin. Er will mit ihr über den drohenden Staatsbankrott Griechenlands und ein neues Rettungspaket, das der IWF zu rund einem Drittel mitfinanziert, verhandeln. Doch dazu wird es nicht mehr kommen. Gegen 16.45 Uhr hört Strauss-Kahn aus einem Lautsprecher auf dem John F. Kennedy International Airport seinen Namen. Er wendet sich an die Information und wird dort von der New Yorker Polizei verhaftet. Die Nachrichtenagenturen melden weltweit, dass der Verdacht bestehe, Strauss-Kahn habe ein Zimmermädchen vergewaltigt. Diese Geschichte wird nun monatelang weltweit durch die Medien vagabundieren, sich dauerhaft in die Erinnerung der Menschen eingraben und am Ende dafür sorgen, dass Strauss-Kahn niemals zum Präsidenten Frankreichs gewählt werden wird. Denn der Plot folgt einem einfachen Schema: Reicher, omnipotenter Lustmolch missbraucht seine soziale Stellung, um eine 32-jährige, aus Guinea stammende alleinerziehende Mutter zum Sex zu zwingen.

Für die Betrachtung der modernen Machtmaschine bieten die nachfolgenden Ereignisse wertvolles Anschauungsmaterial, das gewissermaßen an die politische Literatur der griechischen Antike und des Mittelalters anknüpft. Diese bestand bis ins 16. Jahrhundert vor allem aus Ratgebern für den Lebenswandel der mächtigen Fürsten und Könige, die dort nachlesen konnten, wie sie sich bei ihren Untertanen ganz persönlich Achtung und Zuspruch sichern konnten.[54] Dabei sei die folgende Betrachtung nicht nur unseren heutigen Regierenden ans Herz gelegt, sondern vor allem auch uns Regierten, die wir verstehen wollen, wie der *äußere* und der *innere* Machtkomplex, die kalte Welt des objektiven politischen Machtgefüges und die aufgewühlte innere Verfassung eines vom Machtkomplex besessenen Politikers, zusammenhängen.

Im Fall Strauss-Kahn fielen beide zusammen. DSK stand kurz davor, seine Kandidatur für die Sozialistische Partei Frankreichs bei den Präsidentschaftswahlen 2012 bekannt zu geben, und die Umfragen sahen die Sozialisten auf der Siegerspur. DSK war ein Politiker, der es aus dem linken Establishment der französischen Republik als Chef des Internationalen Währungsfonds in die oberste Schaltzentrale des staatlich flankierten Finanzkapitalismus geschafft hatte. Jahrzehntelang galt der IWF als kühle Vollstreckungsbehörde westlicher Wirtschaftsmächte und der sie tragenden Konzerninteressen. Länder, die in Not gerieten, mussten sich Spardiktaten beugen, die im Wesentlichen aus Privatisierungen und Sozialabbau bestanden. Der IWF folgte dabei neoliberalen Vorstellungen, wonach der Markt selbst alles besser und der Staat es allenfalls schlechter richten könne.

Der ehemalige sozialistische Finanz- und Wirtschaftsminister Strauss-Kahn vertrat andere Überzeugungen. Nicht erst seit der internationalen Finanzkrise forderte er Konsequenzen von der Weltgemeinschaft. Anfang April 2011 griff er öffentlich den sogenannten Washington Consensus als neoliberale Leitlinie der IWF-Politik an:»Beim Gestalten des makroökonomischen Rahmens einer neuen Welt wird das Pendel umschwingen – zumindest ein bisschen – vom Markt hin zum Staat«[55]. Strauss-Kahn sorgte dafür, dass die strikten Kriterien für die Vergabe von IWF-Darlehen, wie freier Marktzugang, Kapitalverkehrsfreiheit und schneller Abbau von Staatsdefiziten, nicht mehr allein galten.[56] Soziale Folgekosten und der Einfluss auf die Binnennachfrage sollten nun ebenfalls in die Entscheidungen einfließen. Der *Financial Times Deutschland* zufolge verdankt der IWF Strauss-Kahn die»soziale Wende«.

Sein weitreichendster Angriff galt allerdings der Spekulation gegen Staaten auf den Finanzmärkten. Sobald der IWF einen Angriff auf einen Staat wahrnehme, könne er diesem Staat sogar ohne weitere Bedingungen Geld zur Verfügung stellen, nur um den Spekulanten den Wind aus den Segeln zu nehmen – eine angesichts der heutigen Spekulation gegen Staaten der Eurozone zukunftsweisende Haltung.»Der Washingtoner Konsens liegt jetzt hinter uns«, fasste Strauss-Kahn im April 2011 die Neuausrichtung des IWF zusammen und irritierte die versammelte westliche Wirtschaftselite mit der Forderung, in Ausnahmefällen auch den freien Kapitalverkehr kontrollieren zu lassen.

Exakt fünf Wochen nach diesem spektakulären politischen Auftritt wird der Weltöffentlichkeit vor Augen geführt: Dieser Strauss-Kahn ist ein Politiker, der sich selbst am allerwenigsten unter Kontrolle hat. Er wird in New York verhaftet und vor laufenden Kameras abgeführt.

Gut ein halbes Jahr nach jenem Tag, der das Leben von DSK von Grund auf veränderte, fasste der Enthüllungsjournalist Edward Jay Epstein in einem langen Artikel für die New York Review of Books und die Financial Times die Ereignisse und eigene Recherchen zu einer Chronologie dieses 14. Mai zusammen.[57] Er hatte starke Indizien zusammengetragen, dass der mächtige IWF-Chef in eine Falle getappt war, eine Falle allerdings, die ohne seinen menschlichen Makel niemals funktioniert hätte.

Nach Epsteins Recherchen beginnt der Morgen des 14. Mai 2011 mit einer Hiobsbotschaft für Dominique Strauss-Kahn. Die SMS, die auf seinem Blackberry landet, kommt von einer Freundin, die zu dieser Zeit ausgerechnet im Pariser Büro der Regierungspartei von Präsident Sarkozy, der UMP, arbeitet. Sie schreibt, DSK solle auf sein Blackberry achtgeben, denn mindestens eine private E-Mail, die er von dem Smartphone an seine Frau Anne Sinclair geschickt habe, sei im Büro der UMP mitgelesen worden.

Um 10.07 Uhr ruft er seine Frau an. Er bittet Anne Sinclair, über einen Freund die Überprüfung seines Blackberry zu organisieren. Um 12 Uhr steht Strauss-Kahn nach eigenen Angaben unter der Dusche. Laut Protokoll der elektronischen Hotelzimmer-Schlüsselkarte betritt das Zimmermädchen Nafissatou Diallo zwischen 12.06 Uhr und 12.07 Uhr seine Suite. Epstein schreibt:

»Was genau zwischen DSK und dem Zimmermädchen in den folgenden sechs bis sieben Minuten vorfällt, ist strittig. DNA-Spuren, die vor der Badezimmertür gefunden werden, belegen, dass sich ihr Speichel mit seinem Sperma vermischt hat. Der Staatsanwalt folgert, dass eine ›hastige sexuelle Begegnung‹ stattgefunden hat. Strauss-Kahns Anwälte räumen dies ein, sagen aber, diese sei einvernehmlich gewesen. Offen ist, wann das Zimmermädchen das Zimmer verlassen hat, da die Aufzeichnungen der Schlüsselkarte diese Zeiten nicht anzeigen.«

Diallo wirft Strauss-Kahn vor, die Tür zur Suite von innen verriegelt zu haben, und sie dann gewaltsam über einen zwölf Meter langen Flur durch die Suite geschleift zu haben. Anschließend habe er versucht, sie anal und vaginal zu vergewaltigen, und sie schließlich zweimal zum Oralverkehr gezwungen. Unbestreitbar allerdings war von Anfang an auch für die Ermittler: Für all diese Aktivitäten blieben DSK maximal sieben Minuten. Denn schon um 12.13 Uhr ruft er nachweislich seine Tochter an, um ihr zu sagen, dass er sich beim Lunch verspäten wird. Fünf Minuten später bereits verlässt er laut den Aufzeichnungen der Videoüberwachung das Hotel. 13 Minuten später betritt Diallo das Zimmer mit der Nummer 2820 auf dem gleichen Gang, das sie laut Auswertung der Zimmerschlüsselkarten an diesem Tag bereits mehrfach aufgesucht hatte. Ein oder zwei Minuten später kehrt sie für kurze Zeit noch einmal in Strauss-Kahns Suite zurück. Niemand weiß, warum. Auch weigert sich das Sofitel, der Staatsanwaltschaft mitzuteilen, wer im Zimmer 2820 zu Gast war – aus Gründen des Datenschutzes. Gegen halb eins trifft Diallo zum ersten Mal auf eine Kollegin und fragt, was sie tun könne, wenn ein Hotelgast sich unrecht verhalte. Die Vorgesetzte fragt nach, worauf Diallo angibt, von dem Gast in der Präsidentensuite angegriffen worden zu sein.

Um 12.52 Uhr zeigt ein Überwachungsvideo Diallo, während sie mit einem unbekannten Mann gemeinsam den Servicebereich des Hotels betritt. Um 13.31 Uhr setzt der Sicherheitschef des Hotels einen Notruf bei der Polizei ab. Edward Epstein wartet in seiner Chronologie nun mit einem äußerst dubiosen Detail auf:

> »Weniger als zwei Minuten später, so zeigen die Videos der Überwachungskameras, gehen Yearwood und derselbe Mann, der Diallo um 12.52 Uhr zum Sicherheitsbüro begleitet hat, von hier aus zu einem benachbarten Bereich. Dort klatschen sie sich ab und vollführen drei Minuten lang eine Art Jubeltanz.«

Eine halbe Stunde später haben Dominique Strauss-Kahn und seine Tochter Camille ihren Lunch beendet. Ein Überwachungsvideo zeigt ihn um 14.15 Uhr beim Einsteigen in ein Taxi, das ihn zum Flughafen bringen soll. Im Auto bemerkt er, dass ihm sein Blackberry fehle, und zwar genau jenes, das er wegen der möglicherweise angezapften Leitung in Paris überprüfen lassen wollte. Exakt um 14.16 Uhr ruft er seine Tochter an und bittet sie, im Restaurant nach dem Telefon zu suchen. Die dortige Überwachungskamera nimmt auf, wie sie unter den Tisch kriecht. Sie findet es nicht. Strauss-Kahn ruft das Blackberry an und stellt fest, dass es abgeschaltet ist. Er ruft auch im Hotel an. Als er zurückgerufen wird, sagt er einer Angestellten, er sei bereits am Flughafen, was diese sofort der Polizei mitteilt.

Vieles spricht dafür, dass DSK zu diesem Zeitpunkt nicht davon ausging, dass die Polizei nach ihm fahndete. Später wird sich übrigens herausstellen, dass die GPS-Funktion des Blackberry bereits um 12.51 Uhr deaktiviert wurde. Für den Journalisten Edward Epstein ist die Tatsache, dass das Blackberry auch im Hotel nicht gefunden wird, ein starkes Indiz für ein Komplott. Offen bleibt bis heute, wer der Unbekannte ist, mit dem Nafissatou Diallo auf den Hotelvideos zu sehen ist, und ob er identisch ist mit dem Gast der benachbarten Suite.

Epstein weist zudem auf personelle Verquickungen hin: So habe das Hotel Stunden bevor es die Polizei einschaltete, zunächst den Sicherheitschef John Sheehan informiert, der zu Hause weilte. Dessen direkter Vorgesetzter ist ein gewisser René-Georges Querry, ein guter Bekannter von Nicolas Sarkozy. Die beiden kennen sich bereits aus der Zeit Sarkozys als Innenminister Frankreichs. Besonders pikant ist die Tatsache, dass Querry während der Ereignisse im New Yorker Sofitel gerade unterwegs zu einem Fußballspiel von Sarkozys Leib- und Magenmannschaft Paris Saint Germain war, bei dem er gemeinsam mit dem Präsidenten in dessen VIP-Loge sitzen würde. Querry sagt später öffentlich aus, er habe erst nach der Verhaftung von Strauss-Kahn von dem Desaster gehört. Unklar bleibt auch, warum John Sheehan nicht den zuständigen Manager für solche Notlagen, Xavier Graf, kontaktiert haben will. Fünf Wochen nach der Verhaftung von DSK gelangt allerdings eine E-Mail, die Graf einem Freund geschickt hat, in die Hände von Journalisten des *Figaro*. Darin prahlt Graf, DSK mit »zu Fall gebracht zu haben«. Graf bezeichnet das als reinen Scherz. Seine Arbeitgeber vom Hotelbetreiber Accor nahmen diesen Scherz allerdings ernst genug, um ihn vom Dienst zu suspendieren.

Querry, der ebenfalls seinen Job verlor, gab der französischen Ausgabe der Onlinezeitung *Huffington Post* ein langes Interview, in dem er eine Verwicklung in ein Komplott als unsinnige Verschwörungstheorie zurückweist.[58] Über eine Distanz von 6000 Kilometern sei so etwas nicht möglich, behauptet er, als habe es niemals interkontinentale Geheimdienstoperationen gegeben. So publizierte *Wikileaks* 2012 folgendes Papier der CIA-nahen privaten Sicherheitsfirma Stratfor, das die dringlichsten operativen Aufgaben in diversen europäischen Ländern zusammenfasst. Zu Frankreich heißt es dort gleich an zweiter und dritter Stelle:

»Wir müssen alles überwachen, was in und mit der Sozialistischen Partei vor sich geht. Führungsstreitigkeiten und so weiter. Dinge, die im Sinn von ›human interest‹-Stories interessant erscheinen, wie die Frage, wer in Frankreich mit wem schläft, und so weiter.

Ich möchte wissen, ob irgendjemand im Regierungsapparat Affären oder ähnliches hat.«[59]

Wie staatliche Geheimdienste, spielt auch der private Dienst Stratfor auf der gesamten Klaviatur geheimdienstlichen Erkenntnisgewinns. Laut internen Mails empfahl der Sicherheitschef von Stratfor, Fred Burton, einer seiner Ermittlerinnen, eine Zielperson im Ausland »finanziell, sexuell oder psychologisch abhängig zu machen«, damit diese bereit sei, Informationen preiszugeben.[60]

Die Bilder von Dominique Strauss-Kahn, die um die Welt gingen, zeigen einen Mann mit eingefallenem unrasierten Gesicht, aus dem beinahe debil wirkende Augen starren. Die Bilder deuten darauf hin, dass dieser Machtmensch wirklich ins Mark getroffen war. Dabei verbrachte er gerade einmal sechs Tage auf der New Yorker Gefängnisinsel Rikers Island.

Nachdem seine Frau Anne Sinclair eine Kaution von sechs Millionen Dollar aus ihrem Privatvermögen hinterlegt hatte, wurde DSK auf freien Fuß gesetzt und unter Hausarrest gestellt. Am 1. Juli 2011 hob die Staatsanwaltschaft den Hausarrest auf, behielt aber Strauss-Kahns Reisepass. Nafissatou Diallo reagierte kurz darauf mit einem Exklusivinterview für *Newsweek*. Und am 25. Juli 2011 wiederholte sie ihre Anschuldigungen in einem weiteren Exklusivinterview in der Nachrichtensendung *ABC News*: »Ich will, dass er ins Gefängnis kommt und sieht, dass es einen Ort gibt, an dem ihm seine Macht und sein Geld nichts nutzen.«[61] Geld und Macht allerdings hätten auch nichts gegen ein politisches Komplott ausrichten können. Wenn es ein solches denn jemals gab.

Drei Monate später zog die Staatsanwaltschaft die Klage gegen Strauss-Kahn zurück. Diallo habe in ihren Aussagen beharrlich, manchmal unerklärlicherweise die Unwahrheit gesagt. Die Autorin der Deutschen Presse-Agentur nennt sie in ihrem Bericht eine »notorische Lügnerin«[62].

Wörtlich formulieren die Staatsanwälte um Cyrus Vance:»Aufgrund der Art und der Anzahl der Unaufrichtigkeiten der Klägerin können wir ihre Version der Ereignisse nicht zweifelsfrei anerkennen.« Selbstverständlich waren die dubiosen Umstände, die Edward Epstein zusammengetragen hatte, nicht zentraler Bestandteil der Untersuchung. Die Ermittlungen gingen im Kern darum, die Schuld oder Unschuld von DSK zu beweisen, nicht jedoch die Verantwortung von unbekannten Dritten, die ihre Hände im Spiel hatten.

Im September 2011 gab Strauss-Kahn in einem Fernsehinterview zu, in jenen sieben Minuten eine »unangemessene Beziehung« mit dem Zimmermädchen Diallo gehabt zu haben:»Was geschehen ist, beinhaltete weder Gewalt noch Zwang und keinerlei strafbare Handlung.«[63] Selbst wenn diese Aussage juristisch zutreffen mag, wird Strauss-Kahn niemals erklären können, wie es zur sexuellen Annährung an eine ihm bis dato vollkommen unbekannte Frau kommen konnte. Neue kritische Fragen nach Strauss-Kahns tatsächlichem Verhalten wirft überdies die Meldung aus dem November 2012 auf, wonach Strauss-Kahn und Nafissatou Diallo sich in dem von Diallo angestrengten Zivilverfahren in den USA geeinigt hätten.[64] Eine Meldung der Zeitung *Le Monde*, wonach Strauss-Kahn sechs Millionen Dollar an Diallo zahle, wiesen seine Anwälte jedoch als »frei erfunden« zurück.

Strauss-Kahn, das steht zweifelsfrei fest, hat seine Libido nicht im Griff und handelte im subjektiven Gefühl einer männlichen und politischen Machtvollkommenheit. Ausgerechnet dieses subjektive Gefühl von Stärke erweist sich als entscheidende Schwäche, eine bei einem künftigen Staatsoberhaupt sogar nicht tolerable Schwäche, die den Betreffenden zum Trugschluss eigener Unangreifbarkeit verleitet. So entsteht das Bild des omnipotenten politischen Schwächlings, dem wir bei der Betrachtung der Machtmaschine noch häufiger begegnen werden.

Wie Volkswagen zum
zweifelhaften Sexsymbol wurde

Hans-Jürgen Uhl war, wie Hunderte anderer sogenannter Hinterbänkler, in seinem Wahlkreis eine Größe. Und dieser Wahlkreis Helmstedt-Wolfsburg ist zugleich verbunden mit einem großen deutschen Namen: Volkswagen. Seit 1955 der einmillionste VW-Käfer vom Band lief, gilt die Marke als Inbegriff deutscher Ingenieurskunst und steht zugleich für eine Ästhetik, die sich alle leisten können. Die *Süddeutsche Zeitung* hat VW einmal den »deutschesten aller Dax-Konzerne« genannt. Wer um die Welt reist und sich in entlegeneren Gefilden als Deutscher zu erkennen gibt, hat gute Chancen, auf Volkswagen angesprochen zu werden. In Brasilien wurde der Käfer, dort »Fusca« (portug., Käfer) genannt, noch bis in die 1990er-Jahre produziert. Was uns zu jenem Abgeordneten Hans-Jürgen Uhl zurückführt, der zu einem erlesenen Kreis von Menschen gehörte, die auf Kosten von VW durch die Welt reisten.

Uhl war Geschäftsführer des Gesamt- und Konzernbetriebsrats der Wolfsburger Autoschmiede. Der Personalvorstand des Konzerns Peter Hartz, seine Personalmanager und die wichtigsten Köpfe des Gesamtbetriebsrats waren übereingekommen, dass gemeinsame Reisen der gemeinsamen Sache VW dienlich wären. In der Folge installierte der Konzern ein buntes Reiseprogramm mit allerlei Annehmlichkeiten für die Teilnehmer.

Dass der Betriebsrat Uhl, der von 2002 bis 2007 im Zweitberuf Bundestagsabgeordneter der SPD war und seit 1973 der IG Metall angehört, auf Kosten eines Konzerns, der ihn auch ansonsten alimentierte, durch die Welt reisen konnte, klingt korrupt, ist es aber im strengen strafrechtlichen Sinne nicht. Denn im strafrechtlichen Sinne existiert die Korruption von Bundestags- und anderen Abgeordneten in Deutschland nicht, weil der Bundestag es seit Jahren ablehnt, die internationale Konvention gegen Korruption zu ratifizieren. Zwar hat Deutschland die UN-Übereinkunft unterschrieben, doch in Kraft ist sie erst, wenn der Bundestag sie ratifiziert und gleichzeitig die Abgeordnetenbestechung unter Strafe gestellt hat. 140 von 160 Staaten haben das inzwischen getan, und Deutschland steht in einer Verweigererfront mit Ländern wie Syrien, Sudan, Saudi-Arabien oder dem Tschad. Hans-Jürgen Uhl und andere Politiker, die mit VW auf Reisen gingen, hatten also diesbezüglich nichts zu befürchten, zumal Uhl als Geschäftsführer des Gesamt- und Konzernbetriebsrats und als Bundestagsabgeordneter auf beiden Seiten spielte. Er wäre also vermutlich noch heute ein unbescholtener Hinterbänkler, hätte nicht ein VW-Manager versucht, seine persönliche Schatulle mit Millionen an Schmiergeldern aus Indien zu füllen – als Belohnung für eine Industrieansiedlung.

Am 25. Juni 2005 meldet das Nachrichtenmagazin *Focus* erstmals, dass es bei VW einen Schmiergeldskandal gebe. Ausgangspunkt sind geplante Schmiergeldzahlungen des Personalvorstands der VW-Tochter Skoda, Helmuth Schuster, um eine Investitionsentscheidung von VW in Indien zu beeinflussen. [65] VW erstattet Anzeige, und die Staatsanwaltschaft beginnt zu ermitteln, auch gegen Schusters Mitarbeiter Klaus-Joachim Gebauer. Wenige Tage später tritt der VW-Betriebsratschef Klaus Volkert zurück. Am 2. Juli berichtet die *Bild am Sonntag* von überhöhten Reisekosten und Spesenabrechnungen, darunter auch Quittungen, die angeblich von VW-Personalvorstand Peter Hartz persönlich abgezeichnet wurden. Die Gehaltsaffäre entwickelt sich nun zu einer für alle Beteiligten peinlichen Sexaffäre.

Die Ermittler finden heraus, dass bei VW bereits seit 1996 ein System der halbseidenen Günstlingswirtschaft installiert ist. Regelmäßig reiste der Gesamtbetriebsausschuss, dem sämtliche Betriebsräte der deutschen Werke angehörten, ins Ausland, nach Südeuropa, Südamerika und Afrika – häufig nebst Gattin, aber nicht immer. Regelmäßig kümmerte sich der Personalmanager Klaus-Joachim Gebauer darum, dass die Reiseteilnehmer auch die Dienste von Prostituierten in Anspruch nehmen konnten. Da solche Dienstleistungen normalerweise nicht in internen Abrechnungen, geschweige denn in Bilanzen auftauchen dürfen, wurden die Belege persönlich gegengezeichnet, unter dem Titel »Vertrauensspesen« verbucht und im Übrigen nicht kontrolliert. Eine Kontrolle durch die Revision wäre nur mit persönlicher Zustimmung von VW-Personalvorstand Peter Hartz möglich gewesen. Unterwegs zahlte Hartz' Personalmanager Gebauer mit einer seiner vier Kreditkarten, die sein privates Girokonto bei der Sparkasse Gifhorn-Wolfsburg belastete. Das Geld erhielt er dann alsbald zurück.

Schnell gerät Peter Hartz selbst ins Zentrum der Ermittlungen.[66] Die Staatsanwälte nehmen die von ihm persönlich gegengezeichneten Abrechnungen Volkerts unter die Lupe, darunter Kosten für eine Braunschweiger Wohnung, für Volkerts Geliebte und in elf Fällen für Dienste von Prostituierten, die Hartz selber in Anspruch genommen haben soll. *Der Spiegel* schrieb damals: »Für die Frauen in Shanghai, Seoul, Lissabon, Bratislava und Paris seien Kosten von mindestens 5772,48 Euro verrechnet worden. Von Hartz ist zu den Vorwürfen keine Stellungnahme zu erhalten.«[67] Während die Staatsanwaltschaft bald gegen insgesamt 14 Personen ermittelt, gerät auch der Bundestagsabgeordnete Uhl ins Visier. Doch der erklärt in fünf eidesstattlichen Versicherungen, niemals auf Kosten des VW-Konzerns Dienste von Prostituierten in Anspruch genommen zu haben.[68]

Der 15. November 2006 wird für Peter Hartz, den Vater der nach ihm benannten Arbeitsmarktreformen, zu einem schwarzen Tag: Rund anderthalb Jahre nachdem der Skandal öffentlich geworden ist, erhebt die Staatsanwaltschaft Braunschweig eine erste Anklage. Sie gilt Peter Hartz, dem die Ankläger Untreue in 44 Fällen zulasten des VW-Konzerns sowie eine unrechtmäßige Begünstigung von Betriebsräten vorwerfen. Hans-Jürgen Uhl glaubt zu diesem Zeitpunkt noch, seinen Kopf aus der Schlinge ziehen zu können.

Am 15. Dezember 2006 jedoch hebt der Bundestag auf Antrag der Staatsanwaltschaft Uhls Immunität auf. Während die Staatsanwälte mit den Ermittlungen beginnen, genießt Uhl weiter das Vertrauen seiner Parteioberen. Sein Fraktionschef im Bundestag Peter Struck sagt noch Anfang 2007, dass Uhls Unschuld vor Gericht erwiesen worden sei, und der ebenfalls aus Niedersachsen stammende damalige Bundesumweltminister Sigmar Gabriel geißelt die Behandlung Uhls durch den politischen Gegner als »unanständig«, schließlich leiste der Genosse »exzellente Arbeit in Berlin«.

Der Prozess gegen Peter Hartz vor dem Landgericht Braunschweig wird kurz. Bereits am ersten Tag, dem 17. Januar 2007, lässt er durch seinen Anwalt ein umfangreiches Geständnis vortragen. Das Plädoyer der Staatsanwaltschaft dauert 36 Minuten. Sie führt aus, dass Hartz, nachdem ihn der mächtige Betriebsratschef Volkert als Arbeitsdirektor in den Vorstand von VW empfohlen habe, seinerseits Volkert mit zwei Millionen Euro extra versorgte.[69] Volkerts brasilianische Geliebte Adriana B. habe einen fingierten »Beratervertrag« erhalten und 250 000 Euro überwiesen bekommen. Als Zweck des Vertrages hätten die Männer unfreiwillig komisch formuliert: »Pflege interkultureller Beziehungen«.

Peter Hartz hat sich gewünscht, dass die Welt über diese Dinge schweigt. Deshalb hat er sogar per Geständnis einer schnellen strafrechtlichen Verurteilung zugestimmt, um auf diesem Wege sein Gesicht nicht vollends zu verlieren. Die *Frankfurter Rundschau* schrieb damals:

»Vor allem, wichtig für ihn, den selbstimaginierten Gentleman: Die Prostituierten-Geschichten bleiben, bis auf Andeutungen, außen vor. Grundlage dafür ist eine Vorab-›Verständigung‹ mit der Staatsanwaltschaft: Hartz gesteht raumgreifend die 2,6 Millionen aus den Volkert-Vergünstigungen, dafür gibt es keine Anklage, keine Zeugen im Fall der Prostituierten-Zuführung von ›Roselia R.‹ und Co., die mit unter 6000 Euro gezahltem ›Liebeslohn‹ ja auch wertmäßig stark abfallen.«[70]

Hartz war im Juli 2005 schnell zurückgetreten, nachdem er vom Besuch von *Bild*-Reportern bei einer Prostituierten namens Roselia R. erfahren hatte. Die hatten ihr ein Foto von Hartz unter die Nase gehalten und sollen ihr den Ausspruch »Oh, das ist mein Peter« entlockt haben.

Hartz zog sich damals aus der Öffentlichkeit zurück und lebt mittlerweile in seiner saarländischen Heimat. 2007 unternahm er den einmaligen Versuch einer Ehrenrettung in eigener Sache. Er stellte sich der Journalistin Inge Kloepfer für ein Interviewbuch unter dem Titel *Macht und Ohnmacht* zur Verfügung. In sehr allgemeiner Form nahm er darin erstmals öffentlich Stellung zum »System VW«, das so zu nennen er sich gleichwohl sträubte: »Für mich gibt es diesen Begriff nicht. Gemeint ist damit die bisher dominierende Rolle der Mitbestimmung bei Volkswagen.«[71] Als die Interviewerin entgegnet, sie verstehe darunter eher Klüngel, Filz und Kumpanei zwischen Vorstand, Betriebsrat und Landesregierung, erwidert Hartz:

> »Wenn Sie wollen, können Sie ein sehr konstruktives und kooperatives Verhältnis zwischen Vorstand, Gewerkschaft, Betriebsräten und Landespolitik zur Kumpanei erklären. Sie können die Vorgänge am Ende meiner Laufbahn als Indiz dafür nehmen, dass alles nur Kumpanei gewesen ist. Aber das sehe ich nicht so.«[72]

Der Einzige, der umfassend bei der Staatsanwaltschaft und sogar bei einigen Medien auspackte, war der Personalmanager Klaus-Jürgen Gebauer, im Spiel der Abhängigkeiten sozusagen Peter Hartz' Mann fürs Grobe. Gegenüber *Zeit*-Autor Stefan Willeke räumt er freimütig ein, Schönheiten wie in Brasilien würden »im Normalfall einen ja gar nicht angucken«. »Die Welt, in der wir lebten«, fährt er fort, sei eine, »die mit dem normalen Bürgertum nichts mehr zu tun hatte. Sie war abgehoben. Geld spielte keine Rolle.«[73]

Der Ausbruch der daheim angesehenen, in ihrer Mehrheit sicher kleinbürgerlich lebenden Männer in die weite Welt hatte

System und wurde von VW mit fantasievollen kleinen Gesten gewürzt. Während einer Flugreise nach China erhielt jeder der Männer eine kleine Pillendose. Ihr Inhalt verhieß alles andere als Betriebsratsarbeit: ein Aspirin für den Morgen, eine Schlaftablette für die Siesta und Viagra für den Abend.

Für Hans-Jürgen Uhl, ein Mann, der in Gießen Politik, Pädagogik und Germanistik studiert und danach kurze Zeit als Lehrer an einer Gesamtschule gearbeitet hatte, bedeutete der VW-Skandal das Ende einer Schlitterpartie, die er als verbeamteter Lehrer wohl nie erlebt hätte. Die Stunde der Wahrheit kam für ihn später als für die anderen Beteiligten, hatte er doch beharrlich und an Eides statt bestritten, an dem Vergnügungssystem partizipiert zu haben. Im Juni 2007 wurde er wegen insgesamt sieben Straftaten verurteilt: in fünf Fällen wegen falscher eidesstattlicher Versicherungen und zweimal wegen Beihilfe zur Untreue, dem eigentlichen Kern der Vorwürfe. Sich die Zeit mit Prostituierten vertrieben zu haben, räumte Uhl schließlich ein; fein säuberlich aufgelistet waren diese Besuche aber nur für Reisen nach Barcelona und Seoul.[74] Die Staatsanwaltschaft warf ihm insgesamt zehn Bordellbesuche auf Kosten des Konzerns zwischen 1999 und 2005 vor. Das Amtsgericht Wolfsburg verurteilte Uhl zu einer Geldstrafe von 39 200 Euro.

Der einzige Angeklagte, der tatsächlich hinter Gitter musste, war am Ende der Betriebsratschef Klaus Volkert. Wegen Anstiftung und Beihilfe zur Untreue sowie wegen Verstoßes gegen das Betriebsverfassungsgesetz wurde er zu einer Haftstrafe von zwei Jahren und neun Monaten verurteilt. Der frühere Personalmanager Gebauer wurde zu einer Bewährungsstrafe von einem Jahr verurteilt.

Die juristische Aufarbeitung dieses Skandals gab der Öffentlichkeit zugleich die Möglichkeit, sich ein Bild von den Machtspielen an der Schnittstelle von Wirtschaft und Politik zu machen. Das Sittengemälde dieser Ereignisse offenbart zugleich eine postfeudale Konzernstruktur, die übrigens keineswegs VW-spezifisch war. Hinter den Vorteilen, die sich Männer hier in Form von Geld und Prostituierten gegenseitig gewährten, stand ein knallhartes Kalkül: Aus solch einem System von Abhängigkeiten und intimsten Kenntnissen schert niemand mehr aus, da das Erpressungspotenzial für jeden Einzelnen viel zu groß ist. Die Allmachtsfantasien von Männern, die sich weltweit Frauen für Geld körperlich untertan machen, erweisen sich vor dem Hintergrund dieser kriminellen Struktur als reale Ohnmacht.

Hans-Jürgen Uhl brachte dies bei seinem um zwei Jahre verspäteten Geständnis eindrucksvoll zum Ausdruck. Als die Medien im Sommer 2005 mit kritischen Fragen an ihn herantraten, wiegelte er ab. Die Bundestagswahl stand bevor und jede verzögerte Reaktion, jede Unsicherheit hätte ihn um seine politische Zukunft bringen können – von der einfachen Wahrheit mal ganz abgesehen.[75] Also log er sogar in eidesstattlichen Versicherungen, die er zu dem Fall abgab. Am Wahltag wurde er mit 49,5 Prozent der Erststimmen belohnt und war damit ein direkt gewählter Bundestagsabgeordneter. Danach, räumt Uhl ein, habe er nicht mehr den Mut gefunden, sich zu offenbaren.

Dieser Aussage entspricht ein zutiefst menschlicher Zug: unser unbedingter Wille, das Gesicht zu wahren. Verdienen diese Männer nicht unser Verständnis? Tatsächlich haben die machtversessenen und testosterongesteuerten Halbpolitiker, Betriebsräte und Konzernlenker ja auch niemanden umgebracht. Sie haben schlicht versucht, sich bei Laune zu halten. Wäre es bei diesem etwas schlüpfrigen Günstlingssystem geblieben, hätten vermutlich nur interne Wächter der Corporate Governance über sie befinden müssen und nicht die Gerichtsbarkeit der dritten und vierten Gewalt im Staat. Handelte diese Geschichte nur von sexuellen Aktivitäten von Männern, die zufällig einem Konzern angehörten – sie wäre nicht eine einzige Zeile wert. Denn die offiziell von der Bundesregierung zitierte Schätzung von 400 000 in der Prostitution tätigen Frauen spricht dafür, dass wir es bei bezahltem Sex mit einem Massenphänomen zu tun haben.[76]

Es geht hier nicht um Moral, es geht um Mechanismen der Macht und ihre gesellschaftliche Verbreitung. Unter dem Strich hinterlassen die Schlagzeilen der VW-Rotlicht-Affäre einen rational verheerenden Eindruck: dass es sich schlicht um ein von Arbeitnehmervertretern und Konzernherren ersonnenes, hochprofitables Korruptionssystem handelte und somit um einen massiven Verstoß gegen die Regeln eines Systems, das Deutschland über ein halbes Jahrhundert Wohlstand und sozialen Ausgleich beschert hatte – die Sozialpartnerschaft. Diese Sozialpartnerschaft lebte stets vom natürlichen Antagonismus von Arbeitnehmer- und Konzerninteressen, andernfalls wären nächtelange Tarifverhandlungen und wochenlange Streiks ein reines Theaterspiel für die bürgerliche Öffentlichkeit gewesen.

Das Modell VW durchbrach dieses wohlaustarierte Modell und mündete in männerbündlerischer Kumpanei. Die *Frankfurter Allgemeine Zeitung* schrieb über das System VW: »Kein Manager (und kein Politiker) legt sich in Wolfsburg mit der Belegschaft an. Man benutzt einander.«[77] Und selbstverständlich zeitigte diese einnehmende Politik des Konzerns gegenüber seinen Betriebsräten auch Erfolge im Sinne der Profitinteressen des VW-Konzerns, der weltweit mehr als eine halbe Million Menschen beschäftigt. Der Politologe, Verkehrsexperte und ehemalige PDS-Bundestagsabgeordnete Winfried Wolf geht in einem Aufsatz sogar so weit, einen Zusammenhang zwischen der Veröffentlichung der VW-Affäre und dem Zurückdrängen von Arbeitnehmerinteressen im Konzern zu sehen:

»Im Mai 2005 forderte das Top-Management des Konzerns für Wolfsburg die Wiedereinführung von 10-Stunden-Schichten bei gleichzeitigem Wegfall der Nachtarbeitszuschläge. Der Konzernbetriebsrat unter Klaus Volkert musste Nein sagen, hatte er doch erst ein gutes halbes Jahr zuvor einer Nullrunde bei den Löhnen und damit einem Reallohnabbau gegen das vage Versprechen einer Job-Bestandsgarantie bis 2011 zugestimmt. Das war aus Sicht des Vorstands das Kampfsignal. Jetzt musste nur noch ein geeigneter Anlass für den Generalangriff kommen. Der Skandal kam im Juli wie bestellt.«[78]

Mit Hilfe von Peter Hartz und der Einbindung der Arbeitnehmervertreter, schreibt Wolf, habe der Konzern seine Krise abgemildert. Hartz sei es gelungen, mit seinen Flexibilisierungsmodellen in Wolfsburg, in Brasilien und Mexiko, »die zuvor erreichten Arbeitszeitverkürzungen und das offiziell hohe Lohnniveau beim VW-Haustarif zu unterlaufen«. Peter Hartz selbst verweist in seinem Buch auf das Programm »Auto 5000 GmbH«, das eine Bezahlung nach Leistung und nicht mehr nach Zeit vorsah. Immerhin habe der Betriebsrat sich dagegen zunächst gewehrt, bevor er zugestimmt habe, sagt Hartz, um sich dann auf eine etwas verräterische Formulierung zu verlegen: »Sie erkennen daran, dass der Betriebsrat durchaus eine eigene Meinung zu den Dingen hat.«[79]

Die *WirtschaftsWoche* beschreibt die Rolle von Peter Hartz im Kosmos eines autobauenden Konzerns: »Hartz hat Piëch den Rücken freigehalten, damit dieser Bentley, Lamborghini und Bugatti kaufen, den Phaeton entwickeln und seiner Lust am Autobauen ungehemmt nachgehen konnte.«[80] In den vielen strafrechtlichen Verfahren gelang es nie, eine Verantwortung und etwaige Mitwisserschaft des VW-Patriarchen Ferdinand Piëch zu belegen. Piëch war von 1993 bis 2002 Vorstandsvorsitzender von VW und ist seither Vorsitzender des Aufsichtsrates. Dass Piëch nicht ins Visier der Ermittler geriet, hat er im Wesentlichen dem Umstand zu verdanken, dass Peter Hartz stets betonte, ohne das Wissen Piëchs gehandelt zu haben.

130 000 Euro von VW
für Gabriels Zwei-Mann-Firma

Es gab allerdings auch ganz legale Wege für Politiker, mit Hilfe von VW viel Geld zu verdienen. Einen dieser Wege beschritt im Jahr 2003 der heutige SPD-Bundesvorsitzende Sigmar Gabriel. Der war von 1999 bis 2003 Ministerpräsident des Landes Niedersachsen und saß wegen der Landesanteile am Konzern im Aufsichtsrat von VW. Gabriel war also höchst vertraut mit den Spitzen des Konzerns. Nach der verheerenden Niederlage, die ihm Christian Wulff bei der Landtagswahl 2003 beibrachte, wurde Gabriel Fraktionsvorsitzender der SPD im niedersächsischen Landtag.

Weit weg von Hannover, im benachbarten Bundesland Sachsen-Anhalt, gründete Gabriel zugleich mit einem alten Schulfreund aus seiner Heimatstadt Goslar eine kleine Beratungsfirma mit dem Namen »Communication Network Service« (CoNeS). Da es sich um eine Gesellschaft bürgerlichen Rechts handelte, mussten Bilanzen nicht veröffentlicht werden. Laut Gewerbeanmeldung in Halle (Saale) bestand der Betrieb vom 1. September 2003 bis zum 30. September 2004.[81] Anfänglich, so berichtet sein ehemaliger Kompagnon dem *Focus*, habe Gabriel einen Anteil von 75 Prozent an der Firma besessen.[82]

Das junge Zwei-Mann-Unternehmen fand sich zu keiner Zeit im Telefonbuch oder im Internet, was darauf hindeuten könnte, dass die Neugründung auf viel Außenwirkung und Werbung eigentlich nicht angewiesen war. Hauptauftraggeber war die Volkswagen AG. Der Beratervertrag zwischen VW und der CoNeS GbR datiert vom 1. November 2003; der Beratungsauftrag ist ziemlich allgemein formuliert: »Europäische Industriepolitik«. Laut Lutz Lehmann überwies der Konzern monatlich 10 000 Euro an die Gabriel-Firma. Insgesamt, so berichtete der *Focus* 2005, seien sogar 130 000 Euro von VW geflossen. Gabriels damaliger Partner wird mit den Worten zitiert, es sei der SPD-

Politiker gewesen, der wegen seiner exzellenten Kontakte »den Löwenanteil der Arbeit bei VW« erledigt habe. Gabriel wiederum wich der Antwort auf die Frage nach der Höhe der Bruttosumme aus und sprach von »reiner Spekulation«. Er selbst rechne für das Jahr 2004 mit einem Gewinn von »zirka 35 000 Euro«. Es war in jedem Fall ein hübsches Zubrot für den SPD-Fraktionschef, der ansonsten monatliche Diäten in Höhe von 10 800 Euro erhielt. Die *Frankfurter Allgemeine Zeitung* schrieb am 4. Februar 2005 unter der Rubrik »Korruption«: »Ist jetzt Gabriel dran?«[83] Immerhin könnte die Gründung einer nicht im Handelsregister eingetragenen, nirgendwo verzeichneten, in Halle (Saale) ansässigen Firma als Versuch gedeutet werden, Zahlungen von VW zu vertuschen. Denn eine direkte Beraternebentätigkeit eines amtierenden SPD-Fraktionschefs wäre als krasser Fall von Einflussnahme verstanden worden. Gabriel selbst bestätigte 2005 die Recherchen von *Focus* und *Hannoverscher Allgemeinen Zeitung* und betonte, nichts Illegales getan zu haben. Er verwies auf eine offizielle Stellungnahme des damaligen Landtagspräsidenten Jürgen Gansäuer, der Gabriel bescheinigte, seine Nebeneinkünfte ordnungsgemäß angemeldet zu haben. Gansäuer wiederum war bei der Entlastungsstrategie Gabriels dennoch nicht ganz wohl in seiner Haut. So äußerte er gegenüber dem *Focus*, man dürfe diese offizielle Bewertung nicht dazu nutzen, »eine moralisch-politische Auseinandersetzung zu verhindern«. Gansäuer stellte dazu eine simple Frage in den Raum: »Warum vergibt ein Weltkonzern einen hoch dotierten Auftrag mit der Thematik ›Europäische Industriepolitik‹ an eine Zwei-Mann-Firma, die Gabriel gehört?« Der *Focus* konnte dazu auch nicht viel mehr in Erfahrung bringen: »Als Gegenleistung war Gabriel für den Konzern wiederholt auf Geschäftsreise. Ein Gutachten fertigte der prominente VW-Berater nicht an. Eine Sammlung einzelner Papiere und Berichte belegt im Konzern die Tätigkeit des Ex-Ministerpräsidenten.«[84]

Im Jahr 2005 trat Sigmar Gabriel als Bundesumweltminister in das Kabinett der Großen Koalition ein. Er setzte sich erfolgreich für die CO_2-Minderung in der Industrie ein, wenn auch mit einer kleinen Ausnahme, wie der *stern* 2008 vermerkte: »Klimaschutzziele auch für deutschen Automobilhersteller. Nicht mit Gabriel! VW und Co. wissen: Auf alte Geschäftsbeziehungen ist Verlass!«[85] Bereits im Dezember 2007 hatte der Bundesumweltminister die neue Richtlinie der EU-Kommission zur Verminderung des CO_2-Ausstoßes in Pkw scharf kritisiert: »Der Richtlinienvorschlag der EU zum CO_2-Ausstoß hat nichts mit Klimaschutz zu tun, sondern ist ein Wettbewerbskrieg gegen die deutschen Autohersteller.«[86] Gabriel stellte sich damit – ganz im Sinne der Autolobby – sogar gegen die Meinung von Umweltverbänden wie dem BUND.

Die Bundesregierung setzte schließlich eine für deutsche Mittelklassewagen weniger drastische Regelung in der EU durch. Michael Schroeren, Sprecher des Bundesumweltministeriums, wies kritische Fragen der *stern*-Journalisten zu Gabriels VW-Connection damals als »unsinnige Unterstellung« zurück, die an »Absurdität kaum zu überbieten sei«. Hätte der SPD-Bundesvorsitzende Sigmar Gabriel 2012 weiterhin darauf bestanden, für seine Partei als Kanzlerkandidat bei der nächsten Bundestagswahl anzutreten, wäre er wohl nicht umhingekommen, Fragen zu seiner früheren Tätigkeit für VW zu beantworten.

Mannheimer Männer, deutscher Krämergeist und Frivolität

Die Welle der Berichterstattung über die Sexreisen von VW-Betriebsräten sorgte 2005 dafür, dass in Deutschland auch einer breiteren Öffentlichkeit der Prager Luxusnachtklub K 5 bekannt wurde und ebenso das »Chateau am Schwanensee« bei Hannover. Ähnlich erging es einem anderen Gebäude, das für solche Zwecke eigentlich nicht gedacht war.

Die altehrwürdige Gellért-Therme in Budapest, ein architektonisches Juwel, wurde durch die Ergo-Versicherung bekannt, genauer gesagt durch die Vertriebsorganisation HMI der ehemaligen Hamburg-Mannheimer Versicherung. Für die 100 besten ihrer Vertriebsleute organisierten Manager der HMI eine opulente Sexparty, für die sie das gesamte Thermalbad mieteten, wie das *Handelsblatt* im Mai 2011 enthüllte.[87] Die detaillierten Schilderungen gewähren einen tiefen Einblick in das Menschen- und Frauenbild von gehobenen Versicherungsvertretern, denen eigentlich das Image anhaftet, Männer, Frauen, Kinder und Greise in »Sicherheit zu wiegen«. Wir haben es also mit einem krassen Fall von Gesichtsverlust zu tun. Zugleich besitzt der Fall Ergo eine neue Qualität gegenüber dem System Volkswagen. Die Zutaten dieses Skandals mögen auf den ersten Blick nicht recht zueinander passen: deutscher Krämergeist, Frivolität und die Angst vor Erpressung. Der Fall belegt allerdings beispielhaft, dass erotische Begünstigung zwar als erfolgreiches Mittel des Machterhalts taugt, unter ungünstigen Umständen allerdings zum gefährlichen Gift werden kann.

Dabei hatten die Organisatoren sogar einige Vorsichtsmaßnahmen getroffen. Die Männer mussten Handys und Fotoapparate bei der Eingangskontrolle abgeben, bevor sie sich ins Getümmel stürzten. Rund um das Schwimmbad, unter einer Galerie aus hohen Jugendstilsäulen, waren bereits Himmelbetten aufgebaut. In der Therme warteten nach Teilnehmerangaben bis zu 100 junge Damen, darunter, so die Ergo-Versicherung, 20 Prostituierte. Die Frauen trugen rote und gelbe Bändchen, erinnern sich Gäste, je nachdem ob es sich um Hostessen oder Prostituierte handelte. Einige Damen trugen weiße Bändchen, was signalisierte, dass sie für die Vorstände und die sogenannten »Top-Five« der Vertriebsleute reserviert waren. Schnell bildeten sich Schlangen vor den aufgestellten Himmelbetten. »Jeder konnte mit einer der Damen auf eines der Betten gehen und tun, was er wollte. Die Damen wurden nach jedem solcher Treffen mit einem Stempel auf ihrem Unterarm abgestempelt. So wurde festgehalten, welche Dame wie oft frequentiert wurde«, berichtete ein Teilnehmer dem *Handelsblatt*-Journalisten Sönke Iwersen.

Den Vertriebsleuten blieb dieser Tag noch lange in Erinnerung. In ihrer Mitarbeiterzeitschrift schrieb einer im Juli 2007:

>Sachen gibt's, die gibt's gar nicht (...), oder aber sie sind so abgefahren, so sagenhaft und unbeschreiblich, dass es sie beinahe gar nicht geben dürfte. (...) Damit kann nichts und niemand mithalten, und genau darum ist es ja auch so wunderbar, ein HMI-Freak zu sein.«[88]

Ergo hatte tatsächlich für alle Bedürfnisse vorgesorgt. So spielte während der Orgie ein Stehgeiger, dessen Verwandtschaft durchaus hilfreich war. Er war der Schwager des Budapester Polizeipräsidenten, der die Sperrstunde für die Ergo-Party per Ausnahmegenehmigung von 0 auf 4 Uhr ausweitete.[89]

Bei aller Begeisterung dämmerte den verzückten Vertriebsleuten aber offenkundig, dass ihre »unbeschreiblichen« Erlebnisse nicht so ganz zum Image des fürsorglichen Saubermanns passten – im Gegenteil. Für die Marketing- und PR-Berater der Ergo-Gruppe begann nun eine turbulente Zeit. Die verantwortlichen Manager und Vertriebsspitzen mussten den Konzern verlassen.

Zwei Monate nach den Enthüllungen ging das Ergo-Management zum Gegenangriff über. Der Konzern stellte Strafanzeige bei der Düsseldorfer Staatsanwaltschaft wegen Erpressung. *Der Spiegel* schreibt, der Konzern vermute »hinter der Veröffentlichung immer neuer Vorwürfe ein Komplott«.[90] Zwar machte die Strafanzeige die unappetitlichen Geschichten nicht ungeschehen, aber den Saubermännern von Ergo bot sie womöglich die Chance, nicht nur auf der Täterseite zu stehen, sondern sich auch ein wenig als Opfer finsterer Machenschaften zu inszenieren. Um den Vorwurf der Erpressung zu verstehen, werfen wir einen Blick zurück in die Zeit vor der Veröffentlichung des Skandals im *Handelsblatt*, und zwar in den Dezember 2010.

Die Ergo-Manager bezichtigten einen Mann der Erpressung, der gern von sich sagt, er sei »ein Mann mit abgeschlossener Vermögensbildung«.[91] Gemeint war Clemens Vedder, ein Geschäftsmann, der abwechselnd in Florida, der Schweiz und zuweilen auf Sylt lebte und dessen Vermögen auf 450 Millionen Euro geschätzt wurde. Ergo zeigte ihn an sowie zwei Anwälte, denen vorgeworfen wurde, mit Vedder gemeinsame Sache gemacht zu haben.

Am 15. Dezember 2010 wandte sich Vedder, der schon häufig als erfolgreicher Mediator für große Konzerne tätig gewesen war, an die Konzernmutter von Ergo, Munich Re, den weltgrößten Rückversicherer. Er schrieb zunächst an den Aufsichtsrat Anton van Rossum, später dann an Konzernchef Nikolaus von Bomhard sowie an den ehemaligen BMW- und späteren VW-Chef Bernd Pischetsrieder, der im Aufsichtsrat der Munich Re saß. Laut *Spiegel* informierte Vedder seine Adressaten darüber, dass mehrere ehemals hochrangige Mitarbeiter der Ergo-Tochter HMI jetzt »Forderungen in unterer dreistelliger Millionenhöhe« gegen Ergo geltend machen wollten. Die einstigen Vertriebsgrößen wollten angeblich vorenthaltene Provisionen aus vermittelten Versicherungsverträgen eintreiben und hätten Vedder gebeten, sich »der Angelegenheit als Mediator anzunehmen«. Vedder machte zugleich klar, dass die Handelsvertreter drohten, die Presse einzuschalten, denn sie könnten belegen, »dass Tausende von Kunden bei der Berechnung der Gebühren übervorteilt wurden«. Von den Ausschweifungen in Budapest war an dieser Stelle zunächst nicht die Rede.

Die von Vedder Angeschriebenen verwiesen ihn nun direkt an ihr Tochterunternehmen Ergo. *Der Spiegel* veröffentlichte den Mediatorenvertrag, den Vedders Firma Goldsmith Capital Partners mit drei ehemaligen HMI-Vertriebsmännern abgeschlossen hatte und der Vedder eine Erfolgsbeteiligung von 33,33 Prozent der Erlöse zusicherte, sollte Ergo bereit sein, die ehemaligen Mitarbeiter abzufinden.

Am 18. April 2011, zwei Tage vor der Hauptversammlung der Munich Re, traf sich Vedder mit dem Justiziar der Ergo-Versicherung und warb für sein Mediationsangebot. Dabei legte er eine

Liste von insgesamt 30 ehemaligen HMI-Mitarbeitern vor, die womöglich Ansprüche anmelden wollten. Dabei wurde über eine Summe von gut 100 Millionen Euro gesprochen, allerdings legte Vedder Wert auf die Feststellung, dass er dieses Geld niemals gefordert habe. Trotzdem wertete Ergo Vedders Verhalten als erpresserisch, weil dieser einen vorbereiteten Anzeigentext präsentiert habe: »So geht ERGO mit dem Erbe der Hamburg-Mannheimer und des Herrn Kaiser um!« Laut *Spiegel* wies Vedder darauf hin, dass die ehemaligen HMI-Leute am Tag der Munich-Re-Hauptversammlung in Tageszeitungen eine Anzeige mit diesem Text schalten wollten, dass er aber bereit sei, mit »den Leuten« zu reden, damit die Anzeige nicht erschiene. Ergo ging auf das Angebot nicht ein und erstattete Anzeige.

Die Zeitungsannonce erschien wie angekündigt und brachte mit einiger Verzögerung eine Lawine öffentlichen Interesses ins Rollen. Am 20. April 2011 schließlich musste sich auch der Vorstandsvorsitzende Nikolaus von Bomhard in aller Öffentlichkeit die Rotlicht-Vorwürfe der ehemaligen HMI-Mitarbeiter anhören. Der Würzburger Wirtschaftsprofessor Leonhard Knoll, als kritischer Aktionär bekannt für seine unangenehmen Fragen auf Hauptversammlungen großer Konzerne, fragte von Bomhard am Nachmittag vor der Hauptversammlung, ob es zutreffe, dass ehemalige HMI-Top-Vertriebsarbeiter während eines Aufenthaltes in Budapest 2007 »Fringe Benefits [freiwillige Zulagen, d. Verf.] im rosaroten Bereich« erhalten hätten.[92]

Bomhard nahm den Vorwurf ungerührt zur Kenntnis und musste wenige Minuten später einräumen, dass es diese Veranstaltung gegeben hatte: »Nach unseren Recherchen konnte nicht ausgeschlossen werden, dass es hier gewissen Exzesse gegeben hat.« Der Sexskandal nahm an diesem Tag seinen Weg in die Öffentlichkeit, und es wäre wohl lebensfremd anzunehmen, dass er publik geworden wäre, wenn die Ergo-Versicherung die finanziellen Forderungen ihrer ehemaligen Mitarbeiter erfüllt hätte. Strafrechtlich handelte es sich allerdings nicht um Erpressung, und die Staatsanwaltschaft Düsseldorf stellte das Verfahren ein Jahr später wegen mangelnden Tatverdachts ein. Dafür wurden im Herbst 2012 neue Ermittlungen gegen leitende Ergo-Mitarbeiter bekannt. Es ging um insgesamt 3500 Riester-Verträge, die in den Jahren 2005 und 2006 angeblich falsch berechnet worden waren.[93] Kunden sollen rund 25 Euro zu viel gezahlt haben, was sich auf gut eine Million Euro summierte. Zwei der Männer, gegen die die Staatsanwaltschaft im Herbst 2012 ermittelte, sollen auch bei der Organisation der Sexreise nach Budapest eine Rolle gespielt haben.[94]

Die Versicherungsbranche insgesamt beeilte sich, das schlüpfrige Bild, das die Öffentlichkeit nun von ihr hätte haben können, reinzuwaschen. So bestritten die Finanzvertriebe MLP und AWD, dass es jemals solche Lustreisen gegeben habe. Die Konzerne Axa und Generali ließen Ähnliches verlautbaren. Die Vertreter der Allianz schlossen solche Vorkommnisse öffentlich aus.

Von Deutschlands ältester Bausparkasse Wüstenrot war diesbezüglich nichts zu hören. Denn deren besten Vertretern dürfte zu dieser Zeit noch ihre Reise nach Rio de Janeiro im April 2010 in schöner Erinnerung gewesen sein. Sie waren dort mit dem Reisebus gleich vor einem Bordell namens Barbarella abgeladen worden, wo sich, wer wollte, auf Kosten des Hauses sexuell vergnügen konnte.[95] Nach einer Anfrage des *Handelsblattes* schaltete der Konzern die Revision ein, denn selbstverständlich vertrug sich das Ziel dieser Incentive-Reise nicht mit den Unternehmensgrundsätzen von Wüstenrot. Aber das galt auch für die VW- und Ergo-Reisen.

Da weder Ergo oder VW noch Wüstenrot religiöse Tendenzbetriebe sind, erübrigt sich an dieser Stelle eine moralische Bewertung des Verhaltens ihrer Mitarbeiterschaft. Das Ganze bleibt ein Problem der unternehmerischen Krisenkommunikation und in dem einen oder anderen Fall ein privates. Für das Thema Machtmaschine ist ein anderer Aspekt von Interesse: Ein selbstreferenzielles System von Abhängigkeiten kann über Jahre halten, da alle

Beteiligten die Aufdeckung fürchten müssen. Allerdings geht mit der gegenseitigen Mitwisserschaft die gegenseitige Erpressbarkeit einher. In der Gruppe waren die VW-Männer jahrelang mächtig. Zugleich waren sie gezwungen, weiter dichtzuhalten, was im Falle VW auch jahrelang prächtig funktionierte. Und auch im Falle Ergo brauchte es gut vier Jahre, bis die abgründigen Ereignisse publik wurden, was wohl auch nur geschah, weil eine Gruppe ehemaliger Mitarbeiter glaubte, finanziell noch eine Rechnung mit dem Konzern offen zu haben. Insoweit belegen diese Affären, wie zeitlich beständig solche auf gegenseitiger Erpressbarkeit beruhenden Systeme sein können, und das inmitten einer offenen, in Echtzeit sich informierenden Öffentlichkeit. Angesichts der durch das Internet erhöhten informationellen Durchlässigkeit der Gesellschaft kann man die hier beschriebenen Ereignisse und dahinter liegenden Strukturen durchaus als archaisch bezeichnen.

Die Ausweitung der politischen Kampfzone

Um mit Michel Houellebecq zu sprechen: Die Kampfzone des sexuellen Wettbewerbs und seiner Abgründe gehört längst zu den Spielarten männlicher und – im Land der Bundeskanzlerin Angela Merkel – auch weiblicher Machtpolitik. Wenn deutsche Betriebsräte von VW sich in Brasilien von Edelprostituierten verwöhnen lassen, während ihr Personalvorstand Peter Hartz in Deutschland mit dem SPD-Bundeskanzler und dem Bundeswirtschaftsminister die Gängelung von Arbeitslosen plant, wirft dieser Vorgang nicht nur ein schiefes Licht auf die politische Moral der handelnden Personen. Denn selbstverständlich dienten solche Mittel auch dem Zweck, Betriebsräte kooperativ zu stimmen.

Das Phänomen enthemmter Männlichkeit bei Betriebsräten, Aufsichtsräten oder Beiräten wäre ein Problem der betrieblichen Hygiene, mehr nicht. Weil sich aber in eben diesen Räten

Hunderte Politiker und Abgeordnete tummeln, wird das Phänomen zum Bestandteil eines seit Langem gärenden Demokratieproblems.

Seit 2005 hat die Staatsanwaltschaft Köln 150 Strafverfahren gegen insgesamt 1300 Beschuldigte wegen Lustreisen auf Kosten von Energiekonzernen eingeleitet. 95 Prozent der Verfahren wurden gegen Zahlung von Bußgeldern eingestellt.[96] Auch bei einem Verfahren gegen 14 Angeklagte im oberbergischen Gummersbach beantragten die Verteidiger die Einstellung wegen geringer Schuld und unter Hinweis auf die Einstellung ähnlich gelagerter Fälle. Doch die Staatsanwälte im Oberbergischen sahen das anders und wollten die Täter keineswegs straffrei davonkommen lassen. Denn diese hätten ohne erkennbaren dienstlichen Anlass Luxusreisen nach Rom, Amsterdam, Danzig, ins Elsass und sogar auf eine norwegische Ölplattform organisiert. Eine von dem Reisebüro »Dream-Collection« organisierte Tour des Aufsichtsrates der Gasgesellschaft Aggertal unter dem Motto »Rom de Luxe – dolce vita in der Ewigen Stadt« ließ sich das Unternehmen 166 246 Mark kosten, pro Teilnehmer also 3325 Mark, zuzüglich eines Sitzungshonorars von 200 Mark für die Teilnahme an einer elfminütigen Aufsichtsratssitzung des oberbergischen kommunalen Gasversorgers in der Ewigen Stadt. Gesponsert wurden die Lustreisen zum überwiegenden Teil von den Gaslieferanten Thyssengas und Ruhrgas, die damit bei den kommunalen Amtsträgern »allgemeines Wohlwollen und ein günstiges Klima« schaffen wollten, wie der Staatsanwalt formulierte. Gegen die Zahlung von Bußgeldern zwischen 1500 und 18 000 Euro stellte das Gericht das Verfahren schließlich ein, sodass keiner der beteiligten Kommunalpolitiker vorbestraft ist.

► ► ►

Die Günstlingswirtschaft fängt vor Ort an und zieht ihre Kreise bis in die Bundespolitik. Der FDP-Politiker Wolfgang Kubicki antwortete auf die Frage, warum es ihn nicht in die Bundespolitik ziehe, mit der ihm eigenen Direktheit: Er wolle sich davor schützen, Alkoholiker zu werden und seine Frau zu betrügen.[97] Der Umzug des Parlaments nach Berlin hat einige Sitten und Gebräuche verändert. Die allzu engen Clubbekanntschaften von Politikern und Lobbyisten, wie sie jahrzehntelang in Bonn gepflegt wurden, sind allmählich aus der Mode gekommen. Aber hat sich an der Einsamkeit des Politikers fern der Heimat etwas geändert? Ein bekannter Medienanwalt, der nicht namentlich genannt werden möchte, meinte, der Bundestag ähnele in dieser Hinsicht einem Bordell. Er wäre nicht erstaunt, wenn jeder zweite Abgeordnete in der Hauptstadt eine Affäre unterhielte. Das mag übertrieben sein, politisch relevant ist es allemal. Nicht weil irgendjemand annähme, dass Politiker bessere Menschen seien als die von ihnen Regierten. Sondern weil das versteckte oder in geheimen Dossiers gehortete Wissen um verschwiegene Aktivitäten und Fehltritte jederzeit zum Gegenstand politischer Erpressung und somit zum Machtfaktor werden kann. Die Wähler des CSU-Politikers Horst Seehofer wussten über lange Zeit ebenso wenig von seiner Liebesaffäre wie seine eigene Ehefrau. Korrespondenten und Parteifreunde in Berlin wussten hingegen schon länger davon. Nur von wem eigentlich? Irgendwann war es plötzlich – aus Gründen, die wir noch beleuchten werden – opportun, diese Nachricht auch mit denen zu teilen, die sie betraf: Seehofers Ehefrau zuvorderst und mittelbar die christlich geprägte Wählerschaft im heimischen Bayern. Überbringer der Nachricht war die *Bild*-Zeitung. Geheimnisse über menschliche Makel waren immer auch machtrelevant, jedenfalls sobald sie von politischen Widersachern enthüllt und missbraucht werden konnten.

Archaische Tugendwächter
im postmodernen Staat

Oft sind Entwicklungen in der Wirtschaft die Vorboten für Ereignisse in der politischen Sphäre. Und zuweilen fallen beide in eins. Zum Beispiel in der Person des italienischen Milliardärs und jahrelangen Ministerpräsidenten Silvio Berlusconi. Ihm war ein rasanter Aufstieg als Medienmogul gelungen, und mit Hilfe seines Imperiums konnte er nun die italienische Öffentlichkeit täuschen und manipulieren. Kritische Journalisten wurden aus dem Weg geräumt, ganze Redaktionen geschlossen, wenn sie zu kritisch berichteten, Gesetze geändert, wenn sie dem Potentaten gefährlich waren. Sämtliche Verfehlungen eines notorisch korrupten Milliardärs, Staatschefs und Steuerhinterziehers brachen ihm nicht das Genick. Staatsanwälte traten an und ab, Verfahren wurden eingestellt, Gesetze kassiert.

Berlusconi stand über dem Gesetz bis zu dem Tag, als der *Corriere della Sera* über seine sexuellen Beziehungen zu einer minderjährigen Prostituierten berichtete.[98] Mit dieser Veröffentlichung und den sich anschließenden Verfahren begann der Abstieg des Potentaten. Auf der Strecke blieb er wegen eines unappetitlichen Altmännervergehens, nicht wegen seiner jahrelangen systematischen Angriffe auf die italienische Demokratie, die Gewaltenteilung, die Meinungsfreiheit, die von ihm zu verantwortende Zerstörung von Persönlichkeiten, die als Journalisten oder Staatsanwälte die Demokratie verteidigen wollten. Dass dieser gealterte Potentat am Ende wegen der Verletzung archaischer Tugendvorstellungen die Herrschaft über 60 Millionen Italiener verlor, verrät eine Menge über den Zustand unserer angeblich so modernen demokratischen westlichen Gesellschaften.

Journalisten lernen in ihrer Ausbildung, dass ein Hund, der einen Menschen beißt, keine Meldung wert sei, hingegen der Mensch, der einen Hund beißt, sehr wohl. Auf die Mechanismen politischer Skandalisierung übertragen, bedeutet das heutzutage:

Ein korrupter Politiker ist mancherorts in der Welt keine Meldung wert. Erst die Geschichte eines korrupten Politikers, der es mit einer minderjährigen Prostituierten treibt, wird die Aufmerksamkeitsschwelle mühelos überwinden. Seriöse Politikbeobachter haben diese Kategorie bislang – aus ehrenwerten Motiven, aber zu Unrecht – ignoriert. Denn der menschliche Makel ist ein Machtfaktor und das Private somit politischer als uns lieb sein kann.

3.

DIE AKTE HORST KÖHLER

Wolfgang Schäuble wäre gern Bundespräsident geworden. Angela Merkel wusste das. Trotzdem wählte sie im November 2003 die Telefonnummer eines anderen Mannes. Sie fragte Horst Köhler, den Direktor des Internationalen Währungsfonds in Washington, ob er grundsätzlich für eine Kandidatur bereitstehe, was dieser umgehend bejahte.[99] Gerade einmal zwei Monate nachdem der Sozialdemokrat Johannes Rau seinen Verzicht auf eine zweite Amtszeit erklärt hatte, hatte die Oppositionsführerin Angela Merkel ganz persönlich eine Vorentscheidung getroffen. Ihre Lage war dabei komfortabel, aber nicht ganz einfach. Denn der neue Bundespräsident konnte nur mit dem Votum der FDP gewählt werden, denn weder Rot-Grün noch die Union hatte in der Bundesversammlung eine Mehrheit. Angela Merkel musste also einen schwarz-gelben Präsidentschaftskandidaten vorschlagen, von dem sie hoffte, dass er sie nach der nächsten Bundestagswahl seinerseits zur ersten deutschen Bundeskanzlerin ernennen würde.

Während die starken Männer der Union Wolfgang Schäuble favorisierten, gelang es Angela Merkel, den Namen ihres Kandidaten stolze drei Monate geheim zu halten. Erst am 10. Februar 2004 machte die *Bild*-Zeitung den »heimlichen« Wunschkandidaten Merkels mit einer Exklusivmeldung publik.

Was dann im März 2004 geschah, bezeichnet Merkel-Biograf Gerd Langguth als Angela Merkels »Meisterstück«[100]. Sie entschied sich für eine Art Hütchenspiel. So hatten ihre CDU-internen Kritiker wie der Finanzexperte Friedrich Merz und der hessische Ministerpräsident Roland Koch, aber auch der CSU-Vorsitzende Stoiber, sich eindeutig auf Wolfgang Schäuble als Kandidaten festgelegt. Merkel wusste allerdings aus Gesprächen mit FDP-Chef Guido Westerwelle, dass Schäuble bei der FDP wegen seiner Rolle im CDU-Spendenskandal der 90er-Jahre nicht auf Gegenliebe stieß:

»Die Tatsache der Entgegennahme mindestens einer 100 000-Mark-Spende durch den Waffenlobbyisten Schreiber und der Sachverhalt, dass Schäuble in diesem Zusammenhang das Parlament belogen hatte, wären allein schon ein Grund gewesen, ihn nicht für ›präsidiabel‹ zu erklären.«[101]

Schäuble erhielt im Präsidium der CDU also keine Mehrheit für eine Kandidatur. Man beschloss, Angela Merkel mit einer Liste von drei möglichen Kandidaten in die Verhandlungen mit CSU und FDP zu schicken. Auf Platz 1 stand der damalige Chef des UNO-Umweltprogramms Klaus Töpfer, an Platz 2 Annette Schavan und auf Platz 3 eben Horst Köhler. Kolportiert wurde damals, dass Angela Merkel den CSU-Vorsitzenden absichtlich in die Irre geleitet habe, indem sie vortäuschte, Annette Schavan zu favorisieren, wohl wissend, dass für Edmund Stoiber weder Schavan noch Töpfer infrage kam. Letzterer wäre wegen seines zu grünen Images auch für die FDP untragbar gewesen. Also vertauschte Angela Merkel noch einmal die Hütchen und setzte auf diese Weise ihren eigentlichen Favoriten durch: Horst Köhler. Edmund Stoiber packte Merkel bei seiner Eitelkeit. Er sollte als Erster erfahren, wer auf der Dreierliste stand, und das Privileg erhalten, Köhler der Öffentlichkeit als eigenen Personalvorschlag zu präsentieren.[102]

Die Episode führt uns einerseits vor Augen, wie kleingeistig, engstirnig und geringschätzig führende deutsche Politiker bei der Besetzung des höchsten deutschen Staatsamtes agierten. Andererseits zeigt sie aber auch, dass insbesondere Angela Merkel jederzeit bereit war, die Besetzung des Präsidentenamtes ihren machtpolitischen Interessen unterzuordnen.

Operation »Quereinsteiger«

Nicht zum ersten Mal in der Geschichte der Bundesrepublik wurde die Suche nach einem Kandidaten mehr von parteitaktischen Gedanken getragen als von der Frage, welche Persönlichkeit am besten in der Lage wäre, versöhnend in die Gesellschaft zu wirken und zugleich als Staatsoberhaupt eine gewisse juristische und moralische Kontrolle der Bundesregierung auszuüben. Von dieser Bundespräsidentenwahl aber, so wollte es Merkel, sollte zugleich ein Signal für ein neues konservativ-liberales Zeitalter ausgehen – eine präsidiale Überleitung zu einer schwarz-gelben Regierung Merkel. Dass die Idee, jedenfalls aus der Innensicht schwarz-gelber Politiker, mehr als ein Akt symbolischer Politik war, belegt eine Aussage von Guido Westerwelle:

> »Ich denke an die Nacht, als Angela Merkel und ich über unseren Kandidaten für das Amt des Bundespräsidenten entschieden haben. Sie war sehr einsam in ihrem Gremium, und so leicht hatte ich es in meiner Partei zum damaligen Zeitpunkt auch nicht. Hätten wir in der Bundesversammlung Professor Horst Köhler nicht durchgesetzt oder vielleicht erst im dritten Wahlgang, wäre Frau Merkel nicht Kanzlerkandidatin geworden und ich wäre nicht Parteivorsitzender der FDP geblieben.«[103]

Als globalökonomischer Akteur mit marktliberalem Profil sollte Horst Köhler die Antwort des bürgerlichen Lagers auf die Agenda-Politik Gerhard Schröders werden. Den Spin-Doktoren von Schwarz-Gelb gelang es in der Folge tatsächlich, Köhler bei den

Medien und in der Bevölkerung als eine Art Quereinsteiger einzuführen. Zwar ist Köhler niemals ein klassischer Parteigänger oder Parteisoldat gewesen, aber am Ende war er trotzdem ein Geschöpf der Parteien und insbesondere der CDU-Vorsitzenden. Ein kurzer Blick in seinen Lebenslauf[104] genügt, um festzustellen, dass Köhler zwar ein ausgewiesener Finanzfachmann ist, seine letzten Karrieresprünge jedoch stets auch der Politik zu verdanken hatte. Seit 1976 war Köhler Beamter in der Bundesregierung gewesen – zunächst in der Grundsatzabteilung des Bundeswirtschaftsministeriums. 1981 trat er in die CDU ein und machte einen kurzen Ausflug in die Landespolitik unter Gerhard Stoltenberg, der ihn ein Jahr später mit nach Bonn ins Bundesfinanzministerium nahm. Dort leitete Köhler das Ministerbüro, und ab 1987 war er für Grundsatzfragen der Finanzpolitik zuständig, seit 1989 als Abteilungsleiter für Geld- und Kreditfragen. Mit der Wiedervereinigung wurde Köhler Staatssekretär unter Bundesfinanzminister Theo Waigel und war maßgeblich mit der Ausgestaltung der deutschen Währungsunion befasst.

Ein gewissenhafter Repräsentant

»Offen will ich sein und notfalls unbequem«, hatte Horst Köhler zu Beginn seiner Amtszeit als Bundespräsident 2004 angekündigt. Und tatsächlich eckte er häufiger an, etwa, als er sagte, dass eine Einebnung unterschiedlicher Lebensverhältnisse in Ost und West zur Zementierung des Subventionsstaates führe. Bei Angela Merkel hatte er sich schon unbeliebt gemacht, als diese noch Oppositionsführerin war und Köhler offen die Hartz-Reformen der rot-grünen Bundesregierung unter Gerhard Schröder lobte.

Als Bundespräsident stellte Köhler schnell klar, wie er seine Amtspflichten interpretierte. Jedenfalls tat er, wozu frühere Bundespräsidenten sich eher selten bemüßigt gefühlt hatten. Er prüfte Gesetze sehr gewissenhaft, blockierte sie und lehnte sogar einige gänzlich ab, weil sie seiner Ansicht nach gegen die Verfassung verstießen. Da ein zuvor von Bundestag und Bundesrat beschlossenes Gesetz erst im Bundesgesetzblatt veröffentlicht werden und dadurch in Kraft treten kann, wenn der Bundespräsident es gegengezeichnet hat, ist seine Unterschrift ein machtvolles politisches Instrument.

Bereits im Juli 2005 verweigerte Köhler die Unterschrift unter das Gesetz zur Ratifizierung einer EU-Verfassung, weil vor dem Bundesverfassungsgericht noch die Klage des CSU-Bundestagsabgeordneten Peter Gauweiler anhängig war.[105] Gauweiler sah die Rechte des Bundestages verletzt und forderte eine Volksabstimmung über die Verfassung. Köhler, der die neue Verfassung politisch guthieß, wollte zunächst geklärt wissen, wie das zuständige Gericht das Gesetz beurteilte. Die EU-Verfassung scheiterte letztlich an Volksabstimmungen in Frankreich und den Niederlanden.

Nach der Wahl Angela Merkels zur Bundeskanzlerin verdrängte diese den in der Beliebtheitsskala lange führenden Köhler. In einem Köhler-Porträt mit dem Titel »Der Untergeher« kam der Journalist Jan Heidtmann bereits im Februar 2006 zu dem Schluss, dass Angela Merkel dabei sei, den Bundespräsidenten in seine Schranken zu weisen:

> »Vor fast 100 Tagen wurde Angela Merkel zur Bundeskanzlerin gewählt. Seitdem hat sie Horst Köhler als beliebtesten Politiker abgelöst, der Bundespräsident spielt in Berlin ungefähr die Rolle, die Merkel schon Helmut Kohl, Friedrich Merz und Edmund Stoiber zugedacht hatte: keine.«

Mit der Wahl Merkels zur Kanzlerin, schrieb Heidtmann damals, habe Köhler seinen Einfluss verspielt. Außerdem konnte Köhler schon im Februar 2006 die folgenden nicht gerade respektvollen Sätze über sich aus dem Umfeld der Kanzlerin lesen: »>Der Mohr<, sagt einer aus Merkels unmittelbarer Umgebung, >hat seine Schuldigkeit getan. So richtig ernst nimmt den keiner mehr.<«

In den folgenden Monaten bewies Köhler jedoch, dass er bei aller Instrumentalisierung durch die Merkel-Regierung auf seiner präsidialen Unabhängigkeit beharrte. Köhler machte seine Ankündigung, unbequem zu sein, in Serie wahr. Vielleicht war ihm bewusst, dass in der demokratischen Sondersituation einer Großen Koalition das Korrektiv des Bundespräsidenten in besonderer Weise gefragt war.

Es begann im Juli 2006. Deutschland hätte aufgrund einer EU-Richtlinie das Allgemeine Gleichbehandlungsgesetz eigentlich spätestens zum 1. August in Kraft setzen müssen. Einen Tag vor Ablauf der Frist meldete der *Focus*, Horst Köhler habe das Gesetz noch nicht unterschrieben, weil er es noch auf seine Verfassungsmäßigkeit prüfe. Es sei dem Bundespräsidenten erst eine Woche zuvor zugesandt worden, wurde eine Sprecherin Köhlers zitiert.[106] Der Bericht weist auch auf drohende Vertragsstrafen hin, die Deutschland im Falle der Nichtunterzeichnung zu zahlen habe. Und Ende September werde sich die EU kritisch mit dem Thema Gleichstellung befassen. »Bis dahin wird das Gesetz in jedem Fall in Kraft sein«, wurde das federführende Bundesjustizministerium zitiert. Viel Respekt vor dem Amt des Bundespräsidenten ließ das Zitat nicht erkennen.

Köhler schien es darauf anzulegen, der Bundesregierung klarzumachen, dass er seine Aufgabe nicht darin sah, Gesetze einfach durchzuwinken. Im Oktober 2006 stoppte er das Gesetz zur Privatisierung der Deutschen Flugsicherung, weil er es für verfassungswidrig hielt[107], am 8. Dezember verweigerte er aus dem gleichen Grund seine Unterschrift unter das neue Verbraucherinformationsgesetz.[108]

Wie gespannt das Verhältnis zwischen der machtbewussten Bundeskanzlerin und dem sehr unabhängig agierenden Bundespräsidenten war, konnte man im November 2006 sogar in der Presse verfolgen. Horst Köhler hatte eine Initiative des nordrhein-westfälischen CDU-Ministerpräsidenten Jürgen Rüttgers kritisiert, die Bezugsdauer von Arbeitslosengeld I wieder zu verlängern, um soziale Verwerfungen aufgrund der rot-grünen Hartz-Reformen abzumildern.[109] Konkret sah der Rüttgers-Vorschlag vor, die Bezugsdauer von ALG I nach der Dauer der Beschäftigung zu staffeln.

Köhler war der Ansicht, damit rücke man vom Versicherungsprinzip ab und schwäche »eine zentrale zivilisatorische und soziale Errungenschaft zur Schaffung von Sicherheit in modernen Gesellschaften«. Angela Merkel hatte lange zu dieser Frage geschwiegen und reagierte erst nach dieser grundsätzlichen Kritik des Bundespräsidenten. Vorsichtig formulierte sie, der Respekt vor dem Amt und Wort des Bundespräsidenten verbiete es, darüber eine »aufgeregte öffentliche Kontroverse« zu führen. Das hinderte die Kanzlerin jedoch nicht daran, in einem Interview mit der *Frankfurter Allgemeinen Zeitung* öffentlich zu erklären, sie halte den Rüttgers-Vorschlag für »in der Sache richtig«. Es war das erste Mal, dass sich Merkel offen gegen den Bundespräsidenten stellte.

Am 1. April 2008 hätte eigentlich ein neues Gentechnik-Gesetz in Kraft gesetzt werden sollen, doch die Sache verzögerte sich, weil Horst Köhler es erst intensiv prüfen wollte.[110] Im Sommer 2008 weigerte sich der Bundespräsident, das Gesetz zur Ratifizierung der Lissaboner Verträge zu unterzeichnen, da noch Klagen vor dem Bundesverfassungsgericht dagegen anhängig waren. Zwar hatten Bundestag und Bundesrat mit Zwei-Drittel-Mehrheit dafür gestimmt, CSU-Kritiker wie Peter Gauweiler und die Linkspartei, die die Verträge wegen ihrer sozialen Schieflage ablehnte, hatten sich jedoch an Karlsruhe gewandt. Köhlers Unterschriftsverweigerung stieß auf heftige Kritik vonseiten der Unions- und SPD-Abgeordneten.

Kurz vor Jahresende 2008 hatte die Große Koalition noch eine Novelle der Erbschaftssteuer beschlossen, die am 1. Januar 2009 in Kraft treten sollte. Am 28. Dezember meldete das *Handelsblatt*: »Bundespräsident hadert mit Erbschaftssteuer.«[111] Renommierte Juristen hatten das neue Gesetz zuvor öffentlich für verfassungswidrig erklärt; es verletze beispielsweise, so der ehemalige Verfassungsrichter Paul Kirchhof, gleich drei Rechte: die Unternehmerfreiheit, die Berufsfreiheit und die Eigentümerfreiheit. Das Gesetz war nach langem Tauziehen zwischen SPD und Union beschlossen worden und sah einen faulen Kompromiss vor: Erbschaften sollten zum Teil steuerfrei gestellt werden, wenn sie nachhaltig als Betriebsvermögen galten – ein Gesetz mit eingebauten Schlupflöchern. Obwohl die Vorlage bereits am 5. Dezember auch vom Bundesrat gebilligt worden war, stellte es die Bundesregierung Köhler erst am 16. Dezember zu.

Wieder übte die Merkel-Regierung Druck auf das Staatsoberhaupt aus, indem ein Sprecher öffentlich erklärte, es sei »kein Problem«, wenn Köhler das Gesetz kurz vor dem Jahreswechsel unterzeichne. Aber wäre es denn im Umkehrschluss ein Problem gewesen, wenn der Bundespräsident, seiner Pflicht folgend, die Verfassungswidrigkeit eines Gesetzes festgestellt hätte? Dies hatte Köhler ja bereits mehrfach getan. Köhler unterschrieb schließlich doch noch rechtzeitig und sollte mit seinen Bedenken trotzdem recht behalten. Genau vier Jahre später entschied der Bundesfinanzhof, das neue Erbschaftssteuergesetz sei »im Kern verfassungswidrig wegen der Betriebsbegünstigung«.[112]

Auch das Gesetz über Internetsperren aus dem Hause von Bundesfamilienministerin »Zensursula« von der Leyen gegen Kinderpornografie unterzeichnete Köhler nicht.[113] Ähnlich wie bei der Flugsicherung verfolgte die Bundesregierung das Thema fortan nicht weiter.

Beliebt und unbequem

Insbesondere während der Finanzkrise 2008 erwarteten viele Menschen von dem ehemaligen IWF-Direktor Horst Köhler politische Impulse und Orientierung. Während zum Beispiel Bundesfinanzminister Peer Steinbrück noch Ende September 2008 abwiegelte, die Finanzmarktkrise sei »vor allem ein amerikanisches Problem«[114], hatte ausgerechnet der marktliberale Bundespräsident schon vier Monate zuvor im *stern* grundsätzliche Systemkritik geäußert[115]: »Jetzt muss jedem verantwortlich Denkenden in der Branche selbst klar geworden sein, dass sich die internationalen Finanzmärkte zu einem Monster entwickelt haben, das in die Schranken gewiesen werden muss.« Köhler sagte, er vermisse »ein klar vernehmbares mea culpa« der Bankenwelt, die »kaum noch Bezug zur Realwirtschaft« habe. Während der Bundespräsident zum Beispiel von Oskar Lafontaine für seine Kritik gelobt wurde, dürfte sie vielen Vertretern der deutschen und europäischen Finanzbranche nicht gefallen haben, wollen letztere doch bis zum heutigen Tag auf ihre hochspekulativen Geschäfte nicht verzichten.

Das Thema hatte Köhler bereits zu seiner Zeit als IWF-Direktor umgetrieben. Weil er der Auffassung war, dass im IWF zu wenig Wissen über globale Finanzmarktrisiken herrschte, ließ er eine eigene, neue Abteilung »Internationale Kapitalmärkte« einrichten, von der allerdings nach seinem Ausscheiden nicht viel übrig blieb. Auch schlug Köhler vor, ein international gültiges Insolvenzrecht für Staaten zu entwickeln. Mit dieser Idee scheiterte er allerdings am Widerstand der US-Regierung.[116] Es ist eine bittere Ironie, dass Horst Köhler acht Jahre und eine Finanzkrise später abermals Aufsehen mit seiner Forderung erregte und abermals kein Gehör fand.

Dennoch hatte Horst Köhler während seiner ersten Amtsperiode offenkundig Geschmack an einer aktiven Präsidentenrolle gefunden, und so überraschte es niemanden, dass er 2009 für eine zweite Amtszeit kandidierte. Bei der Präsidentenwahl im Mai 2009 gelang ihm die Wiederwahl bereits im ersten Wahlgang, und er hatte sogar Stimmen von mindestens einer grünen Abgeordneten erhalten.[117] Der allseits respektierte Köhler befand sich politisch auf dem Höhepunkt seines Wirkens. Kurz darauf gewann Angela Merkel erneut die Bundestagswahl, die eine Mehrheit für

Schwarz-Gelb erbrachte. Sie hatte ihr Ziel erreicht, das sie Jahre zuvor mit der Personalie Horst Köhler strategisch angepeilt hatte.

Der verschwundene Präsident

Nach seiner Wiederwahl und Angela Merkels Wahlsieg erlebte Deutschland plötzlich einen anderen Köhler. In der Regel versuchen Bundespräsidenten drei- oder viermal im Jahr, durch Reden, Interviews oder kurze Kommentare Debatten anzustoßen. Köhler aber schien in dieser Zeit seine Themen nicht zu finden. Mit einer Ausnahme. Im Januar 2010 scheute Köhler sich in einer Rede zur feierlichen Verleihung des »Gelben Engels« nicht, der versammelten ADAC-Funktionärsriege ungefähr das Gegenteil von dem zu sagen, was Deutschlands größter Automobilclub gewöhnlich propagiert:

> »Mobilität, so wie wir sie heute praktizieren, ist nicht zukunftsfähig. Jedenfalls nicht, wenn wir über die nächsten zwanzig, dreißig Jahre hinaus denken. Unser Planet würde es gar nicht aushalten, wenn die Menschen überall auf der Welt so viel im Auto durch die Gegend fahren würden, wie wir das hier bei uns tun. Dann bräuchten wir schon jetzt mehr als eine Erde. Um in Zukunft mobil zu bleiben – und auch, um die Mobilität von Menschen in ärmeren Ländern zu verbessern –, müssen wir umdenken. Und zwar grundlegend.«[118]

Köhlers Aufruf für den Ausbau des öffentlichen Personennahverkehr verhallte in der Öffentlichkeit weitgehend ungehört. Aber Köhler war eben auch kein Mann, der politische Inhalte mit einem Haufen Fotografen in irgendeiner U-Bahn medienwirksam »verkaufen« konnte.

Die *Rheinische Post* schrieb Mitte März 2010: »In den letzten Wochen ist wenig von Bundespräsident Horst Köhler zu hören.

Dabei hätte er durchaus Anlass, um sich mahnend an Öffentlichkeit und Politik zu wenden.« Themen gab es genug: die von Guido Westerwelle losgetretene Debatte um die »römische Dekadenz« im deutschen Sozialsystem, die hohe Neuverschuldung und die Verquickungen privater und dienstlicher Belange bei den Reisen des Bundesaußenministers.[119] Heribert Prantl schrieb in der *Süddeutschen Zeitung*, Köhler zaubere sich selbst weg: »Er ist noch im Amt, aber man merkt es nicht.«[120] Und *Bild* titelte sogar: »Wo ist eigentlich Super Horst?«[121] Die *Financial Times Deutschland* lokalisierte den Wendepunkt für das Verhalten Köhlers: »Seit die schwarz-gelbe Regierung ihr Amt angetreten hat, ist der Bundespräsident wie vom Erdboden verschluckt.« Horst Köhler sei auf dem besten Wege, »sich überflüssig zu machen«[122].

Köhler schweigt zu Kindesmissbrauch

Nun ist ja tatsächlich denkbar, dass Horst Köhler Themen wie die spätrömische Dekadenz, die Neuverschuldung oder Westerwelles Eskapaden ignorierte, weil er Interventionen in die deutsche Tagespolitik scheute. Das wäre immerhin noch eine, wenn auch kritikwürdige Haltung. Anders verhält es sich jedoch bei einem Problem, das sich zu einer für die gesamte Gesellschaft relevanten Katastrophe auszuwachsen scheint: dem Missbrauch von Kindern in katholischen Internaten, Klöstern und Kirchgemeinden sowie staatlichen Internaten.

Im Frühjahr 2010 erhitzt der immer weitere Kreise ziehende Skandal in der katholischen Kirche die Gemüter. *Der Spiegel* meldet im März schon 250 Verdachtsfälle in den deutschen Bistümern.[123] Es wäre ein Thema für einen Bundespräsidenten gewesen, Opfer, die als Kinder von pädophilen Geistlichen oder Kirchenangestellten missbraucht wurden, zu ermuntern, sich zu melden. Aus immer mehr staatlichen Einrichtungen werden ebenfalls Fälle bekannt. Menschen, die bereits vor Jahrzehnten Opfer von Übergriffen wurden, melden sich erstmals in ihrem Leben zu Wort. Sie stellen sich Verhören der Polizei, wohl wissend, dass viele Taten bereits verjährt sind und die Schuld der Täter nur noch schwer zu beweisen ist. Erstmals wird offenbar, dass Kindesmissbrauch kein Randgruppenthema ist, sondern alle gesellschaftlichen Schichten betrifft. Auch wird deutlich, dass sowohl die staatlichen als auch vor allem die kirchlichen Instanzen es versäumt haben, den schlimmen Vorgängen beizeiten einen Riegel vorzuschieben.

Den Hunderten von Opfern mit einem Wort der Missbilligung den Rücken zu stärken gegen Institution wie die Kirche, die diesen Missbrauch jahrzehntelang verheimlichte und sogar deckte, wäre ein wichtiger Impuls des Bundespräsidenten gewesen. Horst Köhler aber schwieg. Es heißt, er habe in dieser Zeit einfach selbst kein Thema für sich gefunden.

Frontalangriff auf die Merkel-Regierung

Der beinahe kampagnenhaft propagierten Sehnsucht der Medien nach einem präsenten Staatsoberhaupt begegnete Köhler plötzlich und geradezu hektisch mit einem Interview im Magazin *Focus*. Wenige Tage nach der Serie von Artikeln über sein Fehlen, ging er nun in die Offensive. Das Interview findet sich sogar unter der Rubrik »Reden« auf der Homepage des Bundespräsidialamtes.[124]

Focus: Das Volk hat Sie offensichtlich vermisst. In vielen Zeitungen war schon der Satz zu lesen: Wo ist Köhler?

Horst Köhler: Bei der Arbeit. Und ich entscheide selbst, wann ich mich zu Wort melde. Herzlich willkommen, die Herren.

Focus: In den ersten hundert Tagen und danach hat die schwarz-gelbe Koalition so schnell Ansehen verspielt wie kaum eine Regierung vorher. Besorgt Sie das?

Horst Köhler: Ja. Bei der Ernennung der Bundesregierung im Oktober habe ich ein paar Sätze gesagt, mit Bedacht: Ihr habt eine ordentliche Mehrheit. Das Volk erwartet jetzt tatkräftiges Regieren. Daran gemessen waren die ersten Monate enttäuschend. Das Gute ist: Darüber sind sich die Beteiligten selbst klar.

Drastischer hätte Horst Köhlers Antwort kaum ausfallen können. Im Umkehrschluss bedeutete diese Äußerung nichts anderes als den Vorwurf der Tatenlosigkeit an die Adresse der Regierenden in Berlin.

Wegen der sich anbahnenden Staatsschuldenkrise in Euro-Ländern wie Griechenland forderte Köhler,»das für viele Undenkbare zu denken: Wir brauchen geordnete Insolvenzverfahren nicht nur für Unternehmen, sondern auch für Staaten.« Damit stellte er sich offen gegen die bisherige Eindämmungspolitik Angela Merkels. Auf den Einwand, er sei doch mit diesem Ansinnen bereits als IWF-Direktor gescheitert, entgegnete Köhler mit einer für Politiker seltenen Offenheit:

»Wir haben schon damals erlebt, wie stark die Lobby der Banken und privaten Finanzinstitute sein kann. Dieselben Akteure haben uns jetzt eine Krise eingebrockt, die den Staaten gewaltige neue Schulden aufbürdet. Wie man damit fertig wird, ist auch eine soziale Frage.«

Köhler forderte neben dem Insolvenzrecht für Euro-Staaten auch ein Ende der bisherigen Euro-Rettungspolitik und verlangte, dass man»aufhört, überschuldete Staaten mit immer neuen Krediten rauszuhauen. Das zwingt dazu, sich die Mitgliedschaft in der Euro-Gruppe immer wieder neu zu verdienen.«

Dass Köhler zum Beispiel die Übernahme von Staatsschulden durch die Europäische Zentralbank kritisch sah, liegt auch in seiner beruflichen Biografie begründet. Als Staatssekretär im Bundesfinanzministerium war er nicht nur mit der innerdeutschen Währungsunion befasst gewesen, sondern auch mit der Vorbereitung der Euro-Zone. Häufig hatte er Theo Waigel bei den Beratungen auf Ministerebene zur Europäischen Wirtschafts- und Währungsunion als deutscher Verhandlungsführer vertreten.[125] Köhler nimmt für sich in Anspruch, die sogenannte »No-Bailout«-Klausel maßgeblich erarbeitet zu haben.[126] Diese »Nichtbeistandsklausel« sieht vor, dass EU-Staaten sich im Falle von Schuldenkrisen nicht gegenseitig beistehen müssen. Die Klausel wurde im Februar 1992 in den Vertrag von Maastricht aufgenommen, der im Gegenzug sogenannte »Stabilitätskriterien« festschrieb, die Staatsschuldenkrisen auf Dauer verhindern sollten. Im Zuge der aufkommenden Staatsschuldenkrise in der Euro-Zone und angesichts der kritischen Debatten in Deutschland wurden jedoch auch die USA nervös. In einem geheimen Operationsplan listete das CIA-nahe private Strategieunternehmen Stratfor 2009 auf, welche politischen Aktivitäten man in Deutschland beobachten würde:

▶ »die Beziehungen EU – Deutschland«
▶ »alle Debatten über Finanzmarkt-Regulierungen«
▶ »Bestrebungen Deutschlands, seine Kontrolle über die EU zu festigen«
▶ »alle Erklärungen, die vom Üblichen abweichen oder sich gegen die EU-Kommission, Frankreich, die EZB oder den ECJ richten. Im Fokus stehen die Äußerungen der Kanzlerin. (...)«
▶ »Erklärungen aller wichtigen Politiker auf allen Seiten, insbesondere vor den Bundestagswahlen im September«[127]

Der Druck der Euro-Retter

Genau um die Frage des Beistands ging es aber am Freitag, den 21. Mai 2010. Die Abgeordneten des Deutschen Bundestages hatten an diesem Tag eine schwerwiegende Entscheidung zu fällen. 148 Milliarden Euro aus deutschen Steuergeldern sollten für die Aufstockung von Mitteln für Griechenland bereitgestellt werden. Am Nachmittag stimmte der Bundesrat zu. Bereits um 16 Uhr am Freitagnachmittag meldete eine Nachrichtenagentur, Köhler habe das Gesetz unterschrieben und den Verkündungsauftrag für das Bundesgesetzblatt erteilt.[128] Die Online-Ausgabe der *Frankfurter Allgemeinen Zeitung* schrieb:»Das ›Gesetz zur Übernahme von Gewährleistungen im Rahmen eines europäischen Stabilisierungsmechanismus‹ wurde von Bundespräsident Köhler noch am Abend ausgefertigt.«[129] Die Meldung ging auf eine Mitteilung des Bundespresseamtes zurück. Doch die entsprach nicht den Tatsachen, wie das Bundespräsidialamt zügig richtigstellte. Denn an jenem Freitagabend befand sich Horst Köhler noch in der Luft auf dem Rückflug von einer Afghanistanreise. Am Samstagmorgen korrigierte sich die Agentur. Der Bundespräsident prüfe das Gesetz»doch noch«. Dazu wurde ein Sprecher des Bundespräsidialamtes mit den Worten zitiert, man habe die Bestätigung für die Unterschrift versehentlich verschickt. Später am Tag meldeten die Nachrichtenagenturen in»berichtigten Neufassungen«: »Köhler unterzeichnet Euro-Rettungsgesetz.«

Aber was war in der Zeit zwischen der brisanten Falschmeldung und der tatsächlichen Unterschrift geschehen? Der CSU-Bundestagsabgeordnete und Kritiker der Euro-Rettungspolitik Peter Gauweiler vermutet, dass die Bundesregierung in diesen Stunden enormen Druck auf den Bundespräsidenten aufgebaut hatte. Gut einen Monat später fragte er Horst Köhler in einem offenen Brief:»Ist es wirklich wahr, dass Sie keine verfassungsrechtlichen Bedenken gegen diese Prozedur hatten? Haben Sie aus freien Stücken in so ungewöhnlicher Eile das Gesetz unterschrieben und ausfertigen lassen?«[130] Gauweiler, der selbst Klage gegen das Rettungspaket vor dem Bundesverfassungsgericht eingereicht hatte, stellte Horst Köhler eine brisante Frage: »Konnten Sie eine solche Aushöhlung des Stabilitäts- und Wachstumspakts wirklich zwischen Freitagnacht und Samstagmorgen auf ihre Unbedenklichkeit ausreichend prüfen, wie es das Grundgesetz verlangt?«

Köhler hat Gauweilers Fragen nie beantwortet und viele Monate geschwiegen. Sollte Köhler sich diese Fragen an jenem 22. Mai 2010 ebenfalls gestellt und sie verneint haben, hätte er gegen sein Gewissen gehandelt, nicht nur gegen den Geist des Grundgesetzes. Er hätte erstmalig und ausgerechnet in einer historisch außergewöhnlich wichtigen Problematik gegen seine eigenen persönlichen Grundsätze gehandelt.

Der Euro-Kritiker Hans-Olaf Henkel ist sich sicher, dass Köhlers Unterschrift an jenem Samstag zu den Motiven seines Rücktritts gehörte.[131] Denn mit dieser Unterschrift habe Köhler gewissermaßen gegen sein eigenes Lebenswerk verstoßen. Henkel und Köhler kannten sich sehr gut. Beide saßen jahrelang gemeinsam im Verwaltungsrat der Treuhandanstalt. Köhler war damals Staatssekretär unter Bundesfinanzminister Theo Waigel. Henkel, damals noch Manager bei IBM, sagt, er sei bei Einführung der Gemeinschaftswährung ein Befürworter des Euro gewesen, und das habe maßgeblich mit dem damaligen Einsatz von Horst Köhler zu tun gehabt. Köhler sei auf die Erfindung der »No-Bailout«-Klausel in den Verträgen von Maastricht bis heute stolz. Er sei aber auch als akribisch und pingelig bekannt gewesen, als einer, der »fünfe nie gerade sein lässt« und zuvor ja bereits mehrfach Gesetze nicht unterschrieben habe. Henkel schildert den Druck, der am 22. Mai 2010 auf Köhler lastete, als er das Gesetz über das Rettungspaket unterschreiben sollte:

»Jetzt erwartete Frau Merkel von ihm, dass er sich über das Gesetz hinwegsetzt, das er selbst formuliert hat, dass er von seiner Akribie, Gesetze zu prüfen, Abstand nimmt, dass er seine Persönlichkeit, die eigentlich guckt, ob alles richtig ist, unterdrückt, indem er einfach so unterschreibt. Das heißt, sie erwartete von ihm, dass er ihr einen Riesengefallen tut.«

Zwischen Kanzleramt und Schloss Bellevue liefen die Drähte vermutlich heiß. Schließlich unterschrieb Köhler. Er hatte sich sehr beeilt und allem Anschein nach dem zeitlichen Drängen des Kanzleramts nachgegeben.

Nichts als die Wahrheit

Am Tag seiner Unterschrift unter das Gesetz strahlte *Deutschlandradio Kultur* ein Interview aus, das Horst Köhler während seines Rückflugs von Afghanistan dem Journalisten Christopher Ricke gegeben hatte. Darin erklärte er folgenreich:

»Wir brauchen einen politischen Diskurs in der Gesellschaft, wie es kommt, dass Respekt und Anerkennung zum Teil doch zu vermissen sind, obwohl die Soldaten so eine gute Arbeit machen. (…) Wir kämpfen dort auch für unsere Sicherheit in Deutschland, wir kämpfen dort im Bündnis mit Alliierten, mit anderen Nationen auf der Basis eines Mandats der Vereinten Nationen, einer Resolution der Vereinten Nationen. (…) Meine Einschätzung ist aber, dass insgesamt wir auf dem Wege sind, doch auch in der Breite der Gesellschaft zu verstehen, dass ein Land unserer Größe mit dieser Außenhandelsorientierung und damit auch Außenhandelsabhängigkeit auch wissen muss, dass im Zweifel, im Notfall auch militärischer Einsatz notwendig ist, um unsere Interessen zu wahren, zum Beispiel freie Handelswege, zum Beispiel ganze regionale Instabilitäten zu verhindern, die mit Sicherheit dann auch auf unsere Chancen zurückschlagen – negativ durch Handel, Arbeitsplätze und Einkommen. Alles das soll diskutiert werden, und ich glaube, wir sind auf einem nicht so schlechten Weg. (...) Es wird wieder sozusagen Todesfälle geben. Nicht nur bei Soldaten, möglicherweise auch durch Unfall mal bei zivilen Aufbauhelfern. (...) Man muss auch um diesen Preis sozusagen am Ende seine Interessen wahren. (...).«[132]

Während der Bundespräsident diese Sätze formulierte, taten am Horn von Afrika deutsche Marinesoldaten nichts anderes als das, was ihr Präsident gerade ausgesprochen hatte. Sie jagten Piraten, um die Handelswege zu schützen. Und dieses Mandat war den Soldaten nicht nur mit den Stimmen der schwarz-gelben Regierung, sondern auch der Oppositionsparteien SPD und Bündnis 90/Die Grünen erteilt worden.

Dass grüne und rote Politiker, die längst selber manch tödlichen Kriegseinsatz zu verantworten hatten, nun über Köhler herfielen, gehört vermutlich zu den Reflexhandlungen oppositioneller Politiker. Dass er aber angesichts dieser Kritiken einfach das Handtuch schmiss, will bis heute den meisten politischen Beobachtern nicht einleuchten. Insbesondere vor dem Hintergrund der menschlichen und politischen Verfehlungen seines Nachfolgers Christian Wulff mutet der Köhler-Rücktritt nachgerade absurd an.

Ein Blick in das Archiv des Bundespräsidialamtes fördert überdies ein erstaunliches Zitat Wulffs zutage. In einer Vereidigungsrede vor Offiziersanwärtern der Marineschule Flensburg-Mürwik am 13. August 2010 betonte Wulff laut eigener Pressemitteilung:

»Die Nationen unserer Welt sind heute eng miteinander verbunden. Unser Wohlstand und ein Gutteil unserer Zukunft hängen von der internationalen Zusammenarbeit und Arbeitsteilung ab. Seit mehr als 50 Jahren spannt die Marine ein Band über die See: Im Bündnis mit unseren Partnern in Nordamerika in der NATO ebenso wie mit unseren Nachbarn in Europa.«[133]

Inwieweit sich die Aussage Wulffs über den »Wohlstand«, der von der Aktivität der Marine abhänge, von der Aussage Köhlers unterscheidet, darüber sollen sich getrost Experten semantischer Analyse den Kopf zerbrechen, aber es steht zu vermuten, dass sie keinen Unterschied finden werden.

Die Bundesregierung legitimiert Wirtschaftskriege

Gut zwei Jahre später, im September 2012, formulierten das Auswärtige Amt, das Bundesverteidigungsministerium und das Bundesministerium für wirtschaftliche Zusammenarbeit und Entwicklung ein gemeinsames Strategiepapier, das inhaltlich von Köhlers damaliger Rede inspiriert zu sein scheint, ohne dies allerdings zu erwähnen:

> »Heute sind vor allem schwache staatliche Gebilde eine große Herausforderung für die globale Sicherheit. Sie bilden grenzüberschreitende Destabilisierungspotenziale, dienen als Umschlagplätze für illegalen Waffen-, Drogen-, Menschen- und Kulturguthandel, als Rückzugsräume für terroristische Netzwerke, und sie bedrohen den legalen Handelsverkehr. Inaktivität birgt meist große Risiken auch für unsere eigene Sicherheit. Es besteht Einigkeit: Die Relevanz solcher ›fragiler Staaten‹ als Problemfeld und Aufgabe für die internationale Politik wird zunehmen.« [134]

Gemeint ist nichts anderes als die Sicherung der Handelswege im Köhler'schen Sinne – mit militärischen Mitteln:

> »Ohne sicheres Umfeld sind Stabilisierungs- und Entwicklungserfolge nicht zu erzielen. Die Erfahrung zeigt, dass bei internationalen Engagements mit militärischer und/oder polizeilicher Komponente ein quantitativ angemessenes und ausreichend robustes

Profil gerade zu Beginn des Einsatzes als Erfolgsfaktor gelten kann.«

Damit hatte die Bundesregierung erstmals offiziell Wirtschaftskriege legitimiert. In einem Gastbeitrag für die *Berliner Zeitung* konkretisierte Bundesverteidigungsminister Thomas de Maizière Ende November 2012, welchen Interessen die neue Doktrin dienen könnte:

> »Wirtschaftliche Interessen werden in unserem Land mitunter als ethisch minderwertig angesehen, wie Interessenwahrnehmung überhaupt. Man verfolgt nur Werte, Interessen möglichst nicht. Interesse, das kommt aus dem Lateinischen und bedeutet: ›dazwischen sein‹ oder ›dabei sein‹. Dieser Wortsinn weist auf ein deutsches ›Ur-Interesse‹ hin: Als bevölkerungsreichstes Land, als stärkste Volkswirtschaft Europas, als zweitstärkste (oder, je nach Sichtweise) drittstärkste Exportnation der Welt sind wir Deutschen von internationaler Stabilität abhängig.«[135]

Die neue Sicherheitsdoktrin der Bundesregierung spiegelt nichts anderes wider als eine längst vorhandene Realität. Eine Realität, die offen auszusprechen Horst Köhler schon im Jahr 2010 den Mut gehabt hatte. Köhler hatte etwas getan, was in der Politik gemeinhin nicht geschätzt wird. Er sagte nichts als die Wahrheit, ohne diese zuvor von Pressereferenten oder PR-Agenten filtern zu lassen. Damit löste er einen vermeintlichen Skandal aus, einen Skandal, den zunächst niemand mitbekam.

Deutschlandradio Kultur hatte den umstrittenen Passus über die Handelskriege in der Internetfassung gestrichen – allerdings aus einer reinen Nachlässigkeit heraus.[136] Was jedoch prompt einem Blogger auffiel, der sogleich Zensur witterte und eine Debatte im Netz entfachte. Aber erst als der Tübinger Student Jonas Schaible E-Mails an die Redaktionen von *Frankfurter Rundschau, Süddeutscher Zeitung, Frankfurter Allgemeiner Zeitung, Zeit, taz* und *Welt* schickte, in denen er fragte, warum denn niemand darüber berichte und ob man die Äußerung Köhlers nicht einer Debatte für wert hielte, begannen auch die Printmedien aktiv zu werden – ganze vier Tage nach Köhlers Interview. *Spiegel Online* brachte nun eine mit ersten Kritikerstimmen gespickte Story mit dem Titel »Köhler entfacht neue Kriegsdebatte«[137]. Thomas Oppermann, der parlamentarische Geschäftsführer der SPD-Bundestagsfraktion, sagte, Köhler schade der Akzeptanz der Auslandseinsätze der Bundeswehr, Deutschland führe in Afghanistan »keinen Krieg um Wirtschaftsinteressen, sondern es geht um unsere Sicherheit«. Dass Köhler gar nicht von Afghanistan gesprochen hatte, interessierte Oppermann offenbar nicht. Vielmehr sorgte er sich um das Ansehen der gemeinsamen Politik von Union, FDP, SPD und Grünen in der Frage der Bundeswehrauslandseinsätze: Wer etwas anderes behaupte, »redet der Linkspartei das Wort. Wir wollen keine Wirtschaftskriege.« Der Fraktionsvize der Grünen, Frithjof Schmidt, wird mit den Worten zitiert, die Köhler-Äußerung entlarve ein »gefährlich falsches Verständnis von Auslandseinsätzen«. Der CDU-Politiker Ruprecht Polenz, Vorsitzender des Auswärtigen Ausschusses im Bundestag, sprach davon, Köhler habe sich »etwas missverständlich ausgedrückt«, das sei »keine besonders glückliche Formulierung, um es vorsichtig auszudrücken«. Selbstverständlich habe der Bundespräsident keine neue Sicherheitsdoktrin verkündet. Einsätze zum Beispiel gegen Piraterie hätten immer ein »klares völkerrechtliches Mandat«.

Am Tag darauf stieg Jürgen Trittin, grüner Fraktionsvorsitzender im Bundestag, in die Bütt, als er der *Süddeutschen Zeitung* sagte: »Der Bundespräsident offenbart entweder Unkenntnis oder Ungeschicklichkeit. Offenbar sind fast acht Jahre Debatte und Rechtsprechung zu diesem Einsatz am Präsidialamt vorbeigezogen.« Um nachzulegen: »Wir brauchen weder Kanonenbootpolitik noch eine lose rhetorische Deckskanone an der Spitze des Staates.«[138] Und gegenüber der *Berliner Zeitung* sagte er:

»Man möchte zu seinen Gunsten annehmen, dass er sich bei diesen Worten auf den Pfaden seines Vorgängers Heinrich Lübke vergaloppiert hat.«[139] Andernfalls stehe Köhler nicht mehr auf dem Boden des Grundgesetzes.

Am Sonntagvormittag erhielt Horst Köhler wie üblich ein Vorabexemplar des aktuellen *Spiegel*. Das Magazin hatte Trittins Steilvorlage bereitwillig angenommen. Der Artikel über Köhler war betitelt mit »Horst Lübke«. Die Autoren Stefan Berg und Christoph Hickmann schrieben: »Das Staatsoberhaupt blamiert sich mit seinen Afghanistan-Äußerungen. Im Schloss Bellevue herrscht Entsetzen: Wie soll er die restlichen vier Amtsjahre überstehen?«[140]

Die aus dem Kanzleramt gewöhnlich gut informierten *Spiegel*-Redakteure warteten mit einer Indiskretion auf, die Köhler treffen sollte: »In letzter Zeit musste am Kabinettstisch jeweils lange gerungen werden, ehe sich ein Bundesminister bereit erklärte, einem Köhler-Auftritt beizuwohnen.« In der »politischen Klasse« sei ein »dramatischer Autoritätsverlust des Staatsoberhauptes zu besichtigen«.

Das Schweigen der Kanzlerin

Glaubt man der Version Horst Köhlers, genügten diese respektlosen Angriffe auf seine Person, ihn zum Rücktritt zu bewegen. Hans-Olaf Henkel glaubt das nicht.[141] Er berichtet von einem Besuch im Schloss Bellevue am Tag nach der Kanonenboot-Äußerung Jürgen Trittins. Der Bundespräsident hatte ihn gemeinsam mit dem früheren Bundespräsidenten Roman Herzog zu einem Vorbereitungstreffen für den »Konvent für Deutschland« eingeladen. Henkel hatte, wie Herzog, die Nachrichten verfolgt und war nun neugierig, in welcher Verfassung man den Präsidenten anträfe.

»Es war erstaunlich, Köhler war blendender Laune.« Während des Gesprächs und bei dem anschließenden Essen sei Köhler keine negative Gefühlsregung anzumerken gewesen. Dass die Kritik Trittins an seinen Afghanistan-Äußerungen ihn ins Mark getroffen haben könnte, schließt Henkel aus. Jedenfalls für diesen Tag. »Es ist Unsinn, wenn behauptet wird, er sei wegen Trittins Kritik zurückgetreten.« Köhler sei außerdem zu erfahren, um wegen einer solchen Kleinigkeit zurückzutreten. Der ehemalige BDI-Chef sieht den Grund vielmehr im Verhalten der Bundeskanzlerin: »Horst Köhler war stocksauer auf Merkel, fühlte sich verraten und verlassen, für den großen Gefallen, den er dem Euro, den er Europa und den er vor allem ihr getan hatte, kriegte er nicht mal eine kleine Unterstützung in so einer lächerlichen Sache.«

Tatsächlich waren diese öffentlich mit Angriffen auf persönliche Schwächen gespickten Reaktionen auf Köhlers Interview ohne Beispiel. Und trotz dieser Angriffe schwieg ausgerechnet die Politikerin, die ihn ins Amt geholt hatte, Angela Merkel. Die Bundeskanzlerin lehnte tagelang jeden Kommentar ab, sogar nachdem Jürgen Trittin Köhler eine »Kanonenbootpolitik« unterstellt hatte. Stattdessen ließ Merkel über ihre Pressesprecherin mitteilen: Als Vertreterin des Verfassungsorgans Bundesregierung werde sie sich nicht zu Stellungnahmen und Interviews des Verfassungsorgans Bundespräsident äußern.[142] Horst Köhler konnte diese Äußerung als Ohrfeige verstehen. Anstatt sich aus Respekt vor dem Amt vor den Amtsträger zu stellen und seine Äußerung argumentativ geradezurücken, schwieg Angela Merkel. Während er der Kanzlerin kurz zuvor noch den Gefallen getan hatte, ein verfassungsrechtlich höchst umstrittenes Gesetzespaket unter Zeitdruck zu unterzeichnen, ließ die Kanzlerin die öffentlichen Anwürfe, Köhler begehe Verfassungsbruch, nun unkommentiert. Hans-Olaf Henkel jedenfalls ist überzeugt davon, dass hier der eigentliche Grund für Köhlers Rücktritt zu suchen ist.

Die Merkel-Konstante

Es war nicht das erste Mal im politischen Leben der Kanzlerin, dass sie ihren einstigen Förderern den Rücken kehrte. Als sie Ende November 1989 plötzlich den Weg zur DDR-Opposition fand, heuerte sie bei der Organisation »Demokratischer Aufbruch« an. Ab Februar 1990 verdiente sie ihr Geld als Büroleiterin von DA-Chef Wolfgang Schnur. Als dieser plötzlich als Stasi-IM enttarnt wurde, war es ausgerechnet Angela Merkel, welche die Pressekonferenz der DA leitete. Statt in den Hintergrund zu treten, als ihr Chef und Brötchengeber entlarvt wurde, begab sie sich ins Rampenlicht.

Fast genau zehn Jahre später wiederholte sich die Szenerie: Von einigen CDU-Männern als »Kohls Mädchen« belächelt, hatte Merkel mittlerweile Karriere gemacht in der Partei. Und in zwei Kohl-Kabinetten war sie Ministerin zunächst für Jugend und Familie, später für Umwelt gewesen. Nach dem Wahlsieg von Gerhard Schröder 1998 löste Wolfgang Schäuble Helmut Kohl als CDU-Vorsitzenden ab, und Angela Merkel wurde Generalsekretärin der Partei. Am 16. Dezember 1999 gab Kohl im ZDF zu, zwischen 1993 und 1998 insgesamt bis zu zwei Millionen Mark an illegalen Spenden erhalten zu haben. Unter Hinweis auf sein »Ehrenwort« werde er dennoch die Anonymität der Spender nicht brechen.

»Kohls Mädchen«, Angela Merkel, distanzierte sich mit als Erste von ihrem langjährigen Gönner. Genau sechs Tage nach den Kohl-Äußerungen im ZDF reagierte sie auf sehr überraschende Weise. Am 22. Dezember erschien ein Artikel von ihr in der *Frankfurter Allgemeinen Zeitung*, der in der Öffentlichkeit einschlug wie eine Bombe:

> »Die Partei muss also laufen lernen, muss sich zutrauen, in Zukunft auch ohne ihr altes Schlachtross, wie Helmut Kohl sich oft selbst gerne genannt hat, den Kampf mit dem politischen Gegner

aufzunehmen. Sie muss sich wie jemand in der Pubertät von zu Hause lösen, eigene Wege gehen.«[143]

Angela Merkel hatte diesen spektakulären Schritt ohne Absprache mit ihrem Parteivorsitzenden Wolfgang Schäuble unternommen, wie sie später erzählte:

> »Er hat es nicht gewusst. Was wäre die Alternative gewesen? Ich hätte ihn fragen können, aber er hätte sicher nein gesagt. Ich hätte ihn nicht überzeugen können. Aber ich wusste, dass wir nicht darauf vertrauen konnten, irgendwie durch die Spendenaffäre durchzukommen. (…) Deshalb bin ich das Risiko mit dem F.A.Z.-Artikel eingegangen.«[144]

Ausgerechnet Kohls Zögling Angela Merkel war es also, die ihre Partei und bald auch sich selbst aus dem Schatten Helmut Kohls befreite. So eng und vertrauensvoll Merkel zunächst mit ihren Gönnern und Förderern zusammenarbeitete, so beherzt ließ sie diese Männer auch fallen, wenn es darauf ankam. Der Bundeskanzlerin wird nachgesagt, sie schätze die Loyalität ihrer Mitstreiter höher als deren Kompetenz, wie der ehemalige *BamS*-Chefredakteur und Stoiber-Berater Michael Spreng es ausdrückt.[145] Im Umkehrschluss ist Angela Merkel bereit, ihre Loyalität plötzlich und unerwartet aufzukündigen, und das nicht nur in Situationen, wo dies zwingend und nachvollziehbar erscheint wie im Falle Helmut Kohls.

Ein Abgang mit Abgründen

Montag, 31. Mai 2010, zwölf Uhr mittags. Bei Angela Merkel klingelt das Telefon. Am anderen Ende der Leitung ist Horst Köhler, der ihr mitteilt, dass er um 14 Uhr seinen Rücktritt vom Amt des Bundespräsidenten erklären werde. Vor den Kameras erläutert Horst Köhler dann mit Tränen in den Augen seine Gründe:

»Meine Äußerungen zu Auslandseinsätzen der Bundeswehr am 22. Mai dieses Jahres sind auf heftige Kritik gestoßen. Ich bedaure, dass meine Äußerungen in einer für unsere Nation wichtigen und schwierigen Frage zu Missverständnissen führen konnten. Die Kritik geht aber so weit, mir zu unterstellen, ich befürwortete Einsätze der Bundeswehr, die vom Grundgesetz nicht gedeckt wären. Diese Kritik entbehrt jeder Rechtfertigung. Sie lässt den notwendigen Respekt für mein Amt vermissen.«[146]

Angela Merkel wird gut zwei Stunden später in der Bundespressekonferenz sagen, dass sie noch versucht habe, Köhler umzustimmen, aber: »er wollte nicht umgestimmt werden«.[147]

Das hatte es in der bundesdeutschen Geschichte noch nicht gegeben, zumal selbst politische Gegner, bei aller Kritik an Köhlers Ausführungen zu Auslandseinsätzen, keinen Anlass für diesen Rücktritt sahen. Zu den Absonderlichkeiten dieses Ereignisses müssen wir auch die verbale Reaktion der Bundeskanzlerin zählen. Am Nachmittag nach Köhlers Rücktritt sagte sie vor der vollen Bundespressekonferenz: »Ich bedaure seinen Rücktritt auf das Allerhärteste.«[148] Ein merkwürdiger Satz, dessen Teile nicht so recht zueinander passen, denn zum Allerhärtesten hätte »verurteile« weit besser gepasst, das Bedauern wiederum passte überhaupt nicht zu dem Wort »Allerhärteste«. War Angela Merkel wirklich so überrascht? Oder hatte sie, während ihr dieser Satz entglitt, etwas anderes im Sinn?

Kaum Aufsehen erregte nach dem Rücktritt eine Äußerung des CSU-Ehrenvorsitzenden und ehemaligen Bundesfinanzministers Theo Waigel. Der hatte Köhler 1990 zum Staatssekretär gemacht und ist bis heute persönlich mit ihm befreundet. In einem Interview mit der *Augsburger Allgemeinen* berichtet Waigel, dass er selber von dem Rücktritt vollkommen überrascht worden sei:

»Offensichtlich hat er vermisst, dass sich in Berlin nach der Kritik an seinen Äußerungen niemand vor ihn gestellt hat.«[149] Waigels Aussage stützt die Theorie Hans-Olaf Henkels, dass Köhler aus einer tiefen Enttäuschung durch Angela Merkel heraus das Handtuch warf.

Köhlers größte Fehleinschätzung bestand darin, bei seiner Berufung zum Bundespräsidenten zu glauben, in diesem Amt nicht Teil des Machtspiels zu sein. Ausgebuffte Machtpolitiker wie George W. Bush, Tony Blair und Gerhard Schröder seien ihm – gelinde ausgedrückt – nie geheuer gewesen, sagen ehemalige Weggefährten. Angela Merkel lernte er erst in den Tagen um seinen Rücktritt richtig kennen. Trotz alledem: Horst Köhler ist es nie – auch durch seine späteren Darlegungen nicht – wirklich gelungen, Bürgern und Medien eine überzeugende und in sich schlüssige Begründung für seinen plötzlichen Rücktritt zu liefern.

Im September 2012 betrat Horst Köhler zum ersten Mal seit jener Zeit wieder die internationale Bühne. Er reiste nach New York zur UNO. Auf Vorschlag der Bundesregierung hatte ihn UNO-Generalsekretär Ban Ki-moon eingeladen, das entwicklungspolitische Gremium zur Erarbeitung einer »Post-2015-Agenda« zu beraten. Die Reise dürfte Köhler gefreut haben, denn New York war ihm noch aus seiner Zeit als IWF-Direktor sehr vertraut. Die *Frankfurter Allgemeine Zeitung* schrieb, Köhler, »im Mai 2010 aus noch immer nicht überzeugend dargelegten Gründen als Bundespräsident zurückgetreten, wirkt guter Dinge ob der neuen Aufgabe«[150]. Gut gelaunt habe Köhler den Journalisten entgegengerufen: »Die Schlagzeile ›Köhler will wieder was werden‹ spart Ihr Euch bitte!«

Vielleicht ist Horst Köhler wirklich glücklich, die Journalisten abgeschüttelt zu haben. Solange ein Mensch durch ein hohes Amt im Fokus der Öffentlichkeit steht, kann er sich nie sicher sein, ob die Meute nicht plötzlich aktiv wird. Wer aber mag voraussagen, ob nicht eines Tages doch ein Journalist enthüllt, warum dieser so gewissenhafte Präsident tatsächlich aus dem Amt flüchtete. Oder getrieben wurde.

4.

DIE AKTE CHRISTIAN
UND BETTINA WULFF

Am 29. Juli 2010 meldet das *Mallorca Magazin*, Christian Wulff habe seinen Urlaub in Port d'Andratx kurzfristig abgebrochen. Fünf Tage zuvor waren bei einer Massenpanik während der Loveparade in Duisburg 21 Menschen ums Leben gekommen. Der Bundespräsident entschied, zurück nach Deutschland zu reisen, um gemeinsam mit Bundeskanzlerin Angela Merkel der Trauerfeier beizuwohnen.

Der interessierte Tourist erfuhr aus dem *Mallorca Magazin* überdies, dass der Präsident mit Gattin Bettina und ihrem gemeinsamen Sohn Linus auf dem Anwesen des einstigen AWD-Gründers und Finanzunternehmers Carsten Maschmeyer Urlaub gemacht habe und dass es bereits sein sechster Inselaufenthalt gewesen sei. [151]

Des Weiteren berichtete das Blatt, dass Wulff noch am Sonntagnachmittag den deutschsprachigen Gottesdienst in der Kirche von Peguera besucht habe, was den Lektor der Gemeinde erstaunt habe, »zumal der Bundespräsident katholisch« sei. Abschließend zitierte die mallorquinische Urlauberzeitung die Forderung des Bundespräsidenten, die Ursachen der Duisburger Tragödie müssten »rückhaltlos aufgeklärt werden«.

In Bettina Wulffs Memoiren kommen der Aufenthalt auf Maschmeyers Anwesen und die schrecklichen Nachrichten aus

Duisburg nicht vor. Die ehemalige First Lady hatte im Zusammenhang mit diesem Ereignis andere Erinnerungen:

>»Wenn es eine Veranstaltung gab, wie zum Beispiel am Montag, 2. August, die Trauerzeremonie zur Love-Parade in Duisburg, bei der auch ich anwesend sein sollte, stand ich frühmorgens gegen 5.30 auf, las mich fix noch in ein paar Unterlagen zu dem Termin ein, weckte gegen 7 Uhr Leander und Linus und machte wenige Minuten später meiner Mutter die Haustür auf.«[152]

Bettina Wulff ist nicht PR-Frau genug, um wenigstens im Nachhinein ihre Anteilnahme am Leid der Opfer der Duisburger Katastrophe in den Text einfließen zu lassen. Über die Trauerzeremonie heißt es in dürren Worten: »Dann ging es im Flieger Richtung Duisburg, vor Ort Hände schütteln, Posieren für die Fotografen, ein wenig Small Talk, und schon ging es wieder zurück in den Alltag nach Großburgwedel.«[153]

Dank dieser offenherzigen Darstellung wissen wir nun, worum es bei dem Auftritt des Präsidentenpaares zumindest aus ihrer Sicht tatsächlich ging: um eine reine Inszenierung persönlicher Anteilnahme und deren politische Instrumentalisierung. Für letztere sorgte Christian Wulff, als er sich noch am Tag der Trauerfeier auf ein ausführliches Interview mit der *Bild am Sonntag* einließ.

In diesem »ersten großen Interview als Bundespräsident« – wie das Blatt einen Tag nach der Trauerfeier prahlte – plauderte Wulff darüber, dass er gleich nach dem Unglück in Duisburg seine Tochter Annalena »angesimst« habe, um zu wissen, ob Freunden von ihr etwas passiert sei. Später habe er erfahren, dass ein Freund seines Neffen in Duisburg ums Leben gekommen sei.

Sein eigener Schmerz und der Schmerz der Hinterbliebenen bei der Trauerfeier hielten den Präsidenten aber nicht davon ab, die emotionale Rampe zu einem moralischen Generalangriff auf den Oberbürgermeister der Revierstadt zu nutzen. Die *BamS* meldete:

»Bundespräsident Wulff hat Duisburgs Oberbürgermeister den Rücktritt nahegelegt.« Dieser trage Verantwortung – selbst wenn die Schuldfrage ungeklärt sei. »Zwar hat jeder als unschuldig zu gelten, dessen Schuld nicht bewiesen ist«, sagte Wulff dem Blatt. »Doch unabhängig von konkreter persönlicher Schuld gibt es auch eine politische Verantwortung. Das alles wird der Oberbürgermeister genau abwägen müssen.«[154] Als Wulff gefragt wurde, ob er dem Duisburger OB einen Rat geben würde, antwortete er gönnerhaft: »Den würde ich ihm nur geben, wenn er mich darum bitten würde – und dann unter vier Augen.«

In diesem Interview offenbarte sich neben der wechselseitigen Abhängigkeit von deutschem Staatsoberhaupt und Springer-Blättern zugleich Wulffs mitunter doppelbödiger Charakter, als er vor einem Millionenpublikum die moralische Hinrichtung eines Oberbürgermeisters anzettelte, um im gleichen Atemzug zu sagen, er bevorzuge, über solche Dinge unter »vier Augen« zu sprechen. Und es gehört zu den vielen tragikomischen Wendungen dieser Wulff'schen Geschichte, dass ihn ausgerechnet der Springer-Konzern als medialer Sparringspartner am Ende zu Fall bringen sollte.

▶ ▶ ▶

August 2010, Schloss Bellevue, Berlin. Nach dem großen Auftritt im Anschluss an die Duisburger Tragödie hält dieser Monat für den neuen Bundespräsidenten nichts sonderlich Aufregendes bereit. Er reist nach Schleswig-Holstein und besucht ein Wikingermuseum. Als Ehrengast der Marineschule Flensburg-Mürwik hält er eine Rede anlässlich der Vereidigung von Offiziersanwärtern. Er reist nach Bonn und lernt seinen dortigen Dienstsitz, die Villa Hammerschmidt, und das Bonner Personal kennen. Und in Berlin wohnt er der dritten »Tafel der Demokratie« mit 1500 Bürgerinnen und Bürgern aus ganz Deutschland bei. Schließlich führt ihn eine Reise nach Oberammergau zu den Passionsfestspielen. Zwar begleitet ihn seine Frau Bettina, doch ihre schiere Anwesenheit ist das einzige Glanzlicht – die Termine finden allesamt in bescheidenem Rahmen statt.

Aber womöglich bieten diese Tage dem Präsidenten Gelegenheit zum Durchatmen. Noch kann er das glamouröse Parkett nicht so recht genießen und ist noch zu sehr damit beschäftigt, sich mit der Rolle des Staatsoberhauptes vertraut zu machen.

Ein Dossier, üble Gerüchte und eine PR-Kampagne

Nur ein paar Straßenzüge vom Schloss Bellevue entfernt durchstreift in diesen Tagen ein angeblicher Privatermittler die sommerliche Hauptstadt. Er trifft sich mit Journalisten, und häufig fädelt er die Treffen als scheinbar zufällige Begegnungen ein. Wie sich später herausstellt, hat der Mann seine Identität gefälscht, und auch die Firma, für die er vorgibt zu arbeiten, existiert nicht. Er gewährt den Journalisten Einblick in ein Dossier über Christian Wulff.

Die Absicht des Mannes bleibt den Journalisten zunächst verborgen. Sie ahnen nicht, dass er ihnen eine Geschichte anbietet, die zu veröffentlichen sich keiner von ihnen jemals vorstellen könnte. Eine Geschichte, die ungeschrieben bleiben kann und trotzdem in den folgenden Monaten in den Fluren von Redaktionen und Parteizentralen, Ministerien und im Deutschen Bundestag für Aufsehen sorgen wird.

Es gäbe mit Sicherheit ethische und auch rechtliche Hürden, auch nur Auszüge und Hintergründe dieser Geschichte aufzuschreiben, wäre da nicht das Zeugnis von Bettina Wulff, die zwei Jahre später, im September 2012, selber alles Erdenkliche unternimmt, die über Jahre verlaufende Historie eines Gerüchts einem Massenpublikum zugänglich zu machen. Das Gerücht handelt von einem angeblichen Vorleben Bettina Wulffs als Prostituierte oder Escort-Lady, und sie streut es zwar unters Volk, weist seinen Inhalt aber gleichwohl entschieden zurück. Bettina Wulff hat höchstpersönlich dafür gesorgt, dass in der Woche, in der ihr Buch erscheint, gleich vier Zeitschriften Interviews über die Probleme in ihrer Ehe mit dem ehemaligen Bundespräsidenten bringen – es sind die Zentralorgane der weiblichen Unterhaltung *Brigitte, Bunte* und *Gala* sowie die Polit-Illustrierte *stern*.

Mit diesen – irreführend als »exklusiv« verkauften – Interviews erzielte Bettina Wulff gleich zwei, vermutlich erwünschte, Effekte: Neben der notwendigen Publizität für einen erhofften Bestseller konnte sie hoffen, sich mit den Interviews das notwendige Wohlwollen der einschlägigen Medien gesichert zu haben. Dass sie in diesen Interviews Seelenstriptease betreibt – Juristen sprechen dabei von ›medialer Selbstöffnung‹, werden auch die hartgesottensten Medienanwälte an ihrer Seite nicht bestreiten. Und mit dem Vokabular ihres Buches, wie »Beuteschema«, »Body« für gut aussehende Exlover, oder mit der Geschichte über ihr Leid mit den Leibwächtern des BKA, wirkt Bettina Wulff selbst ihrem Nimbus als Femme fatale nicht gerade entgegen:

»Ganz toll war auch, im Hotelzimmer zu liegen und zu wissen, dass im Zimmer gegenüber Beamte 24 Stunden wach sind, quasi Babysitter spielen und auf einen aufpassen. Für manche mag das vielleicht anregend sein, für mich war es das nicht. Eher ging es mir im Kopf herum: ›Na, dann muss man ja verdammt leise sein, bei allem, was man so tut. Vielleicht sind die Wände ja doch nicht so dick.‹«[155]

Bettina Wulff schreibt, sie wolle, dass ihre Kinder im Internet nichts mehr über ihre Mutter als Prostituierte und Escort-Lady lesen müssen. Aber warum tut sie diesen Kindern dann den Tort an, öffentlich mit ihrer gerüchteweisen Vergangenheit zu kokettieren und auf diese Weise für die massenhafte Verbreitung der über sie kursierenden Behauptungen zu sorgen?

Denn obwohl die üblen Gerüchte jahrelang Gesprächsthema in den Redaktionsstuben und Kantinen der deutschen Hauptstadtmedien waren, blieben sie der großen Mehrheit der Bevölkerung verborgen. So wussten laut einer repräsentativen Emnid-Umfrage im Auftrag von *Bild am Sonntag* 81 Prozent der Bürger nichts von den Gerüchten.[156]

Die selbstverliebte Verbreitung des Gerüchts durch Bettina Wulff selbst ist auch insoweit mehr als skurril, als sie Internet-Bloggern und Journalisten zuvor rechtlich untersagen ließ, allein das Vorhandensein solcher Gerüchte zu erwähnen. Das letzte Kapitel im Inhaltsverzeichnis ihres Buches trägt die effektheischende Überschrift: »Mama, arbeitest du eigentlich schon immer als PR-Frau?«

Die Zurschaustellung ihrer Eheprobleme, das Eingeständnis, sich mit ihrem Mann einer Paar-Therapie zu unterziehen, und die zahlreichen erotischen Anspielungen lassen jedenfalls den Schluss zu: Bettina Wulff, die ehemalige First Lady der Bundesrepublik Deutschland, ist bereit, für Geld ihre Seele zu verkaufen, und nimmt dabei offenbar sogar in Kauf, auf der Seele ihres Ehemannes herumzutrampeln. So beginnt sie das Kapitel über ihre Liebe zu Christian – mit einer ganz besonderen ›Würdigung‹:

> »Adrett, solide, gebildet und absolut seriös erscheinend: Als konservativer Politiker, als Katholik und fürsorglicher Familienvater war Christian Wulff sicher so einiges, zum Beispiel der Liebling vieler, wenn nicht gar aller Schwiegermütter, aber ganz gewiss kein Womanizer.«[157]

Bettina Wulff schreibt, dass sie und ihre männlichen Arbeitskollegen und »vor allem -kolleginnen« sich bei Wulff gefragt hätten:

> »Was findet eine Frau an diesem Mann? Irgendwie fehlten da ein paar Ecken und Kanten, etwas Besonderes und Eigenes. Christian Wulff wirkte glatt, wie der klassische Juristentyp. In puncto Klei-

dung kannte er scheinbar keine Alternative zu einem dunkelblau-
en Anzug, und die Auswahl seiner Brillen war auch nicht gerade
spektakulär.«

Bettina Wulff wundert sich also in ihrem Buch über sich selbst
und behauptet trotzdem:

> »Ich habe bei Männern kein festes Beuteschema. Wenn ich in Zei-
> tungen manchmal lese, dass da irgendwelche Frauen gerne von
> einem Prominenten zum anderen wechseln, finde ich das merk-
> würdig. Das schreit dann schon gewaltig nach dem Drang, bloß
> einen Partner abzubekommen, der berühmt oder vermeintlich
> berühmt ist, daher eventuell über das nötige Kleingeld verfügt
> und von dem im Idealfall etwas Glanz der Bekanntheit auf einen
> selbst abfällt.«

Diese etwas profanen Ausführungen der Ex-First-Lady klingen
wie ein Eingeständnis von Oberflächlichkeit, folgte nicht sogleich
das Dementi in eigener Sache: »Nein, so ticke ich nicht.«
   Bettina Wulff klagt bekanntlich gegen die Autovervollständi-
gung des Suchbegriffs »Bettina« bei Google mit den Begriffen
»Rotlicht« oder »Escort«. Mit der Veröffentlichung ihres Buches
wollte sie die »Deutungshoheit« über ihr Leben zurückgewinnen,
wie *Der Spiegel* es formulierte. Nach einem Beitrag im ZDF-
»heute journal« über ihr Buch musste Bettina Wulff ausgerechnet
von Deutschlands wohl profiliertestem Moderator Claus Kleber
eine spöttische Abmoderation über sich ergehen lassen:

> »Der Verlag erwartet von seiner neuen Autorin mit Sicherheit,
> dass sie den aktuellen Sachbuch-Toptitel des Hauses überholt. Der
> heißt *Bel Ami*, es sind die Lebenserinnerungen eines Bordellbesit-
> zers. Vielleicht sollte die PR-Beraterin Wulff darüber mal mit ihrer
> PR-Beratung reden.«[158]

Und Klebers Seitenhieb wiederum wurde in zahlreichen Printmedien zitiert.

Die Causa Bettina Wulff hat zu einem seltsamen Verhalten unter Journalisten geführt: Alle interessieren sich für eine Frage, von der sie öffentlich behaupten würden, dass sie sie nicht zu interessieren habe. Eine Ausnahme machte der Hauptstadtkorrespondent Dieter Wonka, der für die Mediengruppe Madsack in Zeitungen wie der *Leipziger Volkszeitung*, der *Hannoverschen Allgemeinen* und den *Kieler Nachrichten* schreibt. Der Wulff-Kenner wagte bereits im Jahr 2010 anlässlich der Wahl Wulffs zum Bundespräsidenten eine Anspielung auf das grassierende Gerücht: »Wäre Wulff in die Wirtschaft gegangen, dann müssten jetzt auch nicht Boulevardjournalisten alte Zeitzeugen aus dem Chateau am Schwanensee suchen, um hannoverschen Perücken-Gerüchten nachzugehen.«[159] Gegen diesen Artikel ist Bettina Wulff übrigens, nach allem, was mir bekannt ist, nie juristisch vorgegangen. Der Journalist Dieter Wonka steht noch heute zu seinem damaligen Handeln:

»Ich würde es heute auch wieder so schreiben, weil diese offenkundig falsche Behauptung über Bettina Wulff, weil diese Behauptung das politische Handeln des Menschen, des Politikers Christian Wulff in meiner Wahrnehmung negativ beeinflusst hat und insofern ein politischer Fakt war.«[160]

Bereits am 5. Januar 2012, auf dem Höhepunkt der Affäre Wulff, erklärte Wonka in einem Radiointerview, was er von Wulffs Verhalten zu dieser Zeit hielt.[161] Er warf Wulff vor allem vor, nicht auf die Gerüchte reagiert und somit überhaupt erst eine krisenhafte Situation heraufbeschworen zu haben: »Dass dem nicht begegnet wurde vonseiten Christian Wulffs in eineinhalb Jahren Amtszeit, das ist persönlich mein größter Vorwurf an Christian Wulff und das löst die mediale Erpressbarkeit aus.« Wulff habe gewusst, was im Internet passierte. Er habe auch gewusst, »dass manche

Journalisten sich an manchen Fragen so abgearbeitet haben, dass sie vielleicht etwas schreiben«. Wenn viele Medien in Deutschland eine Geschichte recherchieren, fällt das irgendwann auf, selbst wenn sie versuchen, es so unauffällig wie möglich zu tun. Wonka hätte sich von Wulff eine klare Stellungnahme dazu gewünscht:

>»Meine Frage an das Staatsoberhaupt bleibt: Wenn es wahr ist, dass etwas aus seiner Sicht völlig Falsches geschrieben wird, dann muss man sich eine Gegenstrategie zurechtlegen und nicht darauf setzen, dass es schon nicht so schlimm kommen wird. Und das ist genau das Wulff-Prinzip: Er hat gedacht, er immunisiert sich als Bundespräsident, und man wird ihm schon nichts antun.«[162]

Christian Wulff hat diese Frage bislang nicht beantwortet. Bettina Wulff wiederum hat das Gerücht, das zur medialen Erpressbarkeit des Staatsoberhauptes führte, im September 2012 einem Massenpublikum zugänglich gemacht – angeblich in der Absicht, es zu tilgen. Aber was bedeutet das ungewöhnliche Vorgehen der ehemaligen First Lady für Journalisten? Es bedeutet schlichtweg, dass die folgende politisch relevante Geschichte erzählt werden darf.

Ein Dossier auf Wanderschaft

Zurück zum Sommer 2010 und in eine Zeit, als ein bis heute unbekannter Mann die Gerüchteküche um Bettina Wulff erneut anheizt. Das Kalkül des angeblichen Ermittlers geht auf: Die Behauptungen in dem Dossier sind zu brisant, um sie einfach zu ignorieren. Nach Aussage eines Beteiligten trug das Dokument weder ein Datum noch eine Behördennummer. Nur einen fingierten Firmennamen. Der Inhalt des vierseitigen Dokuments trage Züge eines Psychogramms. Formuliert sei es im kargen Detektivstil, sagen die, die es lesen durften. Mitnehmen durfte es niemand und ebenso wenig auf seine Echtheit überprüfen.

Das Papier behandelt nach Aussagen von Informanten die Zeit von 2003 bis 2006, dem Jahr, in dem der damalige niedersächsische Ministerpräsident die Trennung von seiner Ehefrau Christiane bekannt gab. Der Autor des Dossiers behauptet ohne stichhaltigen Beleg, Christian Wulff sei unglücklich gewesen in seiner Ehe, unglücklich auch über die eingeschlafene Sexualität des Paares. Christian Wulff fühle sich zu einem anderen Leben berufen. Glaubt man dem Dossier, führte ihn sein unbändiger Lebenshunger unmittelbar ins Rotlichtmilieu. Freunde hätten den Mittvierziger damals mit in das später durch die VW-Affäre bekannt gewordene Edelbordell »Chateau am Schwanensee« in Isernhagen, einem kleinen Ort bei Hannover, mitgenommen, behauptet der Autor des Dossiers, wiederum ohne jegliche Belege zu liefern. Für seine exklusive Kundschaft sei das Etablissement ein Geheimtipp gewesen. Dort habe Wulff sich schnell in eine Bardame – die später im Internet als »Victoria« bezeichnete wurde – verliebt. Diese Bardame heiße mit bürgerlichem Namen Bettina Körner. Bettina Wulff hat in ihrem Buch ganz klar formuliert, dass diese Behauptungen in keiner Weise zutreffen.

Der Inhalt des Dossiers sagt selbstverständlich gar nichts über seine Wahrhaftigkeit aus. Er entspricht nur insoweit den bereits seit Mitte 2006 in der niedersächsischen Landeshauptstadt kursierenden Gerüchten, wonach sich die beiden tatsächlich nicht erst bei einer Delegationsreise des Ministerpräsidenten im April 2006 kennengelernt hätten. Zweifel an dem offiziellen Datum ihres Kennenlernens werden in der CDU Niedersachsens seit Langem gerüchteweise geäußert. Ein Abgeordneter soll das junge Paar bereits gut ein halbes Jahr vor der Südafrikareise in vertrauter Pose vor dem Landtag beobachtet haben, erzählt man sich. Belege dafür gibt es allerdings nicht, und selbst der Name des angeblichen Augenzeugen bleibt unbekannt. In ihrem Buch berichtet Bettina Wulff dagegen eindeutig von einem Kennenlernen während der Südafrikareise.

► ► ►

Andere Beobachter glauben ein anderes Indiz für eine frühere Anbahnung der Beziehung mit Bettina Körner gefunden zu haben. Die Tageszeitung *Die Welt* berichtet, dass Christian Wulff über viele Monate hinweg das Handy seines Freundes, des Filmproduzenten David Groenewold, genutzt habe. Wulff und Groenewold hätten bereits am 26. Oktober 2005 und damit vor der Südafrikareise einen regelrechten Überlassungsvertrag für das Mobiltelefon geschlossen. Drei Tage nach Eingang der Rechnung habe Wulff diese bei Groenewold sogleich beglichen, teilte dessen Anwalt Christian-Oliver Moser *Welt Online* mit.[163] Insgesamt habe es sich um einen Rechnungsbetrag von 931 Euro gehandelt, wobei sich die Monatsbeträge im April und im Mai 2006 auf jeweils rund 200 Euro belaufen hätten. Sein Mandant bedauere »zutiefst, dass ein weiterer Freundschaftsdienst ein falsches Licht auf seine Beziehung zu Christian Wulff« werfe. »Aus dem Überlassungsvertrag für das Handy ist keiner Seite ein Vorteil erwachsen.«
Es wäre sicherlich ein wenig übertrieben, die hier genannte Summe als nennenswerten, gar korruptiven Vorteil einzuordnen. Dass ein amtierender Ministerpräsident mit einem fremden Handy diskret Gespräche führt, darf hingegen als kaum schätzbarer Vorteil beim Schutz seiner Privatsphäre betrachtet werden. Es wäre nicht das erste Mobiltelefon, das zur Kommunikation in privaten Ausnahmesituationen gedient hätte.

► ► ►

Das Dossier des unbekannten Ermittlers wartet mit weiteren ungeheuerlichen und durch nichts belegte Behauptungen aus der Zeit zwischen 2003 und 2006 auf, dem Jahr, in dem Christian

Wulff seine Trennung schließlich bekannt gab und zugleich seine neue Verbindung mit Bettina Körner öffentlich machte – gerade mal acht Wochen, nachdem er sie auf einer Delegationsreise nach Südafrika kennengelernt haben will. Zur Scheidung selbst vermutet der unbekannte Autor, das Scheidungsverfahren habe Wulff mit Sicherheit finanziell stark belastet, da er dem Vernehmen nach nie einen Ehevertrag abgeschlossen habe. Eine Summe allerdings wird nicht genannt.

▶ ▶ ▶

Mittlerweile sind wir nicht zuletzt aufgrund einer von Bettina Wulff abgegebenen eidesstattlichen Versicherung gehalten, davon auszugehen, dass die Behauptungen über ihre angebliche Rotlicht-Vergangenheit nicht den Tatsachen entsprechen. So sagen die in dem Dossier aufgestellten und sämtlich unbelegten Behauptungen auch rein gar nichts über ihren Wahrheitsgehalt aus. Dennoch löste allein das Vorhandensein des Papiers ein für deutsche Hauptstadtverhältnisse lautes Tuscheln unter den Journalisten aus. Viele möchten nicht offen darüber sprechen. Der Redakteur einer bekannten deutschen Sonntagszeitung erinnert sich: »Das ist ja nie eine Geschichte aus dem Internet gewesen, es war eine Geschichte von Journalisten, die dann ein Jahr später ihren Weg ins Internet gefunden hat.«

Tatsächlich wagte sich anfangs kein Medium an den Stoff heran, umso weitere Kreise zogen die Gerüchte im Netz. Wer im Frühsommer 2012, vier Monate nach dem Rücktritt des Bundespräsidenten, »Bettina Wulff« bei Google als Suchbegriff eingab, dem schlug das Programm sogleich das Begriffspaar »Prostituierte« und »Escort« als »verwandte Suchbegriffe« vor. Und ganze 44 000 Treffer landete Google beim ersten Begriffspaar »Bettina Wulff« und »Prostituierte«.[164] Selbstverständlich fanden sich die üblichen Verästelungen und Querverweise immer der gleichen Blogs und Foren, und gerade das ermöglichte ein juristisches

Vorgehen. Kaum vorstellbar, dass es Menschen geben soll, die nicht sofort versuchen, solcherlei wüsten Behauptungen im Internet einen Riegel vorzuschieben. Bettina Wulff argumentierte dagegen, sie habe während der Präsidentschaft ihres Mannes noch größere Aufmerksamkeit vermeiden wollen. Wäre ein diskretes Vorgehen überhaupt möglich gewesen?

Christian Keppel arbeitet als sogenannter Reputationsmanager für die Agentur »Dein guter Ruf.de« in Essen.[165] Er ist über die Aussage von Bettina Wulff erstaunt: »Das ist unser Business, dass wir diese Dinge ohne viel Aufhebens bearbeiten.« Dabei würde man in zwei Schritten vorgehen: Zuerst hätte man die Blogger angeschrieben, die die Rotlicht-Gerüchte verbreiten, und um Löschung gebeten. Dieses Verfahren ist meist erfolgreich und dauert maximal vier Wochen. Sollten Blogs nicht auffindbar sein oder Blogger sich weigern, greift die zweite Methode. Die Reputationsmanager würden durch automatisierte Suchanfragen mit anderem Inhalt für eine Verdrängung des unliebsamen Suchergebnisses sorgen: Dieses Verfahren hätte drei bis sechs Monate in Anspruch genommen. Stattdessen mit Buch und Interviews an die Öffentlichkeit zu gehen, sei schlicht »kontraproduktiv«, sagt Keppel. »Das ist eine reine PR-Geschichte, das war unser erster Gedanke. Es ging darum, Aufmerksamkeit zu kriegen. Mit dem Anliegen, gegen das Gerücht selbst vorzugehen, hatte das nichts zu tun.« Im Gegenteil. Durch die massive Öffentlichkeit sei das Problem zementiert worden.

> »Jeder, der bei klarem Verstand ist, wird wissen, wenn man so an die Öffentlichkeit geht, ist das nicht mehr reparabel. Das wird sich jeder an einer Hand abzählen können. Jeder PR-Berater, mit denen die zusammengearbeitet haben, wird denen gesagt haben, das ist dann nicht mehr rückgängig zu machen.«

So sei das »Suchergebnis von Google nun für Jahre verbrannt«, sagt Keppel. Selbst seine Firma könnte es nicht mehr verdrängen, da zu viele Artikel über das Thema das Netz überschwemmt hätten. »Vorher hätten wir was machen können. Aber jetzt brauchen wir da überhaupt nicht mehr drüber nachzudenken.« Auch die Klage gegen Google hält Keppel für reine PR, denn die vielen Artikel seien jetzt alle legal, und insofern könne auch niemand Google daran hindern, die Suchkombinationen anzuzeigen. Dabei hatte Bettina Wulff in ihrem Buch noch pathetisch formuliert: »Nie, wirklich nie im Leben möchte ich, dass mein Sohn Leander oder mein Sohn Linus die Identität meiner Person infrage stellen muss oder beim Googeln im Internet auf Seiten stößt, die die übelsten Gerüchte über mich verbreiten.«[166] Christian Keppel hat für solche Aussagen nur ein Wort übrig: »scheinheilig«.

Matthias Koch zeigte in der *Hannoverschen Allgemeinen Zeitung* einen anderen Weg auf, in der Google-Welt zu bestehen:

> »Man kann auch über Jahre hinweg auf positive Verknüpfungen hinarbeiten. Das mag noch zeitraubender und noch anstrengender sein, aber es lohnt sich. Bei ›Veronica Carstens‹ und ›Mildred Scheel‹ zum Beispiel steht bei Google eine Verknüpfung mit dem Wort ›Stiftung‹. Dahinter steckt kein PR-Trick und auch keine Intervention eines Anwalts, sondern eine Lebensleistung.«[167]

Bettina Wulff muss klar sein, dass sie durch ihr Verhalten nun endgültig dafür gesorgt hat, dass die Gerüchte noch Jahre mit ihrem Namen verbunden sein werden. Im Übrigen hat sich seit Erscheinen ihres Buches die Zahl der Suchanfragen mit dem Begriffspaar »Bettina Wulff« und »Prostituierte« gegenüber Juni 2012 verfünffacht – auf 209 000.[168]

Selbstverständlich ist es für Reputationsmanager nicht ganz leicht, ein Gerücht zu beseitigen, wenn es bereits in der realen Welt kursierte, bevor es ins Internet gelangte. Und im Falle der ehemaligen First Lady deutet einiges darauf hin. In Hannover erinnern sich Journalisten, dass es bereits im Jahr 2006, also kurz nachdem Christian Wulff seine neue Verbindung öffentlich gemacht hatte, Gerüchte über die damalige Bettina Körner gab. Und ausgerechnet Bettina Wulff selbst bestätigt, dass es sich gar nicht um ein reines Internetgerücht handeln kann. In ihrem Buch schreibt sie:

>»Die Verleumdungen über meine vermeintliche Vergangenheit im Rotlichtmilieu kamen das erste Mal auf, als Christian noch Ministerpräsident in Niedersachsen war. Und anstatt dass sie irgendwann, wie es Gerüchte zumeist tun, im Sande verliefen, verschärften sie sich nur noch. Als mein Mann zum Kandidaten für die Wahl zum Bundespräsidenten aufgestellt wurde, nahmen sie plötzlich offensichtlich gezielt zu, und auch im Internet tauchte die absurde Behauptung auf, ich hätte einmal in einem Club gearbeitet.«[169]

Das Ehepaar Wulff unternahm demnach geschlagene sechs Jahre nichts, um dieses üble Gerücht aus der Welt zu schaffen. Begleiter Wulffs auf dessen Afghanistanreise 2011 erinnern sich, dass bei dieser Gelegenheit auch unter den Journalisten häufig über die Gerüchte betreffend die First Lady gesprochen wurde. Ein Begleiter, der nicht namentlich genannt werden möchte, will Wulff sogar direkt darauf angesprochen und ihn gefragt haben, ob es nicht an der Zeit sei, offensiv mit diesen Gerüchten im Netz aufzuräumen. Es gehört sicherlich einiger Mut dazu, ein Staatsoberhaupt auf solche im Zweifel ehrverletzende Dinge anzusprechen. Reagierte Wulff mit einer Gefühlsaufwallung, wie es die Lebenswirklichkeit eines Ehemannes, dessen Frau einer perfiden Rufmordkampagne ausgesetzt ist, nahelegen würde? Im Gegenteil, so erinnert sich der Informant, Wulff habe die Gerüchte sehr unterkühlt kommentiert und sinngemäß geantwortet, die seien doch alle Geschichte.

Erst Monate nach dem Rücktritt vom Amt gehen die Wulffs juristisch gegen die Gerüchte vor. So hatte zum Beispiel die *Berliner Zeitung* bereits im Dezember, auf dem Höhepunkt der Affäre um Wulffs Hauskredit, über die *Bild*-Zeitung geschrieben:

»Wenn Wulff nicht bald folge, so wurde in Berlin gemunkelt, könne das Blatt mit einer Geschichte über das frühere Leben Bettina Wulffs aufwarten. Angeblich verfügt die Redaktion über Informationen, die bisher auf Weisung von ganz oben nicht gedruckt werden dürfen. Aus Respekt vor dem Amt des Bundespräsidenten.«[170]

Zeitgleich mit der Enthüllung der Kreditaffäre durch die *Bild*-Zeitung hatte deren Chefkolumnist Franz-Josef Wagner an den Bundespräsidenten appelliert: »Lassen Sie die Hosen runter. Stellen Sie sich vor die Presse. Sagen sie uns, wer Sie sind.«[171] Eine Bemerkung, die vor dem Hintergrund der von der *Berliner Zeitung* gemeldeten *Bild*-Recherchen einen ganz anderen Klang erhielt. Vor einem Millionenpublikum konfrontierte Günther Jauch in seiner Talkshow den stellvertretenden *Bild*-Chefredakteur Nikolaus Blome mit dem obigen Zitat: »Besonders interessant, finde ich: Die Berliner Zeitung schreibt gestern, ›wenn Wulff nicht bald folge, so wurde in Berlin gemunkelt, könne das Blatt mit einer Geschichte über das frühere Leben Bettina Wulffs aufwarten‹.« Nikolaus Blome zog die Stirn in Falten, blickte nach unten und schluckte mehrmals, während Jauch die Zeitung zitierte: »›Angeblich verfügt die Redaktion über Informationen, die bisher auf Weisung von ganz oben nicht gedruckt werden dürfen, aus Respekt vor dem Amt des Bundespräsidenten.‹« Günther Jauch fragte nun Blome: »Können Sie uns dazu etwas sagen?« Blome antwortete knapp: »Ja, zwei Sätze, nur einen in Wahrheit: Das ist kompletter Quatsch. Und es tut mir wirklich leid, dass die Berliner Zeitung, die mal eine gute Zeitung war, so einen Unfug schreibt.« Jauch: »Völlig aus der Luft gegriffen?« Blome: »Vollkommen.«

Die Behauptung der *Berliner Zeitung* wird seltsamerweise nun fast vier Monate lang nicht juristisch angefochten. Insbesondere die *Bild*-Redaktion oder die Springer AG geht in keiner Weise gegen den Artikel vor. Ein Artikel, der neben der Pikanterie für Bettina Wulff ja auch Zweifel an der journalistischen Unabhängigkeit der *Bild*-Redaktion aufkommen ließ und damit für diese Redaktion alles andere als schmeichelhaft war. In einer schriftlichen Antwort im Rahmen von Recherchen für dieses Buch weist der für die *Bild*-Gruppe zuständige Pressesprecher der Axel Springer AG, Tobias Fröhlich, darauf hin, es sei ein »offenes Geheimnis«, dass »in Politiker- und Journalistenkreisen in der Vergangenheit viel und wild über das Vorleben von Bettina Wulff spekuliert wurde«[172]. Wenn *Bild* »recherchiert und dabei relevante Ergebnisse erhalten hätte, dann hätte sich dies in einer entsprechenden Veröffentlichung gezeigt«. Im Übrigen hätten viele Redaktionen der Öffentlich-Rechtlichen intensiv in dieser Angelegenheit recherchiert. Auf Anfrage weisen die betreffenden Redaktionen allerdings diese Darstellung zurück.

▶ ▶ ▶

Vier Monate nach dem Bericht der *Berliner Zeitung* vom Dezember 2011 geht Bettina Wulffs Anwalt Gernot Lehr plötzlich presserechtlich gegen diesen Artikel vor und fordert eine Unterlassung. Die Zeitung erklärt sich damit einverstanden, die Behauptung über die *Bild*-Zeitung nicht mehr zu wiederholen. Gleichzeitig aber macht der Verlag klar, dass in dem Artikel keine Behauptung über die Richtigkeit der Gerüchte getroffen worden sei und diese somit auch nicht Teil einer Unterlassungserklärung sein werden. Bettina Wulff hat also im Grunde nur erreicht, dass die Behauptung über die *Bild*-Zeitung nicht mehr verbreitet wird. Nicht mehr und nicht weniger.

Auch dem Blogger Jörg Malinowski versuchte der Wulff-Anwalt per Unterlassungserklärung zu verbieten, den Artikel der *Berliner Zeitung* zu zitieren. Dabei hatte der Blogger nur Fragen gestellt: »Bettina Wulff eine ehemalige Prostituierte und Escort? Will man Wulff loswerden?«

Der Blogger weigert sich, die Unterlassungserklärung zu unterschreiben, und stellt den Anwaltsbrief ins Netz. Lehr schreibt darin: »Sie verbreiten die Behauptung bzw. das Gerücht, dass es sich bei unserer Mandantin um eine ehemalige Prostituierte handele. Dies stellt eine grobe Persönlichkeitsrechtsverletzung dar.«[173] Lehr verzichtet – vielleicht, weil es ihm selbstverständlich erschien oder aus anderen Gründen – auf die klare Aussage, dass die Behauptung über Bettina Wulff eindeutig falsch sei und selbstverständlich streng zurückgewiesen werde. Solche Formeln sind unter Juristen üblich, um dem Beklagten und dem Gericht gegenüber festzustellen, dass eine Behauptung für eindeutig falsch gehalten wird. Das fällt auch dem Blogger auf, der auf seiner Seite schreibt:

»Nun noch abschließend etwas zu Bettina Wulff und über die Prostitution im Allgemeinen. In Ihrem Schreiben wurde überhaupt nicht bestritten, dass Bettina Wulff etwas mit diesem überaus ehrenwerten Beruf zu tun gehabt hätte. Das wäre natürlich auch in der Öffentlichkeit kein Thema gewesen, wenn es nicht die Gattin des Bundespräsidenten gewesen wäre. Hier misst man eben mit zweierlei Maß.«

Am Ende teilt der Blogger Malinowski dem Wulff-Anwalt mit:

»Um Ihnen und Ihrer Mandantin entgegenzukommen, habe ich diesen harmlosen Artikel von meiner Webseite entfernt. Um die anderen 53 200 Einträge im Internet kümmern Sie sich bitte selber. Das Todesurteil (Unterlassungserklärung) aufgrund des Gegenstandswertes von 20 000 Euro unterschreibe ich nicht. Ihr Schreiben werde ich dann, wenn es nötig wird, meinem Rechtsanwalt übergeben.«[174]

Eine mögliche Antwort Lehrs auf das Schreiben wird öffentlich nicht bekannt. Seit dem Erscheinen des Bettina-Wulff-Buches im Herbst 2012 sind keine weiteren Unterlassungsbegehren mehr bekannt geworden. Und kurz nach dem Erscheinen tut Bettina Wulff, was normalerweise kein Buchautor tut, der sich über eine positive Resonanz seines Buches freut: Sie sagt alle weiteren öffentlichen Auftritte ab, darunter bereits zugesagte Talkshow-Auftritte. Was oder wer sie dazu bewogen hat, plötzlich aus dem Licht der Öffentlichkeit zu treten, erklärt die PR-Fachfrau der Öffentlichkeit nicht.

▶ ▶ ▶

Aber was sagt uns all das über unsere Gesellschaft, und sagt es überhaupt irgendetwas? Verfügten wir über die Gabe, menschliche Schicksalswege aus der Vogelperspektive und in Echtzeit zu verfolgen, wären wir schnell dem Wahnsinn nahe. Unsere Denkfähigkeit wäre vermutlich bald überreizt, und wir gerieten außer uns, weil wir neben all dem Begreiflichen jede Menge Unbegreifliches mitdenken und womöglich miterleben müssten. Eine solche Lebenssuchmaschine würde uns gewiss schnell mit einer quälenden Frage konfrontieren: Wollen wir das alles wirklich wissen? Ja. Denn um zu verstehen, wie Politik eben auch funktioniert, müssen wir es wissen. Wir müssen wissen, wer hinter dieser niederträchtigsten aller politischen Rufmordkampagnen der letzten Jahrzehnte stand, wenn es denn eine war. Es geht nicht darum, herauszuarbeiten, wie charakterfest ein Mann ist, der seine Frau jahrelang solchen Gerüchten überließ statt etwas zu unternehmen. Es sind die politischen oder wirtschaftlichen Hintergründe, die Drahtzieher, die uns interessieren sollten.

▶ ▶ ▶

Zurück zum Sommer 2010. Den mit dem Dossier über Christian Wulff konfrontierten Hauptstadtjournalisten lässt die pikante Angelegenheit keine Ruhe. Wie es sich für ihren Beruf gehört, haken sie im Lauf ihrer Begegnung mit dem rätselhaften Privatermittler nach, wollen wissen, welche Rolle dieser spielt, stellen ihn zur Rede. Ein Teilnehmer erinnert sich an den ungefähren

Wortlaut dessen, was der Privatermittler nun zum Besten gab: »Sie glauben doch nicht, dass Frau Merkel das nicht wusste (…). Ich bin wie die Geheimpolizei. Also vergessen Sie alles, was Sie jetzt von mir wissen.«

Bei Menschen dieses Schlags gilt es, wie so häufig im Journalistenleben, die Wichtigtuer von den integren Informanten zu unterscheiden. Hätte die Entwicklung vom Sommer 2010 bis zum Rücktritt Wulffs im Februar 2012 nicht noch manch anderes Detail ans Tageslicht befördert, das in eine ähnliche Richtung wies, hätte man das Auftreten des Privatermittlers und sein Dossier schlicht vergessen müssen. Denn seine Aussagen sind schier unglaublich. Träfen sie zu, hätte sich im Machtapparat von Bundeskanzlerin Merkel eine Art Parallelgeheimdienst gebildet. Der Skandal wäre nicht im gefälschten Vorleben der jungen First Lady zu suchen, sondern im Geflecht zwischen Kanzleramt und Medienkonzernen. Aber welchen Zweck sollte dieses Geflecht haben, fragen sich die Journalisten, die in das Dossier Einblick nehmen durften.

In einer Passage des Dossiers findet sich immerhin ein Hinweis: Darin stellt der Autor die Frage, wie gefährlich Christian Wulff als möglicher Präsidentschaftskandidat für das Bundeskanzleramt sei. Der Mann behauptet, es gebe noch weitere Dossiers über prominente CDU-Politiker. Träfen diese Behauptungen zu, stünde Deutschland vor einer Staatskrise. Nicht, weil es unstatthaft wäre, dass ein Bundespräsident laut irgendeines Dossiers mit einer ehemaligen Bardame verheiratet ist. Sondern weil der erste Mann im Staat politisch und medial erpressbar wäre. Präsidiale Akte wie die Unterzeichnung des juristisch umstrittenen Gesetzes zur Laufzeitverlängerung deutscher Atomkraftwerke im Herbst 2010 würden in neuem Licht erscheinen, denn wie wir noch sehen werden, war Christian Wulff äußerst anfällig für private Interventionen in politische Dinge.

▶ ▶ ▶

In der Geschichte des Christian Wulff fällt vieles in eins: Ein geplanter Aufstieg mit persönlichen Brüchen, der plötzliche Fall, seine zahlreichen Netzwerke und möglichen Verstrickungen – all das macht diesen Politiker so interessant für eine Analyse der deutschen Machtmechanik. Bei der nachfolgenden Betrachtung der politischen Biografie Christian Wulffs geht es nicht darum, die eine Wahrheit im Sinne »der Gesamtheit der wahren Dinge« zutage zu fördern, wie Michel Foucault es formulierte.[175] Vielmehr wollen wir »die Gesamtheit der Regeln«, nach denen man das Wahre vom Falschen unterscheidet, und die damit verbundenen »spezifischen Machteffekte« herausarbeiten. Denn letztere kehren womöglich bei unterschiedlichen Politikern oder in unterschiedlichen Lebenslagen wieder.

Alphatiere an der Leine

Schon ein erster Blick auf die politische Sozialisierung Wulffs macht deutlich, dass den Christdemokraten Christian Wulff vermutlich mehr mit dem Sozialdemokraten Gerhard Schröder verbindet, als beiden je bewusst war, geschweige denn lieb sein dürfte. Beide stammen aus kleinen, nicht immer einfachen Verhältnissen. Beide wurden Anwälte und lernten mit der Zeit, die Annehmlichkeiten der Elite zu schätzen. Beide traten früh in ihre jeweilige Partei ein, doch als politische Zugpferde setzten sie nie nur auf eine politische Agenda, sondern instrumentalisierten stets Familie und Freundschaft für ihr persönliches politisches Karrierestreben. »Ich wähle der Doris ihren Mann seine Partei«, ließ die SPD im Bundestagswahlkampf 2002 auf T-Shirts oder Karten drucken. Da hieß die Frau des Kanzlerkandidaten Doris Schröder-Köpf. »Zu Hause fängt die Zukunft an« stand über einem etwas nostalgisch anmutenden Schwarz-Weiß-Plakat im Wahlkampf 1996. Es zeigt den jungen Vater Christian Wulff mit seiner damals noch kleinen Tochter Annalena.

Es sind aber vor allem die Freundschaften, die im Leben von Gerhard Schröder und Christian Wulff eine ähnliche Rolle spielen. Sie scheinen in erster Linie funktionale Bestandteile ihres Lebens zu sein. Erstaunlich sind dabei die personellen Überschneidungen bei den Freundschaften der ehemaligen niedersächsischen Ministerpräsidenten und die sehr ähnlich gelagerten »Freundschaftsdienste«. So berichtete *Der Spiegel* im März 2011, dass Carsten Maschmeyer für eine Million Euro die Rechte an den Memoiren von Altkanzler Gerhard Schröder erworben habe.[176] Sollte Maschmeyer als guter Geschäftsmann also ein neues Geschäftsfeld – das Makeln mit Autobiografien – entdeckt haben? Wahrscheinlicher dürfte sein, dass es ihm eher um die Person als um das Buch ging. Allerdings erklärte Maschmeyer dem *Spiegel*, er habe die Buchrechte mit einem Gewinn von mehreren Hunderttausend Euro weiterveräußert. Als »Verleger« scheint er also ähnlich beschlagen und engagiert zu sein wie Gerhard Schröder und Christian Wulff als Buchautoren.

Einen ähnlichen Freundschaftsdienst erbrachte Maschmeyer wenige Jahre später auch für Christian Wulff, als er dem Verlag Hoffmann und Campe – angeblich ohne Wissen des Buchautors Christian Wulff – 42 000 Euro für Anzeigenwerbung spendete.[177] Ebenso wenig soll Wulff gewusst haben, dass der Filmproduzent David Groenewold, sein späterer Freund und Gönner, dem Autor des Interviewbuches *Christian Wulff. Deutschland kommt voran*, Karl Hugo Pruys, 10 000 Euro überwiesen hatte.[178]

▶ ▶ ▶

Doch zurück zu Wulff-Freund Maschmeyer. Bereits vor der niedersächsischen Landtagswahl 1998 hatte der »Finanzoptimierer« »seinen« Kandidaten längst gecastet: Gerhard Schröder. Der stand zwar in Niedersachsen zur Wahl, aber es war klar, dass der SPD-Vorsitzende Oskar Lafontaine nicht daran vorbeikäme,

Schröder im Falle eines haushohen Wahlsieges in Niedersachsen zum Kanzlerkandidaten vorzuschlagen.

Am Tag vor der Wahl erschien in niedersächsischen Tageszeitungen eine große Anzeige mit dem Text: »Der nächste Kanzler muss ein Niedersachse sein.« Damit hatte Maschmeyer der nun folgenden politischen Entwicklung geschickt vorgegriffen. Und der damalige Wahlverlierer Christian Wulff zog vor der Presse die von Maschmeyer anonym bezahlte Zeitungsanzeige hervor und fragte: »Wer war das?«[179] Der anonyme Gönner scheint inzwischen den Mäzen früherer Zeiten abgelöst zu haben. Dennoch möchte, wer Geld hat, nicht mit der Art von »Kulturgut«, wie es Politikerbücher darstellen, in Verbindung gebracht werden. Die politischen Günstlinge müssten diese Zurückhaltung eigentlich als Erniedrigung empfinden, die ihnen jedoch erspart bleibt, weil sie angeblich nie von den milden Gaben erfahren haben. Was die tiefere Motivation der Gönner erst recht ins Nebulöse rückt. Wollten sie die von ihnen Begünstigten für sich einnehmen, ergibt es keinen Sinn, wenn diese nie etwas von der Zuwendung erfahren. Oder aber sie waren von der durchschlagenden Kraft solcher Veröffentlichungen dermaßen überzeugt, dass sie blindlings in die Tasche griffen. Wie bei einer Pferdewette setzte Carsten Maschmeyer treffsicher auf Gerhard Schröder, später dann auf Christian Wulff.

Die Hannover-Connection

Die Liste der übrigen, nicht ganz so engen gemeinsamen »Freunde« von Schröder und Wulff reicht vom Partyveranstalter Manfred Schmidt über den ehemaligen RWE-Vorstandsvorsitzenden Jürgen Großmann bis zu dem Hannoveraner Staranwalt und Strippenzieher Götz Werner von Fromberg.

Der Journalist Philip Eppelsheim hat diese Verhältnisse unter anderem in einer preisgekrönten Reportage für die *Frankfurter*

Allgemeine Zeitung mit dem Titel »Erbfreundschaften in Hannover« sehr genau unter die Lupe genommen.[180] Seinen Recherchen zufolge stand zum Beispiel kein geringerer als Gerhard Schröder noch bis weit in seine Regierungszeit als Bundeskanzler hinein als Partneranwalt auf von Frombergs Website. Der war vor allem für die ausschweifenden »Herrenabende« in seinem Partykeller berühmt. Zum Freundeskreis von Frombergs zählen auch der SPD-Bundesvorsitzende Sigmar Gabriel, Scorpions-Sänger Klaus Meine und der ungekürte Chef der Rockerbande Hell's Angels, Frank Hanebuth, den von Fromberg auch anwaltlich vertrat. Und von Fromberg war es auch, der Hanebuth öffentlichkeitswirksam mit dem Chef der Bandidos »versöhnte«. Es gab Vermutungen, die Kanzlei Fromberg habe dem Vernehmen nach auch die Geschäfte des von Prominenten geschätzten Rotlicht-Etablissements »Chateau am Schwanensee« in Isernhagen nördlich von Hannover anwaltlich flankiert. Belege hierfür gibt es nicht. Wie weit die Freundschaft Christian Wulffs mit von Fromberg geht, ist nicht sonderlich klar; von Fromberg bestreitet sogar, mit Wulff befreundet zu sein. Und wir erfahren, dass Freundschaften in den oberen Etagen unserer Gesellschaft auch von heute auf morgen als schädlich gelten können. Von Fromberg gibt unumwunden zu, Hell's-Angels-Boss Hanebuth eine Zeit lang nicht mehr zu seinen Herrenabenden eingeladen zu haben:

> »Als Gerhard Schröder Bundeskanzler war, habe ich entgegen meiner Überzeugung zu Herrn Hanebuth gesagt, ich könne ihn nicht einladen – sonst kommt der Vorwurf der Nähe zwischen Hell's Angels und Politik. Diese Nähe gab es nie, aber Herr Hanebuth hat verstanden, dass ich ihn nicht einladen konnte. Als Schröder dann nicht mehr Kanzler war, hat Hanebuth auch wieder mitgefeiert.«[181]

Die Vorsicht war vermutlich angebracht, schließlich regierte Schröder nicht das oligarchische Russland, wo solcherlei Kontakte zum politischen Geschäft gehören.

Um die Analogien zwischen Schröder und Wulff zu komplettieren, fehlt eigentlich nur noch eine innige Freundschaft Christian Wulffs mit dem von Gerhard Schröder als »lupenreiner Demokrat« geschätzten Wladimir Putin – zu ihm allerdings hielt Wulff Abstand. Dafür teilt er, zumindest seit seiner Verbindung mit Bettina Körner, mit dem SPD-Altkanzler ein Faible für extravagante Reisen: Als Ministerpräsident reiste Schröder 1996 mit seiner damaligen Gattin Hiltrud zum Wiener Opernball. Eingeladen hatte ihn der damalige VW-Vorstandsvorsitzende Ferdinand Piëch. Als die Luxusreise publik wurde, zahlte Schröder alle Kosten zurück, um einen Skandal abzuwenden.

Eine große biografische Kluft tut sich dennoch auf zwischen Christian Wulff und Gerhard Schröder. Letzterer hat weder aus den Brüchen in seiner Biografie noch aus seinem Hang zum Genuss je einen Hehl gemacht und gab auch nie öffentlich den Tugendapostel. Anders Christian Wulff. Der gibt gern von sich preis, dass er abends vor dem Schlafengehen noch ein Glas Saft trinke, um zu entspannen, da er zum Alkohol nie ein Verhältnis entwickelt habe.[182] Wert legt Wulff auch auf sein Image als gläubiger Katholik. In dem – noch vor der Trennung von seiner ersten Ehefrau – 2006 fertiggestellten Interviewbuch gibt er zu Protokoll: »Bekennende Christen in Politik, Wirtschaft und Gesellschaft sollten dem hohen christlichen Anspruch in der gesellschaftlichen Realität genügen und ihn praxistauglich machen.«[183]

Missionar und Moralapostel

Selten wurde in Deutschland so häufig über Tugenden von Spitzenpolitikern gesprochen wie in der Causa Wulff. Aber wer ist dieser Christian Wulff eigentlich? Für welche Werte steht er und für welche tritt er ein? Eines sollten wir vorwegschicken und auch Christian Wulff zubilligen: Ethische Sichtweisen können sich mit den unterschiedlichen biografischen Erfahrungen und Lebensphasen ändern. Schließlich leben wir alle ständig im Zwiespalt von ethischem Anspruch und der zuweilen rauen Wirklichkeit.

Als Christian Wulff im Juni 2006 die Trennung von seiner Ehefrau bekannt gab und sogleich seine neue Lebenspartnerin Bettina Körner vorstellte, zitierte das *Handelsblatt* ihn mit einem Satz, den Wulff im Wahlkampf 1998 über Gerhard Schröder gesagt hatte, wonach »Vertrauen und Verlässlichkeit, ob in der Politik oder Ehe, nicht altmodisch sind und auf Dauer wichtiger als Sex und Glamour«[184]. Das *Handelsblatt* schrieb dazu: »Das war als deutlicher Hinweis auf den damals gerade in der vierten Scheidung verfangenen Schröder gedacht. Dessen persönliche Unstetigkeit spießten andere CDU-Politiker damals genüsslich, aber wenig erfolgreich auf.«

Christian Wulff entwickelte sich um die Jahrtausendwende zum rigiden Tugendwächter und Eiferer in Dingen der politischen Moral. Auf dem Höhepunkt der Affäre Wulff 2011 fasste *Der Spiegel* diese im Rückblick befremdlich anmutenden Zitate unter der Überschrift »Moralapostel Christian Wulff« zusammen.[185] Als der Schröder-Nachfolger im Amt des niedersächsischen Ministerpräsidenten Gerhard Glogowski von der SPD 1999 öffentlich in der Kritik stand, weil lokale Brauereien bei seiner Hochzeitsfeier kostenlos Bier ausgeschenkt hatten und er eine Rechnung der – in Hannover ansässigen TUI AG – für eine Ägyptenreise erst verspätet gezahlt hatte, urteilte Christian Wulff harsch: »Die persönliche Vorteilnahme in Form einer offenbar durch ein niedersächsisches Unternehmen finanzierten privaten Urlaubsreise wäre mit dem Amt des Ministerpräsidenten nicht vereinbar. Herr Glogowski verliert seine Unabhängigkeit und damit seine politische Handlungsfähigkeit.« Das Sponsoring der Hochzeitsfeier erwecke überdies den »Schein von Abhängigkeit«

und den Eindruck »der Ministerpräsident sei ein Werbeträger«. Wulff wetterte damals gern in jakobinischer Manier gegen »Verflechtung und Verfilzung«. Am Ende trat Glogowski zurück. Wie im Fall seines Parteigenossen, des ehemaligen Bundesinnenministers Manfred Kanther, forderte Wulff auch bei Glogowski eine Kürzung der Pension: »Politiker, die gegen das Gesetz verstoßen haben, sollen dafür auch nach einem Rücktritt noch büßen.« Ähnlich wie Beamte sollten auch politische Mandatsträger wie Minister und Ministerpräsidenten bei Gesetzesverstößen mit dauerhaften Nachteilen rechnen.[186]

In der Glogowski-Affäre agierte Wulff noch in seiner natürlichen Rolle als Oppositionsführer, doch in einem anderen Fall machte er selbst vor dem Amt des Bundespräsidenten nicht Halt. Im Jahr 2000 wurde der amtierende Präsident Johannes Rau mit Fragen aus seiner Zeit als Ministerpräsident in Nordrhein-Westfalen konfrontiert. Die landeseigene West LB hatte Rau Flüge auch zu privaten Anlässen bezahlt.[187] Wulff griff gegenüber dem *Focus* zu einer herzzerreißenden Formulierung, die überdies wenig Respekt vor seinem späteren Amt erkennen ließ: »Ich leide physisch darunter, dass wir keinen unbefangenen Bundespräsidenten haben. (…) Es ist tragisch, dass Deutschland in dieser schwierigen Zeit keinen unbefangenen Bundespräsidenten hat, der seine Stimme mit Autorität erheben kann.« Elf Jahre später holten Wulff seine eigenen Äußerungen auf bittere Weise ein.

Aber gibt es so etwas wie beständige Werte in Wulffs Leben? Christian Wulff ist nach eigener Aussage ein gläubiger Katholik. In seinem 2007 erschienenen Gesprächsbuch mit Hugo Müller-Vogg präsentiert er sich auf einem ganzseitigen Foto lesend im Flugzeug. Das Buch, das er freudestrahlend in Händen hält, zeigt den Abtprimas des Benediktinerordens, Notker Wolf, und trägt den Titel *Worauf warten wir?*[188] Die Thesen des Benediktiners, der sogar in einer Anzeige der Lobbyorganisation Stiftung Initiative Neue Soziale Marktwirtschaft auftaucht und der sich für eine Kürzung des Arbeitslosengeldes II bei Ablehnung angemessener

Arbeit einsetzt, seien ganz nach »dem Geschmack von Christian Wulff«, heißt es in der dazugehörigen Bildzeile.

Tatsächlich ist Christian Wulff mehr als ein einfacher Katholik, der im Hauptberuf Politiker ist. Bereits kurz nach seiner Nominierung für die Bundespräsidentenwahl berichten Medien über ein etwas untypisches Engagement Wulffs. »Katholik, der mit Evangelikalen kungelt«, lautet ein Artikel auf *Zeit Online*.[189] Silvio Duwe vom Internetportal *Telepolis* schreibt: »Ein Missionar auf dem Weg nach Bellevue?«[190] Der Katholik Christian Wulff saß seit 2005 im Kuratorium des Vereins Pro Christ, eine selbstständige Organisation der evangelikalen Evangelischen Allianz. Ulrich Parzany, der charismatische Führer von Pro Christ macht vor allem durch Massenveranstaltungen à la Billy Graham von sich reden und verteidigte Seminare zum Thema »Wege heraus aus homosexuellen Neigungen«.

Christian Wulff wagte sich jedoch noch weiter in das fundamentalistische evangelikale Spektrum. Noch kurz vor seiner Nominierung zum Präsidentschaftskandidaten hielt er eine Rede vor dem Arbeitskreis Christlicher Publizisten (ACP). Der Sektenbeauftragte der evangelisch-württembergischen Landeskirche, Hansjörg Hemminger, hält die Zeitschrift des ACP für ein »Vermittlungsorgan für Extremismus und Fanatismus aus der rechten Ecke, aber auch aus dem Kreis der Sektierer«[191]. Das Blatt pöbelt vor allem gegen Linke und Homosexuelle und huldigt dem niederländischen Rechtspopulisten Geert Wilders: »Jetzt kommt es darauf an, sich aus dem Gefängnis BRD zu befreien. Ohne ein klares Bekenntnis zu den christlichen Wurzeln des politischen Handelns der Union wird es das nicht geben.«[192]

Am 19. Mai 2010 besuchte Ministerpräsident Wulff den ACP im Glaubenszentrum Bad Gandersheim anlässlich einer Ehrung seines Amtsvorgängers Ernst Albrecht. Im Redemanuskript seiner Ansprache attestierte Wulff dem Arbeitskreis Christlicher Publizisten, laut *Telepolis*, ein »durchaus kritische[r], kompetente[r], vor allem aber hilfreiche[r] Diskussionspartner« zu sein.

Zuvor hatte Wulff bereits Grußworte an den ACP entsandt und der Zeitschrift ein Interview gegeben. Auf der Titelseite prangt ein Bild von ihm nebst dem Zitat: »Ich danke Gott für Beharrlichkeit und Demut.«

Auf eine Anfrage der Grünen im niedersächsischen Landtag lässt Wulff seinen damaligen Kultusminister Bernd Althusmann am 10. Juni 2010 – also kurz vor seiner Wahl zum Bundespräsidenten – antworten:

> »Die weltanschauliche Ausrichtung des ACP war und ist dem Ministerpräsidenten bekannt. Der wertkonservative Arbeitskreis ist dem freikirchlichen evangelikalen Spektrum des Protestantismus zuzuordnen. Daran ist nichts Verwerfliches, es sei denn, man hat generell Probleme mit der grundgesetzlich verbrieften Meinungs- und Religionsfreiheit.«[193]

Im Übrigen habe Wulff dort auch für seine Integrationspolitik geworben.

Putschversuch gegen Merkel

Es ist vielleicht die deutlicher nach außen getragene Gläubigkeit, die Christian Wulff am meisten von Angela Merkel unterscheidet. Jedenfalls aus Sicht frommer Christdemokraten. Ansonsten hätten Merkel und Wulff innerhalb der CDU so etwas wie die politische Verkörperung von Yin und Yang werden können, der Osten und der Westen, beide aber programmatisch auf eine Modernisierung der Union ausgerichtet. Sie hätten sich noch Jahre in die Hände spielen können, verbände sie nicht seit einem Tag X eine jahrelange herzliche Abneigung.

Beide machten parallel zueinander in der Partei der Nach-Kohl-Ära Karriere, allerdings könnte ihr Werdegang unterschiedlicher nicht sein. Während Angela Merkel mehr oder weniger zufällig von der ostdeutschen Umwälzung ins politische Haifischbecken gespült wurde, tummelte sich dort bereits Christian Wulff. Der vernetzte sich schon früh mit Gleichgesinnten in der Partei. Im Jahr 2003 schrieb *Der Spiegel* erstmals über einen bis dato recht geheimen Männerbund innerhalb der CDU, den sogenannten »Andenpakt«[194].

Dieser Andenpakt geht zurück auf eine Delegationsreise von zwölf Mitgliedern der Jungen Union, die während eines Nachtfluges von Caracas nach Santiago de Chile Whisky trinkend und aus einer Laune heraus den »Pacto Andino« gründeten. Das war im Juli 1979, und mit von der Partie waren Volker Bouffier, Franz Josef Jung und Matthias Wissmann. Mit den Jahren wuchs der Männerbund zu einer starken Seilschaft heran, zu der Christian Wulff, Roland Koch, Peter Müller, Günther Oettinger, Ole von Beust, aber auch die Parlamentarier Friedrich Merz, Elmar Brok oder Friedbert Pflüger gehörten.[195]

Das wichtigste Gesetz, das die Mitglieder des Paktes bis heute beherzigen, lautet, dass kein Mitglied jemals den Rücktritt eines anderen fordern dürfe. Angesichts der Affärenvergangenheit der Mitglieder Koch, Bouffier, aber vor allem auch Wulff bedeutet diese Nibelungentreue eine Menge – vor allem in einer politischen Arena, in der »Parteifreunde« sich nicht selten mit dem Dolch im Gewand umlauern.

Die wahre Macht des Andenpaktes bekam Angela Merkel bereits im Winter 2002, also ein Jahr vor der Bundestagswahl, zu spüren. Medien berichteten von einem Geheimplan einiger wichtiger CDU-Männer, ihrer eigenen Parteivorsitzenden Merkel die Kanzlerkandidatur auszureden. Christian Wulff selbst räumt ein, bereits im Herbst 2001 in Vier-Augen-Gesprächen, unter anderem mit Angela Merkel, für Edmund Stoiber als Kanzlerkandidat plädiert zu haben. Eine offene Aussprache mieden die CDU-Männer. Der CDU-Kenner, Politikwissenschaftler und Merkel-Biograf Gerd Langguth schreibt über jene Situation: »Unbestreitbar war gegen Angela Merkel so etwas wie ein Putsch im Gange.«[196]

Am 11. Januar 2002, also ein Dreivierteljahr vor der Bundestagswahl, versammelten sich CDU-Präsidium und Bundesvorstand im »Herrenkrug« in Magdeburg. Von Christian Wulff bis Erwin Teufel waren alle Ministerpräsidenten angereist, und Roland Koch hatte sogar unerwartet seinen Urlaub abgebrochen. All das war Angela Merkel nicht entgangen. Sie war über den geplanten Coup ihrer Kritiker bestens informiert und reiste daher bereits einen Tag vor dem Magdeburger Treffen in den Heimatort des CSU-Ministerpräsidenten Edmund Stoiber. Bei einem Frühstück klärten die beiden unter sich, wer Kandidat werden sollte. In Magdeburg verkündete Merkel dann, selbstverständlich solle der antreten, der die größten Siegchancen habe, und das sei Edmund Stoiber.

Gertrud Höhler, die Merkel-Kritikerin und ehemalige Mitarbeiterin Helmut Kohls, dürfte nicht die einzige Beobachterin sein, die davon ausgeht, dass Angela Merkel fortan die Mitglieder des Andenpaktes sehr genau beobachtete:

> »Zufassen wird sie erst, wenn ihr eben erwachter Machthunger ihr sagt: ›Beute machen!‹ Dafür wird sie jeden Regelbruch riskieren, mit einer Radikalität, wie es nur Frauen tun. Sehr bald weiß sie: Sie kann Männer stürzen, die von Männern nicht gestürzt werden. Sie wird profitieren von den Loyalitäten der Männer mit Männern. Sie wird das Rudel erschrecken und aufspalten.«[197]

Dass die Ereignisse von 2001 und 2002 auch für ihn eine Zäsur in seinem Verhältnis zu Angela Merkel bedeuteten, räumte Christian Wulff Jahre später offen ein: »Ich glaube, sie hatte sich gewünscht, dass ich für sie streiten würde. Ich glaube, sie war etwas erstaunt, dass ich es nicht tat.«[198] Wulff sagte, dass er seither aus »dem engsten Kreis herausgefallen« sei.

Angeblich ein Mann ohne Machtinstinkt

Manchmal schreiben Journalisten Sätze, die mit hundertprozentiger Sicherheit auch im Bundeskanzleramt gelesen werden. Jene Sätze, die Hajo Schumacher 2005 im Magazin *Cicero* über den Andenpakt formulierte, dürften dazugehören: »Schließlich berichten Mitglieder, der Andenpakt sei im Begriff, sich darauf zu einigen, dass Wulff ihr gemeinsamer Kandidat für das Kanzleramt sei.«[199] Es sind Sätze, die einem gewieften Machtpolitiker gefallen hätten. Christian Wulff bestreitet, ein solcher zu sein. 2006 gab er im Gespräch mit Hugo Müller-Vogg zu Protokoll, er habe ein »distanziertes Verhältnis« zur Macht. Gestalten, Verändern, Bewegen seien ihm immer wichtiger gewesen als die »Macht im Sinne von Herrschaftsausübung«[200].

Wer das Wulff-Buch jedoch aufschlägt, entdeckt einen gar nicht so bescheidenen Klappentext mit einem Zitat von Hans-Ulrich Jörges vom *stern:* »… wenn es morgen oder übermorgen darum ginge, wer die Union – nach Angela Merkel – in eine Bundestagswahl führt, würde Wulff triumphieren«. Und so wurde Christian Wulff weiterhin als aussichtsreichster Nachfolger Angela Merkels gehandelt.

Politische Korrespondenten wie Stefan Braun von der *Süddeutschen Zeitung* beobachteten bereits 2005, von welchem Machtinstinkt Wulff in Wahrheit besessen war. Als vor der Bundestagswahl 2005 auch in der CDU-Führung klar wurde, »dass Merkel baden gehen könnte«, sei Christian Wulff ganz gezielt mit Horst Seehofer im ZDF und mit Friedrich Merz in der *Bild*-Zeitung aufgetreten. Weder Merz noch Seehofer hatten im Wahlkampf eine Rolle spielen dürfen. Braun hielt die Wulff-Auftritte kurz vor der Wahl für wohlkalkuliert: »Wulffs Botschaft: Seht her, so hätte ich das gemacht, wenn ich gedurft hätte. Für Merkel die größte Provokation von allen.«[201]

Nach seinem triumphalen Sieg bei der niedersächsischen Landtagswahl im Januar 2008, der zu einer schwarz-gelben Koalition in Hannover führte, war allen politischen Beobachtern klar, wohin Christian Wulff strebte. *Die Welt* wartete mit der Schlagzeile auf: »Merkels Kronprinz kommt aus Niedersachsen«:

> »Unverblümt wird er als ›Edel-Reservist‹ bezeichnet, der Merkel im Kanzleramt beerben könnte. Merkel selbst hat zwar brav zahlreiche Wahlkampfauftritte mit Wulff absolviert. Sie begegnete dem Niedersachsen jedoch nach wie vor mit Misstrauen und beobachtet ihn, seit er sich 2002 gegen sie und für Stoiber als Kanzlerkandidaten aussprach.«[202]

Stefan Braun schrieb damals in der *Süddeutschen Zeitung*: »Wer Augen im Kopf hatte, konnte an diesem 28. Januar 2008 schon ahnen, dass Wulff Hannover als politische Bühne nicht mehr lange reichen würde.«[203] Umso überraschender und bis heute rätselhafter ist daher die plötzliche Wandlung Wulffs wenige Monate später.

Am 16. Juli 2008 erteilte er selbst jeglichen Ambitionen auf eine Kanzlerkandidatur eine Absage, die ihresgleichen sucht. Dem *stern* gestand er: »Mir fehlt der unbedingte Wille zur Macht und die Bereitschaft, dem alles unterzuordnen.«[204] Das Amt des Bundeskanzlers traue er sich nicht zu, weil er kein Alphatier sei: »Ein guter Landespolitiker ist noch lange kein guter Kanzler.« Unter Merkel Minister zu werden, lehnte er ebenfalls ab: »Auf mich wartet in Berlin niemand.«

Ohne Grund und erkennbaren aktuellen Anlass entsagte Wulff nicht nur plötzlich jeglichen bundespolitischen Ambitionen, er tat auch etwas, das sonst politischen Gegnern im Machtkampf vorbehalten bleibt: Er machte sich klein und bezichtigte sich selbst der Provinzialität. Hatte diese Entscheidung vielleicht auch mit den zu diesem Zeitpunkt längst umgehenden Gerüchten über seine neue Ehefrau zu tun? War Christian Wulff politisch erpressbar? Diese Frage stellen sich bis heute sogar hochrangige Mitglieder seines damaligen Kabinetts in Niedersachsen, denen die Kanzlerambitionen Wulffs zu jener Zeit nicht entgangen sind. Für die Beantwortung dieser Frage erscheint es sinnvoll, eines der engen Bindeglieder zwischen Christian Wulff und Angela Merkel genauer zu analysieren.

Was wusste die Kanzlerin?

Im Kanzleramt, so formulierte es einmal der *stern*, gebe es so etwas wie »Merkels Schatten«[205]. Korrespondenten in Berlin nennen besagte Person auch uncharmant, aber hochachtungsvoll »Zerbera«. Gemeint ist Beate Baumann. Seit Angela Merkels Aufstieg zur Bundesfamilienministerin im Kabinett Kohl 1991 ist sie der heutigen Bundeskanzlerin als Büroleiterin nicht mehr von der Seite gewichen. Die beiden Frauen bilden seit zwei Jahrzehnten ein eigenes Machtzentrum im Kanzleramt. Diese Karriere hat Beate Baumann ursprünglich Christian Wulff zu verdanken, der sie damals noch als Oppositionsführer in Hannover Angela Merkel empfahl.

Baumann und Wulff verbindet neben dem fast gleichen Alter auch die gemeinsame Geburtsstadt Osnabrück und vor allem Freundschaft. 2007 sagte Wulff über sie: »Beate Baumann ist eine charmante, gebildete und umgängliche Freundin von mir aus der Schüler-Union.«[206]

Insider gehen daher davon aus, dass Beate Baumann stets Anteil am Schicksal Christian Wulffs nahm, auch aus dem fernen Berlin. Ein guter Kenner Wulffs, der anonym bleiben möchte, ist sich ganz sicher, dass Baumann die hochkochende Gerüchteküche über Christian Wulff und seine neue Freundin in ihrer alten Heimat nicht entging. Das bedeutete zwar noch nicht, dass das Kanzleramt Kenntnis von einem Dossier hatte, allerdings dürfen wir annehmen, dass die Büroleiterin Angela Merkel über die abgründigen Geschichten, die sich um das von Merkel avisierte Präsidentenpaar rankten, informierte. Sie wäre eine schlechte Beraterin, hätte sie ihrer Chefin diese Information vorenthalten.

2007 verfasste die *stern*-Journalistin Franziska Reich ein Porträt Beate Baumanns und zeichnete nach Gesprächen mit Widersachern und Weggefährten ein alles andere als sympathisches Charakterbild. Sie stellte Baumann als »Kanzlerflüsterin« dar, die zugleich als loyaler Nachrichtenkanal der Kanzlerin fungiere: »Was man Beate Baumann flüstert, flüstert man der Kanzlerin – und umgekehrt.«[207]

Reich berichtete über die Angst vieler CDU-Politiker vor Baumann: »Und hat nicht auch sie so gern und oft böse Gerüchte an die Presse gestreut, wenn jemand mal nicht parierte?« Beate Baumann sei akribisch damit befasst, auch die kleinsten Fallstricke für ihre Chefin vorher zu erkennen und zu beseitigen. Sie traktiere andere CDU-Politiker, wenn sie glaube, diese könnten Angela Merkel durch eine Rede oder ein Interview schaden:

»Und das Opfer des Nervenkrieges muss fürchten, dass ihm diese unangenehme Person für immer im Nacken sitzt, wenn es nicht spurt. Beate Baumann reitet ihre Attacken eben gern aus dem Dunkeln. Sie ist überall und doch versteckt. Eine Silhouette im Zwielicht. Ein Phantom in der Kulisse. Fast unsichtbar.«

Unter dem Strich, so stellte Reich nach ihren Recherchen fest, sei Beate Baumann weit mehr als nur eine Beraterin und die Kanzlerin ihr weit mehr als nur Chefin: »Angela Merkel ist das Projekt ihres Lebens. Sie hat kein anderes. Keine Angela ohne Beate. Keine Beate ohne Angela.«

Versetzen wir uns also zurück in jene Tage im Mai 2010 nach dem Rücktritt Horst Köhlers und übrigens auch Roland Kochs in Hessen. Angela Merkel stand öffentlich unter Druck. Sie suchte den Befreiungsschlag durch einen unanfechtbaren Personalvorschlag. Es ist eigentlich undenkbar, dass sich Beate Baumann und Angela Merkel mit den öffentlichen Gerüchten über Christian

Wulff nicht auseinandersetzten. Jedenfalls hielten die Gerüchte Angela Merkel nicht davon ab, Christian Wulff als Bundespräsidenten zu inthronisieren.

Nach all den Jahren dürfte sie aufgeatmet haben. Denn es war ein offenes Geheimnis unter Journalisten und im Kanzleramt, dass hinter vielen kritischen Berichten über Angela Merkel am Anfang ein gewisser Christian Wulff aus Hannover gestanden hatte, wie Roland Koch Mitglied des Andenpakts und Widersacher der Kanzlerin. Wulffs Aufstieg zum Bundespräsidenten schaffte der Kanzlerin einen gefährlichen Dauerkronprinzen vom Hals. Und sie setzte ihre Entscheidung für Wulff mit allen Machtmitteln in den eigenen Reihen durch.

Es war das zweite Mal, dass Angela Merkel das erste Amt im Staate für ihre Machtpolitik missbrauchte. Und es steht zu befürchten, dass sie den Druck der Gerüchte, unter dem dieser Bundespräsident von Anfang an stehen würde, billigend in Kauf nahm. Das jedenfalls legen die Erlebnisse Majid Sattars beim Sommerfest in der niedersächsischen Landesvertretung 2010 nahe – gerade einmal zwei Tage vor der Wahl des neuen Bundespräsidenten.[208] Der politische Redakteur der *Frankfurter Allgemeinen Zeitung* äußert sich zu den Debatten unter Journalisten über die Rotlicht-Gerüchte um Bettina Wulff:

»Bis Mitte 2010 hieß eines der Gegenargumente von Leuten, die das alles für Quatsch hielten: Jemand, der mal nach Berlin wolle, mache sich nicht erpressbar. Im Sommer des Jahres änderte sich der Tonfall, denn Wulff war nun nach Berlin gekommen – nicht, wie vordem gemutmaßt, als Kanzler, sondern als Präsident.«

Sattar beschreibt sodann den Auftritt von Christian und Bettina Wulff auf jenem Sommerfest:

»Der Auftritt ist das Gegenteil einer lockeren Gartenparty: Zig Journalisten bedrängen das künftige Präsidentenpaar auf

Schritt und Tritt, die Kameraobjektive verfolgen die künftige ›First Lady‹.

Später am Abend machen sich Journalisten, Politiker und ihre Berater wieder Gedanken über jene Gerüchte. Es kursieren Namen einschlägiger Etablissements. Könnte da etwas dran sein? Was wäre los, wenn Wulff deshalb irgendwann zurücktreten müsste? Zwei Präsidenten nacheinander! Ob Angela Merkel Wulff darauf angesprochen habe? In Wulffs Umfeld heißt es an jenem Abend: Von den Gerüchten habe man Notiz genommen. Man sei aber sicher, dass keine Zeitung das Zeug jemals drucken werde.«

Wulff und sein »Umfeld« verzichteten schon damals darauf, das ungeheuerliche Gerücht wenigstens im engen Kreis der Hauptstadtjournalisten ausdrücklich und damit eindeutig als Lüge und Verleumdung zurückzuweisen.

Präsident unter der Kanzlerin

Wir schreiben Mitte Juni 2010. Horst Köhler wurde per Zapfenstreich vor Schloss Bellevue aus dem Amt verabschiedet. In wenigen Tagen wird die Bundesversammlung zusammentreten, um seinen Nachfolger zu wählen. Frei und geheim sollen Wahlfrauen und -männer in der Bundesversammlung abstimmen. Die rotgrüne Opposition hat Joachim Gauck als gemeinsamen Kandidaten vorgeschlagen, allein Angela Merkel lehnt ab, obwohl Gauck sowohl in der Union als auch bei den Liberalen viele Fürsprecher gehabt hätte. Merkel baut Druck auf, um ihren Wunschkandidaten durchzusetzen.

Die Thüringer Christdemokratin Dagmar Schipanski mag darüber nicht mehr schweigen. Sie war 1999 selbst Unionskandidatin für das höchste Amt in Deutschland und ist Mitglied des CDU-Bundesvorstands. Sie war als Wahlfrau für den 30. Juni vorgesehen. Aber sie sah nicht ein, sich vorab auf den Kandidaten von Angela Merkel, auf Christian Wulff, festzulegen. »Ich habe meine Meinung geäußert, noch nicht einmal eine Entscheidung geäußert«, erzählt sie, »und trotzdem ist mir die Wahlstimme entzogen worden.« Sie wollte so abstimmen, wie die Verfassung es ihr nicht nur erlaubt, sondern sogar gebietet: Sie wollte ihrem Gewissen folgen. Das genügte der Thüringer CDU-Fraktion, sie kaltzustellen und nicht mehr als Wahlfrau aufzustellen. Schipanski empfindet das als »ungerecht und nicht gerechtfertigt in der Demokratie«[209]. Der ehemalige Innenminister des Landes Brandenburg Jörg Schönbohm, ebenfalls Wahlmann der CDU und Ehrenvorsitzender der Brandenburger CDU, pflichtet ihr bei: »Wenn sie es nicht geworden ist mit der Begründung, sie hätte sich vorher nicht festgelegt, dann finde ich, das hat einen Geschmack.«

Das Vorgehen gegen Kritiker wie Schipanski ist mit dem Grundgesetz nicht vereinbar, denn dort ist geregelt, dass niemand Druck auf die Abgesandten der Bundesversammlung ausüben dürfe, da die Wahlfrauen und -männer »an Aufträge und Weisungen nicht gebunden« seien. Der Verfassungsrechtler Christian von Pestalozza kritisiert, dass mithilfe der »sogenannten Partei- oder Fraktionsdisziplin« Druck ausgeübt werde, die Stimme im Sinne der Fraktion oder Partei abzugeben. Dieser Druck vertrage sich »mit der ausdrücklich verordneten Weisungsunabhängigkeit nicht«.

Die Grande Dame des deutschen Liberalismus, Hildegard Hamm-Brücher, hatte 1994 selbst für das höchste Staatsamt kandidiert, damals für die FDP. 2010 sitzt sie für die Grünen als Wahlfrau in der Bundesversammlung. Sie hält das Handeln von Angela Merkel für unwürdig und sieht sich zu einer düsteren Prognose veranlasst:

»Es ist ein Zeichen, dass es nur um die Macht geht und um die Position. Und einen Bundespräsidenten zu haben, den sie nachher am Bandel führen kann, nicht? Der kein unabhängiger Bundespräsident ist, der eben wirklich sein Amt so ausübt, wie es im

Grundgesetz steht. Sondern der ständig abhängig ist von der Partei oder den Parteien, die ihn aufgestellt haben.«

Der CDU-Politiker Jörg Schönbohm befürchtet sogar Folgen für das demokratische System:»Die Sorge ist, dass man sagt, es wird ja doch alles nur gekungelt. Das wird es nicht, es wird abgestimmt. Aber es gibt natürlich dabei die Machtkalküle, und dem Bürger hängt das so ein bisschen zum Halse raus.«

Alle Kritik änderte nichts: Am 30. Juli 2010 wurde Christian Wulff zum neuen Bundespräsidenten gewählt. Dass er aus den Reihen von Schwarz-Gelb erst im dritten Wahlgang die nötige Stimmenzahl erhielt, war so etwas wie ein letztes Aufbäumen gegen das »System M«, wie Gertrud Höhler Merkels Regierungssystem bezeichnet: Das »Präsidentendrama in drei Akten« sei für die demokratische Erosion symptomatisch:»Es ging ja nicht um irgendeinen Winkel der politischen Arbeitsteilung, sondern um das höchste Staatsamt, das genau diese politische Willkür, deren Opfer es wurde, verhindern soll.«[210] Grundsätzlicher als Angela Merkel es im »Präsidentenpoker« getan habe, könne die »oberste Führungskraft« der »Werteordnung unseres Landes nicht widersprechen.«

Christian Wulff war nun Präsident unter der Kanzlerin. Es sollte nur wenige Monate dauern, bis diesem – der Verfassung nach unabhängigen – Präsidenten die erste Bewährungsprobe bevorstand: das Gesetz zur Laufzeitverlängerung für Atomkraftwerke 2010. Die Komplexität der Sachverhalte verlangt zunächst eine ausführliche Beschäftigung mit der Vorgeschichte, um das Brisante an Wulffs präsidialem Verhalten verstehen zu können.

Ein verfassungswidriges Atomgesetz

Angela Merkel möchte es seit Fukushima vielleicht gern vergessen machen, aber am 6. September 2010 müssen die Vorstände der vier großen Energiekonzerne in Champagnerlaune gewesen sein. Ihre Vorgänger hatten noch im Jahr 2000 feierlich die Atomausstiegsvereinbarung mit der rot-grünen Bundesregierung unterschrieben. Jetzt aber beschloss Angela Merkels Kabinett eine Laufzeitverlängerung deutscher Atomkraftwerke von im Durchschnitt zwölf Jahren.[211] Die Aktien der Atomkonzerne legten um rund drei Prozent zu, die EnBW-Aktie sogar um vier Prozent.

Während die Bundeskanzlerin von einer energiewirtschaftlichen »Revolution« sprach, war den Konzernen klar, dass sie die Hauptprofiteure wären. Bernhard Jeggle von der Landesbank Baden-Württemberg (LBBW) rechnete aus, dass es um Milliarden ging[212]: Bereits eine Laufzeitverlängerung von zehn Jahren brächte allein dem baden-württembergischen Atomkonzern EnBW Zusatzeinnahmen von 38 Milliarden Euro. Alle Atomkraftwerksbetreiber zusammen könnten nach einer Berechnung des Ökoinstituts in Freiburg mit nominalen zusätzlichen Gewinnen von 94 Milliarden Euro rechnen.[213] Der RWE-Vorstandvorsitzende Jürgen Großmann begrüßte entsprechend die Laufzeitverlängerung, diese mache »die Kernkraft zu einem starken Pfeiler der Brücke, die ins Zeitalter der Erneuerbaren Energien führt«[214]. Die Bundesregierung verteidigte den Deal als »Geben und Nehmen«. Denn Teil der »Energierevolution« der Regierung Merkel war eine Beteiligung des Staates an den Zusatzeinnahmen der Konzerne.

Es war die Regierung Merkel, die der Energiewirtschaft nach einem längst vereinbarten entschädigungsfreien Ausstieg erneut ein nukleares Pfand in die Hand gab – und das in einem parlamentarisch äußerst fragwürdigen Prozedere. Mit der Laufzeitverlängerung bot Angela Merkel zugleich einen weiteren Beleg für ihren rüden Umgang mit den Verfassungsorganen der Bundesrepublik.

▶ ▶ ▶

Berlin, 21. Oktober 2010: Während draußen vor dem Reichstag rund 2000 Atomkraftgegner gegen die geplante Laufzeitverlängerung protestieren, geht es im Plenum hoch her. In Anspielung auf den rot-grünen Atomkonsens wirft der SPD-Vorsitzende Sigmar Gabriel der Regierung vor, die Gesellschaft zu spalten, wo sie schon einig gewesen sei.[215] Der grüne Fraktionsvorsitzende Jürgen Trittin nennt das Gesetz gar einen »Putsch«. Da es auch eine Übertragung von Kompetenzen der Landesatomaufsicht auf das Bundesumweltministerium vorsieht, sagt Trittin: »Damit wollen Sie die laxe Form der Atomaufsicht zum Bundesgesetz erheben.« Linke und Grüne scheiterten natürlich an diesem Tag mit Entschließungsanträgen zur sofortigen Stilllegung der sieben ältesten deutschen Atomkraftwerke.

Der Tag der Bundestagsentscheidung war allerdings nicht nur ein goldener für die Bilanzen der Atomkonzerne, er hat auch tiefe Narben in der demokratisch-parlamentarischen Kultur der Bundesrepublik hinterlassen. Obwohl es um eine epochale Entscheidung ging, peitschten die Regierungsfraktionen die Debatte darüber im Eiltempo durch den Bundestag. Die gesellschaftlich äußerst umstrittene Frage der Rückkehr Deutschlands ins Nuklearzeitalter wurde neben Themen wie Haushaltsbegleitgesetzen, darunter Sparmaßnahmen im Sozialbereich und Änderungen der Ökosteuer, an einem Tag abgehandelt, als ginge es lediglich um ein neues Gesetz zur Mülltrennung.

Das war selbst dem Bundestagspräsidenten, Norbert Lammert von der CDU, zu viel. Der zweite Mann im Staat gab kurz darauf der *Frankfurter Allgemeinen Zeitung* ein sensationell ehrliches Interview.[216] Bei den Beratungen über die Laufzeitverlängerung habe es sich nicht um »ein Glanzstück von Parlamentsarbeit« gehandelt. Letztlich auf Druck der Bundesregierung habe sich das Parlament viel zu wenig Zeit genommen und sei dabei seinen »eigenen Ansprüchen nicht gerecht geworden«. Das Verfahren trage den »Verdacht mangelnder Sorgfalt« in sich. Selbstkritisch fügte Lammert aus Sicht aller Parlamentarier hinzu: »Wir nehmen uns selbst nicht die nötige Zeit.« Auch wünschte er sich das zurück, was die Säule einer parlamentarischen Demokratie darstellt: ein Parlament, das gegenüber der Regierung selbstbewusst und souverän auftritt: »Wir weisen Zumutungen nicht als Zumutungen zurück.«

Deutlicher hatte wohl noch kein Bundestagspräsident die Politik einer Bundesregierung kritisiert, zumal einer Regierung unter Führung der eigenen Partei. Auch viele Abgeordnete müssen das so empfunden haben.

Die Hast, mit der die Regierung ihr Milliardengeschenk an die Atombranche durchpeitschte, schlug sich auch im Abstimmungsergebnis nieder. Nicht nur 289 Abgeordnete der Opposition stimmten geschlossen gegen die Novelle des Atomgesetzes, auch Abgeordnete der Regierungsfraktion schienen Skrupel zu haben. Denn von den 332 Regierungsabgeordneten stimmten nur 308 dem Gesetz zu.[217]

Um das für die Energiekonzerne milliardenschwere Gesetz ohne größere Hürden durchzubringen, hatte die schwarz-gelbe Regierung den Text so formuliert, dass das Gesetz im Bundesrat nicht zustimmungsbedürftig war. Ein solches »Einspruchsgesetz« kann – im Gegensatz zu einem Zustimmungsgesetz, das der ausdrücklichen Zustimmung der Länderkammer bedarf – im Bundesrat nur gestoppt werden, wenn sich eine Bundesratsmehrheit *dagegen* findet, über die SPD, Grüne und Linke Ende 2010 aber nicht verfügten.

Mehrere SPD-geführte Landesregierungen sowie die SPD-Bundestagsfraktion strengten eine Klage gegen die Atomgesetznovelle vor dem Bundesverfassungsgericht an. Ihre Argumentation war einfach: Da bei einer Laufzeitverlängerung um durchschnittlich zwölf Jahre die Atomaufsichtsbehörden der Länder zwölf Jahre länger beaufsichtigen müssen, betreffe dieses Gesetz auch die Belange der Länder.

Diese Rechtsauffassung vertrat auch der Bundestagspräsident. Der *Frankfurter Allgemeinen Zeitung* sagte er in dem Interview nach dem Beschluss, es sei politisch nicht klug gewesen, auf die Zustimmung des Bundesrates zu verzichten, denn die Kernenergiefrage brauche einen breiten Konsens.[218]

Lammert selbst gehörte zu den Regierungsabgeordneten, die sich bei der Abstimmung enthielten, aber nicht weil er Atomkraftgegner war. Seine Kritik an der Laufzeitverlängerung war im Grunde schärfer. Die Verlängerung entbehre jeder Plausibilität, zitiert die *FAZ* den CDU-Politiker. Sie sei nicht sachlich begründet, sondern ausgehandelt worden. Damit brachte Lammert zum Ausdruck, dass »Kungelrunden« mit der Energiewirtschaft den demokratischen Prozess unterminiert hatten: »Das entspricht nicht meinen Anforderungen an ordentliche Gesetzgebungsarbeit.« So weit der zweite Mann im Staat.

In den Monaten nach der Bundestagsentscheidung ruhten die Hoffnungen der Kritiker auf dem ersten Mann im Staat, auf Bundespräsident Christian Wulff. Ohne seine Unterschrift konnte das folgenschwere Gesetz nicht in Kraft treten. Es wäre nicht das erste Mal gewesen, dass ein Bundespräsident ein Gesetz aufgrund verfassungsrechtlicher Bedenken gestoppt hätte – unter Horst Köhler geschah dies häufiger. Der Vorsitzende des Bundes Umwelt und Naturschutz Deutschland, Hubert Weiger, forderte Wulff auf, das Gesetz nicht zu unterschreiben, denn die Regierung habe mit der Aufkündigung des Atomausstiegs einen breiten gesellschaftlichen Konsens verlassen: »Sie hat sich zur Geisel der Stromkonzerne machen lassen und wird sich auch wegducken, wenn 2011 die Pannenreaktoren in Krümmel und Brunsbüttel wieder ans Netz gehen sollen«, sagte er dem Bundespräsidenten.[219]

Doch Christian Wulff unterschrieb. Das Bundespräsidialamt teilte lapidar mit: »Der Bundespräsident ist nach intensiver und sorgfältiger Prüfung aller verfassungsrechtlichen Gesichtspunkte zu dem Ergebnis gekommen, dass rechtliche Gründe einer Ausfertigung dieses Gesetzes nicht entgegenstehen.« Das Staatsoberhaupt habe lediglich zu prüfen, ob ein Gesetz entsprechend den Vorschriften des Grundgesetzes zustande gekommen sei, erklärte das Amt weiter.

Verfassungsrechtler Pestalozza wundert sich über die Erklärung. Bislang sei es nicht üblich gewesen, dass Bundespräsidenten ihre Unterschrift unter Gesetze öffentlich kommentierten, es sei denn, sie hätten selbst Zweifel an ihren Entscheidungen gehegt und diese mitgeteilt. In der Sache ist Pestalozza allerdings sicher, dass das Bundesverfassungsgericht der Bundesregierung und dem Bundespräsidenten attestieren wird, dass dieses Gesetz verfassungswidrig sei: »Das Gesetz über die Laufzeitverlängerung hätte der Zustimmung des Bundesrats bedurft, und damit ist es verfassungswidrig.«

Christian Wulff hatte jedoch trotz der Kritik des Bundestagspräsidenten am parlamentarischen Verfahren, trotz der Ausschaltung der Länder und trotz der Klage rot-grüner Bundesländer vor dem Bundesverfassungsgericht keine Bedenken, das Gesetz zur Laufzeitverlängerung zu unterschreiben. Er hatte ganz im Sinne der Bundeskanzlerin funktioniert. Sollte die Altliberale Hildegard Hamm-Brücher mit ihrer Befürchtung recht behalten, dass hier ein Bundespräsident »am Bändel« der Kanzlerin agierte?

Gönner, Günstlinge und falsche Freunde

Der Personenkreis, an dessen »Bändel« Christian Wulff agiert haben könnte, lässt sich dank der Wulff-Affäre gut überblicken. Jedenfalls gehörte Jürgen Großmann, der damalige Vorstandschef des Atomkonzerns RWE, zu den Gönnern Wulffs. Das *Greenpeace-Blog* hat einmal dargestellt, wie sehr diese Beziehung auf Gegenseitigkeit beruhte und die Rollen von Gönner und Günstling beinah austauschbar wurden[220]: Im Januar 2006 empfiehlt der VW-Aufsichtsrat und Ministerpräsident Christian Wulff die Aufnahme Jürgen Großmanns in den VW-Aufsichtsrat – mit Erfolg. Am 1. Oktober 2007 wird Jürgen Großmann Vorstandsvorsitzender der RWE AG. Eigentlich hätte Großmann seinen Chefposten drei Tage später antreten müssen, doch er gibt Christian Wulff den Vorzug: Am 4. Oktober 2007 stellt er die Christian-Wulff-Biografie *Besser die Wahrheit* bei einer Buchpräsentation in der Norddeutschen Landesbank Hannover vor. Später stellt sich heraus, dass Carsten Maschmeyer Anzeigen für das Buch finanziert hat und Großmanns eigene Firma, die Georgsmarienhütte Holding GmbH, selbst etwa 2500 der 15 000 Buchexemplare gekauft hat.

Nach der Buchvorstellung diskutieren Großmann und Wulff live im Fernsehsender Phoenix – für den Wahlkämpfer Wulff ein Coup. Nach seiner Wahl zum Ministerpräsidenten feiert Christian Wulff Hochzeit mit Bettina Körner. Am 22. März 2008 erscheint der engste Familien- und Freundeskreis im Schlosshotel Münchhausen, darunter Jürgen Großmann und Carsten Maschmeyer. Einen Monat später wiederum zeigt sich Großmann finanziell großzügig und lädt am 28. April 2008 den »Club2013«, einen informellen Spendensammelverein der CDU Niedersachsen, nach Georgsmarienhütte und Osnabrück ein. Nach einer Besichtigung der Georgsmarienhütte GmbH begrüßt Großmann die Besucher im historischen Rathaus von Osnabrück.

Im Jahr 2009 spendet Großmann der CDU 15 600 Euro.

Vom 5. bis 24. Oktober 2009 nimmt Christian Wulff als Vertreter der Bundesländer an den Koalitionsverhandlungen teil, bei denen die Laufzeitverlängerung für Atomkraftwerke beschlossen wird. Genau ein Jahr später wird er als Bundespräsident das womöglich verfassungswidrige Gesetz über die Verlängerung der Laufzeiten unterschreiben.

Die Mechanik der Macht des Christian Wulff gleicht an neuralgischen Punkten seines Wirkens einer kommunizierenden Röhre: Je enger die persönliche Freundschaft – oder das, was Wulff dafür hielt –, desto größer sein politischer Einsatz. Interessanter als die mögliche juristische Relevanz ist die psychologische. Der Psychiater Hans-Joachim Maaz schreibt in seinem bemerkenswerten Buch *Die narzisstische Gesellschaft*[221], der Fall Wulff sei »prototypisch für die narzisstische Verfasstheit unserer Gesellschaft«. »Die Vorteilnahmen des Exbundespräsidenten« seien im Grunde klassische Beispiele »narzisstischer Bedürftigkeit, nur dass sie eben nicht mehr mit der Würde des Amtes vereinbar sind«[222].

Anders drückt den Sachverhalt der Wulff-Kenner Hugo Müller-Vogg aus. Wulff sei vor allem daran gescheitert, dass er die freundliche Zuwendung vieler Menschen mit Freundschaft verwechselte.[223] Und Freunde scharten sich zahlreich um ihn, Freunde, denen er wiederum so manchen Freundschaftsdienst erwies. Dass Carsten Maschmeyer ihm seine Villa als Urlaubsdomizil vermietete, der Eventmanager Manfred Schmidt ihn zu Partys einlud und sein Freund, der Filmproduzent David Groenewold, Hotelaufenthalte bezuschusste, ist hinlänglich bekannt. Es sind eher die Details aus dem Ermittlungsverfahren, die aufhorchen lassen. So veröffentlichte die *Frankfurter Allgemeine Sonntagszeitung* im Oktober 2012, Wulff sei nach seiner Scheidung notorisch klamm gewesen. Sein Unternehmerfreund Egon Geerkens habe in dem Verfahren ausgesagt, dem damaligen Ministerpräsidenten 2007 einmal 30 000 Euro und ein anderes Mal 60 000 Euro geliehen zu haben. Im Juli 2008 sei Wulffs Privatkonto mit 12 534 Euro im Minus gewesen.[224] Es war die Zeit des Urlaubs auf Sylt, den der Filmproduzent Groenewold für Christian und Bettina Wulff arrangiert hatte – der aber nachträglich von Wulff in bar beglichen worden sein soll, wie Wulff erklärt. Der notorische Geldmangel will angesichts von monatlichen Bezügen von gut 12 000 Euro brutto als Ministerpräsident selbst ehemaligen Mitgliedern seiner Regierung nicht einleuchten, denn er wirft Fragen nach den sonstigen finanziellen Verpflichtungen, wenn nicht gar dem Lebenswandel Wulffs auf. Und zu seiner möglichen Empfänglichkeit für Wohltaten.

Im Fall Schmidt und Groenewold erscheint es sinnvoll, die rechtliche Würdigung Staatsanwaltschaften und Gerichten zu überlassen. Aber sehen wir uns, um sein Verhalten besser zu verstehen, einen – bislang nicht sonderlich beleuchteten – »Freundschaftsdienst« Wulffs etwas genauer an.

Ein Steuergesetz für die Versicherungsbranche

Als Ministerpräsident hatte Christian Wulff mehr als einen Freund aus der Versicherungsbranche. Nach seiner Eheschließung mit Bettina Körner im Jahr 2008 machte das frisch vermählte Paar kostenlos Urlaub auf dem italienischen Anwesen von Wolf-Dieter Baumgartl, dem Aufsichtsratschef des Versicherungskonzerns Talanx, zu dem so bekannte Namen wie HDI oder Hannover Rück gehören. Wulff argumentierte stets, er habe bloß bei alten Freunden Urlaub gemacht. Dabei vergisst er zu erwähnen, dass diese alten Freunde zugleich massive Geschäftsinteressen hatten, in deren Sinne Wulff als Ministerpräsident handelte. So lobte er sich bei einer internen Veranstaltung der HDI Versicherung AG im Jahr 2005 selbst dafür, sich für die Steuerfreiheit von Lebensversicherungen eingesetzt zu haben: »Sofern es im Einflussbereich der Niedersächsischen Landesregierung lag, ist sie für die Beibehaltung des Privilegs der Steuerfreiheit der Erträge eingetreten.«[225] Seine Regierung habe für einen Kompromiss gekämpft, der vorsehe, dass nur die Hälfte der Erträge besteuert werde. Dank seines Einsatzes würden »Lebensversicherungen auch weiterhin eine wichtige Rolle bei der privaten Altersvorsorge spielen«. Wulffs späterer Gönner Baumgartl war bei dieser Rede sogar persönlich zugegen und von Wulff mit Namen begrüßt worden, wie *Der Spiegel* berichtete.

Es sollte nicht der einzige Freundschaftsdienst Wulffs bleiben. Im September 2007 stand die Hannover Rück, eine Tochter des Talanx-Konzerns, vor einer besonderen Herausforderung. Das Bundesfinanzministerium hatte die Branche per Erlass davon unterrichtet, dass sogenannte Kautions-Rückversicherungen künftig der Besteuerung unterlägen. Trotz einer negativen Stellungnahme des Gesamtverbandes der deutschen Versicherungswirtschaft vom Januar 2007, rückte das Ministerium nicht von seiner Haltung ab. Also schlug der Lobbyverband den Weg über die Bundesländer ein. Es wurde ein Vorschlag eingebracht, bei den Beratungen des Jahressteuergesetzes 2008 die Besteuerung wieder rückgängig zu machen. Doch auch dort stieß der Verband nicht auf Verständnis. In einem persönlichen Schreiben des Vorstandsvorsitzenden der Hannover Rück, Wilhelm Zeller, an den niedersächsischen Finanzminister Hartmut Möllring heißt es, das Vorhaben sei »offenbar auch mit der Stimme Niedersachsens« nicht weiter verfolgt worden.[226] Dann geht der Lobbyist aufs Ganze. Er fordert Möllring auf, bei der vier Tage später anberaumten Abstimmung im Bundesrat »uns bei der Aufrechterhaltung unserer Wettbewerbsfähigkeit zweckdienlich zu unterstützen«. Das Schreiben enthält unten den Vermerk »CC: Herrn Ministerpräsident Wulff«. Auf diese Weise soll dem Finanzminister klargemacht werden, dass auch sein Chef involviert ist.

In einem weiteren Schreiben nur einen Tag später wendet sich der Vorstandschef direkt an den Ministerpräsidenten: »Sehr geehrter Herr Ministerpräsident, Sie haben mich bei verschiedenen Gelegenheiten ermuntert, mich an Sie zu wenden, wenn ›Not am Mann‹ ist.« Zeller weist nun auf die Abstimmung im Bundesrat drei Tage später hin und schließt mit der Bitte: »Ich wäre Ihnen sehr verbunden, wenn Sie sich hier zugunsten der niedersächsischen (Rück-)Versicherungswirtschaft verwenden könnten.«[227]

Auf dem Schreiben hat jemand handschriftlich vermerkt, der Antrag komme von der Hannover Rück und dem Gesamtverband der Versicherungswirtschaft. Im Vorzimmer von Christian

Wulff landet das Schreiben laut Eingangsstempel am 19. September. Einen Tag später vermerkt Wulff darauf handschriftlich und in großen unterstrichenen Lettern. »Eilt sehr« und »Wie ist der Stand«. Seine Mitarbeiter dürften ihm inzwischen mitgeteilt haben, dass sein Kabinett bereits mehrheitlich gegen den Antrag der Versicherungslobby gestimmt hat. Einen weiteren Tag später jedenfalls steht der Antrag der Versicherungsbranche zur Abstimmung im Bundesrat. Gegen das Votum seiner eigenen Landesregierung stimmt Christian Wulff für die Steuerfreiheit der Kautionsversicherungen.

Diese Episode ist womöglich nur einer von zahllosen Versuchen seitens der Konzernlobbyisten, Einfluss auf deutsche Amtsträger zu nehmen. Auffällig aber ist die Art und Weise, wie der Ministerpräsident agierte. Er macht für jeden lesbare handschriftliche Vermerke auf offiziellen Dokumenten, schreibt etwas von Eile, agiert dabei selber überaus hektisch und setzt sich am Ende in einer offiziellen Abstimmung offen für seine Versicherungs-Freunde ein. Es ist nicht das Verhalten eines Überzeugungstäters, denn dem wäre der »Stand der Dinge« bekannt gewesen. Es ist die Attitüde eines Getriebenen.

Aber womit ließ sich Christian Wulff im Laufe seiner politischen Karriere immer wieder treiben? War er womöglich beeinflussbar, wenn nicht vielleicht sogar persönlich erpressbar? Wohlhabende und mächtige Gönner suchten stets die Nähe zu Christian Wulff, und es erscheint beinahe wie eine Faustregel: Nach jeder gravierenden Wendung in seinem Leben folgte ein Urlaub bei diesen »Macht-Freunden«. Nach Wulffs Trauung 2008 war es Baumgartl, nach seiner Wahl zum Bundespräsidenten der Versicherungsunternehmer Maschmeyer, der 2008 ebenfalls zu den Hochzeitsgästen gezählt hatte.

Politiker von Springers Gnaden

Für Christian Wulff seien Freundschaften ausschließlich Arbeits-
plattformen, sagt ein langjähriger Beobachter und fügt hinzu:
»Wulff hat seinen Machiavelli gelesen.« Eine wichtige instrumentelle Macht-Freundschaft Wulffs ist aus der Not geboren. Im Frühjahr 2006 wird Christian Wulff klar, dass er seine neue Liebesbe-
ziehung mit Bettina Körner nicht mehr länger geheim halten kann.
Sein Sprecher Olaf Glaeseker vermittelt Kontakte zu *Bild* und *Bunte*. Am 6. Juni 2006 gibt *Bild* exklusiv die Trennung Wulffs von
seiner Ehefrau bekannt.[228] In der Folge begleitet das Boulevardblatt
die neue Liebe wohlwollend mit ausgesucht positiven Sätzen: »Sie
waren die schönste Liebes-Koalition des Abends!«[229] Anfang 2007
fragt *Bild:* »Regierungschef, Vater, Geliebter und Noch-Ehemann
– wie kriegt Christian Wulff das bloß so prima hin?«[230]

Christian Wulff gibt all die Jahre bereitwillig Auskunft über
sein Privatleben, und *Bild* lebt gut damit, quasi Tisch und Bett
mit dem Ministerpräsidenten zu teilen.

Den ersten Bruch im Verhältnis zwischen Springer und Wulff
hat im Grunde Bundeskanzlerin Angela Merkel zu verantworten,
als sie Wulff nach dem Rücktritt Horst Köhlers kurzfristig zum
Kandidaten für das Bundespräsidentenamt erklärt. Die Springer
AG vertritt in dieser Frage eine ganz andere Meinung. Rot-grüne
Spitzenpolitiker machen bereits damals keinen Hehl daraus, wer
sie auf die Idee gebracht hat, Joachim Gauck als Gegenkandida-
ten aufzustellen. Es war Thomas Schmid, Chefredakteur des
Springer-Blatts *Die Welt*.[231] Als Gauck offiziell kandidiert, titelt
Bild »Yes, we Gauck!«, und Bundeskanzlerin Angela Merkel greift
dem Vernehmen nach gleich mehrmals zum Telefonhörer und
lässt sich zu ihrer guten Bekannten, der Verlegerwitwe Friede
Springer, durchstellen, um zu erfahren, was denn im Hause
Springer los sei. Am Ende setzt Merkel sich durch, und so bleibt
auch Springer nichts anderes übrig, als mit dem jungen Glamour-
Paar im Schloss Bellevue Auflage zu generieren. Bereits neun

Tage vor der Wahl fragt *Bild* Bettina Wulff zum Beispiel, ob es im Schloss Bellevue künftig ein Kinderzimmer geben werde.[232]

Während das Blatt der Präsidentengattin solche netten Fragen stellte, recherchierten *Bild*-Journalisten nach Aussagen von Hannoveraner Journalisten bereits die Vergangenheit der kommenden First Lady. Wettermoderator Jörg Kachelmann erinnert sich noch gut an ein Treffen mit *Bild*-Chefreporter Martin Heidemanns im Herbst 2010: »Der sagte mir, von Wulff würden wir noch einiges zu hören bekommen.«[233] Heidemanns habe ihm auch unmissverständlich klargemacht, dass er über »jeden etwas im Schrank habe«.

Diese Aussage wiederholte Kachelmann im Oktober 2012 gegenüber dem *Spiegel* – bislang unwidersprochen.[234] Der Reporter spielte damit, so Kachelmann, auf Versuche von *Bild* an, Prominente für eine Kooperation mit dem Blatt gefügig zu machen.

Bild hat Erpressungsvorwürfe stets energisch zurückgewiesen, zuletzt in einem Strafverfahren, das der politische Kabarettist und Schauspieler Ottfried Fischer gegen das Blatt angestrengt hatte – wegen Nötigung. Fischer kämpft seit zwei Jahren gegen *Bild* und für seinen guten Ruf. *Bild* hatte berichtet, dass Fischer sich mit Prostituierten eingelassen habe, ohne zu bezahlen. Über seine Agentin machte ihm der *Bild*-Reporter Uli Schüler ein fragwürdiges Angebot. Er könne doch bei *Bild* selbst die Details der Sexaffäre beichten. Fischer erfuhr, die Zeitung sei im Besitz eines Videos, das ihn mit den Prostituierten zeige. Wie sich später herausstellte, hatte der Zuhälter das Video dem *Bild*-Reporter Uli Schüler angeboten.

Im Urteil des Landgerichts München von 2011 heißt es:

»Nach diesem zunächst informellen Telefonat trafen sich P. [Zuhälter, d. Verf.] und Schüler zu einem nicht genauer feststellbaren Zeitpunkt zwischen dem 27.08. und dem 23.09.2009 in der Cafeteria des Axel-Springer-Verlages in Berlin. Schüler eröffnete P., dass dieser seiner Schätzung nach einen Betrag zwischen 50 000 und 100 000 Euro aus einem für solche Fälle zur Verfügung stehenden Pool erwarten könne.«[235]

Am Ende allerdings zahlte der Verlag dem Zuhälter ein »Infohonorar« von 3500 Euro für das Video.

Der an Parkinson erkrankte Schauspieler empfand allein das Vorhandensein eines solchen Videos als existenzielle Bedrohung und Nötigung. Er zeigte die Beteiligten an. Durch drei Gerichtsinstanzen hat Ottfried Fischer mittlerweile geklagt; Zuhälter und Prostituierte wurden verurteilt, er selbst gewann in der ersten Instanz, und der *Bild*-Reporter wurde verurteilt. In der zweiten Instanz verlor er, der *Bild*-Mann wurde freigesprochen. Dieses Urteil wurde auf Revision der Staatsanwaltschaft und Fischers selbst hin 2012 wieder aufgehoben. Nun wurde neu verhandelt. Fischer hoffte Anfang 2012 noch, dass der Reporter am Ende wegen Nötigung verurteilt wird:

> »Die *Bild*-Zeitung ist garantiert nicht allmächtig, wenn sich alle, die es sich erlauben können, nicht gefallen lassen, dass mit ihnen so umgesprungen wird. Oder beziehungsweise wenn die Leute, die es trifft, eine geradlinige Haltung haben und sich dagegen wehren. Und vor allem auch dann nicht, wenn die deutschen Gerichte erkennen, dass Pressefreiheit niemals Erpresserfreiheit heißen darf.«[236]

Im Januar spricht das Landgericht den *Bild*-Journalisten frei. Der Richter sagt, man könne keine Schuld feststellen. Eine Nötigung sei nicht nachweisbar, aber, so zitiert die *Süddeutsche Zeitung* den Richter: »Was da passiert ist, ist eine Riesen-Sauerei.«

Glaubt man den Medienexperten Wolfgang Storz und Klaus-Jürgen Arlt, pflegte *Bild* auch gegenüber dem Politiker Christian Wulff eine – journalistisch gesehen – äußerst fragwürdige Praxis. So schreiben sie in ihrer ausführlichen Analyse unter dem Titel *»Bild« und Wulff – ziemlich beste Partner*:

»Nach unseren Erfahrungen gehört zur Praxis einer solchen Zusammenarbeit zum Beispiel, dass Zitate von Christian Wulff oder seiner Frau Bettina auf der Hinterbühne von den *Bild*-Mitarbeitern selbst so erfunden und formuliert werden, wie sie am besten in ›die Geschichte‹ passen und wie sie die Wulffs in eigenem Interesse gesagt haben könnten. Dann gehen die Zitate zur Freigabe an Wulff-Mitarbeiter.«[237]

Das meinungsmächtigste Medium Deutschlands legt also dem Staatsoberhaupt die Worte in den Mund. Abgesehen von der verfassungsrechtlichen und ethischen Fragwürdigkeit wirft ein solches Vorgehen vor allem Fragen nach der Souveränität des Politikers Wulff auf – wie auch nach der aller anderen Politiker, die bei diesem Spiel mitmachen.

Die Experten der Otto Brenner Stiftung weisen in ihrer Analyse jedoch auch auf den Preis hin, den die »Geschäftspartner« von *Bild* zu entrichten haben:

»In einem solchen publizistischen Bündnis ist der politische Partner auch großzügig, wenn veröffentlichte intime Details mehr aus der Märchenstunde als aus der Realität stammen, solange er selbst dabei in einem positiven Licht erscheint. Es handelt sich insgesamt um eine Kommunikationsarbeit, die sehr viel mehr mit der Herstellung eines Werbeprospekts als mit einer journalistischen Meldung zu tun hat.«

► ► ►

In vielen Rückblicken auf das politische Wirken Christian Wulffs als Bundespräsident vermerken die Chronisten an erster Stelle die Formulierung eines schlichten Satzes während seiner Rede zum 3. Oktober 2010: »Aber der Islam gehört inzwischen auch zu Deutschland.« Wulff bewegte sich mit dieser Rede auf dem Boden des Verfassungspatriotismus, der Zugehörigkeit nicht von

Religion oder Ethnie, nicht einmal von einem Pass abhängig macht. Er verlangte schlicht das gemeinsame Einstehen für die Werte dieser freiheitlichen Verfassung. Aber wo verortete sich der erste Mann im Staat selbst?

Kurz vor der Rede empfingen Christian und Bettina Wulff das Ehepaar Diekmann zu einem Frühstück im Schloss Bellevue. Wulff war seit gut zwei Monaten Bundespräsident, und seine Gattin schreibt über diese Zeit sehr freimütig: »Wir wussten, dass es wichtig wäre, den Kontakt zum Axel-Springer-Verlag zu pflegen, und luden Kai Diekmann mit seiner Frau zu einem Frühstück ins Schloss Bellevue ein.«[238] Dem Springer Verlag dürfte die Einschätzung, dass Kontakt zu ihm für ein deutsches Staatsoberhaupt »wichtig« sei, geschmeichelt haben. Wie sich eine solche Geisteshaltung allerdings mit der präsidialen Würde vereinbaren lässt, sei dahingestellt.

Bettina Wulff gibt über das Frühstück fast beiläufig preis, dass Christian Wulff sogar den wichtigsten politischen Impuls seiner Amtszeit, die Rede über den zu Deutschland gehörenden Islam, zuvor mit Kai Diekmann persönlich erörtert habe: »Es wurde über Politik gesprochen, beispielsweise diskutierten gerade die Männer eifrig den Satz ›Der Islam gehört inzwischen auch zu Deutschland‹, den Christian zum bevorstehenden Feiertag der Deutschen Einheit sagen wollte.«

Leider ist dieser Passage, abgesehen von der Tatsache, dass die Männer »eifrig« diskutierten, nicht zu entnehmen, welche Haltung Kai Diekmann gegenüber dem Vorhaben Wulffs einnahm. Drei Tage nach der Festrede titelte *Bild*: »Warum hofieren Sie den Islam so, Herr Wulff?«[239] Die Leser erfuhren, dass laut einer Umfrage rund zwei Drittel der Deutschen den Satz Wulffs ablehnten. In Wulffs Bürgerbüro und auf Facebook seien in drei Tagen mehr als 1000 Protestbriefe und Meldungen aufgelaufen: »Viele Bürger beschweren sich jetzt beim Bundespräsidenten und fragen, warum er ausgerechnet am Tag der Deutschen Einheit den Islam so hofierte.« Diese Episode sorgte zumindest für einen ersten Riss in der bis dahin unverbrüchlichen Freundschaft des Politikers mit dem Springer-Konzern.

Einstürzende Neubauten

Warum die einstige Freundschaft zwischen Christian Wulff und der *Bild*-Gruppe im Dezember 2011 in regelrechte Feindschaft umschlug, lässt sich abschließend nicht klären. Medienexperten wie Wolfgang Storz suchen nach Hinweisen. In »*Bild« und Wulff* heißt es dazu, dass zwischen dem Politiker und dem Medienkonzern schlicht eine Art publizistische Geschäftsbeziehung bestanden habe. Bei ihrer Analyse fiel den Autoren auf, dass *Bild* sich in der Causa Wulff und insbesondere im Vergleich zu anderen Medien in Ton und Umfang der Berichterstattung eher zurückhielt. Arlt und Storz führen das auf die einfache Tatsache zurück, dass Kai Diekmann und der Chef der Springer AG bei allzu früher moralischer Empörung in ihren Blättern die eigene journalistische Integrität infrage gestellt hätten:

> »Aus *Bild*-Sicht alles in allem eine gelungene Inszenierung, in der aus unserer Sicht ein entscheidender, *Bild* betreffender Satz fehlt: Liebes Publikum, genau in der Zeit, in der Christian Wulff geschnorrt, möglicherweise das Parlament getäuscht und gegen das Ministergesetz verstoßen hat, hat *Bild* ihn in einer Endlosschleife als den wunderbarsten Menschen und erfolgreichsten Politiker gepriesen.«[240]

Dass unter Geschäftsfreunden Rituale der Freundschaft zelebriert werden, darf nicht verwundern. Im Falle dieser »ziemlich besten Partner« allerdings sollte uns die Zusammensetzung der Freundschaftsabende neugierig machen. Am 30. Juni 2006, also kurz nachdem Christian Wulff die Trennung von seiner ersten Ehefrau bekannt gegeben hat, heißt es auf *Bild.de* über die »Nacht der VIP-Freunde Berlin«:[241]

»Es war das bislang intimste und beste Dinner der 46. Berlinale: ›Ein Abend unter Freunden‹ von David Groenewold (32, GFP-Fonds) und Thomas Heinze (41) im 19. Stock des Springer Verlags. 293 Gäste, darunter kein Möchtegern, nix Luder, nur Very-Wichtige. Alexandra Neldel (30) verzückte Niedersachsens Christian Wulff (46, CDU).«

Abgesehen von der Anspielung auf die Verzückung des angeblich frisch mit Bettina Körner liierten Ministerpräsidenten findet sich unter den Springer-Freunden ausgerechnet der Mann, über dessen Großzügigkeit Christian Wulff fast fünfeinhalb Jahre später stürzen sollte.

Über die meisten der feinen Diners im Hause Springer erfährt die Öffentlichkeit allerdings nichts. Nur ab und an, wenn es opportun erscheint, lüften die Klatschkolumnisten den Schleier.

Nicht sehr einfallsreich titelt *Bild.de* 2009: »Ein Abend unter Freunden« über ein »Dinner unter Freunden« im Axel-Springer-Journalistenclub. Wieder ist es David Groenewold, der geladen hat:

»100 handverlesene Gäste kamen zu Steinbuttfilet und Mohnauflauf. Darunter: Ministerpräsident Christian Wulff, Regisseur Helmut Dietl, Schauspielerin Simone Thomalla, der Regierende Bürgermeister Klaus Wowereit, Axel-Springer-Chef Dr. Mathias Döpfner und Axel-Springer-Vorstand Dr. Andreas Wiele.«[242]

Dass ausgerechnet Wulffs Leib- und Magenpostille mit der ersten Meldung über den umstrittenen Hauskredit auf den Markt trat, hatte nach Meinung von Storz und Arlt einen ganz profanen Grund:

»Sie will und muss als Erste mit der Kreditaffäre in die Öffentlichkeit. Nur dieser Schritt kann sie davor retten, dass *Bild* zum Gespött der Branche wird. Nur wenn sie selbst zerstört, was sie aufgebaut hat, wird sie nicht zum Verlierer. Dass sie später zum großen Sieger wird, davon hat sie in diesen Dezembertagen noch nicht einmal geträumt. Hier und jetzt ging es darum, einen Albtraum abzuwenden. Sie hat es mit einem beeindruckenden Gespür für die richtige Dosierung gemacht. Denn ein abrupter öffentlicher Wechsel vom Jubler zum Jäger hätte Unverständnis und Fragen ausgelöst.«[243]

Das mag die eher kühle Darstellung des Skandals durch *Bild* erklären, nicht jedoch den Grund des Zerwürfnisses zwischen den Partnern Wulff und *Bild*.

Hier bieten sich andere Begründungen an, die vielleicht profan anmuten, deshalb aber nicht falsch sein müssen.[244] So berichten Insider aus der *Bild*-Redaktion, dass der Anlass für das Zerwürfnis in einer Auslandsreise des Bundespräsidenten gelegen habe: Mitte September 2011 wollte Christian Wulff als erster Bundespräsident die afghanische Hauptstadt Kabul und den afghanischen Präsidenten besuchen. Nach Terrorattacken in Kabul sagte Wulff die Reise wenige Stunden vor Abflug aus Sicherheitsgründen ab. Dem Redaktionsinsider zufolge erfuhr *Bild* von der Absage und schlug dem Bundespräsidialamt einen Deal vor: Man werde über die Angelegenheit nicht berichten und im Gegenzug auf die nächste Reise Wulffs nach Afghanistan mitgenommen.

Leider kam es für Kai Diekmann und seine Kollegen anders. Am 16. Oktober 2011 sahen die *Bild*-Redakteure Wulff in Afghanistan, allerdings im Fernsehen. Kein *Bild*-Fotograf war dabei, kein *Bild*-Reporter. Das Blatt musste auf Hochglanzbilder à la Guttenberg verzichten. Offenbar hatte der Bundespräsident beschlossen, dem Springer-Blatt den bis dato exklusiven Zugang zu verweigern.

Der Medienanwalt Christian Schertz kennt diesen Pakt mit dem Teufel. Er rät seinen Mandanten deshalb davon ab, sich auf allzu große Nähe mit der Springer-Presse einzulassen. »Der Politiker, der aus Angst vor *Bild* oder aus Gründen des Images, der

Positionierung gerne mit *Bild* zusammenarbeitet, zahlt nicht selten dafür einen hohen Preis«, erklärt Schertz. »Wenn man sich mit ihnen einlässt, wird das nicht so gerne gesehen, wenn man dann nicht immer zur Verfügung steht. Und da fällt man dann schneller in Ungnade.«

Anders ausgedrückt: Wer die Horde einmal in seine Privatgemächer gelassen hat, muss sich gefallen lassen, dass künftig Geschichten aus diesen Privatgemächern nicht mehr per se vom Persönlichkeitsrecht geschützt sind. Hätten aber Personen konsequent ihre Privatsphäre in der Vergangenheit geschützt, respektiere *Bild* mittlerweile dieses Vorverhalten und ebenso den Wunsch von Klienten, dass hierüber nicht berichtet wird, so Schertz.

Im Fall Wulff spekuliert der Medienanwalt, Wulff habe vielleicht tatsächlich erkannt, dass er als Bundespräsident seine extreme Nähe zu *Bild* nicht weiter praktizieren könne:

> »Möglicherweise gab es irgendwann einen Moment, wo *Bild* geglaubt hat oder vielleicht auch Kai Diekmann, wir haben ihm doch lange Zeit beigestanden und ihn auch unterstützt, und dann muss Wulff möglicherweise zu irgendeinem Zeitpunkt gesagt haben, nein, jetzt bitte nicht mehr, und lasst mich mal in Ruhe, jetzt möchte ich nicht mehr.«

Im Berliner Axel-Springer-Haus war man empört über das Verhalten Wulffs, der prompt eine Entschuldigung übermitteln ließ. All das sei ein Versehen gewesen.

Kai Diekmann räumt den Ärger über Wulff und die Nichtbeteiligung seines Blattes an der Afghanistanreise durchaus ein. Aber er weist die Vermutung zurück, dies sei der Auslöser der erneuten Recherchewelle gegen Wulff wegen des Hauskaufs gewesen. Diekmann behauptet, die erste Anfrage wegen der Hausfinanzierung habe *Bild* bereits im Dezember 2010 an das Bundespräsidialamt gerichtet. Die Afghanistanreise könne mithin gar nicht der Auslöser gewesen sein.

Viele Journalisten auch innerhalb des Springer-Konzerns rätseln, was den Herausgeber und *Bild*-Chefredakteur zu solcher persönlichen und an ihm nie beobachteten Angriffslust trieb. Diese setzte sich auch Wochen nach Wulffs Rücktritt fort. Und selbst in Großburgwedel umringten noch wochenlang Fotoreporter das Haus der Familie Wulff. Ihr Anwalt sah sich außerstande, dagegen vorzugehen, solange das staatsanwaltliche Ermittlungsverfahren andauert. Diekmann begann sogar nach Wulffs Rücktritt, Karikaturen, die über die Affäre Wulff in Deutschlands Zeitungen erschienen waren, im Original zu kaufen. Eine Karikatur von Harm Bengen zeigt Kai Diekmann als eine Art Jediritter mit Laserschwert vor einer Tür mit dem Namen Wulff. »KD« sagt: »Christian, ich bin dein Vater!« Diekmann wollte dem Karikaturisten das Original abkaufen. Doch der lehnte ab: »Ich habe Herrn Diekmann lediglich kostenlos einen signierten Ausdruck zur Verfügung gestellt«, schreibt Harm Bengen auf der Internetseite des Karikaturenportals *toonpool.com*[245] und fährt fort: »Ich möchte meine Arbeiten nicht in der ›Bild‹ sehen und nehme dann logischerweise auch kein Geld dafür.« Diekmann erklärt dem Portal in einem Interview:

> »Das morgendliche Zeitunglesen hat mich oft zum Lachen gebracht. Und so entstand die Idee, die Karikaturen im Original zu kaufen, die sich mit *Bild* und Christian Wulff befasst haben, insbesondere auch mit seinem Anruf auf meiner Mailbox. Und inzwischen habe ich eine private Sammlung von über 25 Karikaturen – als Erinnerung an diese aufregenden Wochen.«

Die Sammelleidenschaft Diekmanns ist nicht ganz neu, und doch verrät sie, dass Diekmann in Sachen Wulff persönlich doch nicht so unbeteiligt ist, wie er in Interviews gern vorgibt. Wer ihn darauf anspricht, ob er – wie vermutlich die meisten Journalisten in solch einem Fall – stolz auf den Rücktritt des Bundespräsidenten sei, dem antwortet er, Stolz sei »keine Kategorie«. Eine langfristige Recherche habe einfach am Ende zu diesem Ergebnis geführt. Die allerdings belege, dass sein Blatt mittlerweile viel investigativer und politischer geworden sei.

Wie sehr ihm die Wulff-Geschichte persönlich am Herzen liegt, bewies Diekmann am 3. Januar 2013. Obwohl er als Chefredakteur seit Monaten temporär außer Dienst ist und sich in Kalifornien aufhält, ließ er es sich nicht nehmen, der Öffentlichkeit die Trennung von Bettina und Christian Wulff in einer Nachrichtenmeldung mit der Autorenzeile Kai Diekmann persönlich und exklusiv mitzuteilen.[246] Um 10.51 Uhr meldete *Bild.de*, die beiden hätten am Morgen in einer Hannoveraner Rechtsanwaltskanzlei eine Trennungsvereinbarung unterzeichnet. Die *Bild*-Zeitung wartete tags darauf sogar mit exklusiven Fotos der beiden auf dem Weg zu ihrer Anwaltskanzlei auf.

Sollte Diekmann tatsächlich der Urheber der Nachricht sein, wirft das Fragen auf. Denn weder Wulffs Anwalt noch Christian Wulff selbst kommen als Informanten der *Bild*-Zeitung infrage. Bereits in ihrem Buch hatte Bettina Wulff nette Formulierungen über Diekmann gewählt, ihn als »Fuchs« geadelt und geschrieben: »Auch mit einem Kai Diekmann wird es für mich ein Wiedersehen geben, da bin ich mir fast sicher. An der exponierten Stellung der *Bild*-Zeitung wird das, was ich denke und sage, rein gar nichts ändern.« Wäre Bettina Wulff die Informantin Diekmanns, hätte sie einmal mehr eine langfristige »PR«-Strategie auf Kosten ihres Noch-Gatten verfolgt.

Aber wenden wir uns noch einmal der Geschichte dieses Zerwürfnisses zwischen dem Präsidenten und dem Medienhaus Springer im Jahr 2011 zu. Es ist kein Geheimnis, dass *Bild* in vielen Fällen auch proaktiv über Prominente recherchiert und Informationen sammelt. Medienbeobachter Storz glaubt, dass hinter dem Bruch zwischen Christian Wulff und der *Bild*-Zeitung System steckt:

»Ich denke, dass *Bild* bei Prominenten, mit denen sie zusammenarbeiten, immer zwei Schubladen hat. Auf einer steht ›Hosianna‹

und auf der anderen steht ›Kreuzigt ihn!‹, und beide Schubladen sind gefüllt, und da wird dann nach Kriterien umgeschaltet, die für mich von außen nicht einsehbar sind.«

Die Berichterstattung der *Bild*-Zeitung wird für das Ehepaar Wulff plötzlich auch physisch erlebbar. So recherchieren Reporter des Blattes seit November 2011 ganz offensiv in Großburgwedel – in Nachbars Garten und beim Verkäufer des neuen Wulff-Hauses. Sie sollen sogar von »Korruption« geredet haben, wie Nachbarn Wulffs sogleich berichten.

Während seiner Reise in den Nahen Osten erreichen Wulff die Anfragen von *Bild* zu seinem Hauskauf und dem Kredit durch die Ehefrau seines Unternehmerfreundes Egon Geerkens.

Am 12. Dezember 2011 sind Christian Wulff und seine Gattin auf Staatsbesuch im Emirat Katar. *Bild* hatte um eine Stellungnahme Wulffs zur geplanten Hauskaufgeschichte gebeten und die Veröffentlichung auf Ersuchen des Bundespräsidialamtes um einen Tag verschoben, um Wulff Zeit für eine solche Stellungnahme zu geben. Stattdessen greift Christian Wulff zum Hörer und versucht zunächst *Bild*-Chefredakteur Kai Diekmann und schließlich sogar den Vorstandsvorsitzenden der Axel Springer AG, Mathias Döpfner, zu erreichen. Als dies misslang, sprach er ihnen auf die Mailbox.

Im Fall von Diekmann erblickten wesentliche Bestandteile der Nachricht das Licht der Öffentlichkeit, weil der Chefredakteur und andere Mitglieder der Redaktion eine Abschrift auch externen Journalisten zeigten. Die Internetseite *Wulffplag.wikia.com* hat unter Hinzuziehung zahlreicher Quellen und Schnipsel versucht, die Mailboxnachricht sprachlich einigermaßen verständlich zu rekonstruieren:[247]

»Guten Abend, Herr Diekmann. Ich rufe aus Kuwait an. Bin gerade auf dem Weg zum Emir …« – »und deswegen hier sehr eingespannt« [auf der] Reise durch die Golfstaaten, habe täglich von acht bis elf Uhr Termine. »Warum können Sie nicht akzeptieren, dass das Staatsoberhaupt im Ausland ist und warten,« – »bis ich Dienstag Abend wiederkomme, also morgen, und Mittwoch eine Besprechung zu machen, wo ich mit Herrn …, den Redakteuren, rede, wenn Sie möchten, die Dinge erörtere, und dann können wir entscheiden, wie wir die Dinge sehen, und dann können wir entscheiden, wie wir den Krieg führen.« »Ich habe alles offengelegt, Informationen gegeben, mit der Zusicherung, dass die nicht verwandt werden. Die werden jetzt indirekt verwandt, das heißt, ich werde auch Strafantrag stellen gegenüber Journalisten morgen, und die Anwälte sind beauftragt.« – »Seit Monaten« wird eine »unglaubliche« Geschichte [geplant]. »Es gab immer dieses jahrelange Gerücht, Maschmeyer hätte was damit zu tun. Wir haben dargelegt, dass das alles Unsinn ist. Und jetzt werden andere Geschichten behauptet, die Unsinn sind.« [Ich möchte] »einfach, dass wir darüber sprechen, denn wenn das Kind im Brunnen liegt, ist das Ding nicht mehr hochzuholen – das ist eindeutig.« – »Wenn man nicht bis Mittwoch wartet« – »und dann sagt: ›Okay‹, wir wollen den Krieg und führen ihn. Das finde ich sehr unverantwortlich von Ihrer Mannschaft, und da muss ich den Chefredakteur schon jetzt fragen, ob er das so will, was ich mir eigentlich nicht vorstellen kann«. So »wie das gelaufen ist in den letzten Monaten, ist das inakzeptabel, und meine Frau und ich werden Mittwoch Morgen eine Pressekonferenz machen zwischen dem japanischen Ministerpräsidenten und den weiteren Terminen und werden dann entsprechend auch öffentlich werden, weil diese Methoden Ihrer Journalisten, des investigativen Journalismus, nicht mehr akzeptabel sind.« – »Der Rubikon ist für mich überschritten und für meine Frau auch.« [Ich hoffe] »dass Sie die Nachricht abhören … Und ich bitte um Vergebung, aber hier ist jetzt für mich ein Punkt erreicht, der mich« – »zu einer Einhaltung/Handlung (???) [sic!] zwingt, die ich bisher niemals in meinem Leben präsentiert habe. Die hatte ich auch nie nötig« – »Das bedeutet den endgültigen Bruch zwischen dem Bundespräsidenten und dem

›Springer‹ Verlag [, sollte] diese ›unglaubliche‹ Geschichte tatsächlich erscheinen.«

Um welche »unglaubliche« Geschichte ging es tatsächlich? Es bleibt schwer vorstellbar, dass die Wulffs sogar vor die Weltpresse zu treten gedachten, bloß weil ein Zeitungsartikel über die freundschaftliche Finanzierung ihres Klinkerbaus ins Haus stand. Zumal Wulff über die Recherchen von *Spiegel* und *Bild* zu den Umständen seines Hauskaufs bereits lange zuvor informiert war. Es war *Der Spiegel,* der bereits Ende 2010 Akteneinsicht beim Grundbuchamt Großburgwedel beantragt hatte.[248] Im Sommer 2011 setzte das Hamburger Magazin per Klage beim Bundesgerichtshof eine Akteneinsicht in den Grundbucheintrag für das Wulff'sche Haus durch. Über Monate recherchierten Journalisten unterschiedlicher Medien unter der Prämisse, dass Carsten Maschmeyer Wulff das Haus finanziert habe. Um diesen Verdacht auszuräumen, habe Wulff über seinen Sprecher Olaf Glaeseker Anfang Dezember dem *Bild*-Reporter Martin Heidemanns Einblick in die Kreditunterlagen gewährt. So berichtete es zumindest Wulffs Umfeld damals. Allerdings sei man davon ausgegangen, dass der *Bild*-Mann keinen Gebrauch von den Informationen für seine Berichterstattung machen würde.

Jedenfalls musste Christian Wulff monatelang mit Berichten über die Hausfinanzierung rechnen. Medienexperte Storz kann sich nicht vorstellen, dass ein so erfahrener Politiker »buchstäblich aus der Fassung« geriet und dermaßen unprofessionell handelte: »Deshalb gibt es ja auch Gerüchte, dass es gar nicht um den Kredit, um den Hauskauf gegangen ist, sondern um eine Geschichte, die sich um die Vergangenheit seiner Frau dreht.« Dann ergäbe für Storz zum Beispiel die Formulierung, dass für Wulff und seine Frau »der Rubikon überschritten« sei, einen Sinn.

»Wenn es etwas so Persönliches wäre, das würde für mich von außen, muss ich Ihnen ehrlich sagen, eher erklären, warum jemand so aufgebracht auf die Mailbox spricht. Und dann auch noch nicht nur bei Herrn Diekmann, sondern auch noch bei dem Vorstandsvorsitzenden.«

Für diese These spricht, dass auch Bettina Wulff in ihrem Buch von Recherchen der *Bild*-Zeitung zu ihrem Vorleben schreibt. In der Landeshauptstadt Hannover jedenfalls fällt es nicht schwer, Politiker zu finden, die sich lebhaft an die Rotlicht-Recherchen von gleich mehreren *Bild*-Reportern erinnern.

Der Präsident spricht von Fantasien

Den Eindruck, sein Wutausbruch habe etwas mit den Gerüchten über seine Frau zu tun, verstärkte bei seinem Fernsehinterview mit ARD und ZDF am 4. Januar ausgerechnet Christian Wulff selbst. Dort räumte er zwar ein, sein Verhältnis zu den Medien neu ordnen zu müssen, sagte dann aber höchst merkwürdige Sätze:

> »Die Medien haben auch ihre Verantwortung, aber die müssen sie selber unter sich ausmachen. Vielleicht muss man die Situation auch menschlich verstehen. Wenn man im Ausland ist, in vier Ländern in fünf Tagen, zehn Termine am Tag hat und erfährt, dass Dinge während dieser Zeit in Deutschland veröffentlicht werden sollen, wo man mit Unwahrheit in Verbindung, wo man also Vertrauensverlust erleidet, dann muss man sich auch vor seine Familie stellen.«[249]

Was aber, so dürfte sich der aufmerksame journalistische Beobachter gefragt haben, hatte ein fragwürdiger Immobilienkredit denn eigentlich mit der »Familie« zu tun? Zumal Wulff den Satz dann auch noch wie folgt fortsetzte: »Wenn das Innerste nach außen gekehrt wird, private Dinge, eine Familienhausfinanzierung, wenn Freunde den Kredit gegeben haben, in die Öffentlichkeit gezogen werden, dann hat man [eine] Schutzfunktion, und man fühlt sich hilflos.«

Wer sich in die Kanzlei von Wulffs Anwalt Gernot Lehr begab und dort die kärglichen Unterlagen zum Hauskauf und zur Finanzierung einsah, dem musste es angesichts der spärlichen Materiallage schwerfallen, diese drögen Papiere mit der pathetischen Formulierung vom »Innersten, das nach außen gekehrt wird«, in Einklang zu bringen.

Wulff beging in diesem Interview eine weitere Unvorsichtigkeit:

> »Wir müssen auch aufpassen, dass überhaupt noch Menschen bereit sind, sich dieser Sache – auch im Internet, wenn Sie da sehen, was da über meine Frau alles verbreitet wird an Fantasien –, dann kann ich nur sagen, da müssen wir doch auch sehen, dass die Menschen noch bereit sind, sich der Öffentlichkeit zu stellen, in die Öffentlichkeit zu gehen.«

Ohne Not weist Wulff Millionen ARD-Zuschauer auf das Internet hin, wo es vor Hinweisen auf das angebliche Vorleben von Bettina Wulff nur so wimmelt. Majid Sattar von der *Frankfurter Allgemeinen Zeitung* fragt zu Recht: »Warum hatte Wulff das Thema von sich aus angesprochen? Warum sprach er von ›Fantasien‹? Und nicht von Lügen und Unwahrheiten, Verleumdung und Rufmord? Vor 11,5 Millionen Zuschauern?«

Insider aus der Redaktion der *Bild*-Zeitung berichten, dass nach dem Anruf Wulffs auf die Mailbox des Chefredakteurs Hochstimmung geherrscht habe.[250] Dieser Anruf, so glaubt man, könne Wulff zu Fall bringen. Denn *Bild* versteht ihn als Angriff auf die Pressefreiheit. Trotzdem veröffentlicht Diekmann nichts, die Abschrift wandert in seinen Tresor. Diekmann berichtet, man habe sich in der Redaktion sehr ausführlich mit dem Text beschäftigt:[251]

»Meine Sorge war, und die Sorge wurde auch von Kollegen in der Redaktion geteilt, dass wenn wir jetzt diesen Text veröffentlichen, diesen Anruf, die Diskussion, die Debatte darüber – Bundespräsident – Verhältnis zu *Bild*? Wie geht er mit uns um und die im Raum stehenden Drohungen? – überlagern würde die Recherchen und die Debatte um den Kredit.«

Der Gedankengang spiegelt – im Negativen – die Geschäftsmäßigkeit des Umgangs der *Bild*-Zeitung mit ihrem Partner Christian Wulff wider. Es wird nicht einfach berichtet, was geschieht, sondern die Wirkung der Information wird von vornherein kühl kalkuliert. So war es bereits, als man noch befreundet war, und so war es seit dem Bruch.

Wenige Tage nach dem Mailboxanruf klingelt bei Kai Diekmann das Telefon. Der Bundespräsident entschuldigt sich. Diekmann nimmt die Entschuldigung an, wird dafür aber später in der Redaktion kritisiert: »Viele Kollegen in der Redaktion haben das seinerzeit kritisiert und gesagt, du kannst zwar als Privatmann diese Entschuldigung annehmen. Aber nicht für die Zeitung.« Die Kollegen hätten auch dafür plädiert, den Vorgang zu veröffentlichen.

Stattdessen wird der Inhalt des Wulff-Anrufs nun gezielt an andere Medien weitergegeben. Einige wichtige Zeitungen spielen mit und veröffentlichen Details. Lukas Heinser, der Betreiber des kritischen *Bildblog,* hat eine einfache Erklärung für das Verhalten von *Bild*:

»Wenn die das exklusiv haben, quasi auf dem Silbertablett geliefert von dem Bundespräsidenten, dann müssten die damit aufmachen«, sagt der junge Blogger, »und was macht *Bild*? *Bild* macht quasi das exakte Gegenteil und fängt an, das an andere Leute zu streuen und anderen Leuten quasi die Story zu überlassen. Dafür kann *Bild* aber natürlich jetzt so tun, als sei sie das seriöse Blatt, während die anderen alle mit Dreck schmeißen.«

Die Causa Wulff fällt in eine Zeit, in der Kai Diekmann versucht, seiner Zeitung einen seriöseren Anstrich zu verpassen und sie mehr in der Mitte der Gesellschaft zu platzieren. In dieser Phase wäre ein allzu offensives Vorgehen schädlich gewesen. Lieber spielen die Blattmacher über Bande. Das taten sie möglicherweise auch in der Causa Bettina Wulff, glaubt man dem unbekannten Ermittler, der behauptet, das umfassende Dossier der *Bild*-Chefredaktion übergeben zu haben. Mehrere Zeugen aus Medien und Politik, die nicht genannt werden wollen, erinnern sich an Gespräche mit *Bild,* aus denen der Eindruck entstand, dass *Bild* tatsächlich ein Dossier über das angebliche Vorleben von Bettina Wulff angelegt haben könnte.[252] Angehörige der *Bild*-Redaktion sollen diese Informationen sogar Korrespondenten angesehener Hauptstadtmedien zur Verbreitung angeboten haben – ein ähnliches Vorgehen wie bei dem Mailboxanruf. Anlässlich eines Interviews frage ich Kai Diekmann im Frühjahr 2012 persönlich, was es mit dem Dossier auf sich habe.

»Haben Sie ein Dossier über das Vorleben von Bettina Wulff in Ihrem Tresor?« Diekmann druckst ein wenig herum und meint schließlich, ich solle doch die Kollegen von der ARD fragen, ob sie im Vorleben von Bettina Wulff recherchiert hätten, die müssten da ziemlich genau Auskunft geben können. Er rutscht auf seinem Stuhl hin und her, beugt sich dann über seinen Schreibtisch und erklärt, niemand habe intensiver darüber recherchiert als das öffentlich-rechtliche Fernsehen. Wenn es irgendwo ein Dossier gebe, dann müsse man dort nachfragen, bei uns, den Öffentlich-Rechtlichen. »Also, wir haben keins«, erwidere ich. Diekmann hebt die Hände und macht deutlich: »Ich auch nicht!«

Schließlich lässt er trotzdem eine interessante Bemerkung fallen. Er sagt, der Mailboxanruf habe nichts mit den Gerüchten zu tun gehabt. Aber: »Wenn sich der Bundespräsident festgelegt hat und sagt, an den Gerüchten ist nichts dran, dann hat das eine politische Dimension.« Immerhin räumt Diekmann während des

Interviews ein, dass es außerhalb des öffentlich gewordenen Schriftwechsels von *Bild* mit dem Bundespräsidialamt persönliche Kontakte mit Wulff gegeben habe: »Das waren in der Tat vertrauliche Gespräche, und deswegen gebe ich darüber auch keine Auskunft.«

Frühstücksgespräch in Bellevue über Islam und Rotlicht

Ein gutes halbes Jahr später gibt ausgerechnet Bettina Wulff Auskunft über den Inhalt dieser »vertraulichen« Gespräche. In ihrem Buch beschreibt sie, wie sehr Kai Diekmann an ihrem Vorleben interessiert gewesen sei. Noch vor der Bundespräsidentenwahl habe er gemeinsam mit seiner Frau Katja Kessler in seine Potsdamer Villa geladen. Bettina Wulff vermutet, dass Diekmann ihrem Mann »da einfach einmal auf den Zahn fühlen« wollte.[253]

Beim Gegenbesuch im Schloss Bellevue kurz vor dem 3. Oktober 2010 sprachen die Herren, wie erwähnt, über das bevorstehende Islamstatement des Präsidenten. Die menschliche Vertrautheit zwischen den Wulffs und Kai Diekmann jedenfalls scheint so groß gewesen zu sein, dass letzterer nicht zögerte, bei diesem Frühstück mit einer sehr persönlichen Frage aufzuwarten:

»So war zum Beispiel dieses Frühstück ein nettes Beisammensein, bis zu dem Moment, als er mich ohne Vorwarnung fragte, was denn an den Gerüchten zu meiner vermeintlichen Vergangenheit im Rotlichtmilieu dran sei. Einige seiner Redakteure hätten Derartiges in einer Redaktionskonferenz erwähnt und recherchierten in diese Richtung. Ich war völlig entgeistert, mir blieb fast das Brötchen im Halse stecken. Da saßen wir beim Frühstück zusammen und dann stellt dieser Mann so eine Frage. Zwar versuchte ich noch, meine Fassungslosigkeit mit einem ironisch gemeinten

›Das ist ja interessant!‹ zu überspielen, und Kai Diekmann meinte, dass damit das Thema für ihn erledigt sei. Doch für mich war damit auch das ganze Frühstück gegessen.«[254]

Kai Diekmann widerspricht dieser Darstellung und lässt auf Anfrage im Januar 2013 über den Pressesprecher der Axel Springer AG, Tobias Fröhlich, mitteilen:

»Was das von Bettina Wulff beschriebene Gespräch anbetrifft, so kann ich Ihnen allerdings mitteilen, dass dieses so nicht stattgefunden hat. Darauf haben wir Fr. Wulff und den Verlag auch hingewiesen. Der Verlag hat uns mitgeteilt, dass er dies entsprechend berücksichtigen werde. Bitte haben Sie ansonsten Verständnis dafür, dass wir keine Auskünfte über vertrauliche Gespräche des BILD-Chefredakteurs beim Frühstück (oder anderen Mahlzeiten …) erteilen.«[255]

Der *Bild*-Chefredakteur und sein Stellvertreter haben stets zurückgewiesen, in der Causa Bettina Wulff umfangreiche Recherchen betrieben und ein Dossier erstellt zu haben. Angesichts der sonst üblichen Gepflogenheiten bei *Bild* wäre das eine der erstaunlichsten Wendungen in dieser Geschichte über Sex, Lügen und Politik. Sollte ausgerechnet *Bild* vor dieser Geschichte zurückgescheut sein, die so ungefähr alles beinhaltete, was die Blattmacher und ihre Leser schätzen?

Fest steht, dass *Bild* vor einer Berichterstattung über die Gerüchte zurückschreckte und das wohl nicht nur deshalb, weil diese Gerüchte womöglich falsch waren.

Wulff geißelt die Banken und ihre Retter

Der Fall Wulff hat eine in der deutschen Pressegeschichte beispiellose mediale Kampagne ausgelöst. Bei aller berechtigten Kritik an diesem korrumpierbaren und somit charakterlich wie politisch schwachen Präsidenten, stand diese Kampagne letztlich
kaum noch in einem angemessenen Verhältnis zu den ökonomischen Werten, um die es letztendlich ging.

Der Enthüllungsjournalist Günter Wallraff verdient selbst seit
Jahrzehnten sein Geld mit der Aufdeckung schmutziger Machenschaften zulasten der Schwächsten unserer Gesellschaft. Berühmt
wurde er, als er sich in den 1970er-Jahren verdeckt als Reporter
bei *Bild* einschlich. Er hält die Affäre Wulff trotzdem weder für
sonderlich relevant noch für eine erfolgreiche journalistische Recherche der *Bild*-Zeitung:

> »Wulff war embedded, das war ihr Mann, als er Ministerpräsident
> war und dann noch Bundespräsident wurde, dann war das eine
> Lichtgestalt. Und dann irgendwann, das würde mich interessie-
> ren, das wird historisch noch aufzuklären sein, warum dann diese
> Vernichtungsaktion?«

Der *Bild*-Kritiker sagt, dass das Blatt noch immer geschickter darin sei als andere, sich Zeitströmungen anzupassen, Stimmungen
anzuheizen, zu personalisieren und zu hysterisieren:

> »Und dann immer wieder Einzelne auch sich ins Visier nehmen,
> aufbauen oder auch waidwund schießen und dann den Meute-
> instinkt auslösen. Das ist in Deutschland hoch entwickelt. Wenn
> einige zum Abschuss freigegeben sind, dann meinen andere, jetzt
> müssen sie den Fangschuss geben. Und dann hechelt alles hinter-
> her und dann gibt es auch keine Differenzierung und keine Ge-
> genmeinung mehr.«[256]

Zu dieser von Wallraff eingeforderten Differenzierung hätte vielleicht auch eine inhaltliche Würdigung der Politik Wulffs als Bundespräsident gehört. Denn immerhin war er es, der 2010 dem lärmenden Sarrazin und seiner publizistischen und politischen Flankierung durch Springer und andere Medien, aber vor allem in Union und SPD, mutig entgegentrat mit dem Satz, dass zu Deutschland auch der Islam gehöre.

Ebenso mutig trat Wulff dem öffentlich sich breitmachenden Eindruck entgegen, die Finanzkrise sei quasi ausgestanden und trage von nun an nur noch einen einfach lokalisierbaren Namen mit noch einfacher auszumachenden Schuldigen: die von der *Bild*-Zeitung so getauften »Pleite-Griechen«.

Während die Bundesregierung und Deutsche-Bank-Chef Ackermann geräuschlos versuchten, eine für die Bankengläubiger möglichst günstige Entschuldungsvariante auszuhandeln, fuhr ihnen der Bundespräsident mehrfach öffentlich in die Parade – zuletzt bei einer Rede zur 4. Tagung der Wirtschaftsnobelpreisträger in Lindau am Bodensee am 24. August 2011. Wulff machte sich die Frustration über die Bankenrettungspolitik in der Bevölkerung zunutze – ein Frontalangriff auf die Bundesregierung und die Großbanken.

> »Und wenn die Bank eine bestimmte Größe hat, scheint es jetzt so zu sein, dass sie den Staat in der Hand hat. Und das empfinden die Menschen zu Recht als unfair – so wie es der Volksmund sagt: ›Die Kleinen fasst man, die Großen lässt man laufen.‹ Ungleichheiten sind wichtige Antriebskräfte, wenn sie nicht zu groß werden. Sie werden dann aber nicht akzeptiert, wenn Gewinne privatisiert werden, Verluste jedoch kollektiviert, sozialisiert, auf alle abgeladen werden.«[257]

Wulff wies darauf hin, dass er bereits auf dem Deutschen Bankentag Ende März 2011 den Finanzsektor gewarnt habe:

»Wir haben weder die Ursachen der Krise beseitigt, noch können wir heute sagen: Gefahr erkannt – Gefahr gebannt. Wir sehen tatsächlich weiter eine Entwicklung, die an ein Dominospiel erinnert: Erst haben Banken andere Banken gerettet, und dann haben Staaten Banken gerettet, dann rettet eine Staatengemeinschaft einzelne Staaten. Wer rettet aber am Ende die Retter? Wann werden aufgelaufene Defizite auf wen verteilt beziehungsweise von wem getragen?«

Wulff sprach in dieser Rede aus, was viele Menschen dachten und fürchteten.

Was er aber dann sagte, ging weit über die Äußerung einer privaten politischen Meinung hinaus, es war eine massive Warnung des Staatsoberhaupts an die Adresse der Regierung von Bundeskanzlerin Angela Merkel:

»Ich halte den massiven Aufkauf von Anleihen einzelner Staaten durch die Europäische Zentralbank für rechtlich bedenklich. Artikel 123 des Vertrages über die Arbeitsweise der Europäischen Union verbietet der EZB den unmittelbaren Erwerb von Schuldtiteln, um die Unabhängigkeit der Notenbank zu sichern. Dieses Verbot ergibt nur dann Sinn, wenn die Verantwortlichen es nicht durch umfangreiche Aufkäufe am Sekundärmarkt umgehen. Der indirekte Kauf von Staatsanleihen ist im Übrigen auch noch teurer als der direkte. Wieder verdienen Finanzmarktakteure Provisionen ohne jedes Risiko.«

Der Präsident und der Nord-Euro

Der Bundespräsident muss jedem Gesetz der Bundesregierung durch seine Unterschrift zur Gültigkeit verhelfen und ebenso sämtlichen Begleitgesetzen der europäischen Bankenrettungspakete. Hegt der Bundespräsident Zweifel an einem Gesetz, beginge er mit einer möglichen Zustimmung Verfassungsbruch. Vor diesem Hintergrund musste die Warnung aus Wulffs Lindauer Rede alarmierend klingen – zumindest in den Ohren der Regierung Merkel und der auf Rettung drängenden Großbanken.

War Wulff zu einer Gefahr für die bankenorientierte Rettungspolitik geworden? Der Euro-Kritiker Hans-Olaf Henkel erinnert sich an eine Episode aus dem Februar 2011. Wegen eines Forschungsauftrags seiner Frau hatte das Ehepaar Henkel für zwei Monate eine Wohnung in New York gemietet. »Plötzlich klingelte das Telefon, ein Anruf aus Berlin«, erinnert sich Henkel, »der Bundespräsident möchte mich gerne sehen.« Henkel reiste nach Berlin und war überrascht, dass er nicht, wie sonst bei solchen Gelegenheiten, in das schwarze Arbeitsgebäude gebeten wurde, sondern direkt ins Schloss Bellevue. Das Gespräch sollte um 11 Uhr beginnen, und es waren noch einige Minuten Zeit. Henkel nahm das ausliegende Gästebuch zur Hand. Für neun Uhr war dort Hans-Werner Sinn eingetragen – ebenfalls ein Kritiker der bisherigen Euro-Rettungspolitik. Henkel betrat anschließend ein kleines Büro, in dem eine Referentin für Wirtschaft im Bundespräsidialamt, ein Vertreter der Bundesbank und der Bundespräsident bereits saßen. Gut einteinhalb Stunden diskutierte die Runde über Henkels Idee, einen »Nord-Euro« einzuführen, sprich: die Euro-Zone nach dem Stand der Verschuldung in Nord und Süd aufzuteilen.

Für Henkel war diese Einladung überraschend gekommen, wurde er doch während dieser Monate von der Politik und den meisten Medien eher ignoriert, gemieden oder belächelt.

Am Ende sagte Wulff: »Ja, Sie wissen ja, dafür bin ich nicht, aber es ist wirklich interessant, weil alles das, was Sie mir jetzt gerade erzählt haben, habe ich gerade gehört, aber ich sage Ihnen nicht, von wem.« Henkel erwiderte: »Herr Bundespräsident, ich weiß, von wem. Wissen Sie, Sie haben da ein Gästebuch.« Henkel wunderte sich noch, dass Sinn, der stets »Diagnose und Prognose geteilt hatte«, sich nun auch zum weiteren Vorgehen geäußert haben sollte.

Schon als Henkel Wulffs Rede am Bodensee verfolgte, hatte er es kaum glauben können. Es bringt ihn noch heute aus der Fassung:

»Was der Mann gesagt hat, das kann man gar nicht überdramatisieren. Sie müssen sich das mal vorstellen. Frau Merkel hatte das erste Griechenland-Rettungspaket schon verabschiedet. Jetzt geht's aber weiter. Jetzt kauft die EZB wieder gegen ihre Satzung auf dem Sekundärmarkt die Papiere von Griechenland und Portugal auf, das ist ein dramatischer Verstoß gegen die Gesetzeslage. Das habe ich auch dem Bundespräsidenten genau so erklärt. Aber der hat seine eigenen Berater, der braucht keinen Henkel dazu.«

Viel wichtiger sei die politische Implikation:

»Hier ist der Hüter der deutschen Verfassung, der Bundespräsident, und sagt, das, was die EZB tut, ist ungesetzlich. Das ist ein solcher Hammer, wenn ein Bundespräsident das sagt, dann muss die Bundesregierung darauf reagieren. Diese Rede hätte dazu führen müssen, dass die Bundesregierung was tun muss. Sie muss die EZB verklagen oder muss ihren Vertreter zurückziehen, irgendwas muss geschehen, aber es geschieht nichts.«

Einem Informanten zufolge gab es wenige Wochen nach Wulffs Rede am Bodensee, also im Spätsommer 2011, ein Treffen zwischen Angela Merkel und Friede Springer. Die Verlegerwitwe soll in dem Gespräch klargemacht haben, dass ihr ungeheuerliche Dinge zu Ohren gekommen seien, die es für ihre Begriffe unmöglich machten, Christian Wulff weiter im Amt zu belassen. Das Wissen um diese »Schmuddelgeschichte« plage ihr Gewissen, so gibt der Informant die Worte Springers wieder. Das sei sie dem »Erbe« ihres verstorbenen Mannes Axel Caesar Springer schuldig, soll sie hinzugefügt haben. Sie soll der Bundeskanzlerin gegenüber angedeutet haben, dass es ihr unmöglich sei, diese Geschichte auf Dauer nicht zu drucken. Anders ausgedrückt: Frau Merkel solle gefälligst handeln. Das Bundeskanzleramt ist weder bereit, diese Darstellung zu bestätigen, noch sie zu dementieren. Über das Bundespresse- und Informationsamt teilt es hierzu im November 2012 mit: »Zu persönlichen Gesprächen der Bundeskanzlerin geben wir grundsätzlich keine Auskunft, weder ob sie stattfinden noch welchen Inhalt sie ggf. haben.«[258] Der Pressesprecher der Axel Springer AG antwortet auf eine entsprechende Anfrage:

> »Ebenso wenig nehmen wir Stellung zu Treffen und Unterhaltungen, an denen Friede Springer angeblich beteiligt war. Diese hätten auf die Berichterstattung in unseren Objekten ohnehin keinen Einfluss, da bei Axel Springer das Chefredakteursprinzip gilt: Chefredakteure sind für ihre Titel publizistisch allein verantwortlich, weder Frau Springer noch die Vorstände mischen sich dabei ein. Vor diesem Hintergrund können Sie sich selbst ein Bild über den Wahrheitsgehalt des Gerüchts machen, dem Sie nachgehen. Die Bemerkung zum Erbe Axel Springers ist allerdings an Absurdität kaum zu überbieten.«[259]

Zwei Merkel-Vertraute werden Wulff zur Seite gestellt

Wochen nach Beginn der Kreditaffäre musste auch Angela Merkel reagieren. Mehrfach ließ sie erklären, »volles Vertrauen« in den Bundespräsidenten zu haben. Gleichzeitig wurde veranlasst, dass einer der engsten Vertrauten der Kanzlerin, der parlamentarische Geschäftsführer der CDU/CSU-Bundestagsfraktion, Peter Altmaier, Wulff zur Seite stehen sollte.

Dieser Vorgang wirft Fragen auf: Zwar war Altmaier als Volljurist sicherlich der geeignete Mann, um bei der Verteidigung des Staatsoberhaupts behilflich zu sein. Trotzdem dürfte es ein seltener Vorgang sein, dass eine Regierungschefin oder ein Regierungschef dafür sorgt, dass dem ersten Mann im Staat ein parlamentarischer Geschäftsführer an die Seite gestellt wird. Verfassungsrechtlich war es allemal fragwürdig. Das Bundespresseamt teilt hierzu mit, das Engagement Altmaiers wie später auch Peter Hintzes an der Seite Wulffs gehe nicht auf eine Initiative der Bundeskanzlerin zurück.[260] In Interviews versuchte Altmaier jedenfalls, Wulff zu verteidigen und somit den Eindruck zu erwecken, als stehe die Bundeskanzlerin voll hinter dem Präsidenten. Altmaier gehört zu den Pionieren unter den Bundespolitikern im Umgang mit sozialen Netzwerken im Internet. Bekannt und beliebt sind seine Einträge im Kurznachrichtendienst Twitter. Dort verfolgen fast 27 000 »Follower« seine Nachrichten, Bemerkungen und Verweise.[261] Manchmal twittert der heutige Bundesumweltminister auch noch tief in der Nacht.

Am 11. Januar 2012 schrieb der damalige Fraktionsgeschäftsführer: »Ich mach mich jetzt vom Acker. Wünsche mir, dass Christian seine Anwälte an die Leine legt und die Fragen/Antworten ins Netz stellt.« Altmaiers Tweets werden von vielen in der Partei aufmerksam verfolgt. In diesem Fall wurde angenommen, dass er im Auftrag Merkels Christian Wulff beistand. Sein Eintrag wurde als indirekte Meinungsäußerung Angela Merkels und somit als harsche Kritik an Christian Wulff wahrgenommen.

Gleich am folgenden Tag wagten zwei Bundestagsabgeordnete, den Rücktritt Wulffs zu fordern, und der Alterspräsident des Deutschen Bundestages, Heinz Riesenhuber von der CDU, ermahnte Wulff, endlich alles auf den Tisch zu legen.[262] Angela Merkel antwortete auf die Aktion mit einem internen Machtwort, flankiert von der öffentlichen Klarstellung durch Volker Kauder, dass die CDU weiterhin zu Wulff stehe.[263]

Altmaier gab sich öffentlich zerknirscht, twitterte aber wenig später wieder des Nachts. Dieses Mal nur den Namen »Jens Spahn«. Hinter diesem Namen verbirgt sich der Gesundheitspolitiker in der CDU-Fraktion. Durch den Tweet von Altmaier wurden Tausende auf die Facebook-Seite von Spahn aufmerksam, auf der sie schließlich brisante Sätze fanden: »Ich weiß langsam nicht mehr, was mich mehr nervt. Das Dauertrommelfeuer einer teilweise bigotten Medienszene oder das Unvermögen des Präsidenten, scheinbar einfache Fragen – ohne das was offenbleibt – zu beantworten.«

Welt Online kommentierte den Vorgang mit einer interessanten Fragestellung: »Wollte Altmaier mit seinem Tweet also darauf hinweisen, dass es einen weiteren Bundestagsabgeordneten gibt, der das Unvermögen des Präsidenten, Fragen zu beantworten, beklagt? Wollte er die Debatte noch einmal aufmachen?« Die Kanzlerin wurde nach dem Bericht am selben Abend noch bester Laune bei einem Empfang beobachtet.

Altmaier bestritt natürlich, dass es sich bei seiner erneuten Twitter-Attacke um eine gezielte Intrige gehandelt habe. Der Merkel-Vertraute lieferte eine andere Begründung: Er habe in der Suchmaske von Google nach dem Wulff-kritischen Artikel gesucht und deshalb »Jens Spahn« eingegeben. Dabei habe er übersehen, dass er sich auf Twitter befand, und so, ganz zufällig, den Namen Jens Spahn an Tausende seiner Anhänger versandt. Das nächtliche »Versehen« des Merkel-Vertrauten sorgte jedenfalls – rein zufällig – für die ersten Rücktrittsforderungen an Wulff aus der Union.

Nach Altmaiers angeblichem »Verzwitschern« trat ein weiterer enger Vertrauter Angela Merkels an die Seite Christian Wulffs: Peter Hintze, parlamentarischer Staatssekretär im Bundeswirtschaftsministerium. Hintze, der während seines Theologiestudiums über das Thema Machiavelli und die Macht gearbeitet hat, gilt als loyaler, aber nicht immer geschickter und erfolgreicher Parteiarbeiter der CDU. Als CDU-Generalsekretär zu Kohl-Zeiten hatte er die berühmt-berüchtigte »Rote-Socken-Kampagne« gegen die PDS zu verantworten, schon damals knüpfte er enge Beziehungen zu Angela Merkel. Nun sollte er, so der öffentliche Eindruck, die Verteidigung Wulffs gegenüber Medien und Politik organisieren – gemeinsam mit Wulff selbst und neben dessen Anwalt Gernot Lehr. Der *stern* nannte Hintze »Wulffs letzten Verteidiger« und in der Überschrift gar »Merkels Messdiener«[264]. Aus diesen Formulierungen scheint zugleich das Problem dieser Konstellation auf: Mit Peter Hintze stand Wulff ein in juristischer Hinsicht völlig unbedarfter »Berater« zur Seite. Aber warum? Die *Frankfurter Allgemeine Zeitung* sprach von Hintze als »Schnittstelle zwischen Kanzleramt und Schloss Bellevue«[265]. Eben diese Konstellation war problematisch: Aus welchen Gründen ließ die Regierungschefin zu, dass dem Staatsoberhaupt Personen ihres Vertrauens an die Seite gestellt wurden, die nicht einmal mit der notwendigen Kompetenz ausgestattet zu sein schienen? Wollte die Kanzlerin vor allem Herrin des Verfahrens bleiben? Wollte sie stets informiert sein, wenn es Neuigkeiten im Fall Wulff gab? Auch auf diese Fragen antwortet das Bundespresseamt nur in dürren Worten: »Über einen solchen Austausch liegen uns keine Kenntnisse vor.«[266] Das Bundespräsidialamt antwortet, es lägen keinerlei Erkenntnisse über Beratertätigkeiten von Altmaier und Hintze vor: »Ob und ggf. in welcher Form die Herren direkten Kontakt zum Bundespräsidenten auf privater Ebene hatten, kann vom Bundespräsidialamt nicht beurteilt werden.«[267] Dass die intensiven Beratungen Wulffs mit den Merkel-Vertrauten als Privatvergnügen betrachtet werden, ist allerdings eine Neuigkeit.

Merkels Vertrauensmann löst Wulff-Ermittlungen aus

Vier Wochen nach den ersten Enthüllungen über den Hauskredit sowie die Reisen mit reichen Freunden lief bereits manche Wette unter den Journalisten der Hauptstadt, ob Christian Wulff überhaupt je zu Fall käme. Denn keine Staatsanwaltschaft hatte die Vorwürfe bislang zum Anlass genommen, die Immunität des Staatsoberhauptes aufheben zu lassen und zu ermitteln.

Das änderte sich erst mit jenem Sonntagabend des 12. Februar 2012, als Angela Merkels Vertrauter Peter Hintze persönlich vor einem Millionenpublikum in der Talkshow von Günther Jauch saß.[268] Das Gespräch drehte sich um die Bürgschaft, die der Filmproduzent Groenewold in Niedersachsen beantragt hatte. Hintze wartete nun mit einer brisanten Information auf:

> »Wer macht die Bürgschaftszusagen? Die macht der Wirtschaftsminister des Landes Niedersachsen. Diese Bürgschaftszusage ist der Staatskanzlei in Hannover gemeldet worden. Auf der Akte findet sich der Vermerk von Herrn Wulff, dass er mit dem (Groenewold) befreundet ist und sich deswegen in der Sache für befangen hält und um besonders gründliche Prüfung bittet.«[269]

Hintzes Aussage, die sich auf den ersten Blick als Verteidigung Wulffs verstehen ließ, bewirkte allerdings das Gegenteil, denn selbst der ermittelnden Staatsanwaltschaft in Hannover war ein solcher Vermerk bislang unbekannt gewesen. Erst Hintzes Worte lieferten ihr den Beweis, auf den gestützt sie einen Antrag auf Aufhebung von Wulffs Immunität stellen konnte. Den Antrag reichte die Staatsanwaltschaft exakt fünf Tage nach Hintzes Auftritt ein, woraufhin Christian Wulff sofort seinen Rücktritt erklärte. Die *Frankfurter Allgemeine Zeitung* berichtete: »Die Lawine, die Christian Wulff begrub, wurde in einer Talkshow losgetreten. Dort erwähnte Peter Hintze ein Dokument, das die Staatsanwälte interessierte.« *Bild.de* drückte es am gleichen Tag noch deutlicher aus: »Staatssekretär Hintze löste Ermittlungslawine gegen Wulff aus.«[270]

Es ist schon mehr als verwunderlich, dass ein Staatssekretär aus dem Bundeswirtschaftsministerium sich dermaßen unkundig in der Sache äußert. Denn tatsächlich ist seit 2002 die Staatskanzlei in Niedersachsen für die Filmförderung zuständig und nicht – wie von Hintze in der Talkshow behauptet – das Wirtschaftsministerium. Das hätte einem Mann, der sich doch hoffentlich vor jeder öffentlichen Äußerung zur Sache tagelang mit Wulff und dessen Anwalt eingearbeitet hatte, eigentlich sehr klar sein müssen.

Der Vermerk, von dem Hintze sprach, prangte auf einem Sachstandsbericht der Staatskanzlei aus dem Jahr 2009. Die zuständigen Beamten machten in dem Bericht klar, für wie wenig effizient sie die Abgabe von Bürgschaften zur Filmförderung hielten. Sie listeten auf, dass bislang erst fünf Unternehmen in den Genuss der Förderung gekommen seien. Von den insgesamt 25 Millionen Euro an Bürgschaftszusagen, waren vier Millionen an Groenewolds Firma Get Lost Films GmbH gegangen, die 2007 in Waterfall Productions umbenannt worden war. Die Beamten bezogen sich auf einen Prüfbericht von PricewaterhouseCoopers, wonach Risiko und Ertrag der Filmförderung für das Land Niedersachsen in keinem angemessenen Verhältnis stünden. Aus dem Papier ging hervor, dass zum Beispiel Groenewolds Unternehmen keinen einzigen Film produziert hatte.

Und auf diesem Papier, das die Geschäftsinteressen seines Unternehmerfreundes und Gönners Groenewold direkt berührte, vermerkte Wulff nun mit grüner Tinte: »Bei allen Aktivitäten im Zusammenhang mit D. Groenewold bitte äußerste Zurückhaltung, um jeden Anschein von Nähe zu vermeiden. Hier müsste, wenn überhaupt, genau hingeschaut werden.«[271] Es ist der Satz, den Peter Hintze in der Talkshow erwähnte. Was Hintze nicht erwähnte, war der zweite Teil des Vermerks, den die Staatsanwälte aber nun nach seiner Einlassung gewiss auch lesen würden. Wulffs Beamte hatten seinerzeit nämlich empfohlen, keine Bürgschaften für die Filmförderung mehr zu gewähren, woraufhin Wulff in seinem Vermerk ergänzte, das sei »überzogen« und »fundamental«. Die Folgerung der *Frankfurter Allgemeinen Zeitung:* »Wulff erklärte sich somit keineswegs für befangen und drang auf Vorsicht. Er versuchte vielmehr, den Widerstand seiner vorsichtigen Mitarbeiter aufzuweichen.«

Ist es vorstellbar, dass ein amtierender Staatssekretär im Bundeswirtschaftsministerium, der sich zudem tagelang mit den

Wulff-Akten vertraut gemacht haben dürfte, um eine robuste Verteidigungslinie aufzubauen, plötzlich bei solch einfachen Sachverhalten danebengriff und die Staatsanwaltschaft sozusagen aus Versehen auf den »tödlichen Vermerk« aufmerksam machte? Ist es wirklich denkbar, dass der Merkel-Vertraute Peter Hintze nicht erkannte, welche Sprengkraft der Wulff'sche Vermerk barg? Hatte der Nichtjurist das brisante Papier vor seinem Auftritt nicht noch einmal mit dem Kanzleramt rückgekoppelt? Es ist kaum vorstellbar, dass die ansonsten für ihre Akribie bekannte Angela Merkel, sich in so einer wichtigen Frage nicht informieren ließ. Glaubt man der Antwort des Kanzleramtes, ließ sie womöglich den Dingen einfach ihren Lauf. Peter Hintze hätte dann nur vollstreckt (entweder absichtlich oder tolpatschig), was Friede Springer Angela Merkel angeblich nahelegte: Christian Wulff aus dem Amt zu entfernen. Christian Wulffs Anwalt Gernot Lehr antwortet auf Fragen nach der Rolle von Hintze und Altmaier nur sehr allgemein: »Die in Ihren Fragen unterstellten Sachverhalte sind teilweise unzutreffend. Im Übrigen obliegt es Ihrer Entscheidung, ob Sie diese Fragen an diejenigen Personen richten, die sie – möglicherweise – beantworten können.«[272] Weder Hintze noch Altmaier waren aber zu einer Auskunft bereit.

Die ungeschriebene Geschichte der Bettina Wulff

Christian Wulff gehört zu jenen politischen Führungsfiguren, denen es gelingt, ihr Image herbeizureden. Zuweilen kokettierte er sogar damit: »Vielleicht sollte man mir mal eine Frauengeschichte anhängen.« Den Satz soll Christian Wulff laut *Bild*-Zeitung im Jahr 2003 gesagt haben. Er soll ihn als scherzhafte Bemerkung, bezogen auf sein »Schwiegersohn-Image«, gemeint haben, schrieb *Bild* im Juni 2006, um anzufügen: »Jetzt, drei Jahre später, hat den niedersächsischen Ministerpräsidenten die Wirklichkeit eingeholt.«[273] Aber hatte Wulff neben den vielen anderen Verstrickungen, in die er sich begab, tatsächlich eine »Frauengeschichte« eingeholt?

Das Schreiben zwischen den Zeilen gehört für Journalisten und Autoren in diktatorisch regierten Staaten zum Handwerkszeug. Gedanken und Behauptungen, die unverblümt niemals durch die Zensur gingen, erreichen so dennoch das verstehende Publikum und entfalten ihre Wirkung. Ähnlich gingen einige seriöse Hauptstadtkorrespondenten mit der monatelang köchelnden Gerüchteküche über das angebliche Vorleben Bettina Wulffs um, allerdings nicht aus Angst vor Zensur, sondern entweder weil man die Geschichte für schlicht falsch hielt oder weil man sie nicht publizieren würde, selbst wenn sie sich jemals als richtig herausstellen sollte. Trotzdem ist es unter den Hauptstadtjournalisten ein offenes Geheimnis, dass viele der großen Medien Rechercheteams auf den Fall Bettina Wulff angesetzt hatten.

Zunächst waren es vor allem konservative Medien, welche die neue Frau an Wulffs Seite näher unter die Lupe nahmen. Im Mai 2011 porträtierte die katholische *Rheinische Post* die neue First Lady:

»Für den braven, stets etwas bieder wirkenden CDU-Regierungschef, katholisch, war die Trennung eine heikle Angelegenheit. Es wurde gemunkelt, gelästert. Körner war als ausgehfreudige Frau in Hannover bekannt, in Diskotheken gerne und oft gesehen. Ihre Tätowierungen (sie hat sogar zwei) waren Thema an den Stamm- und Frühstückstischen der Landeshauptstadt. Die unkonventionelle ›Betty‹ war in aller Munde.«[274]

Kurz vor der Bundespräsidentenwahl schrieb Richard Wagner in der *Frankfurter Allgemeinen Zeitung* über das Tattoo – nach eigenen Angaben hat sie tatsächlich nur eines – von Bettina Wulff: »Nun zieht also erstmals ein Tattoo in das Schloss Bellevue ein und gehört damit zum informellen Repräsentationsinstrumentarium des höchsten Staatsamtes. Selbst wenn der Bundespräsident es ›cool‹ findet, es bleibt ein Import aus der Unterwelt.«[275]

Nach Beginn der Kreditaffäre wollten auch Berliner Korrespondenten der seriösen Medien keinen Bogen mehr um die seit Jahren bekannten Gerüchte machen. Sie berichteten über Bettina Wulff und vergaßen dabei nicht, die Gerüchte zu erwähnen. So schrieb *Die Welt* am 18. Dezember 2011 über Bettina Wulff:

> »War sie es nicht, die sogar Olaf Glaeseker, den gewieften Sprecher des Ministerpräsidenten, gelegentlich darüber klagen ließ, dass er manchmal nicht mehr durchdringe bei Wulff? Und dazu diese Gerüchte und Geschichten über das wilde Vorleben der neuen Ministerpräsidenten-Gattin. Die schon als Schülerin zu Partys nach Sylt gefahren sein soll. Und weißte nicht und haste nicht gehört. Tsstssstsss. Gerede, Gerede, Gerede. Das fanden nur wenige gut in der ja noch immer ziemlich strukturkonservativen niedersächsischen CDU.«[276]

Am 19. Dezember 2011 machte sich der politische Korrespondent der *Süddeutschen Zeitung* in einem Artikel unter der Überschrift »Gefährlicher Glamour« Gedanken über die Frage, ob nicht in Wahrheit Bettina Wulff ihren Ehemann auf Abwege gebracht haben könnte:

> »Es ist in der Unionsführung nämlich kaum einem verborgen geblieben, dass Wulffs Ausrutscher, also die Urlaube in den Domizilen betuchter Freunde oder das Upgrading in die Business-Class eines Flugs nach Florida, zu einem erheblichen Teil von Wulffs Frau Bettina ausgingen.«[277]

Im *stern* zeichnete Ulrike Posche nach Wulffs Rücktritt das Porträt einer sympathischen Frau, die das Land elegant vertreten habe. Allerdings erwähnte sie auch die Geschichte der üblen Gerüchte, die bereits im Juni 2006 ihren Anfang genommen habe:

»Ungeniert tauschen Journalisten jetzt in Hörnähe, aber hinter ihrem Rücken Details aus dem angeblichen Vorleben der jungen Landesmutter aus. Obwohl Bettina Wulff nichts von einer Femme fatale an sich hat, wollen viele glauben, dass die Geschichte zwischen ihm und ihr eine Art ›Pretty Woman‹-Begegnung war.«[278]

Nach dem Mailboxanruf mutmaßte sogar der Chefredakteur des ARD-Hauptstadtstudios in Berlin, Rainald Becker, in der 15-Uhr-»Tagesschau«, dass dieser Anruf von Wulff weniger mit einem drohenden Bericht über die Kreditaffäre zu erklären sei als mit einem Bericht über eine »mögliche Vergangenheit« Bettina Wulffs.[279] Diese Deutung Beckers beruht auf denselben Informationen, die auch den erfahrenen Chefkorrespondenten der DuMont-Gruppe Holger Schmale bewogen, in der *Berliner Zeitung* von einer drohenden Geschichte der *Bild*-Zeitung über das Vorleben Bettina Wulffs zu schreiben. Und Günther Jauch war es dann, der wenig später diesen Bericht aufgriff und den stellvertretenden *Bild*-Chefredakteur dazu befragte.

Nur zur Erinnerung: Bettina Wulff ging unter den klassischen Medien gegen drei Publikationen vor: die Artikel der *Berliner Zeitung*, den Artikel von Ulrike Posche im *stern* und eine Frage von Günther Jauch, die sich auf den Artikel in der *Berliner Zeitung* bezog. Die Weiterverbreitung dieses Gerüchts verletze die Persönlichkeitsrechte von Frau Wulff, argumentierte ihr Anwalt.

Hieraus ergeben sich gleich zwei brisante Fragen: Warum erwirkte Wulffs Anwalt Unterlassungserklärungen ausgerechnet gegen drei Medien, die mit keiner Silbe die Richtigkeit des Rotlicht-Gerüchts unterstellt hatten? Und warum erfolgten diese werbewirksamen Unterlassungen kurz vor einer Buchveröffentlichung, die vor allem einen Effekt hatte: eben jene Rotlicht-Gerüchte überhaupt erst einem Massenpublikum zu unterbreiten?

Leider wissen wir nicht genau, wie Christian Wulff zu all diesen Aktivitäten seiner N-Gattin stand. Es wäre interessant zu erfahren, was ein ehemaliger Ministerpräsident und ehemaliger Bun-

despräsident über Fragen politischer Erpressbarkeit denkt. Die
Bild-Zeitungs-Gruppe jedenfalls scheint das Thema nicht aus
den Augen zu verlieren. Das Portal *Bild.de* wärmte am 4. September
2012 in einem Videoausschnitt nochmals Wulffs Aussage im
ARD-ZDF-Interview auf, in der er die Zuschauer auf die »Fantasien«
über seine Frau im Internet aufmerksam gemacht hatte.

Streuten CDU-Widersacher das Gerücht?

In Hannover kursierten unterdessen im Herbst 2012 neue Theorien
zum Ursprung und zur Verbreitung der Gerüchte. Dafür
sorgte einerseits Bettina Wulff selbst mit ihrem Buch. Andererseits
wartete *Der Spiegel* gleich zweimal mit Artikeln auf, die auf
den internen Vernehmungsprotokollen Christian Wulffs durch
die Staatsanwaltschaft Hannover beruhten.[280] *Der Spiegel* zitierte
Christian Wulff mit den Worten – allerdings unvollständig und
daher zulasten des Expräsidenten –, er habe keine Kenntnis von
Urlauben seines damaligen Sprechers Olaf Glaeseker bei dem
Eventmanager Manfred Schmidt gehabt.

Abgesehen von der extremen Verkürzung von Wulffs Aussage,
darf man mit Fug und Recht fragen, wie *Der Spiegel* an Aussagen
aus staatsanwaltschaftlichen Vernehmungen kommen konnte.
Denn bereits am 24. Juni 2012 hatte das Blatt berichtet, dass
Christian Wulff, der als Bundespräsident im Jahr 2011 den Leo-Baeck-Preis
der Jüdischen Gemeinde im Wert von 10 000 Euro
erhalten hatte, das Preisgeld nicht wie üblich gespendet, sondern
auf sein Privatkonto überwiesen habe. Erst sieben Monate später,
nach einer Anfrage der Staatsanwaltschaft, habe er die Spende
nachgeholt.[281]

An dieser Geschichte ist, abgesehen von ihrem etwas krämerhaften
Inhalt, vor allem ihr Zustandekommen interessant. Denn
außer der Staatsanwaltschaft und den polizeilichen Ermittlern
wusste niemand von der peinlichen Preisepisode. Es ist allerdings

angesichts des hohen politischen Drucks kaum anzunehmen, dass Beamte der Ermittlungsbehörden solche brisanten Unterlagen zulasten Wulffs an die Presse lancierten.

In Verdacht geriet schnell der Wulff-Gegenspieler und damals amtierende niedersächsische Justizminister Bernd Busemann, zumal dessen Sprecher anfänglich behauptete, das Ministerium habe nie über Vernehmungsprotokolle Wulffs verfügt. Zwei Tage später korrigierte das Ministerium diese Aussage. Genau zwei Personen hätten die Ergebnisse als Verschlusssache in einem Umschlag erhalten: der Abteilungsleiter Strafrecht, Hubert Böning, und Justizminister Busemann persönlich.[282] Die SPD im Landtag stellte dazu der CDU-Landesregierung zwei brisante Fragen:[283]

> »1. Sind Mitglieder der Landesregierung über die Ermittlungsfortschritte der Staatsanwaltschaft Hannover in den o. g. Ermittlungsverfahren in den vergangenen Monaten auf dem Laufenden gehalten worden?
> 2. Wenn ja, um welche Mitglieder der Landesregierung handelt es sich?«

Die Regierung versuchte in ihrer Antwort zunächst klarzumachen, dass es sich hier um die Suche nach der Nadel im berühmten Heuhaufen handele:

> »Aufseiten der Ermittlungsbehörden haben Mitarbeiter der Staatsanwaltschaft zwangsläufig Akteninhalte zur Kenntnis zu nehmen. Dies gilt namentlich für die mit dem Verfahren unmittelbar befassten Staatsanwältinnen und Staatsanwälte, Pressesprecherinnen und Pressesprecher, Rechtspflegerinnen und Rechtspfleger, Mitarbeiterinnen und Mitarbeiter der Geschäftsstelle, Kanzleikräfte und Systemadministratoren. Ein vergleichbarer Personenkreis des Landeskriminalamtes hat ebenfalls Zugriff auf die Akteninhalte.«

Auch der Justizminister habe Zugang zu Teilen dieser Akten. Auffällig und ungewöhnlich ist ein Satz der Landesregierung, der möglichen Ermittlungsergebnissen bereits vorgreift: »Die Ermittlung eines Beschuldigten dürfte sich daher jedenfalls schwierig gestalten.«

Gezeichnet ist die Antwort vom zuständigen Justizminister Bernd Busemann. Der CDU-Politiker aus dem Emsland gilt als eines der Kraftzentren in der niedersächsischen Union und als Wulff-Widersacher. Er war im Kabinett des Ministerpräsidenten Wulff zunächst Kultusminister und ist seit 2008 Justizminister. In Landtagskreisen geht die Theorie um, Busemann habe sich durch den Ressortwechsel von Wulff zurückgesetzt gefühlt. Allerdings erscheint dies wenig überzeugend, gilt doch das Justizressort als durchaus einflussreiches Ministerium. Justizminister Busemann sagt dazu, er habe auf die öffentlichen Vorwürfe bereits im August 2012 reagiert:

»Ich habe sofort nach den Vorwürfen angewiesen, dass ich nur noch zu Landtagssitzungen allgemein über den Stand des Verfahrens informiert werde und keine heiße Ware mehr auf den Tisch bekomme, sodass ich nicht mehr in Verdacht geraten kann, den Informanten zu spielen.«[284]

Busemann sagt, er habe einen Ruf zu verlieren und schotte sich daher nun ab. Sein Kalkül scheint aufgegangen zu sein, denn seither sind zweimal Originalakten aus den Ermittlungen an die Öffentlichkeit gelangt, die zuvor wohl gar nicht in Busemanns Ministerium aufgelaufen waren. Im Dezember 2012 zitierten Medien, laut Busemann, überdies aus einer Aussage des ehemaligen Wulff-Sprechers Olaf Glaeseker, bevor diese überhaupt im Briefkasten und in den Akten der Staatsanwaltschaft gelandet war. Da fast sämtliche Akten, die an die Öffentlichkeit gelangten, vor allem Christian Wulff belasten, spricht vieles dafür, dass ein anderer Verfahrensbeteiligter die Auszüge aus den Ermittlungsakten den Medien zuspielte.

Aber vor allem hinsichtlich der Rotlicht-Gerüchte um Bettina Wulff drängt sich die Frage auf: Könnten solche politischen Geplänkel zwischen innerparteilichen Konkurrenten erklären, dass in Hannover seit 2006 systematisch an vielen Stellen der Gesellschaft das Gerücht über Wulffs neue Lebenspartnerin kursierte, allein um Wulff selbst zu schaden?

Anfang September 2012 wartete der Enthüllungsjournalist Hans Leyendecker von der *Süddeutschen Zeitung* gemeinsam mit dem Korrespondenten Ralf Wiegand mit einem umfangreichen Artikel über die »Geschichte einer Verleumdung« auf – pünktlich zum Erscheinen von Bettina Wulffs Buch. Wiegand und Leyendecker rekapitulierten darin die Entstehungsgeschichte des Gerüchts und kamen zu einem erstaunlichen Ergebnis:

> »Der Nährboden für die Verleumdung ist im Reich der niedersächsischen CDU zu suchen. Ehemalige Mitglieder des Kabinetts Wulf, solche, die vielleicht selbst gerne seine Nachfolge angetreten hätten als Ministerpräsident, und solche, die unter seiner Regentschaft ihren Einfluss verloren hatten, stichelten gegen Bettina Wulff.«[285]

Die Autoren zitierten konkrete Verleumdungssituationen: »Ein Justitiar der ARD wurde bei einem Empfang in Berlin von einem Gegner Wulffs aus den Reihen der CDU auf die Internetberichte aufmerksam gemacht. Da sei was dran.« Von diesen Informationen abgesehen, enthielt der Artikel jedoch keinerlei Namen der Verleumder. Die »Geschichte einer Verleumdung« verblieb ähnlich im Diffusen wie das Gerücht selbst.

In der *Stuttgarter Zeitung* konterten CDU-Politiker aus Niedersachsen, ebenfalls anonym:

> »›Das klingt wie eine Dolchstoßlegende‹, kommentierte am Sonntag ein hochrangiges CDU-Mitglied: ›Am Ende wären nicht Wulffs Fehler Schuld an seinem Sturz gewesen, sondern übelwol-

lende frühere Mitstreiter, die ihm und seiner Familie angeblich
sowieso nur schaden wollten.‹«[286]

Der Autor des Artikels, Klaus Wallbaum, schrieb weiter, Mitarbeiter aus dem Umfeld Wulffs erinnerten sich, dass das Gerücht
bereits 2006 kursierte. Der Artikel zitiert einen ehemaligen Mitarbeiter mit einer Aussage, die eher gegen die These von einer
reinen Internetgeschichte spricht:

> »Erst kamen die Hinweise von Journalisten, dann von Verbands-
> vertretern und Politikern. Viele Medien schickten Recherche-
> teams auf den Weg – ohne Ergebnis. Dann verschwand das
> Gerücht, tauchte aber rund um die Kandidatur zum Bundespräsi-
> denten wieder auf – und wurde dann heftiger.«

Der Justizminister erinnert sich an Rotlicht-Gerüchte

Justizminister Bernd Busemann kommentiert auf meine Anfrage
hin sehr detailliert die These von einer CDU-eigenen Schmutz-
kampagne: »Die These – insbesondere der *Süddeutschen Zeitung*,
CDU-Politiker hätten wegen Unzufriedenheit mit den Kabinetts-
umbildungen 2008 bzw. 2010 schon 2006 Gerüchte erfunden und
in Umlauf gebracht, scheitern schon an der Datenlage.«[287] Busemann erinnert sich gut, dass die Gerüchte bereits 2006 in ganz
Hannover im Umlauf waren, und zwar ab dem Tag, an dem Ministerpräsident Wulff seine neue Verbindung mit Bettina Körner
bekannt gegeben habe:

> »Die Gerüchte, die Sie offenbar meinen, waren seit Bekanntgabe
> der Verbindung Wulff/Körner in Hannover (Mitte 2006) und dar-
> über hinaus in Umlauf. Ich selbst bin im Verlauf des Jahres 2006
> von Oppositionspolitikern darauf aufmerksam gemacht worden.

Vermutlich haben auch viele Mitarbeiter des MK [Kultusministerium, d. Verf.] oder MJ [Justizministerium, d. Verf.] in Hannover auf privatem Wege davon erfahren.«

Die Aussage des Justizministers findet man in Hannover von vielen bestätigt. Von einem reinen Internetgerücht kann also nicht die Rede sein, zumal im Internet davon erst Jahre später die Rede war. Busemann räumt zwar ein kompliziertes Verhältnis mit Wulff ein, weist aber darauf hin, dass Mitte 2006 alle im Kabinett gehofft hätten, »dass unser Ministerpräsident seine private Veränderung angesichts der bevorstehenden Wahl Anfang 2008 – vor allem medial – gut überstehen« würde.

VW-Übernahme und ein Ministerpräsident unter Druck

Aber wer hätte überhaupt ein Interesse an dem Vorgehen gegen Christian Wulff haben können? Waren es christliche Fundamentalisten, waren es ehemalige Täter aus der VW-Rotlichtaffäre, waren es Gegenspieler aus dem VW-Imperium oder von Porsche? Wollten Christian Wulff und seine Frau wirklich wissen, wer ihn systematisch verleumdet hat, müssten sie die Justiz in viele Richtungen ermitteln lassen.

So hatte Christian Wulff als Oppositionsführer in Niedersachsen die unerbittliche Aufdeckung der VW-Affäre gefordert. Peter Hartz versucht in seinem Interviewbuch nach der Affäre gar nicht erst, seine Meinung über Wulff zu verhehlen:

»Das Auftreten von Christian Wulff war von Anfang an mit einem erstaunlichen Selbstbewusstsein verbunden.

▶ Frage: Wie hat er denn Ihre Personalpolitik begleitet?

▶ Hartz: Eigentlich waren wir in dem Ziel vereint, möglichst viel Beschäftigung in Niedersachsen wettbewerbsfähig zu halten. Ich habe mich für Niedersachsen sehr engagiert. Bei Wulff fühlte ich mich mit diesem Engagement alleingelassen.«[288]

Wulff habe ihn schon »verurteilt, bevor es überhaupt zu Ermittlungen gekommen war«[289]. Die Rolle Christian Wulffs bei der Übernahmeschlacht zwischen VW und Porsche ist nach wie vor umstritten. Ferdinand Piëch soll nach der Wiederwahl Wulffs als Ministerpräsident im Januar 2008 einen Vorstoß unternommen haben, einen Wiedereinzug Christian Wulffs in den neu zu wählenden VW-Aufsichtsrat zu verhindern.[290] Das berichtete der *Focus* im September 2008. Piëch ließ allerdings ausrichten, die Geschichte entstamme dem »Bereich der Fantasie«.

Christian Wulff hatte sich jedenfalls Feinde gemacht. Zum Beispiel den Betriebsratschef von Porsche, Uwe Hück. Der warf dem Ministerpräsidenten 2009 sogar vor, Einfluss auf Banken genommen zu haben, um weitere Kredite für Porsche zu verhindern, was Wulff umgehend streng zurückweisen ließ.[291] Anfang 2012 verklagten 70 Banken, Versicherungen und Investmentfirmen Christian Wulff auf Zahlung von insgesamt 1,8 Milliarden Euro, weil er als Aufsichtsrat trotz seines Insiderwissens um die Übernahme durch Porsche die VW-Anleger nicht rechtzeitig informiert habe. Porsche habe auf diese Weise Gewinne von 5,4 Milliarden Euro realisieren können.[292] Es gibt also jede Menge finanzstarker Gegner, in deren Reihen die Justiz ermitteln könnte, um herauszufinden, ob sie etwas mit der Rufmordkampagne gegen Christian Wulff und seine Gattin zu tun haben.

Keine Strafverfolgung für die Verleumder

Unbestreitbar falsch ist die These, dass das Gerücht im Internet geboren wurde. Wenn aber natürliche Personen die Urheber sind, könnte man diese wohl ermitteln. Wer hat die Behauptungen über Bettina Wulff bereits 2006 in Umlauf gebracht, und wer hat sie später aktiv weiterverbreitet? Wer steckt hinter dem ominösen Ermittler, der sich im Spätsommer 2010 mit einem Dossier über Christian Wulff an Journalisten in Berlin wandte? Wer hatte Interesse an der Vernichtung der politischen Zukunft von Christian Wulff?

Zu Jahresbeginn 2012 kursierte unter Hannoveraner Journalisten die Behauptung, in der Redaktion von *Bild* Hannover liege eine fertige Geschichte über Bettina Wulff in der Schublade. Im März 2012, gut einen Monat nach Wulffs Rücktritt, erhielt ich aus zwei sehr unterschiedlichen Richtungen weitere Hinweise auf die Existenz des Dossiers über Christian und Bettina Wulff. Übereinstimmend berichteten beide Quellen jedoch, dass das Machwerk tatsächlich existiere und Kai Diekmann es persönlich an sich genommen habe. Behauptet wurde auch, dass die Recherchen über Bettina Wulff aus der Zeit weit vor 2010 stammten. Und dass *Bild* die Informationen auf Geheiß der Konzernleitung der Springer AG nicht veröffentlicht habe. Es ist also kein Wunder, dass Kai Diekmann diese Darstellung während unseres Interviews im April 2012 zurückwies, wenn auch nicht energisch.

Tatsächlich soll *Bild* oder *Bild am Sonntag* die Aussage einer gewissen »Tina K.« aus einem Steuerstrafverfahren gegen einen Bordellbetreiber in Isernhagen vorliegen. Das ließen Redakteure Anfang September 2012 gegenüber Zeugen durchblicken.[293] Auf diesem Dokument fußen die Gerüchte um Bettina Körner. Seine Existenz hatte sich in Journalistenkreisen schon lange herumgesprochen und sorgte entsprechend für eine Verbreitung des Gerüchts. Auf Anfrage bestätigte die Staatsanwaltschaft Hannover am 24. September 2012: »Es wird geprüft, ob ein Anfangsverdacht auf Geheimnisverrat besteht.«[294]

Eigentlich liegt es nahe, dass die Staatsanwaltschaft in diesem Fall ermittelt, da es sich offenkundig um eine schwerwiegende Verletzung des Steuergeheimnisses handelt. Aber vor allem sollten wir annehmen, dass Bettina Wulff ein gesteigertes Interesse an der Aufklärung des Sachverhaltes hat. Denn nach Zeugenaussagen war auf dem Auszug aus dem Steuerstrafverfahren der Name »Tina. K.« vom anonymen Versender sogar mit einem Stift eingekreist. Der Versender hatte es also gezielt auf eine Verleumdung Bettina Wulffs angelegt. Da dieses Dokument eine zentrale Rolle für die »Vorleben«-Geschichte der Bettina Wulff spielt, könnte vor allem ihr Anwalt Gernot Lehr Strafanzeige wegen Verleumdung oder übler Nachrede gegen Unbekannt stellen. Überraschend teilte der Sprecher der Staatsanwaltschaft Hannover hierzu ebenfalls am 24. September 2012 mit: »Ermittlungsverfahren gem. §§ 185 StGB ff in diesem Zusammenhang sind mir nicht bekannt.«[295]

Wegen der mutmaßlichen Rufmordkampagne wird also nicht ermittelt, was die Staatsanwaltschaft in Hannover sehr schlüssig begründet: Üble Nachrede und Verleumdung seien sogenannte Antragsdelikte, die nur aufgrund einer Strafanzeige verfolgt würden. Ist es denkbar, dass Christian und Bettina Wulff darauf verzichten, von ihrem Recht Gebrauch zu machen? Eine Anzeige kostet kein Geld, und jeder Bürger dieses Landes hat das Recht, die Polizei einzuschalten, um auf diesem Weg Rufmördern auf die Spur zu kommen. Ich kontaktierte dazu den Anwalt der Wulffs, Gernot Lehr. Dieser beantwortete im Januar 2013 die Frage nicht, warum Bettina Wulff keine Strafanzeige gegen ihre unbekannten Verleumder gestellt habe. Stattdessen schrieb er:

> »Unsere Mandantin Bettina Wulff geht gegen falsche Behauptungen über ihre Person vor, soweit dies rechtlich möglich ist. Sollten Ihnen Belege über die Quellen von Gerüchten vorliegen, bitten wir um deren Übermittlung, damit wir rechtliche Schritte einleiten können. Wir kennen derartige Belege nicht.«[296]

Offenkundig haben Christian Wulff und seine Nochehefrau kein Interesse an strafrechtlichen Ermittlungen. Dabei wäre es ihr gutes Recht, Polizei und Staatsanwaltschaft auf die Sache anzusetzen. Aber wie gesagt: ohne Anzeige keine Ermittlungen.

Ebenso unklar bleibt, warum das Ehepaar dem Treiben jahrelang tatenlos zusah. Bettina Wulff selbst erklärte gegenüber dem *stern*, dass es ein Ding der Unmöglichkeit gewesen sei, gegen die Gerüchte vorzugehen, da in diesem Fall die Aufmerksamkeit »in eine absolut falsche Richtung gelenkt« worden wäre, »nämlich auf meine Person«. Dem anonymen Rufmord hätte das »viel zu viel Aufmerksamkeit beschert«.

Die Ausführungen der ehemaligen First Lady klingen nur auf den ersten Blick plausibel. Eher sind sie als kluges Ablenkungsmanöver zu werten. Erstens hätte, wie bereits dargelegt, die Möglichkeit bestanden, diskret gegen die Netzeinträge vorzugehen. Vor allem aber lässt Bettina Wulff in ihrer Argumentation die staatspolitische Dimension dieser Geschichte außer Acht. Denn natürlich hat die mögliche Erpressbarkeit des deutschen Staatsoberhauptes auch andere Medien nicht kaltgelassen. Der Hauptstadtkorrespondent der Mediengruppe Madsack, Dieter Wonka, äußerte sich im Januar 2012 ausführlich zur politischen Relevanz der Causa Bettina Wulff. Den Mailboxanruf Wulffs deutete er als Angstreaktion: Es sei Wulff darum gegangen, einen Krieg, einen angedrohten Konflikt zwischen ihm, insbesondere seiner Frau und seiner Familie, und der *Bild*-Zeitung zu vermeiden:

> »Das sind die Fakten, weil auch vieles an privaten Fantasien, wie Herr Wulff gestern selber sagte, noch nicht ausgesprochen und noch nicht geschrieben wird, und Herr Wulff rechnet, glaube ich, stündlich, wöchentlich oder jährlich, dass auch über komische Dinge und über Fantasien im Internet geschrieben wird, und dann wird es schrill rot für ihn und wahrscheinlich auch für die deutsche Medienlandschaft.«[297]

Mit der Farbe Rot spielte Dieter Wonka auf das Dilemma der Journalisten an: Berichten sie über das Gerücht, machen sie sich wegen Verletzung der Privatsphäre angreifbar, ignorieren sie die Geschichte gänzlich, unterdrücken sie womöglich eine große Story über die Angreifbarkeit eines Staatsoberhauptes:

> »Herr Wulff wusste mit Beginn seines Amtsantrittes, dass recherchiert wird. Es gibt Geschichten über ein interessantes, abwechslungsreiches Vorleben in seiner Familie, und es wurden ihm von Journalisten auch immer wieder Fragen gestellt. Das Thema wurde offiziell nicht beantwortet. Und es schwebt bis heute immer im Raum: War da was? Ist da was, und wie verhält sich der Präsident, um sicherzustellen, dass nicht über seine Familie, über seine Frau in den Leitmedien in Deutschland berichtet wird? Und dieses unausgesprochene Wissen, da ist einer, hat der was zu verbergen, es ist nie ausrecherchiert worden, aber soweit ich weiß, was man hört, gibt es in allen wichtigen Redaktionsstuben quasi fertigrecherchierte Geschichten, die im Fall des Sturzes von Christian Wulff auf den Markt kommen. Ich persönlich stelle mir das einfach furchtbar vor, dass man als Bundespräsident mit der Gefahr leben muss, dass absonderliche, abscheuliche Geschichten auch über Privatestes an die Öffentlichkeit gezerrt werden. Und deswegen vielleicht auch der Wutausbruch auf der Mailbox des Chefredakteurs der Bild-Zeitung, wenn man so will, das war ein so großer Anfängerfehler.«[298]

In jener Zeit holten einige der prominentesten Journalisten der Republik den Rat von Rechtsexperten ein: Von einem Medienanwalt wollten sie wissen, unter welchen Umständen denn überhaupt über das angebliche Vorleben Bettina Wulffs berichtet werden dürfe. Die Antwort des versierten Juristen war einfach: Im Grunde gar nicht, es sei denn, eine Erpressbarkeit des deutschen Staatsoberhauptes könne dadurch nachgewiesen werden. Aber wie konnte es angesichts dieser Gerüchte überhaupt zur Wahl

Wulffs zum Bundespräsidenten kommen ? Gibt es für ein solches Amt keine Sicherheitsüberprüfung des Anwärters? Und warum ging das Bundespräsidialamt nicht strafrechtlich gegen die Urheber der Gerüchte vor? Das Amt beantwortete die Fragen in einem Satz:

>Zu Ihrer Frage darf ich mitteilen, dass es nicht Aufgabe des Bundespräsidialamtes ist, Gerüchten über die private Lebensführung der Ehefrau eines Bundespräsidenten aus der Zeit vor dessen Amtszeit nachzugehen oder diese juristisch zu bewerten.«[299]

Nach dem Rücktritt Wulffs vom Amt des Bundespräsidenten hatte kaum noch jemand Interesse an der Aufdeckung dieses politischen Skandals. Viele Journalisten fürchten, dass es schwer wird, über Sachverhalte zu berichten, welche die Intimsphäre von Menschen berühren, die gar nicht mehr in Amt und Würden sind. Doch unabhängig vom Wahrheitsgehalt solcher Dossiers stellt sich die Frage, wie mit solchen Dossiers umgegangen und Politik gemacht wurde. Diese Frage stellte ich auch dem Bundeskanzleramt:

>Bereits im Sommer 2010 kursierte ein Dossier mit Behauptungen über das Vorleben von Frau Bettina Wulff in Berlin. Bereits zur Wahl des neuen Bundespräsidenten war dies ein Gesprächsthema unter Journalisten und Politikern. Wann genau und auf welchem Wege hat das Bundeskanzleramt von diesen Gerüchten erfahren?«

Das Bundeskanzleramt antwortete feinsinnig: »Zu Gerüchten nehmen wir grundsätzlich keine Stellung.«[300]

5.

INTRIGANTENSTADL
STAATSPARTEI

Der Aschermittwoch 2012 in Passau ist ein sonniger, nicht zu kühler Februartag. Vor dem gläsernen Eingang der Dreiländerhalle drängen sich schon früh die ersten Parteigänger wie beim Winterschlussverkauf. Eine Blaskapelle begleitet den Einzug des Parteivolkes, nette Kellnerinnen im Dirndl tragen die ersten vollen Maßkrüge durch den Saal und drinnen werden die ersten weiß-blauen Fahnen geschwenkt. Die CSU ist mehr als eine Partei, nicht wenige empfinden sie als Staatspartei, denn sie regiert den Freistaat Bayern seit 55 Jahren, und das größtenteils sogar allein. Wer wissen möchte, wie sich Macht anfühlt, ist hier gut aufgehoben.

Allerdings wimmelt die Parteigeschichte auch von denjenigen, die ihre Entmachtung schmerzlich zu spüren bekamen, und häufig ging es dabei nicht mit rechten Dingen zu. Trotzdem ist die Partylaune spürbar echt und nicht inszeniert, und ob Seehofer, Stoiber oder Huber – die ehemaligen Kontrahenten wissen, worauf es an solchen Tagen ankommt. Sie haben eine Bringschuld, ihr Publikum zu unterhalten und sozusagen für das beginnende politische Jahr bei Laune zu halten. Zumal dieser Aschermittwoch 2012 ein besonderer wird: Es spricht der erste bayerische Bundespräsident. Jedenfalls für ganze 31 Tage. Er heißt Horst Seehofer. Solange ist der bayerische Ministerpräsident turnusmäßig Bundesratspräsident und nach dem Rücktritt Christian Wulffs am 17. Februar auch dessen Stellvertreter im Amt des Bundespräsidenten. Und genau deshalb wird der politische Profiboxer Seehofer an diesem Aschermittwoch nicht wie gewohnt austeilen können.

▶ ▶ ▶

Das Versammeln der Sicherheitsleute gehört zu den Insignien der Macht und kündigt an, dass Horst Seehofer nun mit dem berühmten Aschermittwochsdefilee beginnen wird. Der CSU-Chef erscheint mit Ehefrau Karin, und Vorvorgänger Stoiber hat ebenfalls Ehefrau Karin im Schlepptau. Sie kommen nur langsam voran, schütteln Hände, scherzen untereinander. Noch haben sie den großen Saal nicht erreicht. Bevor sie einbiegen, setzen drei bereits recht angetrunkene Jung-CSU-Männer zu einem Ständchen an. Horst Seehofer lächelt.

Irgendwann hat er es geschafft und seinen Prominententisch erreicht, wo er vorsichtig an seiner Maß nippt. Denn sein Auftritt steht gleich bevor. Er spricht von Niederbayern als »Gottes eigenem Wahlkreis«. Er erntet mit solchen Sprüchen natürlich Applaus. Und er beendet seine Rede mit der Grußformel: »Gott mit dir, du Land der Bayern!« Horst Seehofer lächelt wieder, seine Frau auch, aber ein wenig angestrengt, und auch die Stoibers lächeln. Sie unterhalten sich ein wenig schleppend am Prominententisch der CSU – bei Fischbrötchen und Hellem. Sie alle haben ihre Krisen durchstanden. Seehofers Krise liegt nun schon einige Jahre zurück. Es war kein Geheimnis im politischen Berlin, dass der damalige CSU-Bundesminister zu der Zeit – 2006 – ein Doppelleben führte. Nur berichtete niemand darüber, weil es guter Brauch ist, Privates im Leben von Politikern nicht an die Öffentlichkeit zu zerren.

Die CSU zwischen Gott und bigott

Die Öffentlichkeit wurde über Seehofers Affäre erst am 15. Januar 2007 informiert, und zwar durch die *Bild*-Zeitung. Auf Seite 2 titelte das Blatt:»Machtkampf in der CSU wird schmutzig – Parteifreunde streuen Gerüchte über heimliche Freundin von Horst Seehofer«.[301] Es war just der Tag, an dem der politisch angeschlagene CSU-Vorsitzende und Ministerpräsident Edmund Stoiber erstmals bei einer Sitzung des Fraktionsvorstands einen Verzicht auf eine erneute Kandidatur andeutete.[302] *Bild* schrieb:»Hinter vorgehaltener Hand tuscheln Parteifreunde über CSU-Vize Horst Seehofer (57), der als heißester Anwärter für den Parteivorsitz gehandelt wird: ›Bevor der kandidiert, soll er erst einmal seine Familienverhältnisse in Ordnung bringen.‹«

Bild berichtete, Seehofer habe bislang einen »untadeligen« Ruf und lebe mit seiner Frau Karin, zwei Töchtern und einem Sohn in einem Einfamilienhaus in Ingolstadt, in den Ferien in einem Sommerhaus im beschaulichen Altmühltal. Dort habe Seehofer auch Reporter der Zeitschrift *Bunte* empfangen und geschwärmt: »Hier entspanne ich mich im Kreis meiner Lieben vom Politikeralltag.« Und bei seiner Ehefrau habe er sich bedankt:»Dass sie seit 25 Ehejahren eine wunderbare Mutter und verständnisvolle Frau ist.«

Bild parierte die Seehofersche Schmonzette nun fett gedruckt: »Und jetzt das!« Dann formulierte das Blatt die »Gerüchte« aus:

>»Es soll da eine attraktive Mitarbeiterin im Bundestag geben. Die Abende in Berlin seien lang – und der Minister in seiner Zweitwohnung nicht allein. Die beiden seien schon drei Jahre zusammen, die brünette 32-Jährige lebe mit ihm in dem kleinen Appartement zusammen, erzählen Nachbarn. Selbst von Wochenendbesuchen in Seehofers bayerischer Heimat berichtet man sich in Berlin.«

Fett gedruckt ging es nun weiter: »*Bild* konfrontierte den Minister und seine angebliche Freundin mit den Gerüchten. KEIN KOMMENTAR! Für Seehofer sind die Gerüchte der Parteifreunde schlimm, schließlich schickt er sich gerade an, CSU-Chef zu werden.« *Bild*-Autor Dirk Hoeren zitierte dazu das CSU-Grundsatzprogramm, in dem wie in Stein gemeißelt stehe: »Ehe und Familie stehen im Mittelpunkt unserer Politik. Sie sind natürliche Lebensformen und Grundpfeiler einer freien und solidarischen Gesellschaft. Deshalb fördert die CSU Ehe und Familie und hält an ihrem verfassungsrechtlichen Schutz fest.«

Neben dem Bericht und wohl kaum ganz zufällig, versuchte *Bild*-Kolumnist Franz Josef Wagner larmoyant, den angeschlagenen CSU-Chef Edmund Stoiber von seinen Rücktrittsgedanken abzubringen:

»Lieber Edmund Stoiber, einem Menschen in Not springe ich reflexartig zur Seite. In Ihrem Gesicht sehe ich Angst. Die See tobt, der Wind heult, die Wellen schlagen über die Ufer, die aufgewühlte See verlangt ein Opfer. Mit Lobhudeleien sollen Sie ertränkt werden, damit sich die See beruhigt und der Himmel über Bayern wie blassblaue Seide ist. Ich denke, dass Sie nicht zurücktreten sollten, denn Sie haben keinen Grund. Bayern ist das beste Land Deutschlands. Bayern ist großartig. Die wenigsten Arbeitslosen, das höchste Wachstum, die geringste Verschuldung.«

Vielleicht kann einer, der Franz Josef heißt, auch nicht anders, aber interessant ist eher die Frage, ob Enthüllungen dieser Art und ihre Flankierung durch Alpenprosa just vor einer wichtigen Neubesetzung in der CSU rein zufällig sind. Das Credo von *Bild*-Chefredakteur Kai Diekmann für Fälle wie den von Horst Seehofer ist einfach und nicht von der Hand zu weisen:

»Jemand, der bayerischer Ministerpräsident werden möchte, der CSU-Chef werden möchte und der sich zu diesem Zweck regelmäßig mit seiner gesamten Familie ohne Not unter dem Kruzifix zu Hause fotografieren lässt, um aller Welt zu demonstrieren, was für ein guter bayerischer Katholik er ist, der muss sich dann auch die Überprüfung dieser Inszenierung gefallen lassen.«[303]

Um trocken hinzuzufügen: »Das ist das, was Journalisten tun müssen.« Presserechtlich ist der *Bild*-Chef naturgemäß gut auf dem Laufenden, wenn er konstatiert:

»Eigentlich beschreibt dieses Bild, dass jemand, der sich mit seiner Privatsphäre in die Öffentlichkeit begibt, mit der öffentlichen Zurschaustellung, seiner persönlichen Inszenierung, dass er sich dann auch die Überprüfung dieser öffentlichen Inszenierung gefallen lassen muss.«

Jedenfalls weist Kai Diekmann den Vorwurf zurück, die Affäre Seehofer gezielt zu einem bestimmten Zeitpunkt publiziert zu haben. »Ich glaube nicht, dass so was Zufall ist, dass da auch Dinge lanciert werden, dass da auch Dinge durchgestochen werden«, erklärt er und fährt lachend fort:

»Aber ich glaube, dass es kein Zufall war, es war der Natur geschuldet, dass es einen zeitlichen Zusammenhang gab zwischen der Tatsache, dass dieser Machtkampf just zu dem Zeitpunkt passierte, als seine Freundin von ihm ein Baby erwartet hat. Ob das Horst Seehofer in diesem Zusammenhang so geplant hat, das müssen Sie vielleicht Horst Seehofer fragen. Nein, dass aber an dieser Stelle in der Politik mit Tricks gearbeitet wird, das wird Sie nicht überraschen, davon leben Journalisten am Ende ja auch, dass wir Informationen gesteckt bekommen.«[304]

Dass *Bild* durch eine gezielte Indiskretion erst im Januar 2007 von Seehofers außerehelicher Beziehung erfuhr, darf allerdings als ausgeschlossen gelten. Aus dem Umfeld Seehofers ist Gegenteiliges zu erfahren. So hätten *Bild*-Mitarbeiter Seehofer bereits im Jahr vor der Enthüllung klargemacht, dass sie wüssten, was sie wussten. Sie würden allerdings so lange keinen Gebrauch von ihrem Wissen machen, wie diese Geschichte keine »biologische Komponente« erhalte. Seehofer dürfte das nicht sonderlich beruhigt haben, und ebenso wenig konnte er überrascht sein, als *Bild* zuschlug, nachdem die Schwangerschaft seiner Geliebten und damit die »biologische Komponente« einem internen Zirkel bekannt wurde. Schon gar nicht zu einem Zeitpunkt, an dem er einen wichtigen Machtkampf auszufechten hatte.

Seehofer wird Merkels mächtigster Gegenspieler

Schon bei ihrer Regierungsbildung hatte sich Angela Merkel gegen die Besetzung eines Ministerpostens durch Horst Seehofer ausgesprochen, war jedoch von Edmund Stoiber erfolgreich dazu gedrängt worden.[305] Denn Seehofer hatte bereits vor der Bundestagswahl durch sein Plädoyer für eine Bürgerversicherung, in die auch Beamte und Selbstständige einzahlen, und für Korrekturen an den Hartz-Gesetzen sozialdemokratische Positionen innerhalb der Union bezogen. Angela Merkel dagegen ließ sich – wie schon ihr Amtsvorgänger Gerhard Schröder – gern von neoliberalen Wirtschaftsberatern inspirieren.

Großen Einfluss nahm der ehemalige Deutschland-Chef der Unternehmensberatung McKinsey, Jürgen Kluge. Er saß auch seinerzeit in der »Herzog«-Kommission. Die Experten lieferten unter anderem Zahlenwerke zur Vorbereitung des berühmt- berüchtigten Leipziger Parteitags der CDU 2003. Dort wurde am Ende ein marktradikales Programm beschlossen, zu dem die Kopfpauschale im Gesundheitswesen ebenso gehörte wie massive Steuersenkungen. Horst Seehofer kritisierte damals öffentlich diesen seiner Ansicht nach unangemessenen Einfluss der Wirtschaftsberater: »Wer über Zahlen bestimmt, bestimmt auch über Inhalte. (...) So nehmen die Berater der Politik allmählich das Geschäft ab, und irgendwann werden wir uns fragen: Wozu eigentlich noch Politik?«[306]

Gleich zu Beginn des wichtigen Wahljahres 2005 in Schleswig-Holstein und Nordrhein-Westfalen griff Horst Seehofer Angela Merkel in einem Interview mit der *Leipziger Volkszeitung* persönlich scharf an. Seehofer, der kurz zuvor im Streit um die seiner Ansicht nach unsoziale Gesundheitspolitik von seinem Amt als stellvertretender Unions-Fraktionsvorsitzender zurückgetreten war, warf der Oppositionsführerin jetzt ganz persönlich vor, für den Niedergang der Union in den Umfragen verantwortlich zu sein. Ein Jahr zuvor habe die Union noch bei 50 Prozent gelegen, jetzt seien es weniger als 40. Auf die Frage, wie er denn die Vorsitzenden von CDU und CSU einschätze, antwortete Seehofer nicht gerade charmant: »Es gibt keine anderen. Also sind sie die besten, die zur Verfügung stehen.«[307]

CSU-Generalsekretär Markus Söder reagierte sofort auf Spekulationen über die politische Zukunft Seehofers nach dessen Kritik an der Vorsitzenden der Schwesterpartei: »Selbstverständlich wird Horst Seehofer weiter in der Führung der CSU mitarbeiten.« In der Sache aber habe die Union längst gemeinsam ihren Weg entschieden.[308]

Nach der knapp gewonnenen Bundestagswahl im Herbst 2005 konnte Bundeskanzlerin Angela Merkel, die sich zu diesem Zeitpunkt noch als marktradikale Reformerin sehen wollte, also ahnen, dass mit Horst Seehofer ein Mann mit gegenteiligen Ansichten mit am Kabinettstisch sitzen würde. Angesichts der Großen Koalition mit der SPD schränkte dieser Sachverhalt ihren politischen Spielraum zusätzlich ein.

Ein Machtkampf wird schmutzig

Aber zurück zur »Affäre Seehofer« im Jahr 2007, als Horst Seehofer sich anschickte, der neue starke Mann in München zu werden. *Bild* und *Bild am Sonntag* kommentierten die Monate des CSU-internen Machtkampfs aus einem ganz eigenen Blickwinkel, wie die folgende Auflistung von Schlagzeilen belegt: Im Januar: »Seehofer-Affäre – Verzeiht ihm seine Frau?« – »Seehofer kämpft um seine Ehre« – »Seehofer will sich mit Ehefrau aussöhnen«. Im Mai folgte die nächste Welle mit einer zunächst positiven Meldung: »Seehofer wieder bei seiner Frau«, die schon wenige Tage später konterkariert wurde: »Doch keine Versöhnung?« Am 15. Juni meldete *Bild* dann den Nachwuchs, den Seehofers Geliebte zur Welt gebracht hatte: »Baby da!« Kurz darauf hieß es: »Jetzt spricht Papa Seehofer«, und tags darauf stellte das Blatt klar: »Papa Eiskalt«. Anfang Juli wendete sich dann das Schicksal ganz im Sinne der *Bild*-Zeitung, und das Blatt meldete tagtäglich Schlag auf Schlag: »Schluss mit Geliebter?«, »Sieg für die Ehefrau!«, »Seehofer besucht Ex-Geliebte und Baby!« Gegen Ende des Monats legte *Bild* zufrieden nach: »Seehofer genießt sein neues (altes) Eheglück« und feixte: »Ex-Geliebte erzählt alles!«, um sogleich Krokodilstränen zu vergießen: »Seehofer Baby ohne Papa getauft!«

Der politische Krimi um die Nachfolge von Edmund Stoiber tauchte Millionen *Bild*-Leser, vielleicht aber auch nur Seehofer selbst und seinen Gegner, in ein Wechselbad der Gefühle. Denn seien wir ehrlich: Wer erinnert sich schon an die Schlagzeile von gestern? Jedenfalls dürften die regelmäßigen Konsumenten der »roten« Springer-Produkte ein durchaus zweischneidiges Bild des heutigen bayerischen Ministerpräsidenten gewonnen haben.

Das *SZ-Magazin* analysierte später die auffälligen zeitlichen Koinzidenzen:

»Das ist das eigentlich Interessante an der alle bisherigen Tabus brechenden Berichterstattung aus dem Privatleben eines Ministers: Sie begann genau an dem Tag, als der Posten des CSU-Vorsitzenden durch Stoibers Rückzug überraschend vakant wurde. Sie wurde nahezu ausschließlich von Blättern und Magazinen der Häuser Springer und Burda betrieben. Und sie endete genauso schlagartig, als am 29. September der bayerische Wirtschaftsminister Erwin Huber vom Parteitag der CSU zum neuen Parteivorsitzenden der CSU gewählt wurde.«[309]

Aber woher stammten die sehr privaten und intimen Kenntnisse über die Abgründe in Seehofers Privatleben? Im Innern der CSU fällt an dieser Stelle manchmal der Name des heutigen CSU-Generalsekretärs Markus Söder, der selbstverständlich energisch zurückweist, derlei Intrigen gesponnen zu haben.

Söders Karriere ist beachtlich. Im Alter von 27 Jahren war er bereits Landtagsabgeordneter, mit 36 CSU-General. Er galt viele Jahre als Kronprinz des von vielen verehrten Edmund Stoiber in der Rolle eines zuweilen polarisierenden Volkspolitikers. Dass ihm Intrigen jederzeit zugetraut werden, hat Söders Karriere dennoch nicht behindert. Während die Kampagne gegen Horst Seehofer in vollem Gange war, wurde Söder, bis dato Generalsekretär der CSU, von Stoibers Nachfolger Günther Beckstein zum Staatsminister für Bundes- und Europaangelegenheiten berufen. Ein Jahr später wurde er bayerischer Umweltminister im neuen Kabinett Seehofer, und mittlerweile ist er Finanzminister.

Im Jahr 2007 gab Söder vor der Entscheidung um den Parteivorsitz zwischen Huber und Seehofer der *Passauer Neuen Presse* ein Interview mit durchschlagender Wirkung. Söder erklärte den Unterschied zwischen Erwin Huber und Horst Seehofer: Zwar gebe es in der CSU nicht nur »Huber-Euphoriker«, Seehofer habe aber im Unterschied zu Huber »echte Gegner«, zum Beispiel in der Wirtschaft.[310]

Sex als politische Waffe

Das *SZ-Magazin* wollte damals von Seehofer wissen, ob er glaube, Opfer einer Kampagne geworden zu sein, die ihn als CSU-Vorsitzenden verhindern sollte. Seehofers Antwort fiel offen aus: »Ich glaube das nicht. Ich weiß es«, um hinzuzufügen, was er bei Erscheinen der ersten Schlagzeile dachte: »Niederschreiben könnt ihr mich, aber das Kreuz brecht ihr mir nicht.«[311]

Claus Christian Malzahn überschrieb seinen Bericht über den Fall Seehofer damals mit dem Titel »Sex als Waffe« und wies auf eine lange Tradition in der CSU hin: »In fast jeder politischen Auseinandersetzung nach der Ära Strauß spielten ins Private zielende Vorwürfe und Gerüchte eine entscheidende Rolle im innerparteilichen Machtkampf«[312].

Auch der Rückzug Edmunds Stoibers ist direkt auf den hemdsärmeligen Umgang in der CSU mit dem Thema Macht und Sex zurückzuführen. Und er ist untrennbar mit dem Namen der damaligen Fürther Landrätin Gabriele Pauli verbunden. Deren politische Karriere als Provinzfürstin war steil, und das gefiel den Herren der Schöpfung in München nicht immer. 1996 war Pauli bereits mit 59,1 Prozent der Stimmen bei der Kommunalwahl im Landratsamt bestätigt worden, sechs Jahre später holte sie bereits 65,4 Prozent.[313]

Aber auch Stoiber gelang ein kometenhafter Aufstieg. 2003 holte er mit 60,7 Prozent das beste Ergebnis, das die CSU in Bayern je erzielte, und wurde Ministerpräsident.

▶ ▶ ▶

18. September 2005. Die Union siegt bei der Bundestagswahl knapp über die SPD. Stoiber sagt: »Ich bin bereit, für Deutschland auch in Berlin Verantwortung zu übernehmen.« Der CSU-Chef ist als neuer Bundeswirtschaftsminister unter Angela Merkel vorgesehen. Wenige Wochen später, am 1. November, überrascht der

Bayer mit einer Kehrtwende und verkündet, im Freistaat bleiben zu wollen. Sein Zick-Zack-Kurs ist für viele in der Partei nicht nachvollziehbar. Am 9. November 2005 fordert Gabriele Pauli auf dem CSU-Parteitag: »Stoiber sollte 2008 nicht mehr als Ministerpräsident antreten. Die Partei würde aufatmen.«

Ein Jahr später ist der CSU-Parteivorstand im Franz-Josef-Strauß-Haus zusammengetreten. Es ist der 18. Dezember 2006. Edmund Stoiber lässt sich über die Schwierigkeiten des Regierens in Berlin aus, es geht um die Föderalismuskommission, eine neue Gesundheitsreform und die Idee einer Pkw-Maut. Nach vielen Stunden möchte Gabriele Pauli nun über ein grundsätzliches Thema sprechen. Sie fordert seit Langem öffentlich und auf einem Internetportal den Rückzug Edmund Stoibers.

Die Journalistin Angela Böhm nimmt die Ereignisse zum Anlass einer preisgekrönten Geschichte in der Münchener *Abendzeitung*. Ihr wird zugetragen, was sich zwischen Pauli und den CSU-Großkopferten abspielte.[314] »Wir müssen in diesem Gremium darüber reden, mit welchem Personal wir 2008 antreten«, soll Gabriele Pauli begonnen haben, um anschließend Parteichef Stoiber direkt zur Rede zu stellen. »Ich finde es nicht akzeptabel, dass leitende Beamte aus dem direkten Umfeld des Ministerpräsidenten meinen Freundeskreis abtelefonieren und nach Angriffspunkten gegen mich ausfragen.« Stoibers Staatskanzlei-Chef Eberhard Sinner soll zwar noch gerufen haben: »Das ist unwahr«, und Edmund Stoiber selbst ließ sich abschätzig vernehmen: »So wichtig sind Sie auch nicht.« Aber unter den Referenten, die etwas abseits des Geschehens saßen, war einer mit rotem Kopf und versteinertem Gesicht: der Bürochef von Edmund Stoiber, Michael Höhenberger.

Diese Sitzung des CSU-Vorstands sollte der Anfang vom Ende des Edmund Stoiber werden. Einen Tag später erschien in der *Abendzeitung* ein langer Artikel: »Sex, Alkohol und die Staatskanzlei – Schöne Landrätin: So mies wurde ich bespitzelt.«[315] Darin sagt Pauli aus, dass ein Mann aus dem engsten Umfeld Edmund Stoibers bei einem ihrer Bekannten angerufen habe, um sich nach privaten Problemen und Details zu erkundigen. Allein den Namen des angeblichen Spitzels nannte Pauli zunächst nicht. Den *Nürnberger Nachrichten* sagte sie damals: »Es ging um mein Privatleben, bis hin zur Frage, ob ich vielleicht ein Alkoholproblem haben könnte.« Zweck des Anrufs sei es eindeutig gewesen, »mir etwas anhängen zu können«.[316] Wenige Tage später bat Edmund Stoibers Büroleiter darum, ihn von seinen Aufgaben zu entbinden. Immerhin wurde Höhenberger später von der Landesanwaltschaft beamtenrechtlich rehabilitiert[317].

Für Edmund Stoiber war der Gang der Dinge jedoch nicht mehr aufzuhalten, obwohl er beteuerte, von den Aktivitäten seines Büroleiters nichts gewusst zu haben. Das Gegenteil wurde Stoiber nie nachgewiesen, aber das tat auch nichts zur Sache. Dass der Abgang oder verhinderte Aufstieg eines Politikers in der bayerischen »Staatspartei« jeweils mit sehr gezielten persönlichen Intrigen einhergeht, gehört zu den Konstanten in der bayerischen Machtpolitik.

Die neue Tugend-Doktrin nach Strauß

Irgendwann müssen sich die Sitten und Gebräuche auch in der bayerischen Politik geändert haben. Denn das Privatleben des Lebemanns und großen CSU-Vorsitzenden Franz Josef Strauß war für Medien und Parteigrößen jahrzehntelang eine Tabuzone. Über Ausrutscher wurde erst berichtet, wenn diese nicht mehr zu verschweigen waren, etwa als zwei Prosituierte Strauß in New York die Geldbörse stahlen, was nicht nur peinlich war, sondern auch ein Sicherheitsproblem aufwerfen konnte und somit politisch relevant war. Die *Süddeutsche Zeitung* kommentierte rückblickend heiter:

»Geschadet hat es Strauß nie, im Gegenteil: Sein Politik- und Lebensstil zwischen afrikanischen Großwildjagden und Bonner Elefantenrunden war nun mal sinnesfreudig und barock. Kurz: Strauß, der 27 Jahre lang als Vorsitzender die CSU führte, war eben ›a echts Mannbuid‹. So einer durfte das, sogar oder gerade im erzkatholischen Freistaat.«[318]

Nach Strauß' Tod im Jahr 1988 wählte der Bayerische Landtag Max Streibl zu seinem Nachfolger. Die Ära Streibl ist untrennbar mit dem Wort »Amigo-Affäre« verbunden. 1993 enthüllte die *Süddeutsche Zeitung*, dass Streibl sich als bayerischer Finanzminister beim Bundesverteidigungsministerium für Rüstungsaufträge eines Freundes eingesetzt hatte. Streibl hatte sich Urlaube finanzieren lassen, und die CSU hatte Parteispenden kassiert. Als Streibl von seinen eigenen Funktionären im CSU-Parteivorstand zur Rede gestellt wurde, kam es zu einer spektakulären Szene. Er holte einen Koffer hervor und präsentierte ihn der Runde mit den Worten: »Hier drin befindet sich brisantes Material – über jeden von Euch!«[319]

Während Informationen aus dem Privatleben im System Strauß vor allem für interne Intrigen genutzt wurden, begann in der Nach-Strauß-Ära das Intrigantenspiel unter Einbeziehung der Medien. Mit dem Antritt des »blonden Fallbeils« und »Saubermanns« Edmund Stoiber galt nach Einschätzung von *SZ*-Autor Oliver Das Gupta: »Fortan waren Intima Munition für interne Machtkämpfe.«[320]

Das erste Opfer dieser neuen Tugend-Doktrin hieß Theo Waigel, der damalige CSU-Parteivorsitzende und Bundesfinanzminister. 1993 rang Waigel mit dem bayerischen Innenminister Edmund Stoiber um den Posten des bayerischen Ministerpräsidenten. Laut *Süddeutscher Zeitung* waren es »Leute aus dem Stoiber-Lager, die damals diskret bei Journalisten anfragten, ob sie sich für Waigels Eheleben interessierten«[321]. Es handelte sich in erster Linie um Journalisten der sogenannten bunten

Blätter. Sie veröffentlichten nun die »ganze Wahrheit« über Theo Waigel.

Dem war 1985 bei einer Feier zum 70. Geburtstag von Franz Josef Strauß die Vize-Olympiasiegerin im Riesenslalom aufgefallen. Er bat seine Sekretärin, ihm die Adresse von Irene Epple zu besorgen. Waigel lebte da bereits getrennt von seiner Ehefrau und bald darauf in wilder Ehe mit Irene Epple.[322] Die Intrige sorgte dafür, dass der katholische, offiziell verheiratete Waigel jede Chance auf das Ministerpräsidentenamt verlor. Zum Trost für ihn konnte er seine Olympiasiegerin ein Jahr später ehelichen, und er ist bis heute glücklich mit ihr verheiratet.

Wenige Jahre später, während der dritten Amtsperiode von Edmund Stoiber als Ministerpräsident, wurde dessen eigene Stellvertreterin Opfer einer Intrige. Barbara Stamm war Ministerin für Soziales und Gesundheit.[323] In Straubing hielt die CSU einen Parteitag ab unter dem Motto »Zeit für Familie«. Stoibers damaliger »Mann fürs Grobe«, Generalsekretär Thomas Goppel, schien mitten auf dem Parteitag einen harmlosen Witz zu machen, als er der Ministerin für alle hörbar zurief: »Niederbayern ist der heiratsfreudigste Regierungsbezirk. Gell, Barbara, ich bin schon vergeben, du auch!«

Mit dieser Aktion sorgte Goppel dafür, dass das Gerücht über ein angebliches Verhältnis der dreifachen Mutter mit einem Autohändler publik wurde. Barbara Stamm bewahrte zunächst die Fassung und erwiderte in ihrer Rede: »Wir halten unmissverständlich und ohne Einschränkungen am Leitbild der ehebezogenen Familie fest.« Zur Intrige Goppels sagte sie später der *Abendzeitung,* wenn man sie weghaben wolle, dann solle man es ihr sagen: »Ich gehe sofort.« Es gebe auch ein Leben außerhalb der Politik. Bei dem Autohändler handele es sich einfach um einen guten Freund.

Als ein halbes Jahr später die BSE-Krise über Deutschland hereinbrach, geriet Stamm unter Druck. Sie habe auf Betreiben des Bauernverbandes brieflich beim Bundeslandwirtschaftsministerium gegen die Entfernung von Risikomaterial aus Tierfutter interveniert, wurde ausgerechnet aus Kreisen der CSU-Landesgruppe kolportiert. Stamm bestritt diesen Vorwurf, allerdings stützten sich die Medienberichte auf konkrete Aussagen von CSU-Abgeordneten im Bundestag.[324]

Barbara Stamm selbst hatte die Episode mit dem Brief in trauter Runde mit den Abgeordneten während der Tagung der Landesgruppe in Wildbad Kreuth erzählt.[325] Am Ende waren es CSU-interne »Durchstechereien«, die zum Sturz der mächtigsten Frau in der Partei führten. Am 23. Januar 2001 trat Stamm, die heute Präsidentin des Bayerischen Landtags ist, von ihrem Ministeramt zurück.

Bayerische Ministerin droht Gegnern mit Dossiers

Politische Intrigen dieser Kategorie haben häufig eines gemeinsam: Sie resultieren aus dem heimlichen Sammeln von Informationen aus dem Privat- und Intimleben von Politikern. Dass dies gang und gäbe ist, wurde durch das unüberlegte Handeln der bayerischen Kultusministerin Monika Hohlmeier offenbar. Die Tochter von Franz Josef Strauß griff zu einem politischen Mittel, das durchaus auch zu ihrem Vater gepasst hätte.

Im Jahr 2004 geriet Hohlmeier mehrfach negativ in die Schlagzeilen. Es hieß, sie habe Personen aus ihrem politischen Umfeld begünstigt, auch das ein Verhalten, das sie bei ihrem Vater ausreichend hatte studieren können. Später wurde Hohlmeier, die zugleich auch Münchener CSU-Vorsitzende war, bei einem Skandal um gekaufte Stimmen in Münchens größtem CSU-Ortsverein Perlach schwer belastet. Sie habe den illegalen Stimmenkauf zwar nicht angeregt, ihn aber vollends gedeckt.[326]

Am 16. Juli 2004 wollte ihr Bezirksverband sie zu Rede stellen. Im Bürklinzimmer der bayerischen Landtagsgaststätte versammelten sich Mitglieder des CSU-Bezirksvorstands, um Hohlmeier zum Rücktritt aufzufordern.[327] Während dieses Treffens griff sie nach Aussagen mehrerer Zeugen zu einem Mittel, das aus der CSU-Machtzentrale schon einmal kolportiert worden war. Sie hatte zu dem Treffen einen blauen Hefter mitgebracht und vor sich auf den Tisch gelegt. Als die Debatte sich immer weiter zuspitzte und Hohlmeier die Runde nicht von ihren Argumenten überzeugen konnte, soll sie laut Zeugen gesagt haben: »Wenn das so ist, dann gibt es gegen jeden von Euch etwas.«

SPD und Grüne kritisierten in ihrem Minderheitenbericht des Untersuchungsausschusses im Bayerischen Landtag, dass die Ministerin sogar Beamte eingespannt habe, damit sie Informationen über innerparteiliche Gegner sammelten. Weiteren Untersuchungen habe sich die CSU-Mehrheit im Ausschuss jedoch verweigert. Immerhin stellte der Minderheitenbericht klar:

>»Nicht nur im Zusammenhang mit der Sitzung am 16.07.2004 sammelte die Betroffene Hohlmeier offenbar private Informationen über innerparteiliche Kontrahenten, die geeignet waren, belastend zu sein und zum erforderlichen Zeitpunkt genutzt zu werden.«[328]

Nach dem Rücktritt als Kultusministerin sagte Monika Hohlmeier ebenfalls vor dem Untersuchungsausschuss aus. Sie beharrte darauf, von den Wahlfälschungen erst später erfahren zu haben. Die Münchener CSU sei ein »Intrigantenstadl«, und sie sei zu blauäugig gewesen. Sie habe mit ihren Bemerkungen bei der Vorstandssitzung auch niemanden bedrohen wollen, entschuldige sich aber bei denen, die diesen Eindruck gehabt hätten.[329] Die Frage, ob der Missbrauch von Beamten in Ministerien des Freistaates für CSU-Parteizwecke flächendeckend war, wurde nie geklärt. Ebenso wenig, wo überall noch private Dossiers über Politiker angelegt worden waren.

Täter- und Opferrollen geraten im Intrigantenstadl der CSU zuweilen durcheinander. Im September 2007 machte Horst Seehofer seine Parteifreunde durch ein Interview nervös. Er beklagte den »Rufmord«, der an ihm wegen seiner Liebesaffäre verübt werde, um seine Karriere zu vernichten. Schließlich ließ er eine Formulierung fallen, die manch einer als Drohung verstehen konnte: »Ich bin gut informiert. Ich weiß viel. Ich habe viel Material.«[330] Christoph Seils sinnierte in seinem Bericht für den *Tagesspiegel* mit der Schlagzeile »Parteipolitik mit Gott und Hinterlist« über die Absichten Seehofers: »Gefolgt ist er dieser versteckten Drohung bislang nicht. Es mag sogar sein, dass es nur ein Bluff war.«

Im Mai 2007 machte auch Markus Söder plötzlich Schlagzeilen mit seinem Privatleben. Die *Bunte* enthüllte, dass Söder eine uneheliche Tochter hat, die er neun Jahre zuvor während einer Affäre mit einer Medienkauffrau aus Nürnberg gezeugt habe.[331] Die Illustrierte berichtete, die beiden hätten sich in einem Sonnenstudio kennengelernt, seien aber nie ein festes Paar geworden. »Markus hat das Kind nicht gewollt«, zitiert die *Bunte* die Mutter des mittlerweile achtjährigen Mädchens. »Als ich ihm von der Schwangerschaft erzählt hatte, hat er mir gesagt, dass er mich auf keinen Fall heiraten werde. Ich glaube, ich war ihm wohl zu arm.«

Söder heiratete ein Jahr später die Tochter eines angesehenen örtlichen Bauunternehmers, mit der er inzwischen mehrere Kinder hat. Die von ihm sitzen gelassene Mutter seines unehelichen Kindes griff in der *Bunten* auch die Familienpolitik der CSU an, die zu wenig für alleinerziehende Mütter tue, etwa beim Ausbau von Krippenplätzen. Kurz zuvor hatte Söder in der *Passauer Neuen Presse* im Streit um die Krippenplätze noch gesagt: »Ehe und Familie sind das, was sich die meisten Menschen für ihr Leben wünschen. (…) Zu unserer bürgerlichen Toleranz gehört, dass wir unsere Werte haben und danach leben wollen.«[332]

Die Intrige von 2007 gegen Horst Seehofer hat zweifelsfrei funktioniert. Horst Seehofer wurde vorerst nicht der starke Mann in München. Die Wähler allerdings straften den Intrigantenstadl CSU trotz seines zeitweiligen Unterhaltungswertes ab. Bei der

Landtagswahl 2008 erhielt die CSU »nur« noch 43,4 Prozent der Stimmen und verlor ihre absolute Mehrheit. Die *Bild*-Journalisten bleiben selbstverständlich in Bayern am Ball. Am 15. Oktober 2012 und damit ein knappes Jahr vor der nächsten Landtagswahl wartet *Bild.de* mit einer freundlichen Schlagzeile über Horst Seehofer auf: »Stark, Stärker, Seehofer – CSU bei 48 Prozent«[333]. Allerdings stellt das Blatt im gleichen Artikel auch klar, wie laut einer Umfrage die weitere politische Zukunft aussehen sollte: »Favorit der Bayern für die Seehofer-Nachfolge ist übrigens Finanzminister Markus Söder.« Wieder der Söder.

6.

DER GUTTENBERG-EFFEKT

Karl-Theodor zu Guttenberg tauchte beinahe aus dem Nichts auf der politischen Bühne auf. Immerhin hatten er oder ihm nahestehende Menschen bereits dafür gesorgt, dass es ihn bei *Wikipedia* gab. Wer zeitgeschichtlich einigermaßen relevant ist, sollte dort verzeichnet sein, und wer sich für diesbezüglich relevant hält, trägt sich zuweilen selbst in das Internetlexikon ein. »Müssen wir uns diesen Namen merken?«, titelte amüsiert die *Bild*-Zeitung zur Begrüßung. Es war ein Sonntag im Februar 2009, und der CSU-Vorsitzende Horst Seehofer hatte gerade verkündet, ein gewisser Karl-Theodor zu Guttenberg werde neuer Bundeswirtschaftsminister. Aus Zeitnot zog ein *Bild*-Redakteur *Wikipedia* zurate, um die Vornamen des frischgebackenen Ministers korrekt wiederzugeben. Dort fand er: »Karl Theodor Maria Nikolaus Johann Jakob Philipp Wilhelm Franz Joseph Sylvester Freiherr von und zu Guttenberg«. Was der Redakteur nicht wusste: Ein Spaßvogel hatte die lange Reihe der Vornamen zu Guttenbergs im offenen Internet-Lexikon um einen Wilhelm ergänzt. Diese Falschinformation hielt sich ganze vierundzwanzig Stunden und wurde von vielen deutschen Printmedien, von *heute.de* und vom RTL-*Nachtjournal* übernommen.[334]

War es ein schlechtes Omen, dass zu Guttenbergs Start in die Öffentlichkeit mit einem gefälschten Namensbestandteil begann? Oder entsprang dieser Lapsus einfach dem Hang der Medien nach Superlativen?

Karl-Theodor zu Guttenberg war ab Februar 2009 mit 37 Jahren der jüngste Wirtschaftsminister in der Geschichte der Bundesrepublik Deutschland, bevor er im Oktober desselben Jahres Franz Josef Jung als Bundesverteidigungsminister ablöste. Auch hier war zu Guttenberg der bis dato jüngste Amtsinhaber. In den sieben Jahren zuvor hatte er als direkt gewählter Bundestagsabgeordneter weder Ämter bekleidet noch groß von sich reden gemacht. In der Bundespolitik war er ein Quereinsteiger, der sich nicht jahrelang hochdienen musste. Und die Medien nahmen ihn in den ersten 18 Monaten seiner Ministertätigkeit fast durchweg positiv auf.[335] Der »neue Star der Bundesregierung« war adelig, galt als gut aussehend, klug und durchsetzungsfähig. Sein Image machte ihn zu jenem »Anti-Politiker«, wie er in Deutschland seit vielen Jahren offenkundig auch von den Medienschaffenden ersehnt worden war. Doch die Person, so schillernd sie auch gewesen sein mag, wäre nichts ohne den sie begleitenden medialen Effekt – den Guttenberg-Effekt. Daher geht es im Folgenden um die Person Karl-Theodor zu Guttenbergs nur insoweit, als sie für die Erklärung dieses Effekts von Belang ist.

Populär, aber kein Populist

An zwei Punkten seiner Karriere gelang es Karl-Theodor zu Guttenberg, politische Zeichen zu setzen. Mitten in der Wirtschaftskrise 2009 widersetzte er sich als Bundeswirtschaftsminister dem Wunsch auch von Bundeskanzlerin Angela Merkel, dem angeschlagenen Autoproduzenten Opel durch eine direkte Staatshilfe unter die Arme zu greifen. Er drohte sogar mit Rücktritt, was innerhalb der ersten Monate eines Ministerdaseins durchaus ungewöhnlich ist.[336] Das zweite Zeichen fiel in den Bereich der Außen- und Sicherheitspolitik. Als Bundesverteidigungsminister war zu Guttenberg das erste Mitglied einer Bundesregierung, das die Geschehnisse in Afghanistan, die seit Jahren Tausende von

Menschenleben kosteten, als das bezeichnete, was sie waren: Krieg. *Bild*-Chefredakteur Kai Diekmann hat recht, wenn er sagt, es sei zu Guttenbergs Verdienst, diesen »semantischen Eiertanz« beendet zu haben: »Er ist jemand gewesen, der aus einem Instinkt, aus einem Bauchgefühl heraus Politik gemacht hat und viele Menschen insbesondere in der Politikvermittlung wieder für Politik begeistern konnte.«[337]

Der Medienexperte Wolfgang Storz glaubt zu wissen, was wiederum Diekmanns Blatt, die *Bild*-Zeitung, derart für zu Guttenberg einnahm: Der smarte Enddreißiger verkörpere einerseits den Adel, andererseits den Typus des modernen Managers. Dem zähen Leben in einer Verhandlungsdemokratie mit teilweise jahrelangen Entscheidungsprozessen habe zu Guttenberg den schneidigen Entscheider entgegengesetzt, der sofort Staatssekretäre oder Fregattenkapitäne entlässt und dem es sogar gelungen sei, die Wehrpflicht abzuschaffen. Zu Guttenberg verkörpere eine Art Basta-Politiker, einen autoritären Politikertyp, der auch zu den Erwartungen der *Bild*-Zeitung und ihrer Leser passe.

Aber passt so ein Typ auch zur Demokratie? Und was braucht ein Politiker, wenn er heutzutage erfolgreich sein will? Der Politikberater Axel Wallrabenstein von der Agentur MSL drückt es plastisch aus: »Leute, die keine Lust haben, über Marktplätze zu gehen, Menschen die Hand zu geben und kleine Kinder hochzuhalten, sollten keine Ministerpräsidenten werden, das ist ganz einfach.«[338] Wallrabenstein hat einschlägige Erfahrungen mit hoch qualifizierten Politikern gemacht, die das Thema »Volksnähe« für Zeitverschwendung hielten. »Es gibt Jobs, da muss ich gewisse Dinge tun«, sagt Wallrabenstein, »ich kann auch nicht Metzger oder Arzt werden, wenn ich kein Blut sehen will.« Es braucht also ein Mindestmaß an Einfühlungsvermögen.

Der Politikberater Heiko Kretschmer glaubt nicht, dass Karl-Theodor zu Guttenberg diese Fähigkeiten mitbringt. Vielmehr stehe er sich mit seiner ausgeprägten Selbstverliebtheit und Überheblichkeit selbst im Weg. Damit meint Kretschmer nicht so sehr charakterliche Schwächen, die im Übrigen anderen Politikern nicht immer geschadet haben. Er glaubt vielmehr, dass zu Guttenberg sich selbst ein Umfeld schuf, in dem ihm permanent »gehuldigt wurde« und in dem es zu Beginn seiner Plagiatsaffäre an jemandem fehlte, der gesagt hätte: »Junge, das kann man alles nicht mehr durchstehen!«

Der Guttenberg-Effekt, so viel lässt sich bereits festhalten, hat also zwei Inspirationen: einen im Wesentlichen um sich selbst kreisenden Politikstar und ein unkritisches, unterwürfiges Umfeld, das zu Anfang seiner Amtszeit sogar weite Teile der Medienöffentlichkeit umfasste. Es war eine unheilvolle Konstellation, die stark an das Italien Berlusconis erinnert. Denn hinter zu Guttenberg verbargen sich weniger Visionen und Überzeugungen als eine Geltungssucht, unter der nicht nur er selber, sondern auch weite Teile der Öffentlichkeit litten. Parteiinteressen und kommerzielle Interessen von Medienkonzernen griffen ineinander und hätten eine Kanzlerschaft zu Guttenbergs ermöglichen können. Der Politikberater Heiko Kretschmer hält zu Guttenberg daher für eine »der gefährlichsten Gestalten der deutschen Politik in den letzten 15 Jahren«.

Immerhin räumt *Bild*-Chef Diekmann offen ein, mit Karl-Theodor zu Guttenberg eine persönliche Freundschaft zu pflegen.[339] Er steht zu dieser Freundschaft mit einem Menschen, der öffentlich und ungestraft als Lügner und Betrüger bezeichnet wurde. Bedeutend interessanter ist daher die Frage, warum viele Medien, die nicht dem Springer-Imperium zuzuordnen sind, sich ebenso untertänig gegenüber dem jungen Bundesminister verhielten. Selbstverständlich dürfen auch Journalisten einen Politiker gut finden, der nicht dem gewohnten Image entspricht. Aber in Fällen wie dem zu Guttenbergs wäre dennoch eine erhöhte Vorsicht der Medien angebrachter als mediale Lobgesänge. Das Verkaufsargument inspirierte in Sachen Guttenberg offenkundig nicht nur die Publizisten der Springer AG.

»Kanzlerkandidat«
einer Medien-Oligarchie

In kaum einem Blatt aber hatte zu Guttenberg während der Phase seiner Ministerämter mehr Präsenz als in der *Bild*-Zeitung. Als Bundeswirtschaftsminister brachte er es auf 41 Artikel, im Amt des Verteidigungsministers wartete das Blatt sogar mit 43 Artikeln auf, bei den Berichten über die Plagiatsaffäre brachte *Bild* es sogar auf die Zahl von 47 (»So leidet Guttenberg«, »Sauber aus der Affäre gezogen!«, »Good Bye Gutti!«). Mit rund 130 Artikeln während seiner nur zweijährigen Ministerkarriere sorgte Deutschlands größte Zeitung für eine überwiegend positive Präsenz zu Guttenbergs. Optischer Höhepunkt war eine Ausgabe der *Bild*-Zeitung mit einer beigelegten 3-D-Brille für ganz treue Fans des schneidigen Verteidigungsministers und solche, die es nach Meinung von *Bild* noch werden sollten.

Der ehemalige Präsident des Bundesverbands der Deutschen Industrie, Hans-Olaf Henkel, ist gut mit der Springer AG und ihrer Führung vernetzt. 1998 hatte man ihm sogar den Posten des Aufsichtsratsvorsitzenden angeboten. Henkel meint zu wissen, was die Chefredaktion der *Bild*-Zeitung mit Karl-Theodor zu Guttenberg vorhatte: »Mir erzählte man, dass Herr Diekmann und Herr Blome wohl beide gemeinschaftlich über lange Zeit daran gearbeitet haben, dem deutschen Volk Herrn zu Guttenberg als potenziellen Kanzlerkandidaten zu präsentieren.«

Es dürfte nicht das erste Mal sein, dass ein Medium oder einzelne Journalisten versuchen, sich einen exklusiven Zugang zur Macht zu »erschreiben«. Im Falle zu Guttenbergs gingen beide Medienpartner hierbei allerdings ohne jede Zurückhaltung vor. Für *Bild* war das Ganze – wie Medienexperte Storz sagt – eine »Investition in die Zukunft«. Zu Guttenberg wiederum erhoffte sich davon – wie andere Prominente, die mit der Boulevardpresse kooperieren – eine Art »Lebensversicherung« für schlechte Zeiten. Der Medienanwalt Christian Schertz warnt seine prominenten Mandanten allerdings vor einer solchen Denkweise. Denn er kenne nur einen Fall, in dem *Bild* auch im Absturz »Nibelungentreue« zeigte: Karl-Theodor zu Guttenberg.

Vorbote einer undemokratischen Parallelgesellschaft

Freitag, 21. Januar 2011. Vor dem Deutschen Bundestag will sich zu Guttenberg zur neuen Mandatierung der ISAF-Truppen in Afghanistan äußern. Zuvor allerdings spricht er über die immer neuen Enthüllungen um das Segelschulschiff der Bundesmarine Gorch Fock.

Claudia Roth war an jenem Tag im Bundestag und erinnert sich, wie die Abgeordneten bei dem Minister auf umfassende Auskunft drängten. Sie wollten wissen, wie es passieren konnte, dass auf dem berühmten Segler eine junge Soldatin ums Leben kommen konnte. Es ging um Mobbing und Quälereien und um das mögliche Versagen des Fregattenkapitäns.

> »Ich werde den Auftritt von Herrn zu Guttenberg nicht vergessen. Weil er sich mit großer Geste hinstellte und den Bundestag erst einmal belehrte, was Rechtsstaatlichkeit ist. Dass man nicht vorverurteilen dürfe und dass er keineswegs gewillt sei, so schnell und unmittelbar Schlussfolgerungen zu ziehen. (…) Also, der hat sozusagen eine ziemliche Schimpftirade von oben herab, wirklich von oben herab, gegenüber dem Parlament losgelassen.«

Zu Guttenberg forderte die Abgeordneten auf, »über Tatsachen zu sprechen und nicht über Mutmaßungen, insbesondere dann nicht über Mutmaßungen, wenn der Schutz eines Soldaten, der gerade Ermittlungen ausgesetzt ist, wenn dieser Schutz gefährdet sein könnte«[340]. Mit seinen Ausführungen zum rechtsstaatlichen Umgang mit Untergebenen verfolgte zu Guttenberg offenkundig vor allem die Absicht, dem Deutschen Bundestag nicht weiter und schon gar nicht konkreter Rede und Antwort stehen zu müssen. Stattdessen meldete die *Bild*-Zeitung am Tag danach die Abberufung des Fregattenkapitäns. Noch vor der »Tagesschau« sei das Ministerium am Freitagabend von *Bild* »vorab über die Details der Berichterstattung informiert« worden. Daraufhin habe sich der Minister mit seinem Führungsstab beraten: »Am späten Abend steht die Entscheidung fest und Guttenberg greift durch!«[341]

Die Bundestagsabgeordnete Claudia Roth jedenfalls traute ihren Augen nicht, als sie im Fernsehen Guttenberg in seiner Dienstlimousine sah, neben ihm einen bekannten Journalisten aus dem Hause Springer, der stellvertretende Chefredakteur von *Bild am Sonntag*, Michael Backhaus. Der beschrieb die Szene in seinem Blatt unter der Schlagzeile: »Minister Liebling im Sturm«:

> »Der gepanzerte Audi A8 schießt mit knapp 200 Kilometern pro Stunde durch die Freitagnacht zwischen dem osthessischen Fulda und dem unterfränkischen Esselbach, als Karl-Theodor zu Guttenberg der Kragen platzt. ›Es reicht!‹ (…) Guttenberg zieht drastische Konsequenzen: ›Ich habe verfügt, dass die Gorch Fock sofort auf direktem Weg nach Deutschland zurückkommt. Und ich habe den Inspekteur der Marine angewiesen, den Kommandanten des Schiffes von der Führung des Schiffes zu entbinden.«[342]

Nachdem zu Guttenberg kurz zuvor im Bundestag frei gewählte Abgeordnete für ihre kritischen Fragen zurechtgewiesen hatte, traf er nun im Auto neben einem Springer-Chefredakteur eine beamtenrechtlich und arbeitsrechtlich heikle Entscheidung gegen den Kapitän der Gorch Fock.

Claudia Roth bringt dieses Erlebnis noch heute in Rage. »Also da war überhaupt kein Abstand mehr. Das war wie das offizielle Presseorgan, des Bundesverteidigungsministers, so geht es doch nicht.«[343] Zwar müsse die Presse eine starke Macht haben, aber zur Kontrolle der Regierung, nicht als Teil der Exekutive. »Der Minister kann doch nicht ein Parlament belehren und dann in der *Bild*-Zeitung seine Beschlüsse erklären. Er ist doch dem Bundestag gegenüber verantwortlich und nicht der *Bild*-Zeitung.« Die Vorsitzende der Grünen glaubt, dass zu Guttenberg sich selbst jenseits der politischen Klasse gesehen habe, jenseits politischer Gremien wie Bundestag und sogar Bundesregierung, der er selbst angehörte. Allerdings hatte er dabei nicht nur die *Bild*-Zeitung an seiner Seite.

▶ ▶ ▶

Diese und ähnliche Episoden aus dem Ministerleben des Karl-Theodor zu Guttenberg offenbaren den Schaden, den dieser vermeintliche politische Hoffnungsträger im politischen System der Bundesrepublik Deutschland angerichtet hat. Mit zu Guttenberg wurde zum ersten Mal seit der Ära Strauß hierzulande ein Politikstil realisiert, der die Grenzen der Gewaltenteilung missachtet und dieses System jederzeit zu ignorieren bereit ist, wenn es eigensüchtigen Machtinteressen dienlich ist.

Dabei sollten Jahrzehnte einer fortschreitenden Aushöhlung der italienischen Demokratie durch den Medienmogul Silvio Berlusconi uns eigentlich vor Augen geführt haben, was selbst in hoch entwickelten demokratischen Staaten alles möglich ist. Wenn Medienoligarchien und deren Günstlinge die Vermittlung von Politik an sich reißen, driftet die bürgerliche Öffentlichkeit in eine undemokratische Parallelgesellschaft ab. Und in dieser wird es keine Rolle spielen, ob der medial Begünstigte Karl-Theodor zu Guttenberg heißt oder Peer Steinbrück, ob die Konzerne den Namen Springer, Burda oder Bertelsmann tragen.

Buch-PR mit *Bild, Zeit* und der Justiz

24. November 2011. Fast neun Monate zuvor ist Bundesverteidigungsminister zu Guttenberg zurückgetreten. Auf dem Internetportal Guttenplag haben die digitalen Plagiatsjäger ihre Suche längst eingestellt. Der Eintrag vom 3. April, 11.55 Uhr, zeigt den letzten Stand: »1218 Plagiatsfragmente aus 135 Quellen auf 371 von 393 Seiten (94,4 %) in 10421 plagiierten Zeilen (63,8 %).«[344]

Zu Guttenberg ist plötzlich wieder präsent. Und diese Präsenz steigert der versierte PR-Politiker kaskadenförmig mit Hilfe von Zeitungen, einem Buchverlag und sogar der Staatsanwaltschaft. Die Wochenzeitung *Die Zeit* bringt am 24. November 2011 ein vierseitiges Interview des Chefredakteurs Giovanni di Lorenzo mit zu Guttenberg. Das Extrakt der mit netten Porträts geschmückten Bleiwüste lautet: »Mein ungeheuerlicher Fehler«[345]. Es handelt sich um einen Vorabdruck des Interviewbuches *Vorerst gescheitert*, das zu Guttenberg und Giovanni di Lorenzo gemeinsam mit einer Startauflage von 80 000 Exemplaren ganz nebenbei auf den vorweihnachtlichen deutschen Buchmarkt platziert haben.[346] Nach dieser publizistischen Absolution trommelt auch *Bild* zum Start des Buches für Karl-Theodor zu Guttenbergs Comeback und schreibt: »›Vorerst‹ – ein klares Zeichen dafür, dass Guttenberg seine politische Karriere in Deutschland noch längst nicht abgeschrieben hat!«[347] Beide »Medienpartner« zu Guttenbergs verweisen wiederum werbewirksam auf das Buch.[348]

Und sogar die Justiz hat der noch in den USA weilende Baron für seine Zwecke eingespannt. Genau einen Tag vor Erscheinen des großen Interview-Vorabdrucks in der *Zeit* meldet die Staatsanwaltschaft Fürth per Pressemitteilung, das Strafverfahren gegen zu Guttenberg sei gegen Zahlung von 20 000 Euro eingestellt worden. Der hat das offenbar geahnt, sonst hätte er in der längst gedruckten Ausgabe seines Buches nicht formulieren können, dass es kein Betrug gewesen sei, habe »die Staatsanwaltschaft klar feststellt«[349].

Wer weiß, wie lange der Herstellungsprozess eines Buches dauert, der ahnt die brillante PR-Leistung, die hinter den zeitlichen Koinzidenzen steckt. Die Staatsanwaltschaft muss zu Guttenberg den Bescheid schon viele Wochen zuvor geschickt haben, sonst hätte der sich in seinem Buch nicht auf dessen Inhalt beziehen können. Öffentlich machen konnte die Staatsanwaltschaft die Einstellung des Verfahrens trotzdem erst mit der getätigten Überweisung der 20 000 Euro durch zu Guttenberg. Insofern konnte er den Zeitpunkt der Pressemitteilung der Staatsanwaltschaft über die Einstellung des Verfahrens ziemlich exakt auf das Erscheinen des Interviewbuches respektive der Aufmacher bei *Zeit* und *Bild* trimmen.

Auf immerhin fast 25 Seiten, auf denen es in dem Buch um die Plagiatsvorwürfe geht, zeigt sich Guttenberg vollkommen uneinsichtig und beharrt darauf, niemals absichtlich getäuscht zu haben. Ein Plagiat mag er ebenfalls nicht einräumen, weil ein solches nach seiner Definition nicht vorliegen könne: »Ich habe nicht einfach das ganze Buch eines anderen abgeschrieben und zu meinem Buch erklärt.«[350]

Die Staatsanwaltschaft in Fürth äußerte sich dazu am Tag nach Erscheinen des Interviews in einer Pressemitteilung: »Aus der Dissertation konnten jedenfalls 23 Textpassagen als strafrechtlich relevante Urheberrechtsverstöße herausgearbeitet werden.«[351] Da der finanzielle Schaden der verletzten Urheber marginal sei und zu Guttenberg selbst keinen wesentlichen finanziellen Vorteil aus seiner Tat gezogen habe, genüge eine Zahlung von 20 000 Euro an eine gemeinnützige Organisation.

Wer nach Giovanni di Lorenzo ein Interview mit dem zurückgetretenen Verteidigungsminister anstrebte, konnte auf den Tag der Verleihung des Ordens wider den tierischen Ernst in Aachen hoffen. Denn zu Guttenberg hatte in seinem Interviewbuch kundgetan, dass er zwar politisch nie etwas verspreche, aber: »Wenn ich nicht politische Versprechen gebe, dann halte ich die. Ein solches Versprechen habe ich dem Aachener Karnevalsverein gegeben. Also werde ich da sein.«[352] Wenige Tage vor dem Ereignis war man in Aachen noch immer nicht sicher, ob zu Guttenberg zu seinem Versprechen stehen würde. Am Ende erschien er nicht.

Bereits vor der Veröffentlichung des Buches hatte ich bei einer Pressesprecherin des Herder Verlags angerufen:

Adamek: »Sagen Sie, stellt denn der Herr Guttenberg sein Buch vor?«

Herder: »Nein.«

Adamek: »Braucht er wohl auch nicht.«

Herder: »Nein« (sie lacht am Telefon).

Adamek: »Gibt denn der Herr Guttenberg Interviews?«

Herder: »Nein, er hat ja ein Interview gegeben, das bleibt sein einziges, das steht im Buch.«[353]

► ► ►

Mit *Vorerst gescheitert* wagte sich zu Guttenberg vorerst nicht aus der Deckung. Aber zum Guttenberg-Effekt gehört auch, dass es auf seine physische Präsenz gar nicht anzukommen scheint. Nicht nur die *Bild*-Zeitung versuchte, dem breiten Publikum den Exminister in Erinnerung zu rufen. Am zehnten Jahrestag der Terroranschläge von New York besucht *Bild* mit dem Ehepaar zu Guttenberg Ground Zero:

»Aus dem 48. Stock geht der Blick in das klaffende Loch von Ground Zero. Im Glas-und-Stahl-Turm mit der Adresse 7 World Trade Center stehen der ehemalige Verteidigungsminister Karl-

Theodor zu Guttenberg und seine Frau Stephanie. Und schauen hinab auf diesen Ort, an dem vor zehn Jahren fast dreitausend Menschen ihr Leben verloren.«[354]

Und wenige Tage später berichtete das Blatt über zu Guttenbergs neue Tätigkeit am Washingtoner Center for Strategic and International Studies: »Nach *BILD*-Informationen wird Guttenberg als ›Distinguished Statesman‹ (herausragender Staatsmann) an die Spitze eines neuen transatlantischen Dialog-Forums berufen.«[355] *Spiegel Online* formulierte wohlwollend »vom Lenker zum Denker«, wies aber auch darauf hin, dass die neue Tätigkeit zu Guttenbergs unbezahlt sei.[356] Im Interview mit Giovanni di Lorenzo stellte Karl-Theodor zu Guttenberg allerdings wortreich und gestelzt heraus, dass er mehr als einfach nur einen interessanten Job machte: »Ich beschäftige mich erstens intensiv mit den evidenten Machtverschiebungen auf der Welt; und damit, wie man derzeit auf beiden Seiten des Atlantiks daran scheitert, den neuen globalen Herausforderungen langfristig zu begegnen.«[357]

Aber nicht nur globale Mächte scheitern in den Augen zu Guttenbergs, sondern auch die heimische CSU. So kritisiert er in seinem Buch, dass es nicht genüge, »romantische Rückschau« auf die eigene Partei zu halten: »Da haben sich doch schon viele Spinnweben gebildet.«[358] Auch treffe er häufig jüngere Leute, die sich für die CSU einen Kompass wünschten, also eine politische Orientierung.

Trotz der beißenden Kritik an der CSU-Führung, die zu Guttenberg in seinem Buch formuliert, spricht CSU-Chef Horst Seehofer bereits Ende Dezember 2011 wieder von einem Comeback. In einem Interview versucht Seehofer – jedenfalls nach außen –, zu Guttenberg wieder ins Spiel zu bringen, und kündigt an, ihn wieder »für eine aktive Rolle in der CSU« gewinnen zu wollen.[359]

Im Oktober 2012 wiederholt Seehofer am Rande des CSU-Parteitags diese Überlegungen. Er wolle sich bemühen, zu Guttenberg nach den Landtagswahlen 2013 für eine »maßgebliche« Aufgabe in der CSU zu gewinnen.[360] Kenner der CSU wiederum sehen in dieser Bemühung Seehofers eher den Versuch, andere innerparteiliche Gegner wie zum Beispiel Markus Söder in Schach zu halten. Ganze zwei Monate später bezeichnete Seehofer zu Guttenberg gar als »Glühwürmchen« dessen Leuchten nicht von langer Dauer sei.[361]

▶ ▶ ▶

Viel nachhaltiger als in der CSU dürfte der Guttenberg-Effekt in der gesamten politischen Öffentlichkeit Deutschlands sein. *Zeit*-Chefredakteur Giovanni di Lorenzo hat sein umstrittenes Interviewbuch mit diesem besonderen Effekt begründet: »Erst war ihm das ganze Land verfallen und dann dieser jähe Absturz, deshalb wollte ich dieses Interview«[362].

Trotz seines Wissens um das politische Wirken zu Guttenbergs als Minister bezeichnet di Lorenzo diesen Politiker im Buch als eines der »größten politischen Talente Deutschlands«[363]. Mittlerweile hat er sich von seinem damaligen Vorgehen selbstkritisch distanziert. Dabei war er beileibe nicht der einzige Journalist, der sich von der Figur zu Guttenberg blenden ließ. Volker Zastrow von der *Frankfurter Allgemeinen Sonntagszeitung* extrahiert den ethischen Aspekt des Guttenberg-Effekts in seinem preisgekrönten Essay:

> »Guttenberg führt höchstpersönlich die Bewegung derer an, die nicht hinschauen wollten, unterstützt von zahllosen Unionspolitikern, die damit beschäftigt waren, der Öffentlichkeit einzureden, dass Lügen und Betrügen vielleicht nichts Großartiges ist, aber bei großartigen Menschen nicht weiter ins Gewicht fallen. Sie machten sich zu Einpeitschern von Personen, die unübersehbar das Urteil durch den Affekt ersetzten.«[364]

In die Aufzählung Zastrows hätten allerdings auch die Medienkonzerne gehört, die lange Zeit ebenfalls der Strahlkraft zu Guttenbergs erlagen, ohne zu registrieren oder vielleicht registrieren zu wollen, dass sie einem Blendwerk aufgesessen waren. Volker Zastrow inspirierte diese Situation zu einem Einfall. Nachdem er im Winter 2011 den Film *Toy Story 3* gesehen hatte, kam ihm die Idee, zu Guttenberg als Ken-Theodor und seine Gattin Stephanie als Barbie im Blatt zu illustrieren – ein Vergleich, der den Shootingstar aus Bayern schon seit Längerem begleitete: »In diesem Film hatte der gute alte Ken endlich mal eine Hauptrolle – dieser Typ, der eine Schattenexistenz hinter Barbie fristet und bei dem man sich fragt, warum man nicht schon immer gemerkt hatte, dass er eigentlich ganz anders drauf ist.«[365]

Es ist vielleicht diese Schattenexistenz, die Menschen dazu verleitet, sich permanent ins grelle Licht zu drängen. Bei zu Guttenberg funktionierte diese Methode über lange Monate hinweg. Und selbst bei seinem Abgang konnte er nicht anders als sich noch einmal kräftig selbst zu loben, indem er erklärte, »ein weitgehend bestelltes Haus zu hinterlassen«. Deshalb habe er in den Wochen vor seinem Rücktritt »noch einmal viel Kraft auf den nächsten, entscheidenden Reformschritt verwandt, der nun von meinem Nachfolger bestens vorbereitet verabschiedet werden kann. Das Konzept der Reform steht.«[366] Was von dieser Aussage zu halten war, erfuhr die Öffentlichkeit genau zweieinhalb Monate später von zu Guttenbergs Nachfolger Thomas de Maizière: »Die Wunschzahlen, die ich vorgefunden habe, passten mit den Planungen der mittelfristigen Finanzplanung unter keinem denkbaren Gesichtspunkt zusammen.«[367]

Zu Guttenberg bedroht Merkels Macht

Der jahrelange mediale Überflug zu Guttenbergs ist auch mit der von politischen Beobachtern damals konstatierten »Schwäche« der Kanzlerin im ersten Jahr der schwarz-gelben Koalition zu erklären. Ein Jahr nach der gewonnenen Bundestagswahl 2009 kommt die Union in Umfragen kaum über 30 Prozent hinaus.

Im Oktober 2010 spekulieren Zeitungen plötzlich über die Möglichkeit, Karl-Theodor zu Guttenberg könne Angela Merkel im Kanzleramt ablösen, sollte im Frühjahr 2012 die Landtagswahl im traditionellen CDU-Land Baden-Württemberg für die Union verloren gehen. Die *Frankfurter Allgemeine Zeitung* schreibt: »Fällt Stuttgart, könnte Merkel taumeln«, und berichtet über »Szenarien für eine Post-Merkel-Zeit«[368], in der zu Guttenberg die Hauptrolle spiele. *Bild* fragt: »In welches Amt stürmt Guttenberg 2011?« Der stellvertretende Chefredakteur von *Bild am Sonntag*, Michael Backhaus, betitelt kurz darauf seinen Kommentar »Der Retter«: »Sollte Kanzlerin Merkel die Lust an der deutschen Politik vor der nächsten Bundestagswahl verlieren, wäre der klare Favorit für ihre Nachfolge: Guttenberg.«[369] Nur für den Fall, dass Frau Merkel nicht mitspielt, skizziert der *BamS*-Mann eine Alternative: »Und sollte eines Tages doch eine neue bürgerlich-konservative Partei gegründet werden, wäre die Idealbesetzung für den Vorsitzenden: Guttenberg.« Die Zeitung liefert zu diesem für Angela Merkel ungemütlichen Szenario sogar harte Umfragezahlen: So habe EMNID im Auftrag von *Bild am Sonntag* ermittelt, dass 35 Prozent der Deutschen eine neue Partei wählen würden, wenn Guttenberg ihr Vorsitzender wäre, »unter den Anhängern von CDU und CSU sogar 55 Prozent«[370]. Und *Der Spiegel* wartet sogar mit einem glanzvollen Titel auf, der das Ehepaar zu Guttenberg wie ein Monarchenpaar präsentiert: »Die fabelhaften Guttenbergs – Paarlauf ins Kanzleramt«[371]. Die *Financial Times Deutschland* formuliert hingegen zu Recht, die Planspiele seien »vergiftete Komplimente«[372].

Zu Guttenberg selbst wiegelt damals ab, nennt die Kanzlergerüchte »Mumpitz« und »völligen Scheiß«. Und er übt sich in selbstloser Demut, indem er auf die vergängliche Beliebtheit von Politikern in der Mediendemokratie hinweist: »Ein gewisser Absturz hätte bei mir längst kommen müssen. Wie er bislang nicht gekommen ist, kann er stündlich kommen.«[373] Es klingt beinahe so, als bereite zu Guttenberg hier schon vor, was ihm medial wenige Monate später ereilen wird. Und als wolle er der Welt zeigen, dass er auch unbekannte Krisenherde bereits im Vorhinein erkennen und beherrschen könne.

Wer die von zu Guttenberg hier formulierten Worte nicht allzu wörtlich nahm, der konnte in dieser staatsmännischen Bescheidenheit allerdings nur eines sehen: ein, vielleicht etwas unbeholfen geratenes, Bewerbungsinterview eines künftigen Bundeskanzlers. Das wiederum kann der amtierenden Kanzlerin auf keinen Fall entgangen sein.

Die Kanzlerin hat »volles Vertrauen«

Am 16. Februar 2011 meldet die *Süddeutsche Zeitung*, dass zwei Professoren auf Plagiate in der Doktorarbeit von Karl-Theodor zu Guttenberg gestoßen seien. Zu Guttenberg sagt dazu: »Der Vorwurf, meine Doktorarbeit sei ein Plagiat, ist abstrus.«[374] Kurz darauf gibt die *Frankfurter Allgemeine Zeitung* bekannt, dass sich »der einleitende Absatz der Arbeit fast wortwörtlich« mit einem Text der Politikwissenschaftlerin Barbara Zehnpfennig in der *FAZ* vom 27. November 1997 decke – und das, ohne dass die Stelle als Zitat kenntlich gemacht oder die Quelle angegeben worden sei. Ähnliches meldet die *Neue Zürcher Zeitung*.

Regierungssprecher Steffen Seibert teilt mit, Bundeskanzlerin Angela Merkel habe von den Vorwürfen »wie der Rest der Republik auch gerade erst erfahren und interessiert sich dafür«. Vorsorglich lässt Merkel darauf hinweisen, dass ihr Minister »in seinem Amt vor vielen Herausforderungen steht und dass er diesen Herausforderungen sehr gut gewachsen ist«.

Aber erfuhr Angela Merkel hier wirklich zum ersten Mal von zu Guttenbergs akademischer Täuschung? Bereits im Sommer 2010 – also mehr als ein halbes Jahr vor der ersten Nachricht – waren dem Doktoranden Michael Schwarz beim Lesen der zu Guttenbergschen Arbeit Ungereimtheiten aufgefallen.[375] Er entdeckte, dass es sich bei einigen Stellen in der Arbeit um direkte Übernahmen aus der Fachliteratur handelte, allerdings ohne dass diese als Zitate kenntlich gemacht worden wären.

Schwarz listete die Stellen auf. Er war sich sicher, dass ein Plagiat vorlag und zu Guttenberg möglicherweise sogar einen Rechtsbruch begangen hatte. Schwarz wandte sich an den Juraprofessor Bodo Pieroth in Münster, für den er als wissenschaftlicher Mitarbeiter tätig war. Der bestärkte den Doktoranden in seiner Absicht, einen Aufsatz über das Vorgehen zu Guttenbergs zu verfassen. Was dieser auch tat. Schwarz zeigte den Aufsatz einer Reihe von Bekannten. Die meisten warnten ihn vor einer Veröffentlichung, wie er der *Berliner Morgenpost* berichtete:»Mir wurde gesagt, dass der Aufsatz Sprengstoff in sich birgt und dass ich mit einer Veröffentlichung Gefahr laufe, von der Öffentlichkeit vereinnahmt zu werden.«

Gleichwohl weihte Schwarz auch seinen Doktorvater ein, den Staatsrechtler Ingolf Pernice an der Berliner Humboldt-Universität. Pernice hatte seinerzeit an der Universität Bayreuth denselben Doktorvater gehabt wie zu Guttenberg, den Staatsrechtler Peter Häberle. Pernice riet seinem Doktoranden, den Vorfall dem Ethikausschuss der Universität Bayreuth zu melden. Doch auch davon nahm der Doktorand offenbar Abstand. Allerdings hatten neben den beiden Professoren nun weitere Wissenschaftler von den Plagiatsvorwürfen erfahren. Unklar ist, ob die hochbrisante Information über den Bundesverteidigungsminister auch politische Kreise, gar das Kanzleramt erreichte.

Am 18. Februar 2011 warteten die Berliner Hauptstadtjournalisten in der Bundespressekonferenz auf ein Statement von zu Guttenberg, der zugesagt hatte, sich seine Arbeit noch einmal anzusehen.[376] Nun teilte sein Sprecher den versammelten Journalisten mit, der Minister gebe gerade einem Kreis von »ausgewählten Medienvertretern« eine Erklärung. Es kam zum Eklat in der Bundespressekonferenz, die empörten Journalisten verließen vorzeitig den Saal.

Einmal mehr hatte zu Guttenberg gezeigt, was er von den Gepflogenheiten der demokratischen Öffentlichkeit hielt. Bei den »ausgewählten Medienvertretern« handelte es sich in erster Linie um Journalisten der Fernsehsender ARD und ZDF sowie Pro7/Sat.1-Gruppe – für schnelle, massenwirksame Verbreitung der ganz persönlichen Erklärung von zu Guttenberg war also gesorgt. Berlusconi lässt grüßen! Zu Guttenberg erklärte, dass er sich für »eventuelle Fehler« entschuldige. Die Arbeit sei »über etwa sieben Jahre neben meiner Berufs- und Abgeordnetentätigkeit als junger Familienvater in mühevollster Kleinarbeit entstanden, und sie enthält fraglos Fehler«. Trotzdem habe er niemals bewusst getäuscht. Die Plagiatsermittler der Website Guttenplag allerdings fanden in seiner Dissertation immer mehr abgekupferte Stellen – am Ende sollten es 1218 Plagiatsfragmente sein.

Am 21. Februar 2011 erklärte zu Guttenberg, seinen Doktortitel dauerhaft ablegen zu wollen. Angela Merkel stärkte ihm am selben Tag öffentlich den Rücken. Beobachter vermuten, dass sie den nach dem Rücktritt Horst Köhlers entstandenen Eindruck vermeiden wollte, sie habe sich nicht ausreichend hinter einen Weggefährten gestellt. Angela Merkel sagte einen Satz, den ihr manche Anhänger konservativer Tugenden in der Union bis heute übelnehmen:

> »Der Bundesverteidigungsminister hat mein volles Vertrauen. (...) Ich habe keinen wissenschaftlichen Assistenten oder einen Promovierenden oder einen Inhaber einer Doktorarbeit berufen, sondern hier geht es um die Arbeit als Bundesverteidigungsminister.«[377]

In der wissenschaftlichen Welt sorgte diese Äußerung der Kanzlerin für Empörung. Es hieß, 20 000 Bürger hätten bereits einen von Doktoranden initiierten Protestbrief an Bundeskanzlerin Angela Merkel unterzeichnet.[378]

Gut ein Jahr später geriet ein weiteres Mitglied des Kabinetts Merkel unter Plagiatsverdacht: Bildungsministerin Annette Schavan. In diesem Fall sprach Bundeskanzlerin Merkel allerdings nicht von »vollem Vertrauen« wie im Fall Guttenberg, sondern von »vollstem Vertrauen«.

Annette Schavan
und der Verrat

Annette Schavan und Angela Merkel betreiben bereits seit 1998 gemeinsam Politik in der CDU. Schavan war damals stellvertretende Parteivorsitzende, Merkel Generalsekretärin. In ihr erstes Bundeskabinett 2005 holt Merkel Schavan als Bildungsministerin. Beiden wird ein äußerst vertrautes Verhältnis nachgesagt.[379] Die Plagiatsaffäre ihres Kabinettskollegen zu Guttenberg lässt Annette Schavan lange Zeit unkommentiert, obgleich sie als Bundesbildungsministerin zumindest eine hohe Affinität zu dem Thema mitbringen sollte.

Am 28. Februar 2011 erscheint in der *Süddeutschen Zeitung* ein langes Interview mit Schavan. Irgendwann fragt sie der Redakteur Stefan Braun: »Schämen Sie sich heimlich für Ihren Kabinettskollegen?« Es ist eine tückische Frage, denn sie unterstellt, dass Schavan sich überhaupt für zu Guttenberg schäme. Eigentlich sind amtierende Bundesminister darin geübt, solchen Fragen mit einer verklausulierten Antwort auszuweichen, zumal wenn sie auf andere amtierende Minister zielen. Annette Schavan aber beantwortet diese Frage ungewohnt schnörkellos: »Als jemand, der selbst vor 31 Jahren promoviert hat und in seinem Berufsleben viele Doktoranden begleiten durfte, schäme ich mich nicht nur heimlich. Und das wird Karl-Theodor zu Guttenberg nicht anders gehen.«[380] Diese Antwort ist in zweierlei Hinsicht bemerkenswert. Erstens offenbart sie, dass die Merkel-Vertraute im Kabinett sich ganz offen für zu Guttenberg schämt, ihn mithin moralisch nicht mehr für ministrabel halten kann. Zweitens unterstellt sie zu Guttenberg, ebenso empfinden zu müssen. Der wiederum wäre, würde er diese Scham öffentlich ableugnen, moralisch vollends disqualifiziert.

Die Welt berichtete wenige Tage später, was einige in der Union nur hinter vorgehaltener Hand sagten: »Wenn Schavan Guttenberg verriet, kam der Befehl dazu aus dem Kanzleramt.« Die Version ihres Sprechers, das Interview sei keineswegs zuvor mit Angela Merkel abgesprochen gewesen, nehme Schavan »niemand in Berlin ab«[381].

1. März 2011, kurz nach neun Uhr früh. Während in Berlin zu Guttenberg seinen Rücktritt vorbereitet, lauschen Angela Merkel und Annette Schavan gerade einer Empfangsrede auf der Computermesse Cebit in Hannover. Ein Kameramann fängt eine Szene ein, die später von sich reden machen wird[382]: Angela Merkel erhält eine SMS und liest diese beinahe regungslos. Dann blickt sie zu Annette Schavan und reicht ihr das Handy mit der soeben erhaltenen Nachricht. Beide Frauen werfen sich einen Blick zu wie zwei alte Freundinnen, die gemeinsam und heimlich einen kleinen Erfolg zu verzeichnen haben. Annette Schavan verschränkt die Arme und verzieht vergnügt den Mund zu einem spitzbübischen Lächeln.

Bei der SMS, so melden mehrere Medien, soll es sich um zu Guttenbergs Rücktrittsankündigung gehandelt haben. Der Nachrichtensender n-tv berichtet, dass Merkel sich kurz darauf während des Messerundgangs entschuldigte, um einige Minuten ungestört von ihrem Auto aus zu telefonieren.[383] Das Bundeskanzleramt allerdings tritt Berichten entgegen, wonach die SMS, die Angela Merkel Annette Schavan zeigte, irgendetwas mit dem Rücktritt Karl-Theodor zu Guttenbergs zu tun gehabt habe. Es war womöglich der einzige Augenblick, in dem die berühmt-berüchtigte Fähigkeit der Bundeskanzlerin zur nonverbalen Kommunikation an ihre Grenzen stieß.

Um 11.16 Uhr kündigt ein Soldat in der Säulenhalle des Bundesverteidigungsministeriums den Minister an, der nun vor die versammelten Journalisten tritt.[384] Ein Karl-Theodor zu Guttenberg tritt nicht einfach zurück, weil er bezichtigt wird, gelogen und betrogen zu haben. Ein »K.T.« zu Guttenberg folgt grundsätzlicheren Erwägungen. Wir werden vielleicht nie erfahren, wer ihn bei dieser Rede beraten hat, weil er bis heute kein Interview geben mag. Jedenfalls greift zu Guttenberg während seiner Abschiedsrede zu einem Mittel, das selbst Spin-Doktoren der übelsten Sorte eigentlich zu verhindern gewusst hätten. Er spricht in einem Atemzug über seine Dissertation, seine Person sowie den Tod und die Verwundung von 13 Soldaten in Afghanistan:

>»Wenn allerdings, wie in den letzten Wochen geschehen, die öffentliche und mediale Betrachtung fast ausschließlich auf die Person Guttenberg und seine Dissertation statt beispielsweise auf den Tod und die Verwundung von 13 Soldaten abzielt, so findet eine dramatische Verschiebung der Aufmerksamkeit zulasten der mir Anvertrauten statt.«[385]

Als selbst ernannter Schutzpatron der Toten schiebt er die Toten vor, um am Ende sich selbst zu schützen. Zu Guttenberg will als demütiger Teil des Ganzen wahrgenommen werden und teilt dies auch allen mit: »Aber ich habe die Grenzen meiner Kräfte erreicht«, lautet der letzte Satz seiner Abschiedsrede. Nun geht zu Guttenberg, und auch sein Entschwinden folgt den Gesetzen der neuen, vielleicht auch Deutschland drohenden Mediendiktatur: Zu Guttenberg schreitet die Treppe der Säulenhalle hinauf. Selbst sein schwerster Gang, so will er der Welt signalisieren, führt einen wie ihn nach oben.

7.

GRÜNE UND ROTE IM SCHWARZEN NETZ

Cem Özdemir hat es geschafft. Genau 28 Jahre nach Gründung der Partei haben die Grünen erstmals einen Bundesvorsitzenden, den die *Bild*-Zeitung liebt. »YES, WE CEM!«, jubelt das Blatt, als Özdemir im November 2008 zum grünen Bundesvorsitzenden gewählt wird.[386] Zum Jahresbeginn 2010 begrüßt *Bild am Sonntag* ihre Leser mit einem schönen Artikel: »Der Grünen-Chef grüßt aus der Babypause«. Das Blatt gönnt seinen Lesern sogar einen Blick in das Familienalbum der Özdemirs: »Grünen-Chef Cem Özdemir hält seinen wenige Wochen alten Sohn Vito auf dem Arm, scherzt dabei mit Töchterchen Mia. Im Vordergrund strahlt seine argentinische Frau Pia Castro, zärtlich die Hand auf Özdemirs Knie.«[387] Was hat der grüne Bundesvorsitzende, was die Politikikone der *Bild*-Gruppe, Karl-Theodor zu Guttenberg, auch hat?

Es gibt überraschend viele Gemeinsamkeiten, und die beschränken sich keineswegs auf die Tatsache, dass beiden direkt hintereinander in den Jahren 2012 und 2013 der berühmte »Orden wider den tierischen Ernst« des Aachener Karnevalsvereins verliehen wurde.

Während zu Guttenberg mit Kai Diekmann persönlich befreundet ist, soll Özdemir gut bekannt sein mit Mathias Döpfner, dem Vorstandsvorsitzenden der Springer AG. Beide Politiker verfolgten eine ähnliche Exitstrategie aus dem mit ihnen persönlich verbundenen politischen Skandal, indem sie ihre politische Karriere abbrachen und für eine Weile in die USA gingen, um dort für atlantische Organisationen zu arbeiten. Beide haben zum Teil dieselben Freunde mit ähnlichen Ansichten.

Es ist mehr als fraglich, ob wir überhaupt noch von einem »rotgrünen Lager« sprechen sollten, aber solange SPD und Grüne die Bildung einer rot-grünen Regierung allen Umfragen zum Trotz und unter Leugnung der Möglichkeiten einer rot-rot-grünen Machtoption als Ziel propagieren, ist es wenig sinnvoll, sie bereits gedanklich zu trennen. Immerhin haben sie sieben Jahre einer gemeinsamen Geschichte hinter sich, die bis heute in Deutschland Wirkungen zeigt – man denke an Hartz IV, den Niedriglohnsektor oder die weltweiten Kriegseinsätze der Bundeswehr.

Insbesondere die Grünen konnten stets mit starken Persönlichkeiten aufwarten. Einige, wie Jürgen Trittin, Renate Künast und Claudia Roth, sind nach wie vor im Spiel, aber Cem Özdemir dürfte der Einzige sein, der lange dabei ist, um noch länger zu bleiben. Und da es keinen grünen Politiker gibt, der ähnlich gut mit den konservativen Eliten aus Wirtschaft und Politik vernetzt ist, erscheint es sinnvoll, die Geschichte rot-grüner Erbfreundschaften und neuer schwarzer Netze am Beispiel seiner Person zu erzählen.

Cem Özdemir wuchs als Arbeiterkind auf. Seine Eltern waren aus Anatolien nach Bad Urach bei Reutlingen gezogen. Sein Vater arbeitete als Dreher, seine Mutter betrieb eine Änderungsschneiderei. Mit 16 trat Cem Özdemir den Grünen bei, mit 18 begann er auf dem zweiten Bildungsweg ein Studium der Sozialpädagogik. Mit 24 wurde er Mitglied des grünen Landesvorstands Baden-Württemberg. 1994 zog der 29-jährige Student in den Deutschen Bundestag ein und machte in der Grünen-Fraktion schnell Karriere.

Der *stern* schreibt über diese Zeit:

»Ausnahmetalent. Joschka-Freund. ›Multikulti-Mann des Jahres 1997‹. Innenpolitischer Sprecher. Er trägt Autogrammkarten in drei Varianten mit sich herum. Als Bildschirmschoner gibt es ihn auch. Die Medien lieben ihn, und er liebt sich im Großformat. Irgendwann hebt er ab. Popstar ohne Inhalt.«[388]

Und doch machte Özdemir einen klassischen Anfängerfehler. Er gab zu viel Geld aus. Neben privaten Ausgaben, wie einem Auto für seinen Vater und teuren Anzügen, spendete Özdemir für gute Zwecke und vergaß darüber, dass man Abgeordnetendiäten auch versteuern muss. Er hatte komplett vergessen, für diesen Zweck Rücklagen zu bilden. Und beging nun einen weitaus gravierenderen Fehler.

80 000 Mark vom Rüstungslobbyisten Hunzinger

Glaubt man Özdemirs Darstellung, hatte er sich mit der Bitte um Hilfe an einen guten Bekannten namens Johannes Altincioglu gewandt, die rechte Hand von Moritz Hunzinger. Erst 2002 deckte der *Focus* auf, dass Özdemir auf einer Liste von Günstlingen des Rüstungslobbyisten stand.[389] Und Hunzinger hatte zügig 80 000 Mark auf das Privatkonto Özdemirs überwiesen. Der sagte zu den Enthüllungen zunächst, dass er seither monatlich 2000 Mark zurückzahle. Hunzinger selbst teilte damals mit:»Wir haben nur geholfen. Es wurde unsererseits von Cem Özdemir kein Vorteil erwartet oder gar gefordert. Wir haben auch keine Vorteile erhalten.«[390]

Özdemir scheint nicht der einzige Bundestagsabgeordnete gewesen zu sein, dem Hunzinger finanziell unter die Arme griff, denn dem *Spiegel* gegenüber gab er eine erstaunliche Erklärung ab:

»Es waren nicht nur die Grünen, sondern es waren überhaupt Kollegen, Abgeordnete, junge Kollegen von mir auch aus anderen Fraktionen, die in vergleichbaren Situationen schon mal standen, die ich gefragt habe. Dann wurde dieser Name genannt, und dann entstand der Kontakt, und ich war in dem Moment froh, dass ich diesen Kontakt hatte und dort ein Darlehen schnell und möglichst unbürokratisch bekommen habe.«[391]

Zu den 80 000 Mark kam jedoch noch mindestens ein Honorar für die Teilnahme Özdemirs an sogenannten »parlamentarischen Abenden«. So habe er 2000 Euro für die Teilnahme an einer Podiumsdiskussion zum Thema Bildung im Auftrag des Internetkonzerns Microsoft erhalten, das Geld aber an die Partei gespendet.[392]

Der Schwachstellendetektiv sucht nach Eitelkeiten

Auch Roland Appel wäre beinahe in den Sog aus Geld, Militär und Macht der rot-grünen Regierungsperiode geraten. Heute arbeitet der ehemalige grüne Fraktionsvorsitzende im nordrheinwestfälischen Landtag mit einem eigenen Beratungsunternehmen für Auftraggeber aus der Wirtschaft. Appel versucht dabei, Gedanken des Verbraucherschutzes, des Datenschutzes und der Nachhaltigkeit zusammenzuführen.

Der Politik kehrte Appel den Rücken, weil er ein rechtlich bis heute umstrittenes Verfahren der Parteienfinanzierung nicht hatte mittragen wollen und sich geweigert hatte, aus seinen Diäten als Landtagsabgeordneter die obligatorischen Spenden an die Parteikasse zu leisten. Mit Hunzinger kam er 2001 in Kontakt. Ein guter Freund, der CDU-Politiker Hermann-Josef Arentz, riet ihm: »Du musst mal den bunten Hund Moritz Hunzinger kennenlernen.« Hunzinger war zu dieser Zeit Bundesschatzmeister der Christlich-Demokratischen Arbeitnehmerschaft (CDA) und beruflich auf der Höhe seines Erfolgs.

Appel setzte sich in seinen Wagen und fuhr nach Frankfurt. Er staunte über die dreieinhalbstöckige Villa in bester Lage, die Marmorfassade und den riesigen Swimmingpool. Von Hunzinger wollte er hören, wie man ins Geschäft kommt. Doch Hunzinger tat das, was er immer tat. Er lud Appel ein, doch einmal zu einem »parlamentarischen Abend« nach Berlin zu kommen. Und bat ihn, noch einige prominente Grüne mitzubringen, was Appel auch tat. Christine Scheel folgte dem Ruf. Hunzinger veranstaltete den Abend im Auftrag des Internetriesen Microsoft.

Vor etwa einhundert geladenen Gästen in der honorigen »Deutschen Parlamentarischen Gesellschaft«, die nur Bundestagsabgeordnete buchen können, trat zunächst der Microsoft-Deutschland-Chef ans Mikrofon. Zweiter Redner war ein Wirtschaftsprofessor von der Universität Mannheim, der in seinem Vortrag den Standpunkt vertrat, Oligopole seien nicht grundsätzlich schädlich für die Wirtschaft. Beim dritten Festredner dieses Abends rieb sich nicht nur Roland Appel die Augen. Es handelte sich um den amtierenden Bundesverteidigungsminister Rudolf Scharping. »Was folgte, war eine überschwängliche, völlig unkritische Reklamerede für Microsoft«, erinnert sich Appel heute.

> »Ich habe mit meinem ehemaligen SPD-Landtagskollegen Johannes Pflug, inzwischen schon MdB, hinten dringestanden, wie vom Schlag gerührt, dass ein Bundesminister von Rot-Grün sich zu so etwas entblödet, sich derart von einem Unternehmen – und dann noch Microsoft – instrumentalisieren lässt.«

Appel hat dann Hunzinger nie wieder einen Gefallen getan, kam auch nicht weiter mit ihm ins Geschäft. Er musste allerdings erleben, dass Hunzinger längst auch in seiner eigenen grünen Partei Fuß gefasst hatte. »Hunzinger hatte seine Ohren überall und suchte sich gezielt die Politiker, die ein Problem entweder mit ihren Finanzen oder mit ihrer Eitelkeit hatten«, glaubt Appel. Dabei sei ihm das Insiderwissen über die Untiefen des Abgeordnetenlebens zugutegekommen:

> »Viele neue Abgeordnete unterschätzen, wie hoch sie ihre zunächst üppig erscheinenden Diäten versteuern müssen und wie konsequent sich ihre Parteien aus vorgeblich ›freiwilligen‹ Spenden bedienen. Diese Abgeordneten kommen nach spätestens zwei Jahren, wenn die ersten Steuerbescheide zugestellt werden, finanziell ins Schleudern.«

Als Kenner dieser Strukturen sprach Hunzinger gezielt einige wenige an, und seine »Liquiditätshilfen« sprachen sich unter den Betroffenen schnell herum. So konnte er sich als diskreter Kreditgeber von Abgeordneten in eine einflussreiche Position bringen. Appel sieht aber auch eine Mitverantwortung der Parteien an diesem System:

> »Wer hier seinen Zeigefinger auf den mafiösen Berater richtet, sollte seinen Blick auf die Finger richten, die zurück auf den Urheber der Misere zeigen: Alle Parteien, die von ihren Abgeordneten per Satzung oder ›freiwilliger Spendenregelung‹ in Wirklichkeit Zwangsabgaben verlangen, weil sie meinen, dass Diäten ein Selbstbedienungsreservoir für die Partei seien, der ja die Abgeordneten ihren Listenplatz verdanken, bringen ihre Mandatsträger damit in die potenzielle Abhängigkeit von geschickten Lobbyisten. Die Verantwortung dafür allein den Mandatierten zuzuschieben wäre allzu billig und oberflächlich. Wer unbestechliche Abgeordnete will, der muss mit den verfassungsrechtlich zweifelhaften und in Wirklichkeit niemals freiwilligen Parteispenden aufhören.«

Moritz Hunzinger, der wahlweise als »PR-Genie« oder »die Krake vom Main« (*Focus*) bezeichnet wurde, hatte über ein Vierteljahrhundert lang für die mächtigsten Politiker und Konzerne der Republik insgesamt 1500 Pressekonferenzen, 500 sogenannte »parlamentarische Abende« und 150 »politische Salons« abgehalten. Dass der im Grunde kritische Liedermacher Wolf Biermann bei der CSU-Klausur in Wildbad Kreuth Skat mit den Parteioberen klopfte, gehört zu den kleineren, aber feinen PR-Coups Hunzingers.[393] Sein Firmengeflecht umfasste nicht nur die Politikberatung und das Lobbying, sondern mit der Tochterfirma INFAS auch die Meinungsforschung. Hunzinger, der übrigens in einer amerikanischen Militärakademie mit besten Kontakten zur CIA ausgebildet wurde, hat eine offizielle Referenzliste, die sich sehen lassen kann. Die von ihm veröffentlichte Auflistung seiner Tätigkeiten verrät eine Menge über die Zielsetzung seiner PR- und Lobbyarbeit und die dahinterstehenden ökonomischen und machtpolitischen Interessen:

- »Medienbegleitung zur Einheit Deutschlands für den ersten frei gewählten Ministerpräsidenten der DDR Dr. h. c. Lothar de Maizière«
- »Medienbegleitung für die Oppositionsführer Rumäniens und Serbiens, die späteren Staats- und Ministerpräsidenten Prof. Dr. Emil Constantinescu und Prof. Dr. Zoran Djindjic«
- »Zielführende Unterstützung von Kleinwort Benson bei der Erlangung ihrer Privatisierungsmandate der Deutsche Telekom AG und der Deutsche Lufthansa AG«
- »Initiierung und Begleitung der M&A-Projekte Schenker-Rhenus AG/American Express, Inc., Thyssen Industrie AG Henschel/Kuka Wehrtechnik GmbH, Thyssen Aufzüge GmbH/ ESA GmbH, Thyssen Krupp Materials & Services AG/Peiniger-Gruppe/AGIV AG; Mediation Blohm + Voss AG/Renk AG«
- »PR-Begleitung des größten privatwirtschaftlichen deutsch-russischen Wirtschaftsabkommens zwischen der BASF AG, OAO Gazprom und der Wintershall AG mit Edition und Her-

ausgabe der ›Wintershall Chronik‹ zur Vorstellung dieses bedeutenden Kooperationsvertrages in der Energiewirtschaft.«[394]

Fischer, Künast und Özdemir waschen Honorare zu Spenden

Hunzinger war stets am Ball, wenn es um globalstrategische Wirtschafts- und Militärinteressen ging. Er wusste vermutlich mehr über die Schwächen und finanziellen Probleme führender deutscher Politiker, als diesen lieb war. Auf seiner Liste von Honoraren oder im Gegenzug für Vorträge entrichteten Parteispenden, standen erstaunlicherweise Politiker gerade derjenigen Parteien, die vermeintlich eine Gefahr für die geostrategischen Interessen der USA darstellten: Sogar Joschka Fischer hielt 1998 einen Vortrag und bekam dafür 19 999 Mark, die wiederum von seinem Abgeordnetenbüro als Parteispende an den Kreisverband der Grünen Frankfurt am Main überwiesen wurden – so jedenfalls stellt es Moritz Hunzinger selbst dar.[395] Die Summe erklärt sich übrigens aus der damals gültigen Veröffentlichungspflicht für Spenden ab 20 000 Mark.

Auch Renate Künast hatte keine Probleme mit dem Industrie- und Rüstungslobbyisten. Sie nutzte als amtierende Bundesverbraucherschutzministerin sogar die Flugbereitschaft der Bundeswehr, um am Abend des 4. Juli 2002 von einem Vortrag bei Hunzinger in Frankfurt zurück nach Berlin zu fliegen Für ihren Auftritt erhielt sie 7500 Euro, die sie dann an den Berliner Landesverband der Grünen spendete.

Ob auch Simone Probst, damals grüne parlamentarische Staatssekretärin im Bundesumweltministerium, für ihren Auftritt als »Ehrengast« bei einem »parlamentarischen Abend« Hunzingers im Auftrag des Chemie-Konzerns SGL Carbon AG Geld bekam, ist unbekannt. Ebenso wenig weiß man, ob die damalige Fraktionsgeschäftsführerin und heutige Spitzenkandidatin der Grünen

Katrin Göring-Eckhardt Geld für ihren Auftritt in Hunzingers Salon im Auftrag des Versicherungskonzerns Axa Colonia AG erhielt.[396] Auf eine entsprechende Anfrage verweigerte die Partei Bündnis 90/Die Grünen jegliche Antwort.

Auch Rezzo Schlauch trat bei Hunzinger auf, ebenso der damalige CDU-Fraktionschef Friedrich Merz und der ehemalige Bundesaußenminister und BND-Präsident Klaus Kinkel.[397] Sie alle spendeten ihre Honorare an ihre Parteien, eine Praxis, bei der die rot-grünen Amtsträger ebenso mitspielten.

Nur acht Jahre nach dem Hunzinger-Skandal machte die CDU in Nordrhein-Westfalen Schlagzeilen, weil sie bei Parteitagen hohe Standmieten als verdeckte Parteispenden nahm – was bis auf die Linken alle anderen Parteien ebenfalls praktizieren. Allerdings waren laut *Spiegel* auch »Pakete« für 20 000 Euro im Angebot, darunter Politikerkontakte, inklusive eines Einzelgesprächs mit Ministerpräsident Jürgen Rüttgers. Auch hier wurde die Arbeitszeit des Amtsträgers und Politikers Rüttgers im Tausch gegen Zuwendungen an die Partei angeboten.[398]

Als die kostenpflichtige Rüttgers-Vermittlung bekannt wurde, eilte Renate Künast, die selbst ihr vom Rüstungslobbyisten Hunzinger empfangenes Honorar zur Parteispende gewaschen hatte, vor die Kameras und warf Schwarz-Gelb »Probleme mit der politischen Hygiene« und einen »eklatanten Mangel an politischer Kultur vor«[399]. Der Ministerpräsident lade quasi die Wirtschaft ein, »ihn zum Gespräch einzukaufen, angeblich weiß er davon nichts«, schwadronierte Künast, die sich selber für 7500 Euro hatte einkaufen lassen: »Man macht sich den Staat zur Beute und bedient sich, wie es passt.«

Cem Özdemir hielt sich zunächst zurück, denn er hatte Rüttgers erst eine Woche zuvor die Gründung einer schwarz-grünen Landesregierung unter bestimmten Bedingungen in Aussicht gestellt.[400] Bald wetterte aber auch er, eine solche Praxis sei inakzeptabel und nicht mit dem Amt des Ministerpräsidenten vereinbar.[401]

Die »Fischer-Lüge«

Von Joschka Fischer war dergleichen nicht zu hören, zumal dieser längst von Beruf Lobbyist und als Berater unter anderem für BMW, RWE und Siemens tätig war. Nur vier Tage vor den Veröffentlichungen hatte er sich gemeinsam mit Rüttgers und der ehemaligen persischen Kaiserin Farah Diba in Bochum als Laudator bei der Verleihung des »Steiger Award« betätigt. Fischer hatte sich 2007 als Berater selbstständig gemacht und arbeitete im Jahr darauf bereits für die Firma von Madeleine Albright. Noch heute ist die JF&C – Joschka Fischer Company – »global tätig in Zusammenarbeit mit albright stonebridge group«, wie es auf Fischers Website heißt.

Die ehemalige US-Außenministerin und den ersten grünen Bundesaußenminister verbindet eine lange Vergangenheit, die im Vorfeld des Kosovokrieges 1998 ihren Anfang nahm. Bereits vor Fischers Vereidigung als Bundesaußenminister hatte Madeleine Albright versucht, ihn zunächst auf einen Angriff auf Jugoslawien einzuschwören. Sie gab ihm Zeit für die Entscheidung der rot-grünen Bundesregierung. Doch bereits vier Tage später, am 12. Dezember 1998, forderte sie telefonisch eine sofortige Entscheidung.[402] Vielleicht wollte die US-Regierung nur die Bündnistreue der neuen rot-grünen Regierung testen, jedenfalls sagten Fischer und Schröder Ja zu diesem Krieg. Später im Bundestag gehörte auch Fischers Vertrauter Cem Özdemir zur Mehrheit der grünen Abgeordneten, die dem Krieg zustimmten.

► ► ►

Ohne ausreichend über die tatsächliche Lage im Kosovo informiert sein zu können, hatte Fischer bereits vor seinem Amtseid als Außenminister zugesagt, in diesem Konflikt militärisch an der Seite der USA zu stehen. Ein deutscher Kriegseinsatz in einem während des Zweiten Weltkriegs von der deutschen Wehrmacht verheerten Land war nun möglich. Der folgende Kriegs-einsatz zerstörte vor allem die Infrastruktur der serbischen Industrie und riskierte dabei Tausende Tote, beispielsweise in der Chemiestadt Pancevo.[403] Die Kriegführung der NATO zielte nicht auf die »Enthauptung« des Menschenverächters Milošević, sondern auf die Zermürbung eines Volkes, und hatte am Ende mindestens 500 Zivilisten das Leben gekostet.[404]

Fischer kehrte den Moralisten hervor, um den Einsatz zu legitimieren. Obwohl viele Informationen damals gefälscht oder nicht überprüft worden waren, sagte Fischer kurz nach dem verheerenden Bombenkrieg auf dem Grünen-Parteitag im Mai 1999: »Auschwitz ist unvergleichbar. Aber ich stehe auf zwei Grundsätzen: nie wieder Krieg, nie wieder Auschwitz, nie wieder Völkermord, nie wieder Faschismus. Beides gehört bei mir zusammen. Deswegen bin ich in die Grüne Partei gegangen.«[405]

Fischer relativierte damit nicht nur das historisch beispiellose Verbrechen an den europäischen Juden, sondern richtete den Völkermordvorwurf auch gegen das serbische Regime. Das belegt auch ein anderer Satz Fischers, an den sich Oskar Lafontaine erinnert: »Die Bomben sind nötig, um die ›serbische SS‹ zu stoppen.«[406] Fischer scheute keine Nazivergleiche bei einem Land, in dem vor gerade einmal 55 Jahren Tausende Zivilisten bei sogenannten »Strafaktionen« der Wehrmacht und Waffen-SS kaltblütig ermordet worden waren.

Der grüne Außenminister sorgte dafür, dass gezielte Desinformation und Kriegslügen von der Öffentlichkeit für bare Münze genommen wurden. Sogar um die Wortwahl von Journalisten sorgte er sich. Er forderte die Presse auf, nach den Angriffen auf Serbien nicht von »Kriegsflüchtlingen«, sondern doch bitte von »Vertriebenen« und »Deportationen« zu sprechen.[407]

Dabei war dieser Krieg der Bundeswehr ein »ganz ordinärer Angriffskrieg«, wie sich der CDU-Politiker Willi Wimmer damals vernehmen ließ.[408] Denn von einer humanitären Katastrophe, derentwegen Deutschland offiziell in den Krieg eintrat, konnte laut den Beobachterberichten der OSZE gar keine Rede sein. Der damalige OSZE-General Heinz Loquai sagte später in einer Fernsehdokumentation: »Die Legitimationsgrundlage für die deutsche Beteiligung war die sogenannte humanitäre Katastrophe; eine solche humanitäre Katastrophe als völkerrechtliche Kategorie, die einen Kriegseintritt rechtfertigte, lag vor Kriegsbeginn im Kosovo nicht vor.«[409] Vielleicht werden Historiker eines Tages angesichts der PR-Aktivitäten des prominentesten Grünen Deutschlands im Zusammenhang mit dem Kosovokrieg von der Fischer-Übertreibung, wenn nicht sogar der »Fischer-Lüge« sprechen.

Aber nicht nur mit dem internationalen Einsatz von Bundeswehrsoldaten hat Rot-Grün Deutschland wieder in den Kreis der Kriegsnationen zurückgeführt, sondern auch durch massive Waffenlieferungen – denn Außenpolitik war unter Schröder und Fischer immer auch Industriepolitik. 2002 verabschiedete die rotgrüne Bundesregierung die überarbeiteten »Politischen Grundsätze der Bundesregierung für den Export von Kriegswaffen und sonstigen Rüstungsgütern« aus den Achtzigerjahren. Untersagt wurde darin der Export in Länder mit systematischen Menschenrechtsverletzungen oder in Länder, in denen bewaffnete Konflikte drohten. Gleichwohl waren ausdrücklich aber auch andere Entscheidungen aus bündnisstrategischen Gründen möglich, und von diesen wohlkalkulierten Ausnahmeparagrafen machte Rot-Grün inflationär Gebrauch. Die Exporte von Rüstungsgütern, auch in Nicht-NATO-Staaten, explodierten. Der Umfang der Einzelgenehmigungen im Bundessicherheitsrat, denen auch der grüne Außenminister Joschka Fischer und SPD-Verteidigungsminister Rudolf Scharping zustimmen mussten, stieg rasant. Insgesamt verdoppelte sich der Wert der Rüstungsexporte von jährlich etwa zwei Milliarden Euro in den letzten drei Jahren der Regierung Kohl auf gut vier Milliarden Euro in den letzten drei Jahren von Rot-Grün.[410]

Die alteingesessene Industrie des Todes in Deutschland braucht sich nun nicht mehr vor einer einst unter dem Banner des Pazifismus angetretenen Partei zu fürchten. Dass sich innerhalb der

Grünen trotzdem massiver Widerstand regte und zahlreiche Mitglieder austraten, empörte wiederum die Verbündeten Joschka Fischers. Karin Göring-Eckhardt und Cem Özdemir zählten 1999 zu den Unterzeichnern eines Brandbriefes gegen die innerparteiliche Opposition:

>»Wir treten dabei ein für eine klare, machtbewußte, pragmatische Positionierung, aber auch für eine teilweise Auswechslung der Mitgliedschaft: Wer zur Nichtwahl von Bündnis 90/Die Grünen bei der Europawahl aufgerufen hat, die Zahlung von Mitgliedsbeiträgen einstellt, sich in Netzwerken zusammenschließt, einzig mit dem Ziel Mehrheitsbeschlüsse der Partei zu torpedieren, und wer sich explizit allen Wahlkampfaktivitäten verweigert, sollte sich überlegen, ob er nicht in einer linken Folkloregruppe besser aufgehoben ist als in einer Partei.«[411]

Die Akte des Lobbyisten über den SPD-Verteidigungsminister

Während sowohl an der SPD-Basis wie bei den Grünen zum Teil heftig über den Militäreinsatz gestritten wurde, gehörte Moritz Hunzinger zu den Nutznießern des Krieges im Kosovo. Ganz nebenbei bereitete er den ersten Papstbesuch im – wie er selbst schreibt – »befreiten Jugoslawien« vor, dessen Ministerpräsidenten Zoran Djindjic er wiederum intensiv politisch beriet. Und Weihnachten 1999 begleitete Hunzingers Agentur einen Besuch von SPD-Verteidigungsminister Rudolf Scharping bei den deutschen Truppen im Kosovo.[412]

Bevor der Name Özdemir in der Hunzinger-Affäre überhaupt öffentlich wurde, hatte der SPD-Minister Scharping im Fokus gestanden. Anders als Özdemir zog Scharping jedoch persönliche Konsequenzen aus der Hunzinger-Affäre , indem er sich endgültig aus der Politik zurückzog Als amtierender Verteidigungsminister hatte er, wie Fischer, Künast und Özdemir, gegen Honorar an den politischen Salons von Moritz Hunzinger teilgenommen. Aber Scharping hatte das Geld nicht zur verdeckten Parteispende gewaschen wie die anderen. Er hatte es für sich behalten. Dennoch waren die Beziehungen des SPD-Mannes zu dem Rüstungslobbyisten enger als bei anderen Politikern. Damit verbunden war ein Wissen, das jederzeit in Erpressung hätte münden können.

Am 16. Juli 2002 veröffentlichte der *stern* eine Akte, die Hunzinger offenkundig über Verteidigungsminister Scharping führte, den Hunzinger intern als »meinen Scharping« bezeichnet haben soll.[413] Die Vorabmeldung des *stern* liest sich wie ein Mafiaroman:

»Das Hamburger Magazin *stern* veröffentlicht in seiner neuen, am Donnerstag erscheinenden Ausgabe Dokumente über zweifelhafte Geschäfte von Bundesverteidigungsminister Rudolf Scharping mit dem Frankfurter PR-Unternehmer Moritz Hunzinger. Laut *stern* stammen diese Dokumente aus der bei Hunzinger geführten Akte über den SPD-Politiker. Sie belegen die Existenz eines Giro- und eines Wertpapierkontos des Ministers bei dem Kölner Bankhaus Sal. Oppenheim jr. & Cie., für das Scharping dem PR-Berater Vollmacht erteilte und auf das dieser insgesamt mindestens 140 000 Mark Absatz eingezahlt hatte. Außerdem befanden sich in der Scharping-Akte Belege über Aktiengeschäfte auf diesem Konto, ein umfangreiches PR-Konzept Hunzingers für den Minister, eine Kleiderrechnung für Scharping in Höhe von knapp 55 000 Mark, ein Brief des CDU-Mitglieds Hunzinger über zwei Parteispenden von je 10 000 Mark an den Wahlkreis Scharpings und den rheinland-pfälzischen Landesverband der SPD sowie über Bemühungen Hunzingers, den Minister als Honorarprofessor an die European Business School (EBS) im Rheingau zu vermitteln, und eine 50 000-Mark-Spende Hunzingers an diese Privatuniversität. Schließlich belegen Aufzeichnungen, dass der PR-Mann, der auch für Rüstungsunternehmen tätig ist, ein Treffen Scharpings mit

Hannfried Haun, damals Vorstandsmitglied der Essener Ferro-
staal AG, vermittelte, um den beabsichtigten Export zweier
U-Boote nach Ägypten zu befördern. (...)
Die Konten unter der Kunden-Stammnummer 19189 beim Bankhaus Oppenheim hatte Scharping nach den Dokumenten des
stern am 25. September 1998 eröffnet, zwei Tage vor der Bundestagswahl. Hunzinger, der von dem Minister Vollmacht erhielt,
stattete das Konto zunächst mit 80 000 Mark aus, was er gegenüber dem *stern* als Honorar für später zu verfassende Scharping-
Memoiren bezeichnete. Im Laufe des Jahres 1999 wurden mit einem Teil des Geldes Aktien gekauft. Unter anderem wurde ein
Spekulationsgewinn von rund 20 000 Mark abgerechnet, weil am
15. Februar 1999 75 Aktien der Utimaco Safeware AG für 9 630,02
Mark gekauft und zwei Tage später für 29 746,12 Mark verkauft
worden waren. (...) Das Treffen mit dem Ferrostaal-Manager
Haun arrangierte Hunzinger den *stern*-Unterlagen zufolge am
9. März 1999 in einem Frankfurter Restaurant. Im November desselben Jahres, kurz vor einer Ägyptenreise Scharpings, übermittel-
te Haun an die Spitze des Verteidigungsministeriums ein Argu-
mentationspapier für die Lieferung zweier U-Boote der Klasse
209. Darin wurde der Minister gedrängt, ›bei seinem Besuch ein
klares Signal zu geben, dass Deutschland gewillt ist, für dieses
Programm eine entsprechende Finanzierung bereitzustellen‹.«[414]

Hunzinger erklärte noch am Tag des Scharping-Rücktritts, dessen von ihm mit 80 000 Mark gesponsertes Buch werde »sehr
spannend«[415]. Es war übrigens nicht das erste Mal, dass Hunzingers Verlag einen Politiker mit üppigen Finanzmitteln für
ein Buch versah. Bereits 1998 hatte er Werbekosten in Höhe von
175 000 Mark für das Buch *Vision 21* von Roland Koch übernommen – eine angesichts einer Auflage von 5000 Exemplaren erstaunlich hohe Summe.[416]

Vor dem NATO-Angriff interessierte Scharping die Kleiderfrage

Rudolf Scharping war lange Zeit als zu fade für den politischen Betrieb angesehen worden, ihm haftete das Image des »Sparkassendirektors« an. Für einen PR-Experten wie Hunzinger lag es also nahe, für Scharping ein neues Image zu entwickeln. In den Unterlagen, die der *stern* publizierte, fanden sich auch in dieser Hinsicht interessante Papiere. So sollte der »kommunikative Auftritt« Scharpings optimiert werden. Auch dieses Ziel formulierte Hunzinger: »Alleinstellung des zentralen sozialdemokratischen Außen- und Sicherheitspolitikers, des ersten populären aber hochintelligenten sozialdemokratischen ›Soldatenministers‹ nach Georg Leber.«[417] Just zu einer Zeit, als dieser Soldatenminister für Bombenangriffe der NATO auf Serbien stand und diese Angriffe mit gefälschten Geheimdienstdokumenten über angebliche Massenmorde an Albanern vor der Öffentlichkeit zu legitimieren suchte, bastelte Hunzinger an der Heimatfront an Scharpings Image.

Während die militärischen Vorbereitungen der Bundeswehr für den ersten deutschen Angriff auf ein fremdes Land seit dem Zweiten Weltkrieg auf Hochtouren liefen, beschäftigten sich Scharping und Hunzinger mit der Kleiderfrage. So stammt eine Rechnung des Frankfurter Herrenausstatters Möller & Schaar über 54 885 Mark vom 22. März 1999. Sie ist zwar an Scharping adressiert, war aber in der Akte von Hunzinger abgelegt, so der *stern*:

»Zu den 28 Positionen zählen unter anderem zwei Mäntel für je 3 698 Mark, ein Smoking für 4 598 Mark und ein Anzug mit Zweithose und Weste für 5 798 Mark. Hunzinger erklärte diese Rechnung für Scharping gegenüber dem *stern* mit einer ›Verwechslung‹. Man habe gemeinsam in dem Geschäft eingekauft, Scharping jedoch erheblich weniger als auf der Rechnung aufgeführt. In einem Brief Hunzingers an den Minister vom 24. März 1999 heißt es dazu: ›Wann kann ich Ihnen die Sachen von Möller & Schaar ausliefern? Wohin?‹«[418]

2002 ermittelt die Staatsanwaltschaft Koblenz gegen Scharping, weil er die mögliche Schenkung Hunzingers seinem Finanzamt verschwiegen hatte. Im September 2002 widerspricht Hunzinger in dem Steuerverfahren gegen Scharping der Darstellung, die Rechnung des Herrenausstatter für Scharping bezahlt zu haben. Beide hätten zwar gemeinsam eingekauft, bezahlt habe aber jeder für sich.[419] Am Ende stellte die Staatsanwaltschaft Koblenz das Steuerstrafverfahren gegen Rudolf Scharping gegen Zahlung einer Geldauflage von 3000 Euro ein.[420] Die Steuerschuld habe 4000 Mark, also etwa 2050 Euro, betragen, und das öffentliche Verfolgungsinteresse sei wegen der geringen Summe und der Einmaligkeit der Tat beseitigt, teilten die Staatsanwälte mit.

▶ ▶ ▶

Zu dem Wissen des Rüstungslobbyisten über die finanziellen Verhältnisse des Ministers gesellte sich Intimes. So machte Hunzinger seinen Mandanten Scharping mit Kristina Gräfin Pilati-Borggreve bekannt, der Gattin seines Freundes, des Frankfurter Bankmanagers Hendrik Borggreve. Den Adelstitel hatte Gräfin Pilati bei ihrer ersten Eheschließung mit einem Grafen Pilati erhalten und praktischerweise behalten.[421]

Auch politisch brachte die prominente Anwältin einige Erfahrung mit in die neue Beziehung. So war sie nicht nur Rechtsvertreterin der ehemaligen CDU-Schatzmeisterin Brigitte Baumeister bei ihrem Streit mit Wolfgang Schäuble über den genauen Hergang bei der illegalen Spende durch den Waffenlobbyisten Karlheinz Schreiber, sondern mit ihrem damaligen Mann sogar persönlich bei dem Spendendinner zugegen gewesen, in dessen Verlauf Schreiber die 100 000 Mark in bar für die CDU übergab.

Die Zusammenarbeit von Baumeister und Pilati hatte Moritz Hunzinger angebahnt.

Der Literaturwissenschaftler Heiner Boehncke beschreibt Hunzinger in einem Aufsatz als »Menschenmacher«, dessen Rolle weit über die eines reinen Vermittlers hinausgegangen sei und Scharping zu einem »PR-Leibeigenen« gemacht habe. Scharping sei das Produkt einer »Automatenwerkstatt«. Zugleich habe sich Hunzinger aber an einem bestimmten Punkt überhoben. Boehncke schreibt über die berühmt gewordenen Fotos, auf denen Rudolf Scharping gemeinsam mit Gräfin Pilati im Pool für die Zeitschrift *Bunte* posiert. Die mit ihm abgestimmte Fotoserie erschien im Sommer 2001 just zu dem Zeitpunkt, als sich Bundeswehrsoldaten auf einen risikoreichen Einsatz in Mazedonien vorbereiteten. Boehncke schreibt dazu:

> »Dadurch, dass Herr Hunzinger nun ausgerechnet in Liebesdingen auch noch den Mittler machen musste, und vielleicht auch hier zum Macher wurde, dadurch kam Scharping zu Fall. Von solchen Bildern wie denen aus Mallorca erholt sich niemand, erst recht nicht jemand, der sich als trauriger Leibeigener eines PR-Maschinisten in der Künstlichkeit von Beziehungen verfangen hatte, die er immer weniger durchschaute.«[422]

Insofern hätte die Affäre Scharping auch als Warnung für Nachahmungstäter dienen können. Das Spiel von Netzwerkern und Lobbyisten mit dem menschlichen Makel der ihnen zum Schutz anbefohlenen Politiker, kann jederzeit außer Kontrolle geraten. In solch einem Fall zieht es beinahe immer alle Beteiligten in den Abgrund.

Als bekannt wurde, dass Cem Özdemir als grüner Bundestagsabgeordneter einen zinsgünstigen Privatkredit über 80 000 Mark von dem Rüstungslobbyisten Moritz Hunzinger in Anspruch genommen hatte und, wie andere Bundestagsabgeordnete auch, Bonusmeilen der Lufthansa für private Zwecke genutzt hatte, zog er sich zunächst aus der Politik zurück. Als »Transatlantic Fellow« des – im Übrigen aus deutschen Steuermitteln finanzierten – German-Marshall-Funds ging er für zwei Jahre in die USA.[423] Im Jahresbericht 2003 und 2004 der Stiftung wird er unter der Rubrik »Individuelle Hilfen« als Stipendiat erwähnt.[424]

Özdemir und zu Guttenberg unterstützen neokonservative Denkfabrik

Wie zu Guttenberg hat auch Özdemir ein sehr enges Verhältnis zu Personen und Organisationen des militärisch-industriellen Komplexes. So unterstützen beide die neokonservative Denkfabrik »Project for the new american Century« (PNAC). Am 28. September 2004 stehen unter einem offenen Brief des PNAC an die Führer der Staaten und Regierungen der Europäischen Union und der NATO die Namen »Karl-Theodor von und zu Guttenberg« und »Cem Oezdemir«. Anlass ist ein Terroranschlag auf eine Schule im russischen Beslan. In dem Schreiben wird kritisiert, dass Präsident Putin die tragischen Ereignisse zum Vorwand nehme, die Demokratie in Russland noch weiter zu unterminieren: »Die westlichen Führer müssen anerkennen, dass ihre bisherige Strategie gegenüber Russland scheitert.«[425] Dazu solle sich der Westen offen auf die Seite der »demokratischen Kräfte« stellen.

Der offene Brief geht sehr weit, fordert er doch nicht nur zu Recht, die undemokratische Politik Putins zu brandmarken, sondern auch eine direkte Einmischung in die Innenpolitik Russlands, und das, ohne näher zu definieren, was die PNAC unter »demokratischen Kräften« versteht. Allerdings ist nicht bekannt, ob sich die Unterzeichner, darunter auch Sabine Leutheusser-Schnarrenberger, zuvor hinreichend über die Organisation informiert haben. Cem Özdemir, der gerade zwei Jahre in den USA verbracht hatte, musste indes klar sein, dass es sich bei der PNAC um eine neokonservative und außenpolitisch aggressive Organisation handelt. So heißt es in den Statuten von 1997 unter anderem:

»Die Konservativen haben zwar die Clinton-Regierung wegen ihrer inkohärenten Politik kritisiert, (...) sie haben aber darauf verzichtet, eine strategische Vision für die Rolle Amerikas in der Welt zu entwickeln. (...) Sie haben nicht für ein Verteidigungsbudget gekämpft, das auch in Zukunft Amerikas Sicherheit gewährleistet und die Interessen Amerikas in aller Welt voranbringt. Wir sind dafür, das zu ändern, und plädieren dafür, uns zusammenzufinden, um die weltweite Vorherrschaft Amerikas zu unterstützen.«[426]

Unter den 25 Unterzeichnern finden sich auch die späteren Kriegführer, die Verteidigungsminister Dick Cheney und Donald Rumsfeld, sowie Rumsfelds späterer Stellvertreter Paul Wolfowitz. Der Bundesvorsitzende der Grünen, Cem Özdemir, war nicht bereit, über seine Aktivitäten in den USA Auskunft für dieses Buch zu geben.

2004 kehrte Özdemir nach Europa zurück. Die Grünen nominierten ihn für die Wahl zum Europaparlament. Dort wurde er außenpolitischer Sprecher und hatte es sogleich mit einem diplomatisch heiklen Fall zu tun: Medienberichten zufolge hatte die CIA im Rahmen des Antiterrorkampfes illegale Gefangenentransporte über europäische und deutsche Flughäfen abgewickelt. Die Verdächtigen waren den Berichten zufolge auch in geheime Gefängnisse auf europäischem Boden verbracht worden, um sie dort teils unter Anwendung von Folter verhören zu können. Der Verdacht jahrelanger Menschenrechtsverletzungen der CIA auf europäischem Boden hätte jederzeit eine diplomatische Krise auslösen können.

2008 wechselte Özdemir wieder in die deutsche Politik und wurde neben Claudia Roth zum Bundesvorsitzenden von Bündnis 90/Die Grünen gewählt. Weltpolitisch war es eine Zeit des Umbruchs, denn in den USA war mit Barack Obama ein Präsident gewählt worden, dem viele in Europa einen nachhaltigen Politikwechsel zutrauten. Zugleich war Deutschland gut zehn Jahre nach dem ersten rot-grünen Kriegseinsatz mit seinen Verbündeten in einen langwierigen Krieg in Afghanistan verstrickt.

▶ ▶ ▶

Februar 2009. Die jährlich stattfindende Münchner Sicherheitskonferenz tagt wie immer im traditionsreichen Luxushotel Bayerischer Hof. Die exklusive Konferenz, die früher »Wehrkunde-Tagung« hieß, ist die weltweit größte Veranstaltung ihrer Art. Eingeladen werden hochrangige Politiker, Manager und Militärs aus NATO-Ländern, Russland, China, Japan und Indien, aber 2009 auch der Sprecher des iranischen Parlaments, Ali Laridschani, sowie ein Vertreter Pakistans. Mehr als 50 Minister und gut ein Dutzend Staats- und Regierungschefs sind der Einladung gefolgt, darunter Angela Merkel, Nicolas Sarkozy, Donald Tusk aus Polen und Hamid Karzai aus Afghanistan. Vorsitzender der Konferenz ist Wolfgang Ischinger, eine Schlüsselfigur rot-grüner Außenpolitik, insbesondere vor und während des Kosovokrieges. Ischinger war von 1998 bis 2001 Staatssekretär im Auswärtigen Amt unter Joschka Fischer und vertrat Deutschland anschließend bis 2006 als Botschafter in Washington. Mittlerweile sitzt er als »Generalbevollmächtigter für Regierungsbeziehungen« im Aufsichtsrat des Versicherungskonzerns Allianz AG.[427] Finanziert wird die Sicherheitskonferenz zum größten Teil aus öffentlichen Mitteln der Bundesregierung und der Bayerischen Staatsregierung. Allein der Bundeswehr entstanden 2011 Ausgaben von 625 000 Euro, hinzu kommt ein Zuschuss vom Bundespresseamt über 350 000 Euro.[428] Die Hauptsponsoren aus der Wirtschaft, darunter BMW, Roland Berger Strategy Consultants, Deutsche Telekom, Cassidean (Rüstungssparte EADS), fujitsu und Hypo-Vereinsbank, tragen mit insgesamt 240 000 Euro (2011) den kleineren Anteil der Konferenzkosten.

Die Fraktionen des Deutschen Bundestages erhalten jährlich ein Kontingent an Einladungen, mit Ausnahme der Fraktion Die Linke, die ausdrücklich nicht eingeladen wird. Dass die Konferenz hauptsächlich aus Steuermitteln finanziert wird, hindert die Veranstalter nicht daran, abweichende verteidigungspolitische Meinungen fernzuhalten.

Im Jahr 2009 sind viele Teilnehmer der Konferenz neugierig auf die neuen Politiker der Regierung Obama.[429] Auf der Agenda steht die Frage einer möglichen Truppenverstärkung in Afghanistan. Zwar ist Obama mit dem Wahlversprechen angetreten, die Truppen aus Afghanistan abzuziehen, einflussreiche Militärs argumentieren jedoch, vor einem Abzug müsse die Lage in dem Land am Hindukusch zunächst mit Hilfe einer Truppenaufstockung stabilisiert werden. Obamas Beauftragter für Afghanistan und Pakistan Richard Holbrooke verweist auf fehlende militärische Ressourcen.[430]

Während Barack Obama selber noch Monate später zögert, sich dieser Meinung anzuschließen und eine Truppenaufstockung zu beschließen, meldet sich während der Sicherheitskonferenz Cem Özdemir zu Wort. Der Bundesvorsitzende der Grünen kennt solche Zweifel nicht und schließt sich ganz offen der Logik der US-Militärs an und sagt: »Mehr Soldaten bedeuten nicht unbedingt mehr Krieg.«[431]

Geheimgespräche mit US-Botschafter über Schwarz-Grün

Auch einer anderen Bedrohung der machtpolitischen Interessen der westlichen Staaten stellt sich Özdemir öffentlich entgegen. Es geht um die Internetaktivisten von *Wikileaks*. Die Enthüllungsplattform ist längst zu einem Stachel im Fleisch von Politikern und Konzernlenkern der westlich-demokratischen Hemisphäre geworden. Die Videobilder von US-Soldaten, die aus einem Hubschrauber heraus feixend auf Zivilisten und Journalisten schießen, hätten die Öffentlichkeit ebenso wenig erreicht wie die Folterfotos von Abu Ghraib, wenn es *Wikileaks* nicht gäbe. Es sind Dokumente, die eine unmittelbare politische Wirkung entfalten, denn sie widersprechen gängigen westlichen Vorstellungen von Moral, und sie widersprechen den Grundwerten demokratischer Staaten, die Kriege stets unter wortreicher Berufung auf die allgemeinen Menschenrechte führen.

Im November 2010 veröffentlicht *Wikileaks* mehr als 250 000 geheime diplomatische Depeschen von US-Botschaften aus aller Welt, Dokumente, die der Öffentlichkeit vor Augen führen, wie Staatsoberhäupter, Regierungschefs und Minister von den US-Amerikanern eingeschätzt werden. So heißt es über Bundesaußenminister Guido Westerwelle, dieser sei eitel, inkompetent und zuweilen amerikakritisch. Die Bundeskanzlerin wird wegen ihrer Eigenschaft, unangenehme Dinge an sich abprallen zu lassen, in einer Depesche der US-Botschaft in Berlin als »Angela Teflon Merkel« bezeichnet; weiter heißt es über sie, dass sie »selten kreativ« sei.[432]

Das *heute journal* gewinnt Cem Özdemir für ein Statement zur heiklen Frage der Depeschen. Er weist darauf hin, dass er ja durchaus politischer Konkurrent des in den Depeschen erwähnten FDP-Außenministers sei, allerdings habe *Wikileaks* hier eine »Grenze überschritten, die unserer Demokratie insgesamt nicht guttut«[433]. Die *taz* greift die Episode am 29. November 2010 auf und kritisiert Özdemir scharf: »Grünen-Chef Cem Özdemir sagte im Fernsehen, Wikileaks habe der Demokratie geschadet. Wie bitte? Wenn hier etwas demokratiefeindlich ist, dann diese Reaktion.«[434]

Einen Tag nach der öffentlichen Kritik an seiner *Wikileaks*-Schelte, versucht Özdemir sein Interview zu relativieren, indem er auf seiner Internetseite auf die hohen Verdienste von *Wikileaks* bei der Aufdeckung von Menschenrechtsskandalen hinweist. Aber es gehe hier nicht um »Klatsch und Tratsch« zwischen westlichen demokratischen Politikern. Özdemir argumentiert nun mit der Gefährdung von Frieden und Stabilität, denn

>»... es geht hier nicht nur um demokratische Staaten, sondern mit dem Iran, Nahen Osten und Nordkorea auch um Konfliktregionen. Hier gelangen etwa gegenseitige Charakterisierungen von Diktatoren an die Öffentlichkeit – das hat sicher seinen Informationswert, aber es ist doch schwer vorstellbar, dass es der Stabilität oder dem Frieden in diesen sensiblen Regionen zuträglich sind. Wenn das Verhältnis zwischen Staaten und das für den Umgang miteinander notwendige Vertrauen massiv beeinträchtigt wird und zu erheblichen und auch nicht kalkulierbaren Irritationen führen kann, dann muss die Frage gestellt werden dürfen, ob eine Veröffentlichung falsch und kontraproduktiv ist – jedenfalls vor dem Hintergrund einer verantwortungsethischen Position.«[435]

Nicht auszuschließen ist jedoch auch, dass es Özdemir um die Konfliktregionen in der eigenen Partei ging, denn wie der Berliner *Tagesspiegel* im November 2011 berichtete, enthielt eine Depesche Inhalte zweier für die Grünen äußerst pikanter Gespräche, welche die Fraktionsvorsitzenden Renate Künast und Cem Özdemir jeweils getrennt voneinander mit dem US-Botschafter geführt hatten.[436]

Die vertrauliche Depesche mit der Nummer 002670 des Frankfurter US-Konsulats war nach Rücksprache mit der Berliner US-Botschaft an das US-Außenministerium und den Nationalen Sicherheitsrat geschickt worden. Aus Sicht der US-Diplomaten hatte sie beinahe einen historischen Anlass.[437] So heißt es in der Zusammenfassung:

>»Die Grünen im Saarland haben am 11. Oktober neue politische Voraussetzungen geschaffen, als sie mit überwältigender Mehrheit eine Koalition mit den Christdemokraten (CDU) und den Freidemokraten (FDP) beschlossen – eine sogenannte ›Jamaica‹-

Koalition, die auf den Farben der Parteien gründet (Schwarz, Gelb und Grün).«

Medien und Politiker aller Parteien spekulierten nun, ob dies einen neuen Kurs der historisch linksgerichteten Grünen bedeute, heißt es in der Depesche weiter, und die Diplomaten berichten von einem Treffen des Co-Vorsitzenden der Grünen Cem Özdemir mit dem US-Botschafter am 13. Oktober:

»Özdemir drückte seine Zufriedenheit über die Entscheidung der saarländischen Grünen aus und wies darauf hin, es komme vor allem darauf an, was die Grünen politisch erreichen könnten. Als habe sie diesen Ausgang vorausgesehen, hat die Fraktionschefin Renate Künast dem Botschafter bereits bei einem Treffen am 2. Oktober gesagt, dass sie die Grünen nicht als Teil eines linken Blocks wolle. Sie sehe bereits, dass die Partei fast auf ein Bündnis mit der CDU auf Bundesebene hinarbeite.«

Übermittelt wurde auch eine angebliche Äußerung Özdemirs, wonach die Grünen sich bei der Auswahl ihrer Partner nicht beschränken sollten: »Er wies aber auch darauf hin, dass die Partei in dieser Frage gespalten sei und die Entscheidung den linken Flügel aufbringe.«

Wenige Tage nach diesen Gesprächen nahmen Özdemir und Künast am Bundesparteitag der Grünen in Rostock teil. Dort stritten sie hart gegen Vorfestlegungen der Grünen auf eine bestimmte Koalition.[438] In einem Kompromisspapier beschloss der Parteitag am Ende: »Es gibt keine Koalition in der Opposition – es gibt Konkurrenz und manchmal Kooperation.«[439] Dieser Kurs gilt auch vor der Bundestagswahl 2013.

Neben den innenpolitischen Herausforderungen sahen sich die Parteivorsitzenden der Grünen, Claudia Roth und Cem Özdemir, vor allem mit außenpolitischen Schwierigkeiten konfrontiert. Am 17. März 2011 hatte der UNO-Sicherheitsrat mehrheitlich für eine

Resolution zur Einrichtung einer Flugverbotszone über Libyen gestimmt. Russland, China, Indien und Brasilien enthielten sich der Stimme ebenso wie Deutschland. Die schwarz-gelbe Bundesregierung begründete ihre Enthaltung mit ihrer Entscheidung, nach Abwägung aller Risiken nicht an Kampfhandlungen teilnehmen zu wollen. Bundesaußenminister Guido Westerwelle machte klar, dass er stärker auf schärfere Sanktionen und das Stoppen der Geldströme für das Gaddafi-Regime setze.[440]

Zwei Tage später begannen NATO-Streitkräfte mit Angriffen auf Kasernen und Stellungen des libyschen Diktators Muammar al-Gaddafi. Knapp sieben Monate später erklärt die NATO die Mission offiziell für beendet. Fast 11 000 Luftangriffe[441] hatten zwar dafür gesorgt, dass die Rebellenarmee am Ende siegte, aber nach Angaben der Menschenrechtsorganisation Human Rights Watch waren allein den NATO-Luftangriffen im Frühjahr 72 Zivilisten zum Opfer gefallen, darunter 20 Frauen und 24 Kinder.[442] Seither kommt das von verfeindeten Clans gespaltene Land nicht zur Ruhe, und manche Befürchtung der Regierung Merkel/Westerwelle hat sich bewahrheitet.

Trotzdem übte ausgerechnet der Co-Vorsitzende der Grünen scharfe Kritik an der Entscheidung der schwarz-gelben Bundesregierung. Wie der ehemalige Bundesverteidigungsminister, Karl-Theodor zu Guttenberg, kritisierte auch Cem Özdemir 2011 die Bundesregierung massiv wegen ihrer Nichtteilnahme am Libyenkrieg. Özdemir beklagte, dass Deutschland keinen Beitrag zur Vertreibung des Diktators Gaddafi geleistet habe, und forderte: »Die Zeit der deutschen Sonderwege in der Libyenfrage muss jetzt endgültig vorbei sein.«[443]

Es ist die alte Logik seines Ziehvaters Joschka Fischer, der bereits im März 2011 in einem Gastbeitrag für die *Süddeutsche Zeitung* an die transatlantische Treue appelliert hatte:

»Das mittlerweile in der deutschen Innenpolitik fast geschmähte Wort ›Bündnissolidarität‹ heißt übersetzt nichts anderes, als dass andere (die USA und die NATO) für unsere Sicherheit sorgen und, wenn es sein muss, auch hoffentlich kämpfen werden. Und diese Garantie beruht nun einmal auf Gegenseitigkeit.«

Fischer, der seit Längerem nicht mehr zu tagespolitischen Dingen Stellung genommen hatte, gab sich empört:»Mir bleibt da nur die Scham für das Versagen unserer Regierung und leider! auch jener roten und grünen Oppositionsführer, die diesem skandalösen Fehler anfänglich auch noch Beifall spendeten.«[444]

Leader-Rituale und die Re-Feudalisierung Deutschlands

Cem Özdemir ist, wie auch die grüne Spitzenkandidatin Katrin Göring-Eckardt, Mitglied des konservativen Vereins Atlantik-Brücke. Deren Vorsitzender ist seit 2000 der ehemalige Fraktionschef der CDU-Bundestagsfraktion Friedrich Merz als Nachfolger des in den CDU-Spendenskandal verwickelten ehemaligen Schatzmeisters der Partei, Walther Leisler Kiep.

Anlässlich der Urwahl zum grünen Spitzenkandidaten fragte ein Mitglied im Online-Forum zum parteiinternen grünen Mitgliederentscheid nach der Atlantik-Brücken-Mitgliedschaft der Kandidaten. Erstaunlich ist, was Özdemirs Co-Vorsitzende Claudia Roth antwortete:

»Nein, ich bin nicht Mitglied der Atlantik-Brücke, war es aber von 2005 bis 2010. Damals, nach der Bundestagswahl 2005, bin ich von einigen BundestagskollegInnen gebeten worden, Mitglied des Vereins zu werden. Die Idee war, diese Art von konservativen Zirkeln mit Grünen zu besetzen und sie politisch zu öffnen, für mehr Transparenz zu sorgen und so die politische Ausrichtung zu verändern. Leider musste ich feststellen, dass diese Strategie bei der

Atlantik-Brücke nicht aufging. (…) Daraufhin zog ich die Konsequenzen und erklärte meinen Austritt.«

Katrin Göring-Eckardt antwortete:

»Ich bin, wie einige andere Grüne, Mitglied des Vereins Atlantik-Brücke. Die Atlantik-Brücke ist ein Verein, der – wie in seiner Satzung festgeschrieben – der Förderung der Völkerverständigung dient. Es handelt sich um einen eingetragenen Verein, der auf der Grundlage des Vereinsrechtes arbeitet (damit genauso demokratisch ist wie ein Sportverein o. ä.) und Konferenzen und Hintergrundgespräche zu außenpolitischen Themen, insbesondere den transatlantischen Beziehungen, anbietet. Das sind Themen, die für uns Grüne wichtig sind und zu denen wir mit JournalistInnen, Leuten aus der Wirtschaft und politischen MitbewerberInnen im Gespräch bleiben sollten, in diesem oder in anderem Rahmen. Es macht jedenfalls keinen Sinn, dies einseitig einem bestimmten politischen ›Lager‹ zu überlassen.«

Cem Özdemir ist, wie zu Guttenberg, Teilnehmer am Elitebildungsprogramm der Atlantik-Brücke für potenzielle Führer von morgen, die sogenannten »Young leaders«, zu denen auch *Bild*-Chefredakteur Kai Diekmann und ironischerweise auch der ehemalige Bundespräsident Christian Wulff gehören. Dass Cem Özdemir einflussreiche Förderer hat, war bereits 2002 zu sehen. Noch vor seinem zeitweisen Ausstieg aus der Politik wählte ihn das World Economic Forum in Davos zum »Global Young Leader of Tomorrow«.

Solche »Leader«-Rituale mögen in den Ohren normaler Bürger lächerlich klingen, doch angesichts ihres erfolgreichen gesellschaftlichen Aufstiegs als Konzernlenker, Parteivorsitzende oder Chefredakteure sollte einem das Lachen im Halse stecken bleiben. Elitebildung ist nicht mehr nur eine Frage der Bildung. Auch und gerade der globalisierte demokratische Staat Bundesrepublik leistet sich wieder Nischen der »Re-Feudalisierung«, wie der Soziologe Bernd Greiner erläutert:

»Das heißt, dass neben den offiziellen Strukturen, neben den demokratischen Strukturen, dass die inoffiziellen Strukturen zunehmend wieder an Gewicht gewinnen. Und diese Eliten, diese selbst ernannten Eliten, die oben sitzen, die schotten sich zunehmend ab.«[445]

Feudalistische Tendenzen allerdings würden die 500 ausgesuchten Mitglieder der Atlantik-Brücke weit von sich weisen. Als Zielgruppe weist der Verein »deutsche und amerikanische Entscheidungsträger aus Wirtschaft, Politik, den Streitkräften, der Wissenschaft, den Medien und der Kultur« aus, die dort »einen Rahmen für vertrauliche Gespräche finden, aber auch Nachwuchsführungskräfte, die auf den ›Young Leaders‹-Konferenzen Netzwerke schmieden«[446].

Cem Özdemir darf demnach als überaus gut vernetzte »Führungskraft« bezeichnet werden. Laut der Kurzbiografie auf seiner Internetseite ist er nicht nur Mitglied der Atlantik-Brücke, sondern auch Gründungsmitglied des European Council on Foreign Relations (ECFR). Darüber hinaus engagiert er sich für Emigranten und für Menschenrechte unter anderem in der Robert-Bosch-Stiftung, der Theodor-Heuss-Stiftung, der Hertie-Stiftung und der Hrant Dink Stiftung.[447] Cem Özdemir sitzt außerdem im »politischen Beirat« des Bundesverbandes mittelständischer Wirtschaft (BVMW).

Dieser Lobbyverein trägt zwar einen Namen, an dem eigentlich niemand Anstoß nehmen kann, denn der Mittelstand ist unumstritten die wichtigste Säule der deutschen Volkswirtschaft, aber dafür sind die Forderungen des BVMW denen der Grünen im Bundestagswahlkampf 2013 diametral entgegengesetzt: keine Wiedereinführung der Vermögensteuer, Abschaffung der Erbschaftsteuer, Abschaffung der Gewerbesteuer, zahlreiche Änderungen beim Kündigungsrecht und Betriebsverfassungsgesetz zugunsten von Unternehmen und die Abschaffung des Anti-Diskriminierungsgesetzes.[448]

Um in den »politischen Beirat« des BVMW zu gelangen, darf man jedenfalls nicht wählerisch sein. Denn neben Fachpolitikern wie dem langjährigen finanzpolitischen Sprecher der CDU/CSU-Bundestagsfraktion Otto Bernhardt, der ehemaligen Bundesjustizministerin Brigitte Zypries, dem FDP-Politiker Wolfgang Gerhard sitzt Cem Özdemir dort auch an einem Tisch mit Hans Kremendahl[449], der 1999 im Mittelpunkt eines SPD-Parteispendenskandals stand. Dabei ging es um die verdeckte Spende eines Wuppertaler Bauunternehmers für den Wahlkampf des damaligen Wuppertaler SPD-Oberbürgermeisters Hans Kremendahl.

Mit dem Atomlobbyisten in einem Präsidium

Eine Mitgliedschaft verschweigt Özdemir in seiner Kurzbiografie. Im Präsidium der Stiftung »Neue Verantwortung« sitzt er mit Menschen zusammen, die jedenfalls auf den ersten Blick nicht unbedingt zur politischen Kultur der Grünen passen: dem Vorstandsvorsitzenden von Evonik und Chemieverbands-Vize Klaus Engel, dem Autolobbyisten Matthias Wissmann und Ewald Woste, Vorsitzender des Bundesverbands Energie- und Wasserwirtschaft. Als kooptiertes ständiges Mitglied wird Olaf Arndt genannt, Managing Partner und Anteilseigner der Düsseldorfer Lobbyagentur Deekeling Arndt Advisors.[450] Zu deren Referenzen gehört eine jahrelange, zum Teil verdeckte PR-Kampagne im Auftrag des Deutschen Atomforums, wie die *taz* enthüllte.[451] Das Strategiepapier zu der Kampagne trägt den Titel: *Energieverantwortung für Deutschland. Analyse und Strategische Empfehlungen*[452].

Die Agentur gewann dem Papier zufolge zum Beispiel den Historiker Arnulf Baring, der während des Festakts zum 50-jährigen

Bestehen des Atomforums eine Rede hielt, in der er sich als »unparteiischer, aber leidenschaftlicher Bürger« vorstellte, um dann die »ideologischen Scheuklappen« der SPD bei der Ablehnung der Kernenergie zu kritisieren. Bereits sieben Monate zuvor habe die Agentur Baring zu diesem Zweck zugearbeitet, gab dieser selbst zu. Kurz darauf bot die Agentur den Text der *Frankfurter Allgemeinen Zeitung* an, die ihn als Gastbeitrag Barings abdruckte.[453]

Avisiert waren darüberhinaus eine Aktion mit *Bild*-Chefredakteur Kai Diekmann (»CO_2-Pate«), eine Reportage über »Frauen in der Kerntechnik« in der *Brigitte*, eine Reportage über das Leben in der Nähe von Kernkraftwerken in der *Zeit* sowie eine Reportage über Frauen in der finnischen Energiewende in der *Süddeutschen Zeitung*.[454] Platzieren konnte die Agentur ihre Ideen laut dem Strategiepapier aber nur in der *Bild*-Zeitung, die einmal groß titelte: »Der Irrsinn mit dem Atomausstieg«. In dem Papier wurde auch festgestellt, dass die Grünen das Thema 2009 zum Wahlkampfthema machen würden.

Verzichtete Steinbrück auf Vortragshonorar?

Sogar eine prominente ehemalige Grüne verdiente in der Agentur bereits seit Dezember 2007 als Senior Advisor ihr Geld[455]: Margareta Wolf war von 2002 bis 2005 parlamentarische Staatssekretärin im Bundesumweltministerium unter Jürgen Trittin. Mitte 2008 trat sie aus der Partei aus. Wolf gehört zu einem Kreis von mittlerweile 20 prominenten ehemaligen Politikern und Staatssekretären von SPD und Grünen, die im Anschluss an ihr wirtschaftsfreundliches politisches Wirken gut dotierte Jobs als Lobbyisten oder Manager in eben dieser Wirtschaft erhielten.[456]

Seit 2010 steht die ehemalige SPD-Bundestagsabgeordnete Nina Hauer der Exgrünen Margareta Wolf als Leiterin der Berliner Dependence zur Seite. Bei kritischen Abgeordneten in den Untersuchungsausschüssen des Bundestages zur Finanzkrise hatte sich Hauer vor allem durch ihr bankenfreundliches Verhalten einen Namen gemacht. Dennoch scheint es kein Geringerer als SPD-Kanzlerkandidat Peer Steinbrück sehr gut mit Hauer und ihrer Agentur zu meinen. Am 11. November 2010 lud die Agentur zu einem »Diskussionsabend zu finanz- und wirtschaftspolitischen Fragen mit Peer Steinbrück und der neuen Standortleiterin, Nina Hauer, mit anschließendem Empfang«. Ausnahmsweise muss Steinbrück an diesem Abend auf sein Durchschnittshonorar für Auftritte dieser Art in Höhe von 15 000 Euro verzichtet haben. Denn auf der von ihm im Herbst 2012 veröffentlichten Liste sämtlicher bezahlter Vorträge findet sich der 11. November bei Deekeling Arndt Advisors nicht.

Schwunghafter Handel mit Politikern

Mit der Macht von Politikern verhält es sich ähnlich wie mit der Macht von Lobbyisten. Beide beruhen vor allem auf der gesellschaftlichen Vernetzung ihrer Inhaber. Wer allerdings glaubt, ein großes Vitamin B genüge für den Erfolg, der irrt. Das mag zwar in einigen Branchen funktionieren, nicht jedoch im politischen Geschäft, das naturgemäß dauerhaft und somit nachhaltig sein muss. Denn nach der Wahl ist bekanntermaßen vor der Wahl. Die bislang dargelegte Vernetzung von Politikern oder Lobbyisten legt den Verdacht nahe, dass sie vor allem unter ihresgleichen diskutieren und die Nähe derjenigen suchen, die ihnen weltanschaulich näherstehen. Die US-amerikanischen Netzwerkforscher Nicholas Christakis und James Fowler schreiben denn auch: »Ein Vertreter des Rüstungskonzerns Halliburton muss Dick Cheney genauso wenig auf seine Seite bringen wie ein Vertreter der Naturschutzorganisation Sierra Club Al Gore. Diese Leute tragen lediglich Eulen nach Athen.«[457] Träfe diese Annahme zu, wären überparteiliche Initiativen wie die Atlantik-Brücke, die systematisch versuchen, Menschen aus anderen weltanschaulichen Zusammenhängen für ihre Sache zu begeistern, sei es durch Überzeugung oder gesellschaftliche Aufwertung, überaus effiziente Lobbyinstrumente.

Die Politikwissenschaftler Dan Carpenter, Kevin Esterling und David Lazer haben die Netzwerke von Lobbyisten der Energiewirtschaft und der Pharmaindustrie analysiert und in Relation zu ihrem Erfolg gesetzt. Ihre Ergebnisse sind überraschend: Eine wirklich starke Beziehung sagt kaum etwas aus über die Mächtigkeit eines Lobbyisten, dagegen verhilft erst eine hohe Zahl »schwacher« Beziehungen zum Erfolg: »Starke Beziehungen sind zwar kein Schaden, doch schwache Beziehungen sind wichtiger, da sie die eigene Reichweite erheblich vergrößern.«[458] Aus dieser Tatsache ergibt sich ein einfacher Effekt, schreiben die Netzwerkforscher: »Da jede neue schwache Beziehung zahlreiche weitere generieren kann, werden die gut vernetzten immer besser vernetzt.«

In der Politik ist das nicht anders. Je größer die Anzahl der Netzwerke, in denen jemand arbeitet, desto größer seine Attraktivität für neue Netzwerke. Der Mann, der dieses Prinzip früh erkannt und zum Geschäftsmodell gemacht hat, ist der Eventmanager Manfred Schmidt. Ein ehemaliger hochrangiger Pressesprecher im Dienst des Bundes drückt es so aus: »In der Berliner Republik konnte sich jemand viele Jahre lang erst in dem Augenblick wirklich relevant fühlen, wenn er zum ersten Mal auf eine der exklusiven Partys von Schmidt eingeladen wurde.«

Schmidts geniale Geschäftsidee bestand aus einem Jahrmarkt der Eitelkeiten und Kontaktinteressen. »Wer die private Handynummer eines A-Prominenten in Deutschland sucht – Manfred Schmidt hat sie«, schrieb die *Süddeutsche Zeitung*, »auch die von Bundespräsident Wulff und dessen Exsprecher Olaf Glaeseker.« Schmidts Adressbuch soll gut 20 000 Einträge umfassen.

Manfred Schmidt war mehr als ein Jahrzehnt so etwas wie ein Hohepriester des Wohlfühl-Lobbyismus. Mit der neuen Nähe rot-grüner Regierungs- und Parlamentskreise zur Wirtschaft wuchs seine Chance, Menschen auf lukrative Weise miteinander bekannt zu machen. So berichtet der *stern*-Journalist Jan Rosenkranz von einem Event Schmidts im Auftrag von Lufthansa-Chef Wolfgang Mayrhuber im November 2008. 24 ausgesuchte Gäste waren in Schmidts »Residenz« zum Gänse-Essen eingeladen.[459] Aus den Reihen der Politik hatte Schmidt immerhin den Chef des Bundeskanzleramts Thomas de Maizière aufzubieten, von Medienseite die Chefs der Leitmedien *Bild* und *Spiegel*, Diekmann und Mascolo, sowie die Schauspielerin Hannelore Elsner. Die Lufthansa ließ sich diesen exklusiven Zugang zur politischen und medialen Macht in Deutschland 130 000 Euro kosten.

Die Politiker werden zur Ware, die Schmidt bei ihrer Eitelkeit packt, um dann ihre schiere Anwesenheit für viel Geld weiterzuverkaufen. Für seinen schwunghaften Handel mit Politikern scheute Schmidts Agentur weder Zeit noch Geld. So wurde im Februar 2008 der rheinland-pfälzische Ministerpräsident Kurt Beck im Privatjet von Berlin zum »Arcandor Media Get Together« nach Hamburg geflogen. Während die knapp zweistündige Bahnfahrt 118 Euro gekostet hätte, ließ sich Schmidt den Beck-Flug 3927 Euro kosten. Denn für seine Auftraggeber sind waschechte Ministerpräsidenten erste Wahl. So steht in einem Vertragsentwurf zum »2. Hessen Salon« am 20. September 2011 in Wiesbaden zwischen Schmidt und der Areal Bank als Auftraggeber, dass Schmidt für die Zuführung entsprechender Gäste 50 000 Euro bekommen solle. Im Gegenzug sei die Bank verpflichtet, sich um »Anfrage und Akquise des hessischen Ministerpräsidenten« zu kümmern. Volker Bouffier kam, berichtet der *stern*.

Jeder, der einmal eine Party Schmidts besuchte, ist voll des Lobes über das Talent und die Detailverliebtheit des Eventmanagers. Er wusste nicht nur, die richtigen Leute zusammenzubringen, sondern auch für die richtige Stimmung zu sorgen. Am meisten verdiente er allerdings mit Großveranstaltungen wie dem von ihm selbst erfundenen Nord-Süd-Dialog in Hannover.

Hunderte Politiker, Manager, Journalisten und Moderatoren, Stars und Sternchen kamen, und die Sponsoren waren zufrieden. In einer E-Mail, die dem *stern* vorliegt, werden Kosten von 223 542 Euro aufgeführt und Einnahmen von 763 000 Euro, was für einen einzigen Abend also einen Gewinn von 540 000 Euro ausmacht. Damit dieses Geschäft in Gang kam, legte sich Schmidt stets mächtig ins Zeug, um sich mit vielen gut zu stellen. Dazu gehörten auch Einladungen und Partys, die er für Politiker wie Christian Wulff oder Klaus Wowereit gab, den er auch auf seine Finca in Spanien einlud.

Schmidt lud überhaupt gern Prominente ins Ausland ein, wie die nachfolgende Meldung aus dem *Mallorca Magazin* von 2006 verrät:

»Wer zu diesem Oster-Cocktail eingeladen war, der konnte sich darauf schon etwas einbilden. Carsten K. Rath, Geschäftsführer der Arabella Hotel Holding, und Medien-Manager Manfred Schmidt hatten am Samstagvormittag eine illustre Schar von VIPs auf die Terrasse der Luxus-Herberge Mardavall (Costa d'en Blanes) gebeten. Es sollte der erste Event sein, den Sabine Christiansen mit ihrem neuen Lebensgefährten Norbert Medus besuchte. Bitte keine Fotos, so ließ die Talk-Lady vorab verlauten. Dass die offensichtlich verliebte Christiansen einen ziemlich glücklichen Eindruck machte, kann daher nur von Anwesenden berichtet werden. Und wer war da? Hier einige Namen aus der Gästeliste: Tennis-Legende Boris Becker, Schauspielerin Veronica Ferres, Fußball-Manager Reiner Calmund, der niedersächsische Ministerpräsident Christian Wulff, Ex-Tennisprofi Charly Steeb, Golf-de-Andratx-Manager Stefan Blöcher, Campino-Wirt Pino Persico, WDR-Programmdirektor Ulrich Deppendorf, Air-Berlin-Geschäftsführerin Elke Schütt, Filmproduzent David Groenewold, Rechtsanwalt Peter Schmalisch, Filmproduzentin Gisela Marx, Kostümbildnerin Maria Lucas, Edda Kraft, Showchefin von *Sat 1* und *MM*-Redaktionsdirektor Wolfram Seifert.«[460]

Als die Ermittlungen der Staatsanwaltschaft wegen der Urlaube von Olaf Glaeseker auf Kosten Manfred Schmidts und der angeblichen Hilfe von Wulffs Sprecher bei der Vorbereitung des Nord-Süd-Dialogs begannen, zog sich Schmidt aus der Öffentlichkeit zurück. Menschen, die ihn gut kennen, berichten, er sei angesichts der immer neuen Vorwürfe – auch aus dem Munde von Politikern – irgendwann wütend geworden. Denn von den plötzlichen Saubermännern waren über die Jahre viele seine Gäste gewesen. Für einen winzigen Augenblick soll Schmidt darüber nachgedacht haben, über sie alle auszupacken – und ließ dann doch von dem Plan ab.

Heiße Fußballnacht in Barcelona

Vor seiner Wahl zum Bundesvorsitzenden der Grünen 2008 hatte Cem Özdemir dem *Spiegel* ein Interview gegeben. Darin ging es auch um seine frühen Fehler im Zusammenhang mit dem Rüstungslobbyisten Moritz Hunzinger. Özdemir sagte nun die Sätze eines Mannes, der gereift erscheinen möchte, und *Der Spiegel* nahm es ihm ab:

»›Permanent‹ sei das Risiko, die Bodenhaftung zu verlieren. ›Es kommt darauf an, was man in seiner Freizeit macht‹, meint Özdemir. Er werde auch als Grünen-Chef ›einen guten Film mit Freunden irgendwelchen vornehmen Empfängen vorziehen‹. Özdemir will trennen.«[461]

▶ ▶ ▶

Am Abend des 23. Juni 2011 ist Cem Özdemir mit seiner Frau zum Dinner eingeladen. Gastgeber ist der Eventmanager Manfred Schmidt. Das Dinner findet in dessen Nobelapartment »Residenz« am Pariser Platz, mit Blick auf das Brandenburger Tor, statt.[462] Laut den Unterlagen, die der *stern* veröffentlicht, erhält Schmidt um 21.13 Uhr eine E-Mail mit dem Betreff: »Barcelona Ticket« und der Nachricht: »Es gibt noch Karten für den 17-08-11. Leider keine Mittelklasse mehr. Nur Premium 1A für 615 € pro Person.« Es ist das Spiel des Jahres – *el clásico*: Barcelona gegen Real Madrid, und Schmidt ist begeistert. Er antwortet: »4 x bitte! DANKE!!!!«

Jedenfalls sehen sich Schmidt und Özdemir am Abend des 17. August das Spiel gemeinsam an. Laut einer E-Mail schreibt eine Assistentin an Schmidt: »Die Rechnung für Cem Özdemir, Fußball, mache ich fertig, sag mal, in welcher Höhe.« Es werden 119 Euro, die Özdemir in Rechnung gestellt werden und die er selbstverständlich bezahlt. Aber konnte er nicht ahnen, dass ein solches Spiel in einer VIP-Lounge deutlich teurer sein würde? Der *taz* sagte Özdemir: »Vielleicht bin ich nicht ganz auf dem Laufenden, was Tickets kosten. Aber: Auf dem Ticket stand kein Preis, er war also nicht zu erkennen.«[463] Die übrigen Reisekosten übernahm Özdemirs Partei. Der *stern* schreibt dazu: »Praktischerweise fanden sich für den Spieltag ein Termin mit den katalanischen Grünen und ein Interview mit einer spanischen Zeitung. So trug die Partei die Kosten für Anreise und Übernachtung.«

Geschichte wiederholt sich. Wieder einmal hatte Cem Özdemir Pech. Waren die Medien 2002 zunächst auf die Verbindung des Rüstungslobbyisten Moritz Hunzinger mit dem Verteidigungsminister Rudolf Scharping gestoßen und dann auf Özdemir, lagen die Dinge im Februar 2012 ähnlich. Viele Medien recherchierten über die Verbindungen zwischen Christian Wulff beziehungsweise seinem Sprecher Olaf Glaeseker mit Eventmanager Manfred Schmidt. Der Name Özdemir fand sich in einem E-Mail-Verkehr, den irgendjemand dem *stern* zukommen ließ. So schrieb der *stern* am 2. Februar in seinem langen Report nicht nur über Wulff und Glaeseker, sondern auch über Cem Özdemir.

Im selben Artikel gab Özdemirs Co-Vorsitzende Claudia Roth preis, wie sehr die Methoden Schmidts sie genervt hätten: »Das grenzt schon an Stalking.« So habe Schmidt sie zu einem Fest nach Hamburg einladen wollen. Mehrfach meldete sich jemand aus der Agentur im Büro Roth, die selber längst abgewunken hatte. Man werde auch die Reisekosten übernehmen, ebenso die Hotelaufenthalte. Roth verwies darauf, dass sie zu diesem Datum eine Wochenendklausur mit ihrem Team plane. Auch das sei kein Problem, ließ Schmidt sie laut *stern* wissen, »sie könne einfach alle mitbringen und die Klausur im Hamburger Hotel abhalten, er würde zahlen. Roth blieb bei ihrem Nein.« Cem Özdemir widerstand der Versuchung nicht. Seit seiner Zeit als Bundesvorsitzender der Grünen erschien er mehrmals bei Schmidts »Media Nights«, an denen »zahlreiche Politiker, Unternehmer, Journalisten und Kulturschaffende teilnahmen«, wie er der *taz* erklärte. Was ihn aber zu jenem exklusiven Essen in Schmidts Residenz bewog, bei dem ihm Schmidt die Fußballtickets anbot, ist bis heute unklar. Cem Özdemir mag auch über diese Episode aus jüngster Vergangenheit keine Auskünfte erteilen.

Nicht viele Medien haben die Spur kritisch weiterverfolgt – im Gegenteil. Zehn Tage nach den Artikeln in *stern*, *Focus* und einigen Tageszeitungen, veröffentlichte das Springer-Blatt *Welt am Sonntag* ein Interview mit Cem Özdemir. Es wurde mit sehr wohlwollenden Sätzen eingeleitet: »Cem Özdemir hat es anders gemacht als Christian Wulff. Als vor zehn Jahren Vorwürfe gegen ihn erhoben wurden, kehrte er der Politik den Rücken. Heute ist er Chef der Grünen.« Die Bildunterschrift lautete: »›Mit 40 wird der Schwabe klug‹, sagt Grünen-Chef Özdemir.« Auch im Gespräch erwiesen sich die Reporter als gutwillig. Sie fragten nach seinem Ausstieg aus der Politik 2002, erwähnten dabei aber nur die Bonusmeilen-Affäre, nicht die weit gravierendere Hunzinger-Affäre, geschweige denn den Barcelona-Ausflug:

Welt am Sonntag: »Sie selbst waren vor elf Jahren in die sogenannte Bonusmeilen-Affäre verstrickt. Davon waren zahlreiche Bundestagsabgeordnete aus allen Parteien betroffen, die aber meist im

Amt geblieben sind. Sie sind als innenpolitischer Sprecher der Grünen zurückgetreten und aus dem Bundestag ausgeschieden. Bereuen Sie den Schritt im Nachhinein?«

Özdemir: Nein, das war für mich ein notwendiger Schritt. Ich habe damals Fehler gemacht und Konsequenzen gezogen. Das muss jeder Politiker für sich selbst entscheiden. Ich habe danach meine Brötchen außerhalb der Politik verdient, das war eine wichtige Erfahrung.«

Özdemir wurde auch gefragt, ob Christian Wulff nicht vor dem geplanten Staatsakt für die Opfer der NSU-Morde zurücktreten müsse. Özdemir antwortete mit zwei gestanzten Gedankengängen:»Den Stab über sich muss er schon selber brechen. Dieser Staatsakt sollte nicht von einer unwürdigen Debatte überlagert werden.«[464] Nie würde der Profi Cem Özdemir persönlich den Stab über einen Bundespräsidenten brechen. Aber er machte auch klar, dass ein weiterer Verbleib Wulffs im Amt für die Opfer des NSU-Terrors eine»unwürdige Debatte« bedeutet hätte.

Neue grüne Machtoption

Cem Özdemir kann es mit Angela Merkel aufnehmen. Auf dem Höhepunkt der Atomkatastrophe von Fukushima fragte ihn *Bild am Sonntag* nach der Möglichkeit einer schwarz-grünen Koalition. Özdemir antwortete:»Wenn die Union den Atomausstieg umsetzt, wäre die höchste Hürde abgeräumt.«[465] Aus den Meinungsumfragen des Jahres 2012 ergaben sich wegen der Schwäche der FDP fast durchweg nur zwei Optionen für eine Regierungsbildung: eine linke rot-rot-grüne Koalition, der sowohl Peer Steinbrück als auch viele Spitzen-Grüne eine Absage erteilten, oder Schwarz und Grün. Es wäre das Ende der rot-grünen Erbfreundschaften.

Den Grünen ist der historische Wechsel zuzutrauen. Die Zeiten, in denen die Partei Selbstreflexion bis zur Selbstzerfleischung betrieb, sind vorüber. Selbst in den SPD-Gremien wird kritischer über Hartz IV und die Folgen diskutiert als bei den Grünen über den Krieg oder die Armut. Die ehemalige Bundesvorsitzende der Grünen Jutta Ditfurth traf in ihrem Buch *Krieg, Atom, Armut. Was sie reden, was sie tun: die Grünen* mit einem einzigen Satz den Kern des Problems: »Das Ausmaß, in dem die Grünen sich ihrer Geschichte entledigt haben, übertrifft das jeder anderen Partei.«[466] An dieser Tatsache könnte selbst einer wie Peer Steinbrück für seine Sozialdemokratie nicht rütteln. Selbst dann nicht, wenn der Herausforderer von Angela Merkel künftig wieder jede Menge teure Reden vor Finanzhaien oder Pleite-Städten hielte.

8.

DUELL ZWEIER
MACHTMENSCHEN

Achtzehn-Stunden-Tage sind für Angela Merkel keine Seltenheit, und von ihrer Arbeit hängt seit beinahe acht Jahren das Wohlergehen von gut achtzig Millionen Deutschen ab. Obwohl sie angesichts dieser Herkulesaufgabe ein vergleichsweise nicht gerade üppiges Jahresgehalt bezieht, ist die Bundeskanzlerin nie durch eine unangemessene Nutzung von Rabatten und Vergünstigungen aufgefallen. Ihre Urlaube verbringt sie mit ihrem Mann zu Ostern gern auf Ischia oder auf La Gomera, im Sommer geht es zum Wandern nach Südtirol. Zu Hause kocht sie gern, wenn einmal Zeit dafür ist, und bei Fußballübertragungen im Fernsehen konnten wir erfahren, dass Angela Merkel zuweilen begeisterungsfähig ist.

Die Bundeskanzlerin hat – soweit wir wissen – keine reichen Gönner. Über die Beziehung zu ihrem Ehemann Joachim Sauer weiß die Öffentlichkeit nicht sonderlich viel, da er – von Reisen zu musikalischen Großereignissen wie den Bayreuther Wagner-Festspielen oder dem Wiener Opernball abgesehen – als mitreisender Ehemann nicht zur Verfügung steht. Auf der Suche nach Schlagzeilen über private Ausschweifungen wird man die Archive vergeblich bemühen.

Die einzige Ausnahme bildet ein Ereignis im April 2008, und dieses Ereignis bescherte ihr unangenehme Schlagzeilen wie »Merkels Banker-Sause« (*taz*) oder »Dinner im Kanzleramt –

Rechnung nach der Sause« (*Tagesspiegel*). Sogar von einer »Merkel-Sause« (*Frankfurter Rundschau*) war die Rede. Diese Schlagzeilen erntete die Kanzlerin aber nicht etwa, weil sie sich hatte einladen lassen, sondern weil sie eingeladen hatte.

Ackermann feiert im Kanzleramt

Wäre der Vorstandssprecher der Deutschen Bank Josef Ackermann nicht so redselig, hätte nie ein Bürger von diesem Abend erfahren. In einer ZDF-Dokumentation über Angela Merkel gab der Schweizer im Sommer 2009 beredt Auskunft über sein Verhältnis zur deutschen Regierungschefin. Und er plauderte über eine nett gemeinte Einladung:

»Sie hat mir damals gesagt, sie würde gerne etwas für mich tun. Ich soll doch einmal etwa 30 Freunde und Freundinnen einladen aus Deutschland und der Welt, mit denen ich gerne einen Abend zusammen sein würde im Kanzleramt. Und ich muss Ihnen sagen, es war ein wunderschöner Abend.«

Zuerst berichtete das ARD-Politikmagazin »Report Mainz«, dass Angela Merkel aus Anlass von Josef Ackermanns 60. Geburtstag ein Festessen im Kanzleramt spendiert hatte: »Demnach sind für diese Veranstaltung Kosten für zusätzliches externes Servicepersonal in Höhe von 2100 Euro angefallen. Die Kosten des Abendessens konnten laut Bericht nicht ermittelt werden.«[467] 2100 Euro genügen zuweilen, die Republik in Wallung zu versetzen. Die grüne Fraktionsvorsitzende Renate Künast eiferte sich, dazu sei das Kanzleramt »nicht da«, der SPD-Haushaltspolitiker Carsten Schneider hielt »den ganzen Vorgang für nicht akzeptabel«. Der Experte für Parteienrecht, Professor Martin Morlok, kritisierte sogleich, »hier liege eine Vermengung von amtlicher Tätigkeit im Bundeskanzleramt und privatem Vergnügen vor«.

Über die Kanzlerin brach nun ein Sturm der Empörung in vielen Medien herein. Es ist die erste und einzige Episode dieser Art in der politischen Biografie Angela Merkels, und hätte es nie eine Finanzkrise mit ihren Milliardenkosten für alle Steuerzahler gegeben, sie hätte womöglich nie jemanden ernsthaft beschäftigt. Denn wer wollte einer hart arbeitenden Bundeskanzlerin ernsthaft untersagen, repräsentative Empfänge zu geben, insbesondere für Menschen, deren Urteil und Nähe sie schätzt?

Eine Ausnahme in Merkels Biografie

Es ist eine besondere Geschichte, die Angela Merkel mit Josef Ackermann verbindet. Sie handelt von einem Duell der mächtigsten deutschen Politikerin mit dem mächtigsten europäischen Bankier. Es ist aber auch die Geschichte einer Frau, der nachgesagt wird, sich gewöhnlich nur mit solchen Männern sehr eng zu umgeben, die sie ebenso schnell wieder verbannen und um ihren Einfluss bringen könnte. Der Schweizer Josef Ackermann wäre demnach eine wirkliche Ausnahme im politischen Leben Angela Merkels.

Die beiden lernten sich bereits persönlich kennen, als Merkel noch Oppositionsführerin war. 2003 begann der Schweizer die in finanzpolitischen Dingen nicht unbedingt versierte Politikerin zu beraten. Dabei galt Ackermann schon damals als umstritten. Als Vorstandschef der Deutschen Bank hatte er an der Übernahmeschlacht des britischen Mobilfunkanbieters Vodafone gegen die deutsche Mannesmann AG mitgewirkt. Seit 2001 ermittelten Staatsanwälte wegen hoher Millionenzahlungen an Mannesmannmanager und Ruheständler gegen Manager und Gewerkschafter. Auch gegen Josef Ackermann wurde ermittelt. Als im Herbst 2003 Anklage vor dem Landgericht Düsseldorf erhoben wurde, verurteilte Angela Merkel das staatsanwaltliche Vorgehen als »Schlag gegen den Wirtschaftsstandort Deutschland«. An der »persönlichen Integrität« Ackermanns bestehe für sie kein Zweifel.

Ihre solidarische Wertschätzung für den mächtigsten deutschen Banker legte sie auch später nicht ab, als Ackermann gleich zu Prozessbeginn klarmachte, was er von dem Verfahren hielt: »Dies ist das einzige Land, in dem diejenigen, die Erfolg haben und Werte schaffen, deswegen vor Gericht gestellt werden.«[468] Es war der Tag, an dem der Bankmanager dank seiner zum Victoryzeichen gespreizten Finger auf fragwürdige Weise prominent wurde. Zwei Jahre später wurde das Verfahren gegen eine Geldauflage von 3,2 Millionen Euro, die Ackermann zahlen musste, eingestellt.[469] Er war daher nicht vorbestraft und konnte somit seinen millionenschweren Posten bei der Deutschen Bank behalten.

Das gespannte Verhältnis des Topbankers zum deutschen Rechtsstaat hinderte Angela Merkel und auch den damaligen Finanzminister Peer Steinbrück nicht daran, in den folgenden Jahren regelmäßig den Rat Ackermanns in Anspruch zu nehmen.[470] Dieser soll an Angela Merkel geschätzt haben, dass sie sich komplizierte Sachverhalte so lange erklären lasse, bis sie sie auch wirklich verstanden habe. Nico Fried von der *Süddeutschen Zeitung* schrieb: »Merkel und er machen sich das Wissen des jeweils anderen zunutze. Es ist ein funktionales Verhältnis zweier Machtmenschen.«[471]

Vor dem Hintergrund dieser Geschichte und der hohen Ausgaben des deutschen Staates für die Rettung der Banken wollte der Verbraucherschützer Thilo Bode im Jahr 2009 Genaueres über das Dinner für Ackermann im Kanzleramt wissen. Als das Kanzleramt die Herausgabe entsprechender Unterlagen verweigerte, klagte Bode als Privatmann nach dem Informationsfreiheitsgesetz auf Akteneinsicht. »Aus den Treffen, die ein paar Wochen vor dem Ausbruch der Finanzkrise stattgefunden haben, könnten sich Hinweise ergeben, ob bei Krisenentscheidungen nicht unabhängig abgewogen wurde«, argumentierte Bode.[472]

Er klagte vor dem Verwaltungsgericht Berlin und erhielt recht. Trotzdem verweigerte sich das Kanzleramt weiterhin und ging in Revision. Erst das Urteil des Oberverwaltungsgerichts Berlin-Brandenburg ermöglichte fast eineinhalb Jahre später die Herausgabe der Akten. Noch Monate danach, versuchte das Kanzleramt eine allgemeine Veröffentlichung im Internet zu verhindern, so auch gegenüber dem Portal *FragDenStaat.de*. Das Portal *Netzpolitik.org* stellte die Dokumente schließlich im Juli 2012 trotzdem zum Herunterladen ins Netz.[473]

Die Tischordnung der Macht

Diese Akten verraten uns eine Menge über die physische Konfiguration der Macht. Unter den insgesamt 27 Teilnehmern des Empfangs für Josef Ackermann im Kanzleramt am 17. April 2008 waren fünf Medienvertreter: außer dem Herausgeber der *Frankfurter Allgemeinen Zeitung*, Frank Schirrmacher, und Stephan Sattler vom *Focus* waren gleich drei Persönlichkeiten der Springer AG vertreten: die Verlegerin Friede Springer höchstpersönlich, der Vorstandsvorsitzende der Springer AG, Mathias Döpfner, und der Herausgeber der *Bild*-Gruppe und *Bild*-Chefredakteur Kai Diekmann.

Die Tischordnung bürgte zudem für eine gute Durchmischung der Konversationspartner. Josef Ackermann hätte eigentlich neben Merkels Ehemann Joachim Sauer sitzen sollen, der jedoch abgesagt hatte. Jetzt saß Ackermann zwischen dem BASF-Vorstandsvorsitzenden Jürgen Hambrecht und Maria-Elisabeth Schaeffler und Angela Merkel gegenüber. Friede Springer war flankiert von dem britischen Historiker und Exbankmanager Howard Davies und dem Industriemanager Gerhard Cromme, der wiederum gleich neben der Kanzlerin dinieren durfte. Cromme gehört seit vielen Jahren zu den einflussreichsten Managern Deutschlands. Er ist Aufsichtsratsvorsitzender der Thyssen-

Krupp AG und der Siemens AG und Mitglied in den Aufsichtsräten von Springer AG, Allianz, E.ON, Lufthansa und BNP Paribas. Mathias Döpfner hatte man zwischen Bundesbildungsministerin Annette Schavan und den Ökonomen und Netzwerker Wolfgang Schürer platziert, und Kai Diekmanns Tischherren waren der Präsident des Goethe-Instituts Klaus-Dieter Lehmann und der BASF-Aufsichtsrat Tessen von Heydebreck, der zuvor lange Jahre dem Vorstand der Deutschen Bank angehört hatte. Am Tischende neben Heydebreck saß als einziger Beamter des Kanzleramtes der junge Leiter der Abteilung 4 im Kanzleramt und Berater Merkels in Finanzfragen Jens Weidmann, der 2011 auf den Posten des Bundesbankchefs wechselte.

Understatement der politischen Weglassung

Der Empfang für Josef Ackermann und die Umstände dieses Empfangs sind vor allem wegen der Rolle der Deutschen Bank während der Finanzkrise relevant. Denn bereits im Frühjahr 2008 wurde sowohl in den USA als auch in Deutschland thematisiert, dass die Deutsche Bank angeblich schlecht besicherte US-Hypothekendarlehen verkauft hatte, obwohl sie bereits um deren enorme Risiken gewusst habe. Die US-Regierung verklagte die Deutsche Bank drei Jahre später, 2011, auf fast eine halbe Milliarde US-Dollar Schadensersatz. Die Bank bestreitet bis heute die Betrugsvorwürfe und will sich mit allen juristischen Mitteln dagegen zur Wehr setzen.[474] Aber bereits im Frühjahr 2008 stand im Raum, dass die Deutsche Bank mit diesem Coup möglicherweise Milliardenrisiken auf öffentliche Institute und somit auf den Steuerzahler abgewälzt hatte. Bereits Anfang März 2008 ermunterten Beamte des Bundesfinanzministeriums die Deutsche Industriebank (IKB), Klagen gegen die Deutsche Bank zu prüfen, berichtete damals *Der Spiegel*.[475]

Über diese Entwicklung war selbstverständlich auch das Bundeskanzleramt informiert. So war es nur folgerichtig, dass sich Angela Merkels Beamte im Vorfeld des geplanten Ackermann-Empfangs mit einer heiklen Frage beschäftigten. In einem internen Vermerk ist zu lesen:

>»Sollte sich der Vorwurf des Insiderhandels als zutreffend herausstellen, könnte zwar der Ruf der Deutschen Bank in Mitleidenschaft gezogen werden. Es sind hier jedoch keinerlei Hinweise bekannt, dass der Verkauf mit Wissen des Vorstandes, insbesondere von Dr. Ackermann, erfolgt sein könnte. Die Plausibilität spricht dagegen.«

Das kritische Schreiben eines Bundestagsabgeordneten zur Verantwortung der Deutschen Bank für die Schieflage der IKB müsse daher »im Zusammenhang mit der Einladung nicht problematisiert werden«. Im Entwurf für die kurze Ansprache der Kanzlerin auf dem Empfang für Ackermann ist denn auch von solchen Untiefen keine Rede. Dafür erinnerte Merkel ihren Ehrengast an seinen tatsächlichen Geburtstag am 7. Februar, ein Tag, an dem zugleich der Jahresabschluss 2007 der Deutschen Bank präsentiert worden war. Der sei nicht nur für Ackermann persönlich »durchaus zufriedenstellend ausgefallen«, sondern von der »gesamten Finanzbranche mit Erleichterung aufgenommen« worden.

Launig heißt es im Redemanuskript für die Kanzlerin weiter: »Gute Nachrichten konnte Ihre Branche in den letzten Wochen besonders gut gebrauchen.« Kein Wort verlor Merkel darüber, dass die Deutsche Bank sich lieber an den verhängnisvollen US-Hypothekengeschäften beteiligte als frühzeitig vor der sich anbahnenden Finanzkrise zu warnen. Geschweige denn, dass sie ein Wort über die – Merkel ja bekannten – Probleme mit möglichen Insidergeschäften der Deutschen Bank verlor. Die Kanzlerin beherrscht das Understatement der Weglassung als Instrument politischer Irreführung bestens.

Und als ob das politisch noch nicht fragwürdig genug wäre, überhäufte sie Josef Ackermann mit Schmeicheleien, die erahnen lassen, warum das Kanzleramt um jeden Preis verhindern wollte, dass sie jemals das Licht der Öffentlichkeit erblickten:

»Sie stehen seit nunmehr fast sechs Jahren an der Spitze des größten deutschen Kreditinstituts, das ganz entscheidende Anstöße für die Entwicklung des Finanzplatzes Deutschland gegeben hat und immer noch gibt. Sie haben in ganz erheblichem Maße zur erfolgreichen Positionierung der Deutschen Bank auf den internationalen Finanzmärkten beigetragen, insbesondere was das Investmentbanking angeht. Ihr persönlicher Beitrag zur Entwicklung des Finanzstandortes Deutschland ist daher kaum zu überschätzen.«

Aber warum kam diese sonst so zurückhaltende Dame im Kanzleramt Ackermanns Eitelkeit so weit entgegen? Oder bleibt uns die kommunikative Taktik dieser Frau in der veröffentlichten Meinung üblicherweise verborgen, weil sie nur in Hintergrundrunden mit eingeschworenen Journalisten etwas so sagt, wie sie es tatsächlich meint? Diese Annahme legt zumindest *Spiegel*-Autor Dirk Kurbjuweit nahe. Der Journalist hat Merkel viele Jahre begleitet und zieht ein überraschendes Resümee:»Es gibt Angela Merkel zweimal: vor der Öffentlichkeit und im kleinen Kreis.«[476] Während sie in ihren offiziellen Reden und Pressekonferenzen häufig hölzern wirke, glänze sie im Schutz eines Hintergrundgesprächs mit Charme und Witz. Diese Charaktereigenschaft hat allerdings auch Folgen:

»Journalismus verfehlt seinen Sinn, wenn die Journalisten bedeutend mehr wissen, als sie ihren Lesern mitteilen können. Während Merkels Kanzlerschaft ging diese Schere weit auseinander. Merkel ist die Königin der Hintergründe, bleibt aber für die breite Öffentlichkeit blass.«[477]

Die Krise nach dem Dinner

Gerade einmal drei Monate nach dem Geburtstagsempfang ist der besondere Draht zwischen Angela Merkel und Josef Ackermann erneut gefragt. Kurz nach der Lehman-Pleite im September 2008 ist auch Deutschlands größte Immobilien finanzierende Bank, die Hypo Real Estate (HRE), von der sofortigen Zahlungsunfähigkeit bedroht. Mit einer Bilanzsumme im Jahr 2007 von 400 Milliarden Euro[478] ist die HRE eng mit allen anderen Banken verbunden. Mit ihrem Untergang stünde ein Dominoeffekt bevor, der selbst vor den Branchenriesen wie der Deutschen Bank nicht haltmachen würde.

So spielt auch beim zweiten Kapitel der deutschen Finanzkrise die Deutsche Bank eine erstaunliche Rolle. Seit der Lehman-Pleite geben sich die Banken untereinander keine kurzfristigen Kredite mehr, und genau die braucht nun die irische HRE-Tochter Depfa, die mit 400 Milliarden Euro Bilanzsumme ein Schwergewicht ist. Die HRE steht plötzlich vor dem Aus, und Experten sprechen davon, dass die Folgen mit der Lehman-Pleite vergleichbar seien.

Es wird die größte Herausforderung für Angela Merkel und ihren Finanzminister Peer Steinbrück. Wie energisch die Chefs der deutschen Großbanken auf ein sofortiges Eingreifen der Politik drangen, und wie dramatisch das Duell von Bankmanagern und Politik hinter den Kulissen verlief, dokumentiert das interne Protokoll der Bundesanstalt für Finanzdienstleistungsaufsicht BaFin über die Chronologie der HRE-Rettung.[479]

Freitag, 26. September 2008, 14.30 Uhr. Jochen Sanio, Präsident der BaFin, hat eine hochkarätige Runde eingeladen, um für »die Unterstützung der HRE durch die Kreditwirtschaft« zu werben. HRE-Finanzvorstand Markus Fell legt die Karten auf den Tisch: Die HRE-Tochter Depfa muss 55 Milliarden Euro am Geldmarkt finanzieren und: »Von den 55 Milliarden EUR würden 46 Milliarden EUR bis Jahresende fällig.« Das sei kurz nach der Lehman-Pleite einfach nicht zu stemmen. Fell spricht von einer »strukturellen Lücke« von 34 Milliarden Euro. BaFin-Chef Jochen Sanio erkennt den Ernst der Lage und prophezeit, dass die HRE-Gruppe in dem Augenblick, wo diese Schieflage bekannt werde, »keinerlei externe Refinanzierung mehr erhalten« werde. Nach drei Stunden geht die Runde auseinander, ohne konkrete Beschlüsse gefasst zu haben.

Auch der nächste Tag bringt zunächst keine Fortschritte. Um 15.05 Uhr sind bereits die Spitzen der deutschen Bankwirtschaft persönlich eingetroffen: Deutsche-Bank-Chef Josef Ackermann und der Vorstandsvorsitzende der Commerzbank Martin Blessing. Banken-Verbandspräsident Klaus-Peter Müller ist telefonisch zugeschaltet. Noch immer lässt sich kein Vertreter der Bundesregierung blicken. Ackermann und Blessing betonen, die HRE könne allein aus Kreisen der privaten Bankwirtschaft nicht gerettet werden. Das sei nicht bezahlbar. Blessing weist darauf hin, die HRE werde nicht der letzte Bankenrettungsfall bleiben. Die Sitzung wird um 17.10 Uhr ohne Ergebnis unterbrochen.

Ackermann droht mit Zusammenbruch des Bankensystems

Um 21 Uhr treffen sich die BaFin-Vertreter und die Bankenvorstände mit Juristen, um alle Alternativen abzuwägen. Dazu gehört auch, die HRE in die Insolvenz zu entlassen. Commerzbank-Chef Blessing drängt erneut auf eine Beteiligung der Politik: »Ansonsten stehe am Montag keine deutsche Bank mehr.« Ackermann sekundiert: Die private Bankwirtschaft werde sich beteiligen. Er bietet ein bis zwei Milliarden, aber: »Den Rest müsse der Staat nehmen.« Die Drohung verhallt vermutlich nicht ungehört, und trotzdem berät die Runde bis 0.43 Uhr, bevor sie sich auf den nächsten Morgen vertagt.

Sonntag, 28. September. Seit vier Stunden sitzt die Krisenrunde beisammen. Um 14.10 Uhr präsentiert Josef Ackermann einen konkreten Vorschlag: 15 Milliarden Liquiditätslinie durch die Kreditwirtschaft, 20 Milliarden durch die Europäische Zentralbank, für etwaige Verluste gilt: 50 Prozent Banken, 50 Prozent Bund. Und einen Cap, also eine Kappung der Risiken für die Privatbanken bei zwei Milliarden. Um 17.05 Uhr wird die Sitzung unterbrochen, da nun Finanzstaatssekretär Jörg Asmussen teilnimmt. Er lehnt Ackermanns Vorschlag ab. Wieder verlangen die Banker eine Garantieübernahme des Staates und verweisen auf Frankreich. Dort habe der Staat eine solche Garantie übernommen. Ackermann wird sehr deutlich: Wenn die Bundesregierung keine Garantie abgebe, fließe »die Liquidität künftig nach Frankreich«. Asmussen verweist auf das Haushaltsrecht, das für den Fall einer Garantie einen Nachtragshaushalt und eine Verpflichtungsermächtigung durch den Bundestag vorsehe. Ackermann antwortet, ihm genüge vorerst eine schriftliche Absichtserklärung. Asmussen erwidert, das könne nicht sofort gelöst werden, er müsse erst mit Bundeskanzlerin Merkel und seinem Minister Steinbrück Kontakt aufnehmen. Bis zum nächsten Morgen sei keine Lösung möglich.

Ackermann geht in der Pokerrunde nun aufs Ganze. Seit Donnerstag wisse das Bundesfinanzministerium doch Bescheid und: »Er werde jetzt gehen und sein Institut darauf vorbereiten, dass morgen der Interbankenhandel zusammenbrechen werde.« Die Banker ziehen sich abermals zurück. Um 18.27 Uhr beginnt Asmussen zu telefonieren. Dann werden die Bankenvertreter zurückgerufen. Um 22.45 Uhr verlangt Asmussen, dass die Banken 55 Prozent der Kosten ohne Kappung tragen. Ackermann erwidert, das sei »der Tod des deutschen Bankensystems«. Er erhöht den Kappungsbetrag der Banken um fünf auf sieben Milliarden Euro.

Asmussen erklärt nach telefonischer Rücksprache mit Berlin um 23.30 Uhr: 35 Milliarden Euro Bürgschaft, 50 Prozent Bund, 50 Prozent Banken. Eine Kappung der Bankenrisiken sei nicht akzeptabel, das sei »mit Kanzlerin und Minister abgeklärt«. Die Bankenvertreter verlassen den Raum. Die Verhandlungen sind gescheitert. Nun werden die Vorstände der HRE in den Raum gebeten und über ihre Ad-hoc-Pflichten aufgeklärt. Alles läuft auf einen Zusammenbruch der HRE hinaus.

Hektische Telefonate
mit Steinbrück und Merkel

Um 23.57 Uhr steht plötzlich Josef Ackermann in der Tür und erklärt, dass die Bankenvertreter weiterverhandeln möchten.

Er hatte in der Zwischenzeit mit Bundesfinanzminister Steinbrück telefoniert. Dieser habe noch mal deutlich gemacht, dass eine Staatsgarantie nicht über 50 Prozent gehen dürfe. Ackermann sagt auch, Steinbrück wolle wegen der Kappung der Risiken noch einmal mit Bundeskanzlerin Merkel telefonieren.

Es ist mittlerweile Montag, der 29. September, 0.45 Uhr. Finanzstaatssekretär Asmussen erklärt, Bundeskanzlerin Merkel lehne die Kappung der Bankenrisiken weiterhin ab. Nun greift Ackermann zum Hörer und telefoniert laut Protokoll der BaFin nochmals mit »einem Vertreter der Bundesregierung«. Dabei handelte es sich um Angela Merkel. Ackermann erklärt anschließend der Runde, man habe sich telefonisch geeinigt. 60 Prozent der Verlustrisiken gingen an die Banken, 40 Prozent an den Bund. Das Risiko der Banken wird zugleich auf 8,5 Milliarden Euro begrenzt: »Gehe der Verlust über 8,5 Mrd. EUR hinaus, trage der Bund diesen voll.« Ackermann und die Bankenlobby haben sich durchgesetzt. Ihr Risiko bei der Rettung der HRE und somit ihrer eigenen Institute begrenzt sich auf 8,5 Milliarden Euro. Die HRE ist damit gerettet. Im letzten Moment wurde eine Ad-hoc-Meldung zur Eröffnung der Tokioter Börse verhindert. Angela Merkel regiert wie kein Regierungschef vor ihr mit Hilfe moderner Kommunikationsmittel. Per SMS erteilt sie Ratschläge und hält die Kontrolle aufrecht. Doch in der Nacht des 29. Septembers ist ihr diese Kontrolle entglitten.

Ein Jahr später steht Josef Ackermann im HRE-Untersuchungsausschuss des Deutschen Bundestages Rede und Antwort. Er wird gefragt, ob er die Bundeskanzlerin über den Tisch gezogen habe. Ackermann antwortet:

»Nein, das sicher nicht. Also noch einmal: Ihr ist es gelungen, noch 1,5 Milliarden mehr aus mir herauszupressen, was nicht ganz so einfach war für mich, das dann meinen Kollegen zu erklären. Nein, diese ganze Vorstellung, dass es hier um ›einer gewinnt, einer verliert‹, geht, war wirklich nicht unsere Problematik damals. Es stand viel zu viel auf dem Spiel. Ich glaube schon, dass die Politik damals die Tragweite so nicht ganz gesehen hat.«

Der Beinahezusammenbruch der HRE ist erst der Anfang. Kurz darauf, im Oktober 2008, beschließt die Regierung in der Folge der HRE-Krise und auf Betreiben auch Josef Ackermanns, einen robusten Rettungsschirm für die deutschen Banken einzurichten. Im Zentrum stehen Mittel von 500 Millionen Euro an Bürgschaften, die im Fall des Falles für eine Bankenrettung bereitstehen sollen. Es ist ein Kraftakt der deutschen Bundeskanzlerin und ihres Finanzministers Peer Steinbrück, die Abgeordneten des Bundestages zu überzeugen, quasi über Nacht eine Ermächtigung in Höhe von einer halben Billion Euro zu beschließen.[480] Am 17. Oktober 2008 beschließen Bundestag und Bundesrat das Rettungsgesetz im Eilverfahren, und Bundespräsident Köhler unterschreibt es bereits einen Tag später.

Am selben Tag berichtet *Der Spiegel* über eine Rede, die Josef Ackermann am Vorabend der Bundestagsabstimmung vor Führungskräften seiner Bank gehalten hat. »Ich würde mich schämen, wenn wir in der Krise Staatsgeld annehmen«, sagte Ackermann und hob die Führungsrolle seiner Bank hervor.[481] Ausgerechnet Ackermann, der wochenlang auf ein Rettungspaket gedrungen hatte und intensiv persönlich mit Merkel an dessen Konstruktion mitgewirkt hatte, distanzierte sich nun auf

Kosten seiner Bankenkonkurrenz. Merkel beauftragt ihren Sprecher Thomas Steg mit einer deutlichen Reaktion. Die Äußerung Ackermanns sei »äußerst bedenklich, unverständlich und unakzeptabel«, lässt sie der Öffentlichkeit und dem mächtigsten Banker Europas ausrichten, versehen mit der Warnung, die Äußerungen seien nicht angetan, Ackermann als leuchtendes Vorbild dastehen zu lassen.

Erstmals hatte der Machtmann Ackermann die Machtfrau Merkel wirklich aus der Reserve gelockt. Es wäre nur allzu menschlich, hätte Angela Merkel in diesem Augenblick zum ersten Mal wirklich bereut, dass sie diesem Mann die Ehre eines Geburtstagsdinners im Kanzleramt zuteil werden ließ.

Waren die Zeiten des Hof haltens für Ackermann nun vorüber? Über Jahre hatten Angela Merkel und Ackermann permanenten Kontakt über SMS. Ersuchte Ackermann um einen Termin, erhielt er ihn innerhalb weniger Tage. Und Beobachter erinnern sich, dass Ackermann, wenn er zu früh dran war, nicht einfach im Foyer des Kanzleramtes warten musste, sondern in einen Seitenflügel vorgelassen wurde, der sonst nur Staatsgästen vorbehalten ist.[482] Dem *Münchner Merkur* sagte ein CDU-Abgeordneter, Merkel habe nach dessen Statement Ackermann auf seinem Handy angerufen – diesmal allerdings nicht in freundlicher Absicht: »Nie zuvor ist ein deutscher Manager von einem Regierungschef so in den Senkel gestellt worden.«[483]

Die griechische Tragödie

Der nächste Krisenherd der deutschen Finanzpolitik wartete allerdings bereits in Athen. Am 10. Dezember 2009 sprach sich der neu gewählte griechische Ministerpräsident Giorgios Papandreou plötzlich für eine Krisenregierung der nationalen Einheit aus. Er hatte nach dem Antritt seiner Regierung einen Kassensturz vorgenommen und erklärte nun quasi den Staatsbankrott: »Griechenland befindet sich in einer Wirtschaftskrise, die ohne Beispiel ist. Korruption und Steuerverschwendung haben zu einer katastrophalen Haushaltslage geführt.«[484]

Im Februar 2010 richtet Papandreou erstmals offiziell ein Hilfeersuchen an die Regierungschefs der Euro-Zone. Es ist der Auftakt zu einer bis heute andauernden Finanzkrise in Euroland. Mit dem Rückenwind der deutschen Regierung fliegt Josef Ackermann im Februar 2010 nach Athen. Über die Inhalte der Gespräche dringt wenig nach außen. Später wird nur mitgeteilt, Ackermann werde die griechische Regierung bei ihrer geplanten Emission von Staatsanleihen beraten. Man könnte auch sagen, Ackermann hatte ein weiteres Geschäftsfeld erschlossen. Denn an der Abwicklung des Handels mit maroden griechischen Staatsanleihen verdiente seine Bank in der Folge trotzdem rund 400 Millionen Euro.[485] Ackermann jedenfalls bestärkte die Bundesregierung in der Notwendigkeit, Griechenland unter Auflagen zu helfen.

Während eine immer breitere Öffentlichkeit von einer Staatsschuldenkrise Griechenlands spricht und Medien wie die *Bild*-Zeitung eine beispiellose Kampagne gegen die »Pleite-Griechen« lostreten, weiß Ackermann, dass es sich in Wahrheit wieder um eine Bankenkrise handelt. Denn die Deutsche Bank hat sich durch Finanzierung teurer Prestigeprojekte und eines maroden Staates in ein Kredit-Ausfall-Risiko begeben.

Nach wochenlangen Verhandlungen beschließen die Regierungschefs der Euro-Zone am 25. März 2010, Griechenland mit einem Rettungspaket zu helfen. Damals ist noch von einem Bedarf von 110 Milliarden Euro in drei Jahren die Rede.[486] Am 6. Mai beschließt der Bundestag gegen die Stimmen der Linken und mit Enthaltung der SPD, dem Rettungspaket zuzustimmen. Angela Merkel hat schon damals keine eigene Kanzlermehrheit und ist auf die Grünen angewiesen. Sie geht damit politisch ein maximales Risiko ein. Es geht inzwischen bereits um 22,4 Milliarden Euro an Krediten und Bürgschaften. Angela Merkel erklärt offen: »In letzter Konsequenz bürgt der Steuerzahler, also wir alle.«[487]

Kaum eine Woche nach Inkrafttreten des deutschen Rettungsgesetzes melden Medien am 13. Mai weltweit, der Vorstandsvorsitzende der Deutschen Bank zweifele an der Rettung Griechenlands. In der Talkshow von Maybrit Illner hatte Ackermann wörtlich gesagt: »Ob Griechenland über die Zeit wirklich in der Lage ist, diese Leistungskraft aufzubringen, das wage ich zu bezweifeln.«[488] Wenn Griechenland falle, befürchte er zudem einen Ansteckungseffekt in anderen Ländern. Deshalb bedürfte es »enormer Anstrengungen«, um eine» Art Kernschmelze« zu verhindern. Angela Merkel lässt ihre Sprecherin tags darauf erklären, sie sehe für derartige Spekulationen »keinen Anlass und keinen Nutzen«.[489]

Damit hatte sie machtpolitisch gesehen recht. Dafür folgten die Aussagen ihres bisherigen »Beraters« Ackermann den strategischen Interessen der Deutschen Bank. Denn zwischen der Politik und den großen Gläubigerbanken tobte und tobt der grundsätzliche Konflikt, wer am Ende für die Krise zahlt. Und viele Experten erkannten schon damals, dass es ohne einen Schuldenschnitt für Griechenland nicht gehen würde. Dabei wollten die Banken natürlich den Löwenanteil der Summen auf die Staaten abwälzen.

Josef Ackermann nutzte den Alarmruf in Illners Talkshow für die dringende Warnung vor einer Aufgabe des Sparkurses. Denn für die Banken war die bisherige Griechenland-Rettung komfortabel. Europa zahlte das Geld an die griechische Regierung, die damit ihre Schulden bei den Banken beglich. Und zum dritten Mal sollten nun die Steuerzahler in Deutschland das Risiko tragen.

Inzwischen sieht die Griechenland-Rettung Risiken von bis zu 123 Milliarden Euro für den deutschen Staat vor. Zuvor hatte Deutschland für die Rettung der Banken mit 500 Milliarden Euro gebürgt, kurz darauf 115 Milliarden für die Sicherung deutscher Unternehmen bereitgestellt, wie die *Frankfurter Allgemeine Zei-*

tung damals feststellte: »Erst wurden die Banken gerettet, dann Griechenland und jetzt der Euro.«[490] Wahrer wäre der Satz gewesen: Es wurden bislang die Banken gerettet und nichts als die Banken. Der Finanzwissenschaftler Max Otte zum Beispiel hätte einen 50-prozentigen Schuldenschnitt bereits vor Jahren für sinnvoll gehalten, wie er dem ARD-Magazin *Monitor* sagte:

> »Dort, wo eine Bank ins Straucheln gerät, müssten wir sie stützen, aber erst dann. Wir müssten die Sparer schützen, aber eben nicht die Anteilseigner dieser Banken und die Gewinne der Banken. Es würde uns 50 bis 60 Milliarden kosten, das wäre viel billiger als die Hunderte von Milliarden, die wir jetzt an Risiken eingehen.«[491]

Die Kanzlerin feuert ihren Berater

Ausgerechnet in dem Moment, wo Angela Merkel das für die Banken vorteilhafte Rettungspaket durchsetzte, ist ihr Josef Ackermann kommunikativ in die Parade gefahren. Erstmals scheint ihr nun aufzugehen, dass die Loyalität des Schweizer Bankmanagers nicht der deutschen Kanzlerin gilt, sondern allein den Aktionären seines Geldhauses.

Sechs Tage nach Ackermanns Griechenland-Interview bei Maybrit Illner spricht Angela Merkel während der Internationalen Finanzmarktkonferenz im Bundesfinanzministerium. Sie spricht über die Entscheidungen, die in dieser Woche im Deutschen Bundestag anstünden, und sagt, das sei keine »einfache, sondern eine existenzielle Entscheidung, bei der wir die Schwächen der gemeinsamen Wirtschafts- und Währungsunion deutlich vor Augen haben«[492]. Auch spricht sie über die grundsätzliche Frage, wie das »Erpressungspotenzial für Staaten« minimiert werden könne, über die Möglichkeiten einer Finanztransaktionssteuer und die Bankenabgabe, die Deutschland mit Frankreich gemeinsam einführen werde. Dann hebt sie zu einer erstaunlichen und selten anzutreffenden persönlichen Bemerkung an:

»Das ist übrigens eines der Probleme der Politik. Da wir alle keine Finanzmarktexperten sind – egal, was wir studiert haben –, und die meisten Finanzmarktakteure selber Teilnehmer mit einem verständlichen Gewinnstreben sind, ist es gar nicht so einfach, in diesem Bereich, der noch relativ jung ist, uneigennützige Ratgeber zu finden. Deshalb ist die Frage, auf wen man hört, eine der schwierigsten Fragen. (…) Ich kann der Finanzbranche selbst nur raten, ehrlich mit uns umzugehen. Wenn wir keine ehrlichen Ratschläge bekommen, machen wir vielleicht Dinge, die nicht so ausgefeilt, aber politisch notwendig sind. Das kostet uns dann nur unnötige Kraft. Der Platz für ehrliche Ratgeber ist noch relativ unbesetzt.«

Abgesehen von der Ehrlichkeit ihrer Selbsteinschätzung brach sich in den Worten der Kanzlerin ein enormer Frust über ihren langjährigen, aber nicht »uneigennützigen« Berater Josef Ackermann Bahn. Der *Tagesspiegel* wartete tags darauf mit der Schlagzeile auf: »Chefberater – Die Kündigung für Ackermann« auf[493].

▶ ▶ ▶

Angela Merkel konnte nun erkennen, dass ihr persönlicher Berater Josef Ackermann auf Zeit gespielt hatte. Während Ackermann hinter den Kulissen gegen einen Schuldenverzicht auch seiner Bank arbeitete, trennten sich die Deutsche Bank und ihre in Griechenland stark engagierte Postbank von ihren Griechenland-Schulden. 2010 standen, laut Geschäftsbericht, noch 1,6 Milliarden Euro in den Büchern.[494] Bis März 2012 hatte sich das Nettoengagement auf 547 Millionen Euro reduziert.[495] Im Sommer 2011 hatten sich die Regierungschefs und die Vertreter der Bankenlobbyverbände auf einen freiwilligen Schuldenverzicht von Banken und Versicherungen geeinigt. Josef Ackermann, der höchstpersönlich mitverhandelt hatte, sprach von einer Abschreibung von 21 Prozent auf die Forderungen an Griechenland und sagte:»Das trifft uns hart.«[496] De facto aber wäre weit mehr möglich und notwendig gewesen, kritisieren Experten. So hatte während der Verhandlungen sogar Commerzbank-Chef Blessing 30 Prozent angeboten. Der Bremer Wirtschaftsexperte Rudolf Hickel kritisierte im *Focus*, ein Abschlag von 30 bis 50 Prozent wäre angebrachter gewesen.[497] Analysten meinten, das Ergebnis könne sich sogar positiv auf die Gewinne der Banken auswirken, weil ein freier Anleihenverkauf den Banken weit größere Verluste eingebracht hätte und dank der Garantie des Rettungsschirmes alle weiteren Kreditrisiken vom Steuerzahler abgedeckt würden.

Offene Drohungen und eine politische Erpressung

Josef Ackermann besänftigten diese Erfolge trotzdem nicht in seinem stetigen Drang, die Belange seiner Bank in der Politik zu verteidigen. Zu den wenigen Gelegenheiten, bei denen Angela Merkel und der Chef der Deutschen Bank danach persönlich und in aller Öffentlichkeit aufeinandertrafen, gehörte Ende Juni 2011 eine Finanzmarkttagung der CDU/CSU-Bundestagsfraktion. Während seiner Rede kritisierte Ackermann massiv die vielen Alleingänge Deutschlands, etwa beim Verbot von Leerverkäufen oder der Bankenabgabe. Er warnte vor Schnellschüssen bei der Bekämpfung der Krise.

Plötzlich betrat die Bundeskanzlerin den Raum, und Josef Ackermann unterbrach, irritiert vom Applaus der Abgeordneten, seine Rede. Er erklärte der Kanzlerin, er habe schon mal ein wenig ausgeholt. Laut *Bild*-Zeitung antwortete Merkel uncharmant:»Sagen Sie's einfach, kurz und präzise.«[498] In ihrer Rede trat sie Ackermanns Vorhaltungen entgegen und verwies auf die notwendige Beteiligung auch der Banken an den Folgen der Krise. Eine weitere Krise dieses Ausmaßes dürfe es nicht geben. Dann schickte die Kanzlerin eine sehr deutliche Warnung an Ackermann hinterher: »Wenn Sie weiter in einem politisch stabilen Land wirtschaften wollen, dann reichen Sie uns die Hand.«

Der markige Satz der Kanzlerin dürfte Ackermann kaum beeindruckt haben, denn der Zeitfaktor in diesem zuweilen persönlichen Duell zwischen Politik und Bankenwelt hatte längst den Ausschlag zu seinen Gunsten gegeben. Im Herbst schaltete sich die *Bild*-Zeitung ein und beklagte: »Neue Eiszeit zwischen Merkel und Ackermann – und das mitten in der Krise«. Angela Merkel habe sich durch die Ablehnung von Staatshilfen vonseiten Ackermanns »hintergangen« gefühlt, berichtete das Blatt, das zu beiden Kontrahenten ein gutes Verhältnis pflegt. Ackermann wiederum sei von Merkel enttäuscht, weil sie eine stärkere Beteiligung der Banken am Schuldenerlass erwarte als die zunächst vereinbarten 21 Prozent.

Die eigentlich brisante Nachricht in dem Artikel der *Bild*-Zeitung steckte in wenigen Zeilen: »Intern hat Ackermann schon damit gedroht, ›die Bilanzen massiv zu kürzen‹. Heißt: Es gibt weniger Geld für Kredite an Firmen. Das wäre Gift für Konjunktur und Jobs in Deutschland. Und gefährlich für die Kanzlerin.«[499] War der Artikel aus dem Haus der Ackermann-Freunde Springer, Döpfner und Diekmann eine kaum verhüllte Drohung an die Adresse der Kanzlerin, die Banken bei der Krisenbewältigung nicht weiter zu beanspruchen? Steckte dahinter ein politischer Erpressungsversuch Ackermanns? Die Kanzlerin konnte seine Worte zumindest so verstehen.

Gleichzeitig forderte Ackermann als Chef der Bankenlobby-Organisation IFF von den Regierungen der Euro-Zone eine zügige Ausweitung des Rettungsschirmes EFSF[500], Vorläufer des Europäischen Stabilitätsmechanismus ESM. Wenige Tage später warnte Ackermann vor einem Ende der Griechenland-Rettung und einer dann drohenden Pleite Italiens.[501]

Während Ackermann die Politik zu weiteren milliardenschweren Rettungsmaßnahmen antrieb, reiste Angela Merkel im Herbst nach Portugal – auch eines der Krisenländer. Sie besuchte den portugiesischen Ministerpräsidenten Pedro Passos Coelho. Journalisten fragten die deutsche Regierungschefin, ob sie nicht fürchte, dass die notwendigen schnellen Entscheidungen eines neuen Krisenmechanismus nicht effizient genug seien, weil zuvor immer noch die nationalen Parlamente über sie abstimmen müssten. Die Frage drängte sich angesichts der immer wieder auch von Merkels Regierung erzwungenen Eilentscheidungen des Deutschen Bundestages auf. Die Antwort der Bundeskanzlerin wurde in der Folge von Kritikern als neue, hoch problematische Doktrin verstanden:

>Wir leben ja in einer Demokratie und sind auch froh darüber. Das ist eine parlamentarische Demokratie. Deshalb ist das Budgetrecht ein Kernrecht des Parlaments. Insofern werden wir Wege finden, die parlamentarische Mitbestimmung so zu gestalten, dass sie trotzdem auch marktkonform ist, also dass sich auf den Märkten die entsprechenden Signale ergeben.«[502]

Was die Kanzlerin unter dem Adjektiv »marktkonform« verstand, konnte die Öffentlichkeit wenig später im Kleingedruckten der Verträge zum Europäischen Stabilitätsmechanismus ESM nachlesen.

Ein korruptes Begünstigungssystem

Ende 2011 nehmen die Pläne zu einem Europäischen Stabilitätsmechanismus ESM immer mehr Gestalt an. Es soll ein dauerhafter Rettungsmechanismus für die gesamte Eurozone geschaffen werden. Über die Frage, ob und mit wie viel Geld sich private Gläubigerbanken beteiligen müssen, entscheidet im ESM der Gouverneursrat der Euro-Zonen-Finanzminister. Professor Stefan Homburg lehrt Öffentliche Finanzen an der Leibniz-Universität Hannover und berät die Kläger vor dem Bundesverfassungsgericht gegen den ESM. In einem Gastbeitrag für die *Frankfurter Allgemeine Zeitung* analysiert er das Kleingedruckte des ESM-Vertrages:

>»Die Mitglieder des ESM unterliegen einer unbegrenzten Geheimhaltungspflicht und Immunität (Artikel 34 und 35), die Räume und Archive sind unverletzlich, und alle Tätigkeiten des ESM sind jeder administrativen, gerichtlichen oder gesetzlichen Kontrolle entzogen (Artikel 32). Zwar veröffentlicht der ESM einen testierten Jahresabschluss, doch wählt er die Prüfer selbst aus.«[503]

Eine externe Kontrolle durch Abgeordnete findet, so Homburg, nicht statt. Während in den USA die Kongressabgeordneten wenigstens im Nachhinein erfuhren, dass bei der Rettung des Versicherungskonzerns AIG Steuergelder in Höhe von 100 Milliarden Dollar an die Großbanken Goldman Sachs und die Deutsche Bank geflossen waren, wäre das künftig in Deutschland unmöglich. Da den geheim tagenden Mitgliedern des Gouverneursrates obendrein strafrechtliche Immunität zugesichert wird, urteilt der Finanzwissenschaftler folgerichtig: »Im ESM-Vertrag ist ein zutiefst korruptes Begünstigungssystem angelegt.«

Deutschland soll im ESM nach Aussagen der Bundesregierung mit maximal 190 Milliarden Euro haften. Und die Bankengläubiger?

Am 7. Dezember 2011 berichtet die *Financial Times Deutschland* unter der Überschrift: »Merkel beerdigt die Gläubigerbeteiligung«[504], dass der ursprünglich im Vertrag des Europäischen Stabilisierungsmechanismus festgelegte Zwang zu einer Gläubigerbeteiligung gestrichen worden sei. Stattdessen solle nur noch von »Fall zu Fall« über eine Beteiligung von Bankengläubigern entschieden werden.

Die *Financial Times Deutschland* analysiert: »Die Banken sollten mitbluten. Diese Idee hielt die Koalition zusammen. Doch die Beteiligung privater Gläubiger wird aufgeweicht. Sie war eine der letzten Grundsatzpositionen der Kanzlerin in der Euro-Krise.«

Abschied ohne Kanzlerin

Drei Monate später steht ein zu Tränen gerührter Josef Ackermann vor der Hauptversammlung der Deutschen Bank. In seiner letzten Rede als Vorstandssprecher sagt er, dass der Gewinn des Geldinstituts vor Steuern um 36 Prozent auf 5,4 Milliarden Euro gestiegen sei.[505] Über sein Zusammenwirken mit politisch Mächtigen wie Angela Merkel verliert er in seiner langen Abschiedsrede kein Wort. Zu seinem vermutlich größten Erfolg seit Beginn der Finanzkrise sagt er den kürzesten Satz: »Risikopositionen wurden deutlich abgebaut.«

9. EPILOG

DIE »SECHSTE GEWALT«

Viele der in diesem Buch geschilderten Vorgänge der deutschen Machtpolitik wären ohne das geheime Wissen der Mächtigen über ihresgleichen kaum denkbar. Niemand in dieser Republik, und sei sein Amt noch so hoch, scheint vor politischer oder persönlicher Intrige sicher zu sein. Die Befürworter dieser Politik in Zirkeln, Vereinigungen und Salons halten dagegen: Welcher Typus Mensch wäre zu politischen Ämtern überhaupt noch bereit, wenn das geheime Wissen dieser Zirkel prinzipiell öffentlich gemacht würde?

Nur wenige Politiker haben erkannt, dass ihnen Offenheit mehr nutzt als schadet. Über den sozialdemokratischen Bundestagsabgeordneten Ulrich Kelber wissen wir, was wir weder über Angela Merkel noch über Guido Westerwelle, weder über Peer Steinbrück noch über Cem Özdemir herausfinden können. Wir wissen, dass Kelber im Jahr 2011 versteuernde Einnahmen von 128 814 Euro erzielte. Nach Abzug von Spenden, Kosten für Kinderbetreuung, Vorsorgeaufwendungen und Kinderfreibeträgen lag sein zu versteuerndes Einkommen bei 80 175 Euro. Dafür zahlte er 25 058 Euro Einkommensteuer.

Neben seinem Fraktionsgehalt erhielt Kelber 1100 Euro als Aufsichtsratsmitglied einer Tochter der Stadtwerke seiner Heimatstadt Bonn sowie von der Selbsthilfeversicherung der Postbeschäftigten VPV 1000 Euro – beides zu versteuern. Wir wissen auch, wie viele Spenden Kelber für seine Partei bekommt – übrigens ausschließlich von Parteifreunden –, und wir können jederzeit auf seiner Internetseite nachlesen, mit welchen Lobbyisten er in Berlin Gespräche führt und auf welche Reisen er sich als Abgeordneter ins Ausland begibt.

Ulrich Kelber hat sich vor Jahren selbst zum »gläsernen Abgeordneten« erklärt und legt jährlich Rechenschaft über seine privaten finanziellen Verhältnisse ab. Bekannt ist auch, dass er verheiratet und Vater von fünf Kindern ist. Auf Facebook erfahren wir sogar den Namen seiner Ehefrau, mehr hingegen nicht. Kelber ist auch ohne private Home-Stories politisch erfolgreich. Bereits bei drei Bundestagswahlen holte er ein Direktmandat. Der Sozialdemokrat versorgt seine Wähler mit einem profunden Wissen über seine Machtmittel. Und diese bestehen in der modernen Netzwerkdemokratie vor allem aus finanziellen Abhängigkeiten und persönlichen Verbindungen.

Wissen ist das Amalgam der Macht

Das Wissen über diese Machtmittel ist das eigentliche Amalgam der Macht. Ein Maschmeyer machte sich einen Schröder oder Wulff kaum durch teure Empfänge politisch gefügig, aber durchaus mithilfe seines Wissens über deren Empfänglichkeiten. Dieses spezielle, instrumentelle Wissen liegt bislang weitgehend bei den Lobbyisten und einflussreichen Netzwerkern. Will eine demokratische Öffentlichkeit dies nicht länger hinnehmen, muss sie eine gesetzliche Grundlage schaffen, um den Eliten ihr geheimes Machtwissen zu entreißen. Ein solches Vorgehen könnte allerdings mit einem in Deutschland extrem hohen Rechtsgut – der Privatsphäre – kollidieren. Eine wie auch immer geartete Empfänglichkeit von Politikern oder hohen Beamten ist – jedenfalls nach heute noch gültigen Gesetzen – der Privatsphäre zuzuordnen und bleibt somit als Herrschaftswissen geschützt. Dass ein amtierender Ministerpräsident jahrelang notorisch finanziell klamm war, fällt nach Recht und Gesetz unter das Bankgeheimnis. Aber würden Wähler nicht anders über einen Politiker urteilen, wenn sie wüssten, dass er Geldprobleme hat und insofern womöglich anfällig für unmoralische Angebote ist?

▶ ▶ ▶

Seit den Neunzigerjahren des vorigen Jahrhunderts gibt es in Deutschland »verdachtsunabhängige Personen-Kontrollen«. Diese Möglichkeit des polizeilichen Eingriffs ist umstritten, da sie nicht dem rechtsstaatlichen Prinzip folgt, wonach eine Verfolgung durch Behörden erst einzusetzen hat, wenn ein konkreter Verdacht auf illegales Tun vorliegt. Wenn wir das politische Personal nicht unter einen demokratieschädlichen Generalverdacht stellen wollen, sollten wir für Politiker jedoch verdachtsunabhängige Personen-Kontrollen einführen. Allein die Summen, die von Parlamenten wie dem Deutschen Bundestag seit Ausbruch der Finanzkrise zugunsten von Banken und der sie absichernden Versicherungskonzerne bewegt werden, sind zu hoch, um der Politik noch blind zu vertrauen. Diese Forderung nach Kontrolle sollte aber nicht als persönliches Misstrauen gegenüber »den Politikern« verstanden werden. Spitzenpolitiker sind in der Regel ungeheuer fleißig, werden aber vergleichsweise mittelmäßig bezahlt. Aus eben diesem Grund gibt es aber den einen oder anderen in ihren Reihen (wie es auch den einen oder anderen Journalisten gibt), der eine hohe Empfänglichkeit für die Anreize der deutschen Günstlingswirtschaft besitzt. Angaben, wie sie der Abgeordnete Ulrich Kelber freiwillig macht, sollten also in Deutschland künftig für gewählte Mandatsträger und Regierende in Bund und Ländern verpflichtend sein. Der Kanzlerkandidat Peer Steinbrück irrt, wenn er sagt, dass es dergleichen finanzielle Transparenz »nur in Diktaturen« gebe[506] – im Gegenteil. Wir könnten von den USA lernen und uns am dortigen Modell des gläsernen Politikers orientieren. Niemand kann sich in den Vereinigten

Staaten zur Wahl stellen, ohne seinen Wählern detaillierten Einblick in seine finanziellen und steuerlichen Verhältnisse zu gewähren.

Neben der finanziellen Stellung gehören, wie gesagt, die persönlichen Netzwerke zu den Machtmitteln eines Politikers. Diese sind insbesondere dann von Belang, wenn die Kontaktpersonen Lobbyisten sind. Es ist unverständlich, dass es in Deutschland noch immer kein Lobbyregister gibt, in dem jeder Kontakt von Bundestagsabgeordneten oder hohen Bundesbeamten mit Lobbyisten von jedermann einsehbar ist. Auch in dieser Hinsicht verfügen die USA über ein weit höheres Maß an Transparenz. Die Forderung nach einem Lobbyregister hat bereits diverse Bundesregierungen überlebt und findet trotz immer neuer Skandale keine parlamentarische Mehrheit. Diese Verweigerung ist ein sicherer Weg der Politik, sich in Deutschland mittelfristig selbst abzuschaffen.

In der Verstrickung verschwindet die Privatsphäre

Die Frage, was politisch und was privat ist, hat in Deutschland bereits mehrere Diskursrunden durchlaufen. Für die Protagonisten der Revolte von 1968 war auch das Private politisch, weil sie glaubten, mit neuen Formen des Zusammenlebens die Gesellschaft verändern zu können. Gegner der staatlichen Volkszählung 1983 weigerten sich hingegen, private Daten für politische Zwecke herzugeben.

Seit den Arbeitsmarktreformen in Deutschland gibt es diesbezüglich eine Schere: Während die Empfänger von Hartz IV gegenüber den Behörden gläsern zu leben gezwungen sind, gehen manche Eliten schamlos ihren Geschäften nach – unter dem robusten Schutz durch das Bank- und Steuergeheimnis. Selbst für die Justiz gibt es hohe Hürden, was Ermittlungen in dieser Etage der Gesellschaft betrifft. So kommt es, dass viele Bürger Spitzenpolitiker eher diesen Eliten zuordnen als ihresgleichen, die sie diesen Politikern ja erst ihre Macht verleihen. Wir sollten besser von Politikerverdrossenheit sprechen. Es sind tatsächliche und kolportierte Bilder, die diesen Eindruck verdichten. Die Bilder erzählen von exklusiven Treffen mit gutem Essen und gutem Wein und in manchen Fällen sogar von teuren Reisen. Die strikte Trennlinie zwischen dem Privaten einerseits und dem Öffentlichen und Politischen andererseits in der Betrachtung von Politik kann angesichts solch hochgradiger Verstrickungen nicht mehr zeitgemäß sein.

Hinzu kommt: Der Prozess der Privatisierung von Politik wird nicht selten von Spitzenpolitikern selbst persönlich auf ganz klassische Weise befördert. Das hat wohl niemand so eindrucksvoll vorgeführt wie eine Politikerin, die selber niemals derartige Vergünstigungen für sich persönlich in Anspruch nehmen würde: Angela Merkel. Ihre für Josef Ackermann ausgerichtete Feier im Bundeskanzleramt schließt stilistisch nahtlos an die weinseligen und Cohiba-verqualmten Kanzlernächte eines Gerhard Schröder an. Elitäre Kungelrunden lösen zunehmend den von der Verfassung geforderten Weg der Gesetzgebung ab: Bundesgesetze dürfen nur von zwei Institutionen eingebracht werden: vom Parlament oder von den Bundesministerien. Die rot-grüne Bundesregierung hat aus ihrem neoliberalen Modernisierungsdrang heraus diese klaren Grenzen der Gewaltenteilung systematisch verwässert. Plötzlich sorgte eine Kommission unter dem VW-Personalvorstand Peter Hartz für die Formulierung neuer Arbeitsmarkt- und Sozialgesetze, eine andere Expertengruppe unter Leitung des neoliberalen Wirtschaftsprofessors Bert Rürup für neue Rentengesetze. Diese Herrschaften haben sich auf zweifelhafte Weise im Alltagsleben der Deutschen verewigt: *Hartz IV, Rürup- oder Riesterrente*. Es sind Alltagsbegriffe, die uns an die rot-grüne Umverteilungsrevolution von oben erinnern sollten: Der Arbeitsmarkt wurde um eine Billigvariante erweitert, und die staatliche Rente wird ausgezehrt, um die Zusatzgewinne privaten Versicherungskonzernen zuzuschanzen – mit oft zweifelhaftem Zusatznutzen für die Bürger.

Aber vor allem für den demokratischen Prozess hat diese sogenannte Modernisierungspolitik bis heute bleibende Schäden hinterlassen. Denn die Politik lädt Spitzenmanager nicht nur zu Wein und Cohibas ein, sondern sogar zum Schreiben von Gesetzen. Dass Bankenrettungsgesetze von Anwaltskanzleien geschrieben werden, die zugleich für Großkonzerne und Banken arbeiten, ist nur die Spitze des Eisbergs. Gut 400 sogenannte externe Mitarbeiter haben über die Jahre sogar eigene Schreibtische in Bundesministerien bezogen, um hier an Gesetzen mitzuarbeiten – bezahlt aber werden sie von ihren Arbeitgebern: Konzerne, Banken, Verbänden oder Krankenversicherungen.

Solche Exzesse mitten im demokratischen Verfassungsstaat lassen sich nur verhindern, wenn die Gesellschaft sich wieder einen Staat leistet, der den Lobbyisten die Zähne zeigen kann. Dazu gehört auch der Preis einer guten Bezahlung für spezialisierte Spitzenbeamte. Und aller populistischen Kritik an Diätenerhöhungen zum Trotz sollten die Diäten auch weiterhin erhöht werden, wenn die Abgeordneten umgekehrt bereit sind, ihre sonstigen Aktivitäten einzustellen. Der direkte Wechsel auf einen Lobbyposten könnte längst untersagt sein, müsste aber durch eine Übergangsdiät für abgewählte Bundestagsabgeordnete abgefedert werden. Die Unabhängigkeit von Abgeordneten hat ihren Preis, und den sollten wir zu zahlen bereit sein. Denn von Investmentbanken und privaten Versicherungskonzernen formulierte Banken- und Versicherungsgesetze und Banken- und Versicherungsrettungsgesetze kosten am Ende viele Milliarden und nicht ein paar Millionen Diäten mehr.

▶ ▶ ▶

Aber genügen diese handfesten Lösungen angesichts der Komplexität der modernen Machtmechanik überhaupt? Außerhalb des klassischen Verfassungssystems der drei »Gewalten« Legislative, Exekutive und Judikative haben sich längst die Medien als »Vierte Gewalt« – und der Lobbyismus als sogenannte »Fünfte Gewalt« – etabliert. Gleichzeitig nimmt im Dickicht der vielen Netzwerke die Trennschärfe zwischen diesen Gewalten ab. Das Interesse, das »Dazwischensein« politischer Akteure in der Machtmaschine, ergibt nur bei Offenlegung der finanziellen Verhältnisse und persönlichen Verbindungen ein vollständiges Bild: Die Bürger müssen wissen, dass der heutige Bundesgesundheitsminister Daniel Bahr von der FDP als Abgeordneter einst einen »Systemwechsel zu einem kapitalgedeckten Modell« der Gesundheitsversorgung forderte und gleichzeitig im Beirat der ERGO-Versicherungsgruppe saß. Wenn Moderator Tom Buhrow abends in den »Tagesthemen« die Finanzkrise erklärt, müssen die Zuschauer wissen, dass zum Beispiel der Deutschen Bank ein halbstündiger Auftritt des Anchorman Buhrow bei einer Unternehmensveranstaltung 20 000 Euro wert ist. Und unbedingt sollten sie wissen, dass sie die 20 000 Euro sogar zahlte, obwohl die Veranstaltung mit Buhrow wegen der Lehman-Pleite zuvor von der Deutschen Bank abgesagt worden war. Buhrows Agentur bestand darauf, und das Kreditinstitut fügte sich.[507]

Die Dimension des Privaten wurde bislang in der politischen Machtanalyse ignoriert, obwohl sie nachhaltige Folgen für das Machtgefüge hat. Dabei sind Freundschaft, Sex und Liebe die emotional intensivsten Formen von Netzwerkverbindungen. Wenn der ehemalige Sprecher von Christian Wulff, Olaf Glaeseker, und der Eventmanager Manfred Schmidt tatsächlich juristisch nachweisen können, dass sie schon enge persönliche Freunde waren, bevor der eine dem anderen half, mit der Sponsoring-Veranstaltung Nord-Süd-Dialog Hunderttausende zu verdienen, könnte eine Anklage wegen Korruption in sich zusammenbrechen. Denn die These, dass der Eventmanager den verbeamteten Sprecher Wulffs mit teuren Geschenken und Einladungen in sein Anwesen »anfütterte«, wäre hinfällig, da unter Freunden sowohl Geschenke als auch Einladungen üblich sind. Juristen sprechen in solchen Fällen von einem sogenannten »persönlichen Beziehungs-Überhang«. Wäre eine solche Freundschaft aber allen Beteiligten bekannt gewesen, wären sie bei diesen dubiosen Veranstaltungen vorsichtiger gewesen. Der Fall belegt, wie überkommen die allzu strikte Trennung zwischen privatem und öffentlichem Leben ist.

Stellen wir uns den Fall einer Bundesministerin vor, die mit einer weiblichen Führungskraft eines Fernsehsenders in wilder Ehe lebt. Nehmen wir an, ein Journalist dieses Senders stößt auf politische Unregelmäßigkeiten in der Vita der Ministerin, benötigt aber weitere Informationen, um einen Skandal nachzuweisen. In solchen Fällen erfahren herausragende Führungspersonen in der Regel von solchen Recherchen. Und wie wird die leitende Dame des Senders reagieren, die abends das Bett mit der beschuldigten Ministerin teilt? Der Interessenkonflikt benötigt keine weiteren Erklärungen.

Das frei erfundene Fallbeispiel einer Liaison zweier hochrangiger Frauen weist zugleich auf eine doppelte Gefahrenlage hin. Neben dem versteckten Interessenkonflikt entsteht in solchen Lebenslagen akut ein Erpressungspotenzial innerhalb des Machtgefüges. Erpressungspotenziale von solcher Qualität werden aber in dem Maße abnehmen, in dem falsche gesellschaftliche Tabus verschwinden.

▶ ▶ ▶

Wenn eine gesellschaftliche Moral niemanden mehr zur Geheimhaltung seiner Bedürfnisse und ihrer Befriedigung zwänge, entfiele die Möglichkeit der Erpressung. Es ist geradezu filmreif, dass ein amtierender deutscher Bundespräsident es lange Zeit dabei bewenden ließ, dass Menschen in seiner Umgebung ohne jeden Beleg verbreiteten, seine Frau habe sich einst als Sexarbeiterin verdingt. Wäre es, rein theoretisch betrachtet, so gewesen, und beide hätten es eingeräumt, wäre die Gesellschaft heute wieder ein Stück offener. Sie hätten aber auch ganz anders damit umgehen können, sprich einerseits das haltlose Gerücht aus der Welt schaffen, andererseits mit der Autorität eines Bundespräsidenten und seiner Gattin vor einem Millionenpublikum offen die Frage stellen können, was denn so verwerflich daran wäre, wenn es denn stimmen würde. So aber versteckten sie sich hinter einem Gerücht und redeten damit wortlos sexualfeindlichen Vorbehalten das Wort, die wiederum die nächste auf dem dumpfen Boden falscher Schamhaftigkeit gedeihende Erpressung ermöglichen wird.

Eine neue Etikette der Macht

Die hier gewählten Beispiele stehen Pars pro Toto, aber sie illustrieren ein flächendeckendes Problem der modernen Demokratie: Für eine umfassende Analyse der politischen Machtmechanik taugt die Einteilung der Gesellschaft in fünf Gewalten längst nicht mehr allein. Ideale und Werte wie Freiheit, Recht und Gerechtigkeit sind zwar glücklicherweise institutionell noch tief in unserem Staatswesen und seiner Justiz verwurzelt, die moderne politische Machtmaschine hingegen kommt blendend ohne sie aus. Es ist nicht unsere Sache, das moralisch zu kategorisieren, denn Macht ist nicht böse, sondern eher mit einem Spiel zu vergleichen, wie Foucault es formulierte: »Über den anderen Macht auszuüben in einer Art offenen strategischen Spiels, worin sich die Dinge umkehren können, ist nichts Schlechtes, das ist Teil der Liebe, der Leidenschaft, der sexuellen Lust.« Und wie bei jedem guten Spiel braucht es dafür Regeln, zu denen auch ein Ethos gehört, der es, wie Foucault schreibt, gestatte, »innerhalb der Machtspiele mit einem Minimum an Herrschaft zu spielen«[508].

Anstelle sorgsamer Selbstbeschränkung erleben wir allerdings häufig das genaue Gegenteil. Der bereits von Machiavelli als politische Kategorie beschriebene menschliche Makel wirkt wie eine ungeahnte »Sechste Gewalt« im Zentrum der politischen Macht. Er geht einher mit einer Re-Feudalisierung gesellschaftlicher Hierarchien. Seine konkrete Ausformung reicht von der Geltungssucht über die Gier bis zur unkontrollierten Begierde. Wer hingegen die Wirkmechanismen dieser »Sechsten Gewalt« begriffen hat, ohne ihr selbst zu verfallen, wie zum Beispiel Angela Merkel, der scheint zur dauerhaften Sicherung seiner Macht befähigt.

Und so rückt die Frage einer neuen Etikette der Mächtigen in den Vordergrund – und das ganz gegen den Trend einer Gesellschaft, die mehr auf Wertschöpfung denn auf Werte fokussiert ist. Die modernen »Fürstenberater« werden kaum umhinkönnen, sich mit dieser Etikette zu befassen, ebenso wenig ihre Klienten, die Politiker. Denn die Gesellschaft ist dank digitaler Technologien, dank *Wikileaks* und anderer Plattformen auch für ungefilterte Informationen aus dem Innern der Machtzentren durchlässiger geworden. Dieser historisch zu nennende Wandel hat bereits einen neuen Typus von Politiker hervorgebracht, dem gar nicht mehr in den Sinn käme, sich von der Glamourwelt der Netzwerker und Wohlfühl-Lobbyisten umgarnen zu lassen. Es sind Abgeordnete, die hart und gewissenhaft ihrer Arbeit nachgehen, denen allerdings mangels machtpolitischer Instinkte die große Karriere meist versagt bleibt.

Machiavelli orientierte sich bei seinen Ratschlägen für den Fürsten nicht an den Zehn Geboten, sondern an den in der Gesellschaft herrschenden moralischen Standards und seien diese auch herzlich unmoralisch:

> »Denn die Art, wie man lebt, ist so verschieden von der Art, wie man leben sollte, daß, wer sich nach dieser richtet statt nach jener, sich eher ins Verderben stürzt, als für seine Erhaltung sorgt; denn ein Mensch, der in allen Dingen nur das Gute tun will, muß unter so vielen, die das Schlechte tun, notwendig zugrunde gehen. Da-

her muß ein Fürst, der sich behaupten will, imstande sein, schlecht zu handeln, wenn die Notwendigkeit es erfordert.«[509]

Das ethische Schlupfloch, dass Machiavelli den Mächtigen für unehrenhaftes Betragen einräumt, lautet »Notwendigkeit«. Dieser Gedankengang Machiavellis vor fünfhundert Jahren eröffnet uns heute zugleich einen dauerhaften Ausweg aus der gegenwärtigen Krise der Demokratie. Erst wenn die Macht aufhört, in den Augen der Mächtigen eine blanke Notwendigkeit zu sein, kann dieses ethische Schlupfloch geschlossen werden. Die Macht sollte als notwendiges Fluidum für das Politikmachen angesehen werden, nicht als Notwendigkeit an sich. Umgekehrt darf der politische Machtverlust in der Demokratie weder von einer Partei noch von einer Person als Katastrophe oder Schicksalsschlag empfunden werden. Niemand sollte wegen seiner persönlichen oder finanziellen Privilegien an politischer Macht festhalten wollen oder müssen. Und niemand sollte sich weiterhin an seiner eigenen Gestaltungsmacht erbauen, obwohl ihm, wenn er ehrlich zu sich selbst wäre, längst die Ideen für eine gemeinwohlorientierte Politik ausgegangen sind. Eigentlich sollte doch am Ende jeder Machtverlust in der Demokratie ein Sieg der Demokratie sein.

DANK

Das Thema des Buches war für alle Beteiligten kein gewöhnliches. Daher möchte ich zuerst Nannette Elke und Klaus Fricke vom Heyne Verlag für ihren Mut und ihr Vertrauen danken. Dank auch an Nina Lieke für ihre freundliche Betreuung. Ich danke dem Justiziar des Verlages Rainer Dresen für seine sehr engagierte und einfallsreiche Begleitung. Ich danke Michael Neher herzlich für seine Vorschläge, seine Textkritik und Ermutigungen. Thomas Bertram danke ich herzlich für seine Anregungen und dass er wieder einmal kurz und scharfsinnig dem Manuskript zum letzten Schliff verhalf.

Dieses Buch gäbe es nicht, wenn nicht Menschen aus Politik, Justiz und Medien bereit gewesen wären, sehr offen mit mir zu sprechen. Denen, die dieses zum Schutz ihrer Person anonym tun mussten, gilt mein besonderer Dank. Ebenso danke ich folgenden Gesprächspartnern, die mir ihre Zeit schenkten: den Politikberatern Roland Appel, Heiko Kretschmer und Axel Wallrabenstein, dem ehemaligen BDI-Präsidenten Hans-Olaf Henkel, den Medienexperten Wolfgang Storz und Lukas Heinser, dem Journalisten Günter Wallraff, dem Kabarettisten Ottfried Fischer, den Rechtsanwälten Christoph Knauer und Jens Frömming, dem Verfassungsrechtler Professor Christian von Pestalozza und dem Psychologen Hans-Joachim Maaz sowie dem Reputationsmanager Christian Keppel.

Meinen Kolleginnen Christiane Meier und Gabi Probst gilt ein besonders herzlicher Dank, denn ohne sie gäbe es manche zentrale Passage in diesem Buch nicht. Für kritisches Lesen danke ich meinen Eltern. Für ihre Anregungen, Ansporn, Kritik und vor allem ihre Liebe danke ich meiner Frau Mélanie!

ANHANG

Anfrage an das Presse- und Informationsamt der Bundesregierung

Von: ███
██

Gesendet: Dienstag, 13. November 2012 09:02
An: StS Staatssekretär
Betreff: Anfrage zum Fall Wulff

Sehr geehrter Herr ███████,

für ein Buchprojekt über Abhängigkeiten und Erpressungspotenziale im politischen Leben recherchiere ich
unter anderem den Fall des ehemaligen Bundespräsidenten
Christian Wulff und seiner Gattin. Obgleich insbesondere der Inhalt von Gerüchten, die seit 2006 über Frau
Bettina Wulff verbreitet werden, im Detail deren Persönlichkeitsrechte berühren, erscheint dieses Thema politisch relevant und insofern von einem hohen öffentlichen
Informationsinteresse gedeckt. Denn im Raum steht die
Möglichkeit einer politischen oder medialen Erpressbarkeit des einstigen deutschen Staatsoberhauptes. Daher
bitte ich Sie (Antrag gemäß § 1 Informationsfreiheitsgesetz) um Auskunft in Form der Beantwortung folgender
Fragen:

1. Trifft es zu, dass auch auf Initiative der Bundeskanzlerin Frau Dr. Merkel im Januar 2012 dem Bundespräsidenten Christian Wulff Herr Peter Altmaier und später
Herr Peter Hintze als Berater zur medialen und politischen Bewältigung der Affäre zur Seite gestellt wurden?

2. Falls dies zutrifft,

a) welche Begründung gab es für diese Entsendung eines Parlamentariers in das Bundespräsidialamt auf Initiative des Bundeskanzleramtes?

b)Welche Aufgaben hatte Herr Altmaier konkret zu erfüllen?

c) Wurde Herr Altmaier während der Zeit der Erfüllung jener Aufgaben von seinen sonstigen Aufgaben in der Fraktion freigestellt?

3. Aus welchem Grund und von wem wurde Anfang Januar 2012 der parlamentarische Staatssekretär im Bundeswirtschaftsministerium, Herr Peter Hintze, zum Bundespräsidialamt entsandt?

4. Welche Aufgaben hatte Herr Hintze konkret zu erfüllen?

5. Wurde Herr Hintze während der Zeit der Erfüllung jener Aufgaben im Bundesministerium von seinen sonstigen Aufgaben freigestellt? Wer hat seine Arbeitsleistung in diesem Zusammenhang entlohnt?

6. In der Presse wurde die Rolle von Herrn Hintze als „Schnittstelle zwischen Kanzleramt und Schloss Bellevue" bezeichnet. Gehörte demnach eine regelmäßige Berichterstattung von Herrn Hintze an das Bundeskanzleramt zu seinen Aufgaben?

7. Am 12. Februar 2012 sprach Herr Hintze erstmalig in der ARD-Talkshow von Günther Jauch über einen Vermerk aus der Staatskanzlei Niedersachsens zum Thema Bürgschaften für Filmproduktionsfirmen. Hintze sagte: „Wer macht die Bürgschaftszusagen? Die macht der Wirtschaftsminister des Landes Niedersachsen. Diese Bürgschaftszusage ist der Staatskanzlei in Hannover gemeldet worden. Auf der Akte findet sich der Vermerk von Herrn Wulff, dass er mit dem (Groenewold) befreundet ist und sich deswegen in der Sache für befangen hält und um besonders gründliche Prüfung bittet." Hierzu die Frage: Hat sich Herr Hintze über den Vermerk oder seinen Inhalt vor seinem Auftritt in der Talkshow mit Beamten im Bundeskanzleramt ausgetauscht zum Ziele einer juristischen Bewertung? Wenn ja, mit welchem Ergebnis?

8.

Bereits im Sommer 2010 kursierte ein Dossier mit Behauptungen über das Vorleben von Frau Bettina Wulff in Berlin. Bereits zur Wahl des neuen Bundespräsidenten war dies ein Gesprächsthema unter Journalisten und Politikern. Wann genau und auf welchem Wege hat das Bundeskanzleramt von diesen Gerüchten erfahren?

9.

Nach Zeugenaussagen soll es im Spätsommer 2011 ein Treffen zwischen Bundeskanzlerin Frau Dr. Angela Merkel und Frau Friede Springer gegeben haben. Trifft es zu, dass bei dieser Gelegenheit über die Problematik journalistischer Recherchen zu einem angeblichen Vorleben von Frau Bettina Wulff gesprochen wurde?

9 a.

Wenn nein, war dieses Thema zu irgendeinem anderen Zeitpunkt ein Gesprächsthema zwischen Frau Dr. Merkel und Frau Springer?

9 b.

Wenn ja, was waren die genauen Gesprächsinhalte? Trifft es zu, dass Frau Springer geäußert haben soll, sie wolle derartige „Schmuddelgeschichten" nicht publizieren, aber könne das auch nicht dauerhaft verhindern. Sie halte es für nicht vertretbar, dass Herr Wulff länger im Amt verbleibe?

Ich bitte Sie, die Fragen bis spätestens Freitag, den 23. November 2012 zu beantworten. Auf die Rechtsschutzmöglichkeiten gemäß Informationsfreiheitsgesetz sei hiermit hingewiesen.

Für Ihre Mühe bedanke ich mich bereits im Voraus.

Mit freundlichen Grüßen

Sascha Adamek
Journalist und Autor

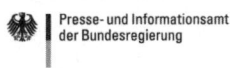 **Presse- und Informationsamt
der Bundesregierung**

 *Freiheit
Einheit
Demokratie*

Presse- und Informationsamt der Bundesregierung, 11044 Berlin

Herrn
Sascha Adamek

███████████████████
███████████████████
███████████████████

Berlin, den 21.11.2012

Sehr geehrter Herr Adamek,

auf Ihre Anfrage vom 13. November 2012 gebe ich Ihnen wie folgt
Bescheid:

Sie beantragen zu dem von Ihnen geschilderten Sachverhalt Auskunft
gem. § 1 Abs. 1 Informationsfreiheitsgesetz (IFG). Ein solcher Anspruch
richtet sich auf Zugang zu amtlichen Informationen der Behörde, an die
sich der Antrag richtet.

Dem Presse- und Informationsamt liegen jedoch keinerlei amtlichen
Zwecken dienenden Aufzeichnungen (= „amtliche Informationen" gem.
§ 2 Ziffer 1 IFG) zu dem von Ihnen geschilderten Sachverhalt vor.

Gegen diesen Bescheid kann innerhalb eines Monats nach Bekanntgabe
Widerspruch erhoben werden. Der Widerspruch ist schriftlich oder zur
Niederschrift beim Presse- und Informationsamt der Bundesregierung,
Dorotheenstraße 84, 10117 Berlin, einzulegen.

Im Übrigen beantworten wir Ihre Fragen wie folgt (Quelle: das
Bundespresseamt):

Zu Frage 1: Es gab keine solche Initiative der Bundeskanzlerin.

Zu den Fragen 2 bis 6: siehe Antwort auf Frage 1.).

Zu Frage 7: Über einen solchen Austausch liegen uns keine Kenntnisse vor.

Zu Frage 8: Zu Gerüchten nehmen wir grundsätzlich keine Stellung.

Zu Frage 9: Zu persönlichen Gesprächen der Bundeskanzlerin geben wir grundsätzlich keine Auskunft, weder ob sie stattfinden noch welchen Inhalt sie ggf. haben.

Zu Frage 9a): siehe Antwort auf Frage 9.

Zu Frage 9b): siehe Antwort auf Frage 9.

Mit freundlichen Grüßen
Im Auftrag

Anfrage an das Bundespräsidialamt

Sascha Adamek

Bundespräsidialamt
Pressestelle /
Öffentlichkeitsarbeit

Spreeweg 1
10557 Berlin   19.12.2012

Betr.:
Anfrage und Antrag gemäß § 1 Informationsfreiheitsgesetz

Sehr geehrte Damen und Herren,

für ein journalistisches Buchprojekt über Abhängigkeiten und Erpressungspotenziale im politischen Leben recherchiere ich unter anderem den Fall des ehemaligen Bundespräsidenten Christian Wulff und seiner Gattin. Obgleich insbesondere der Inhalt von Gerüchten, die seit 2006 über Frau Bettina Wulff verbreitet werden, im Detail deren Persönlichkeitsrechte berühren, erscheint dieses Thema politisch relevant und insofern von einem hohen öffentlichen Informationsinteresse gedeckt. Denn im Raum steht die Möglichkeit einer politischen oder medialen Erpressbarkeit des einstigen deutschen Staatsoberhauptes. Daher bitte ich Sie (Antrag gemäß § 1 Informationsfreiheitsgesetz) um Auskunft in Form der Beantwortung folgender Fragen sowie Einsicht in Akten, die folgende Vorgänge betreffen:

1. Trifft es zu, dass auch auf Initiative der Bundeskanzlerin Frau Dr. Merkel im Januar 2012 dem Bundespräsidenten Christian Wulff Herr Peter Altmaier und später Herr Peter Hintze als Berater zur medialen und politischen Bewältigung der Affäre zur Seite gestellt wurden?

2. Falls dies nicht zutrifft: auf wessen Initiative kam der Einsatz von Herrn Altmaier zustande?

a) Welche Begründung gab es für diese Entsendung eines Parlamentariers in das Bundespräsidialamt?

b) Welche Aufgaben hatte Herr Altmaier konkret zu erfüllen?

c) Wurde Herr Altmaier während der Zeit der Erfüllung jener Aufgaben von seinen sonstigen Aufgaben in der Fraktion freigestellt?

3. Aus welchem Grund und von wem wurde Anfang Januar 2012 der parlamentarische Staatssekretär im Bundeswirtschaftsministerium, Herr Peter Hintze, zum Bundespräsidialamt entsandt und auf wessen Initiative?

4. Welche Aufgaben hatte Herr Hintze konkret zu erfüllen?

5. Wurde Herr Hintze während der Zeit der Erfüllung jener Aufgaben im Bundesministerium von seinen sonstigen Aufgaben freigestellt? Wer hat seine Arbeitsleistung in diesem Zusammenhang entlohnt?

6. In der Presse wurde die Rolle von Herrn Hintze als „Schnittstelle zwischen Kanzleramt und Schloss Bellevue" bezeichnet. Gehörte demnach eine regelmäßige Berichterstattung von Herrn Hintze an das Bundeskanzleramt zu seinen Aufgaben? Wie häufig und zu welchen Fakten wurde das BK unterrichtet?

7. Am 12. Februar 2012 sprach Herr Hintze erstmalig in der ARD-Talkshow von Günther Jauch über einen Vermerk aus der Staatskanzlei Niedersachsens zum Thema Bürgschaften für Filmproduktionsfirmen. Hintze sagte: „Wer macht die Bürgschaftszusagen? Die macht der Wirtschaftsminister des Landes Niedersachsen. Diese Bürgschaftszusage ist der Staatskanzlei in Hannover gemeldet worden. Auf der Akte findet sich der Vermerk von Herrn Wulff, dass er mit dem (Groenewold) befreundet ist und sich deswegen in der Sache für befangen hält und um besonders gründliche Prüfung bittet."
Hierzu die Frage: Hat sich Herr Hintze über den Vermerk oder seinen Inhalt vor seinem Auftritt in der Talkshow mit Beamten im Bundespräsidialamt ausgetauscht zum Ziele einer juristischen Bewertung? Wenn ja, mit welchem Ergebnis?

8. Bereits im Sommer 2010 kursierte ein Dossier mit Behauptungen über das Vorleben von Frau Bettina Wulff in Berlin. Nach Aussagen hochrangiger Regierungspolitiker im Land Niedersachsen waren die Gerüchte auch bereits im Sommer 2006 in Hannover Gesprächsthema. Anlässlich der Wahl des neuen Bundespräsidenten war dies ein Gesprächsthema unter Journalisten und Politikern. Wann genau und auf welchem Wege hat das Bundespräsidialamt von diesen Gerüchten erfahren?

a.) Waren sie Bestandteil von Akten im Rahmen von Sicherheitsüberprüfungen, auch anderer Behörden wie BKA, Landeskriminalämter oder andere Dienste?

b.) In welcher Form wurden sie juristisch gewürdigt?

c.) Wurde erwogen, gegen die Urheber strafrechtlich vorzugehen?

Ich bitte Sie, die Fragen bis spätestens Freitag, den 11. Januar 2013 zu beantworten. Auf die Rechtsschutzmöglichkeiten gemäß Informationsfreiheitsgesetz sei hiermit hingewiesen.

Für Ihre Mühe bedanke ich mich bereits im Voraus.

Mit freundlichen Grüßen

Sascha Adamek

BUNDESPRÄSIDIALAMT

BERLIN, 7. Januar 2013
Spreeweg1

████████████████████████

Herrn
Sascha Adamek

████████████████████████
████████████████████████

████████████████████████

Sehr geehrter Herr Adamek,

auf Ihre Anfrage vom 19. Dezember 2012 gemäß § 1 IFG teile ich
Ihnen zu Ihren Fragen 1 bis 7 mit, dass im Bundespräsidialamt keine
Erkenntnisse über Beratertätigkeiten der Herren Peter Altmaier und Peter
Hintze im Januar 2012 für den damaligen Bundespräsidenten Wulff
vorliegen. Weder Peter Altmaier noch Peter Hintze waren zu diesem
Zeitpunkt Mitarbeiter des Bundespräsidialamtes.
Ob und ggf. in welcher Form die Herren Kontakt zum Bundespräsidenten
auf privater Ebene hatten, kann vom Bundespräsidialamt nicht beurteilt
werden.

Zu Ihrer Frage 8 darf ich mitteilen, dass es nicht die Aufgabe des
Bundespräsidialamtes ist, Gerüchte über die private Lebensführung der
Ehefrau eines Bundespräsidenten aus der Zeit vor dessen Amtszeit nach-
zugehen oder diese juristisch zu bewerten.

Mit freundlichen Grüßen
Im Auftrag

████████████

Referat Verfassung und Recht, Justitiariat

Anfrage an die Axel Springer AG

Von: ██

Gesendet: Donnerstag, 27. Dezember 2012 07:56
An: ███████████████████
Betreff: Anfrage zu Wulff für Buchprojekt

Sehr geehrter Herr Fröhlich,

für ein Buchprojekt über Abhängigkeiten und Erpressungspotenziale im politischen Leben recherchiere ich unter anderem den Fall des ehemaligen Bundespräsidenten Christian Wulff und seiner Gattin. Da bereits Mitte 2006 u.a. in politischen Kreisen Gerüchte über ein angebliches Vorleben von Bettina Wulff in Hannover kursierten, denen möglicherweise auch Journalisten Ihres Hauses nachgingen, bitte ich um die Beantwortung folgender Fragen:

1.
Frau Wulff selbst schildert in ihrem Buch „Jenseits des Protokolls" ein Frühstück mit Kai Diekmann, der sie bei dieser Gelegenheit direkt auf die Gerüchte angesprochen haben soll. Wörtlich heißt es: „So war zum Beispiel dieses Frühstück ein nettes Beisammensein, bis zu dem Moment, als er mich ohne Vorwarnung fragte, was denn an den Gerüchten zu meiner vermeintlichen Vergangenheit im Rotlichtmilieu dran sei. Einige seiner Redakteure hätten Derartiges in einer Redaktionskonferenz erwähnt und recherchierten in diese Richtung. Ich war völlig entgeistert, mir blieb fast das Brötchen im Halse stecken. Da saßen wir beim Frühstück zusammen und dann stellt dieser Mann so eine Frage. Zwar versuchte ich noch, meine Fassungslosigkeit mit einem ironisch gemeinten ‚Das ist ja interessant!' zu überspielen und Kai Diekmann meinte, dass damit das Thema für ihn erledigt sei." Trifft diese Darstellung zu? Wenn nicht, wie verlief der Dialog stattdessen?

2.
Nach Aussagen hochrangiger Politiker aus Niedersachsen, sollen insgesamt drei konkret bekannte Journalisten der Bildzeitung bereits zwischen 2006 und 2009 intensiv

Informationen zu einem angeblichen Vorleben von Bettina Wulff recherchiert haben. Die Journalisten sollen über ihre Rechercheergebnisse auch persönlich mit Politikern gesprochen haben. Treffen diese Angaben zu?

3.
Warum wurden die Ergebnisse dieser Recherchen nie veröffentlicht?

4.
Nach Aussagen von Informanten soll es im Spätsommer 2011 ein Treffen zwischen Bundeskanzlerin Frau Dr. Angela Merkel und Frau Friede Springer gegeben haben. Trifft es zu, dass bei dieser Gelegenheit über die Problematik journalistischer Recherchen zu einem angeblichen Vorleben von Frau Bettina Wulff gesprochen wurde?

4 a.
Wenn nein, war dieses Thema zu irgendeinem anderen Zeitpunkt ein Gesprächsthema zwischen Frau Dr. Merkel und Frau Springer?

4 b.
Wenn ja, welches waren die genauen Gesprächsinhalte? Trifft die Behauptung zu, dass Frau Springer geäußert haben soll, sie wolle derartige „Schmuddelgeschichten" nicht publizieren, aber könne das auch nicht dauerhaft verhindern. Sie halte es für nicht vertretbar, dass Herr Wulff länger im Amt verbleibe. Das sei mit dem Erbe ihres Gatten Axel Caesar Springer nicht vereinbar.

Ich bitte Sie, die Fragen bis spätestens Donnerstag, den 10. Januar 2013 zu beantworten.

Für Ihre Mühe bedanke ich mich bereits im Voraus.

Mit freundlichen Grüßen

Sascha Adamek

Datum: 10. Januar 2013 18:38:58 MEZ
An: ███████████████████████████
Betreff: AW: Anfrage zu Wulff für Buchprojekt/ Adamek

Sehr geehrter Herr Adamek,

dass in Politiker- und Journalistenkreisen in der Vergangenheit viel und wild über das Vorleben von Bettina Wulff
spekuliert wurde, ist ein offenes Geheimnis.
In diesem Zusammenhang haben nach unserem Wissen auch viele Redaktionen, wie ████████████████, intensiv recherchiert.
Wenn BILD recherchiert und dabei relevante Ergebnisse erhalten hätte, dann hätte sich dies in einer entsprechenden
Veröffentlichung gezeigt. Wie Sie unschwer in den Archiven
recherchieren können, war dies nicht der Fall. Ein fester
Grundsatz von uns ist, dass wir über Redaktionsinterna,
wozu auch Recherchen, die stattgefunden oder nicht stattgefunden haben [gehören], keine Auskunft geben. Daher kann
ich Ihnen diesbezüglich leider nicht helfen.

Was das von Bettina Wulff beschriebene Gespräch anbetrifft, so kann ich Ihnen allerdings mitteilen, dass
dieses so nicht stattgefunden hat. Darauf haben wir Fr.
Wulff und den Verlag auch hingewiesen. Der Verlag hat
uns mitgeteilt, dass er dies entsprechend berücksichtigen werde. Bitte haben Sie ansonsten Verständnis dafür,
dass wir keine Auskünfte über vertrauliche Gespräche
des BILD-Chefredakteurs beim Frühstück (oder anderen
Mahlzeiten...) erteilen.

Ebenso wenig nehmen wir Stellung zu Treffen und Unter-
haltungen, an denen Friede Springer angeblich beteiligt
war. Diese hätten auf die Berichterstattung in unseren
Objekten ohnehin keinen Einfluss, da bei Axel Springer
das Chefredakteursprinzip gilt: Chefredakteure sind für
ihre Titel publizistisch allein verantwortlich, weder
Frau Springer noch die Vorstände mischen sich dabei
ein. Vor diesem Hintergrund können Sie sich selbst ein
Bild über den Wahrheitsgehalt des Gerüchts machen, dem
Sie nachgehen. Die Bemerkung zum Erbe Axel Springers
ist allerdings an Absurdität kaum zu überbieten.

Mit freundlichen Grüßen,

Tobias Fröhlich
Axel Springer AG
Information und Öffentlichkeitsarbeit

ANMERKUNGEN

1 Niccolò Machiavelli: *Discorsi,* Frankfurt am Main 2000, S. 23.
2 Ebda., S. 305.
3 Zit. nach: Thomas Schölderle: *Das Prinzip der Macht – Neuzeitliche Politik und Staatsdenken bei Thomas Hobbes und Niccolò Machiavelli,* Berlin 2002, S. 5.
4 Ebda., S. 482.
5 Siehe: Quentin Skinner: *Niccolò Machiavelli – zur Einführung,* Hamburg 2008, S. 59ff.
6 Niccolò Machiavelli: *Der Fürst,* Frankfurt am Main 1990, S. 87.
7 Hannah Arendt: *Macht und Gewalt,* München 2006, S. 45.
8 Friedrich-Ebert-Stiftung: Demokratie in Deutschland 2011 (Report) http://www.demokratie-deutschland-2011.de/common/pdf/Einstellungen_zur_Demokratie.pdf, S. 10.
9 http://www.medrum.de/content/studie-von-readers-digest-vertrauen-die-ehe-am-groessten.
10 https://www.destatis.de/DE/ZahlenFakten/GesellschaftStaat/Bevoelkerung/Ehescheidungen/Tabellen/DurchschnittlichesAlterGeschiedener.html.
11 Max Weber: *Wirtschaft und Gesellschaft. Grundriss der verstehenden Soziologie,* Frankfurt am Main 2010, S. 38.
12 Ebda., S. 678.
13 Ebda., S. 1070.
14 Michel Foucault: *Analytik der Macht,* Frankfurt am Main 2005, S. 78.
15 Ebda., S. 298.
16 Ebda., S. 59.
17 Stellen und Planstellen in Bundesministerien im Haushaltsjahr 2009, Quelle: Bundesministerium der Finanzen.
18 Vgl. Otto Adamek: *Der gekaufte Staat,* Köln 2008.
19 European Bank for Reconstruction and Development: *Life and Transition Survey II* von 2010 http://www.ebrd.com/pages/research/publications/special/transitionII.shtml.

20 Interview mit Hans-Joachim Maaz im November 2012.

21 Hans-Joachim Maaz: *Die narzisstische Gesellschaft*, München 2012, S. 28.

22 Foucault, *Analytik der Macht*, S. 61.

23 Zit. nach: http://www.spiegel.de/spiegel/print/d-67871731.html vom 23.11.2009.

24 Herlinde Koelbl: *Spuren der Macht. Die Verwandlung des Menschen durch das Amt*, München 1999.

25 Interview mit Heiko Kretschmer im Juni 2012.

26 http://www.taz.de/!76697/ vom 22.8.2011.

27 http://www.faz.net/aktuell/feuilleton/medien/gaddafis-tod-ein-fatales-bild-11500866.html vom 20.10.2011.

28 http://www.faz.net/aktuell/politik/libyen-uebergangsrat-gibt-tod-gaddafis-bekannt-11499369.html vom 20.10.2011.

29 Willy Brandt: *Erinnerungen*, München 2011, S. 545.

30 Peter Merseburger: *Willy Brandt – Visionär und Realist*, München 2002, S. 408.

31 Brandt, *Erinnerungen*, S. 85.

32 Siehe zum Folgenden: Merseburger, *Willy Brandt*, S. 720ff.

33 Volker Zastrow: »Der Verdacht«, in: Brandt, *Erinnerungen*, S. 518.

34 Ebda., S. 520.

35 Ebda., S. 525.

36 Abkürzungen sind aus Gründen der Verständlichkeit ausgeschrieben [d. Verf.].

37 Brandt, *Erinnerungen*, S. 527.

38 Merseburger, *Willy Brandt*, S. 733f.

39 Ebda., S. 731.

40 http://www.spiegel.de/spiegel/spiegelspecial/d-52498309.html vom 1.3.1992.

41 http://www.focus.de/politik/deutschland/bundeskriminalamt-die-geheimakte-brandt_aid_144858.html vom 14.2.1994.

42 Merseburger, *Willy Brandt*, S. 733.

43 Siehe zum Folgenden: Stefanie Waske: »Die Verschwörung gegen Brandt«, *Zeit Magazin* vom 29.11.2012; Dies.: *Nach Lektüre vernichten! Der geheime Nachrichtendienst von CDU und CSU im Kalten Krieg*, München 2013.

44 *ZEITmagazin*, a.a.O., S. 43.

45 Ebda., S. 47.

46 Niccolò Machiavelli: *Der Fürst*, Frankfurt a. Main 1990, S. 78f.

47 Ebda., S. 79.

48 Christophe Deloire/ Christophe Dubois: *Sexus Politicus*, Paris 2006, S. 18.

49 Ebda., S. 14.

50 Ebda., S. 15.

51 Vgl. http://www.fr-online.de/panorama/frankreich-der-alte-mann-und-die-maer,1472782,3243608.html vom 22.9.2009.

52 Deloire/Dubois, a.a.O., S. 205.

53 Siehe zum Folgenden: http://www.liberation.fr/politiques/01012337606-oui-j-aime-les-femmes-et-alors v.16.2.2011.

54 Siehe: Michel Foucault: *Analytik der Macht*, Frankfurt am Main 2005, S. 148.

55 *Süddeutsche.de*, 15.5.2011.

56 Siehe zum Folgenden: http://www.ftd.de/politik/international/:abkehr-vom-neoliberalismus-iwf-verdankt-strauss-kahn-soziale-wende/60052789.html vom 16.5.2011.

57 Siehe zum Folgenden: http://www.ftd.de/politik/international/:agenda-der-schicksalstag-fuer-strauss-kahn/60134931.html?mode=print vom 28.11.2012.

58 http://archives-lepost.huffingtonpost.fr/article/2011/11/28/2648837_affaire-dsk-mise-au-point-de-l-ex-boos-du-service-de-securite-d-accor-que-j-ai-interviewe-pour-le-jdd-et-i-tele.html.

59 Stratfor: EUROPE (TIER 1) ANALYTICAL GUIDANCE. Mailanhang vom 21.7.2009. Quelle: *Wikileaks*: http://wikileaks.org/gifiles/docs/286265_fw-monitor-guidance-.html.

60 Zit. nach: http://taz.de/Das-Geschaeft-mit-den-Informationen/!88655/ vom 29.2.2012.

61 http://www.youtube.com/watch?v=MO5IJrXL_uE&feature=related

62 http://www.spiegel.de/panorama/justiz/fall-strauss-kahn-staatsanwalt-demontiert-belastungszeugin-a-781746.html vom 23.8.2011.

63 http://www.welt.de/politik/article13612460/Eine-unangemessene-Beziehung-von-sieben-Minuten.html vom 19.9.2011.

64 http://www.spiegel.de/panorama/justiz/strauss-kahn-und-zimmermaedchen-einigen-sich-aussergerichtlich-a-870112.html vom 30.11.2012.

65 Die Chronik des Skandals unter http://www.ndr.de/regional/niedersachsen/vwchronologie2.html.

66 *Der Spiegel* vom 22.6.2006.

67 Ebda.

68 Siehe zum Folgenden: *Frankfurter Rundschau* vom 31.5.2007.

69 *Frankfurter Rundschau* vom 18.1.2007.

70 Ebda.

71 Peter Hartz: *Macht und Ohnmacht. Ein Gespräch mit Inge Kloepfer*, Hamburg 2007, S. 173.

72 Ebda.

73 Siehe zum Folgenden: *Die Zeit* vom 23.2.2006.

74 http://www.faz.net/aktuell/wirtschaft/unternehmen/uhl-verurteilt-im-rueckblick-fassungslos-1434774.html vom 14.6.2007.

75 *Frankfurter Rundschau* vom 31.5.2007.
76 http://www.bmfsfj.de/BMFSFJ/gleichstellung,did=131998html# fragment.
77 http://www.faz.net/aktuell/wirtschaft/unternehmen/peter-hartz-vor-gericht-geld-macht-sex-1407618.html vom 15.1.2007.
78 Winfried Wolf: »System Piëch, System VW & die große Politik«, siehe: http://www.labournet.de/branchen/auto/vw/allg/systemvw.pdf (2005).
79 Hartz, *Macht und Ohnmacht*, S. 183.
80 *WirtschaftsWoche* vom 7.7.2005.
81 Dokument abrufbar auf: http://www.hans-joachim-selenz.de
82 http://www.focus.de/politik/deutschland/affaere-gabriel-wollte-mehr_aid_210720.html vom 14.2.2005.
83 http://www.faz.net/-gpg-q05w vom 4.2.2005.
84 http://www.focus.de/politik/deutschland/affaere-gabriel-wollte-mehr_aid_210720.html.
85 http://mobil.stern.de/politik/deutschland/klimapolitik-die-vw-connection-des-sigmar-gabriel-608921.html.
86 http://www.auto-motor-und-sport.de/news/gabriel-co2-vorgaben-bedeuten-wirtschaftskrieg-717230.html vom 19.12.2007.
87 *Handelsblatt* vom 19.5.2011.
88 Zit. aus: Ebda.
89 http://www.handelsblatt.com/unternehmen/versicherungen/lustreisen-skandal-interner-bericht-enthuellt-details-der-ergo-affaere/6997572.html vom 14.8.2012.
90 *Der Spiegel* vom 18.7.2011.
91 Siehe zum Folgenden: *Der Spiegel* vom 18.7.2011.
92 Zit. nach: http://www.sueddeutsche.de/geld/ergo-sex-orgie-in-budapest-das-uebertrifft-meine-phantasie-1.1100792 vom 23.5.2011.
93 http://www.handelsblatt.com/unternehmen/versicherungen/falsche-riester-vertraege-staatsanwaltschaft-ermittelt-gegen-ergo-manager/7212400.html vom 4.10.2012.
94 *Der Spiegel* vom 8.10.2012, S. 72.
95 http://www.handelsblatt.com/unternehmen/banken/incentive-reise-wue...such-in-brasilianischem-nachtclub/v_detail_tab_print/5947054.html vom 12.12.2011.
96 *Süddeutsche Zeitung* vom 22.1.2009.
97 Ursula Kosser: *Hammelsprünge – Sex und Macht in der deutschen Politik*, Köln 2012, S. 202.
98 http://www.corriere.it/International/english/articoli/2011/01/14/Berlusconi-investigated-over-Rubygate.shtml.
99 Gerd Langguth: *Horst Köhler*, München 2007, S. 196.
100 Siehe zum Folgenden: Gerd Langguth: *Angela Merkel. Biografie*, München 2010. S. 263ff.

101 Ebda., S. 265.
102 Ebda., S. 267.
103 Zit. nach: Jan Heidtmann: »Der Untergeher«, *SZ-Magazin* vom 17.2.2006.
104 http://www.stern.de/politik/deutschland/horst-koehler-offen-und-unbequem-530825.html vom 7.10.2004.
105 http://www.faz.net/aktuell/politik/verfassungsvertrag-koehler-setzt-ratifizierung-der-eu-verfassung-aus-1233777.html vom 16.6.2005.
106 http://www.focus.de/politik/deutschland/anti-diskriminierung_aid_112852.html vom 31.7.2006.
107 http://www.faz.net/aktuell/politik/inland/privatisierung-der-flugsicherung-koehler-bremst-die-regierung-1385660.html vom 24.10.2006.
108 /www.spiegel.de/politik/deutschland/bundespraesident-koehler-stoppt-gesetz-zur-verbraucherinformation-a-453417.html vom 8.12.2006.
109 Siehe zum Folgenden: http://www.spiegel.de/politik/deutschland/arbeitslosengeld-streit-merkel-gibt-koehler-kontra-a-450424.html vom 23.11.2006.
110 http://www.presseportal.de/pm/57706/1164262/saarbruecker-zeitung-gentechnik-gesetz-entgegen-ankuendigungen-noch-nicht-in-kraft-bundespraesident vom 1.4.2008.
111 http://www.handelsblatt.com/politik/deutschland/gesetz-noch-nicht-unterschrieben-bundespraesident-hadert-mit-erbschaftsteuer/3079136.html vom 28.12.2008.
112 http://www.spiegel.de/wirtschaft/soziales/bundesverfassungsgericht-soll-erbschaftsteuer-pruefen-a-860494.html vom 10.10.2012.
113 http://www.faz.net/aktuell/politik/kinderpornografie-im-internet-koalition-hat-interesse-an-sperren-verloren-1893069.html vom 23.12.2009.
114 http://www.spiegel.de/wirtschaft/finanzkrise-steinbrueck-wirft-usa-massives-versagen-vor-a-580331.html.
115 http://www.stern.de/politik/deutschland/stern-interview-koehler-nennt-finanzmaerkte-monster-620186.html.
116 Vgl. Langguth, *Horst Köhler*, S. 185.
117 http://www.sueddeutsche.de/politik/horst-koehler-praesident-mit-gruener-hilfe-1.464135.
118 Rede von Bundespräsident Horst Köhler beim ADAC am 17.1.2010.
119 http://www.rp-online.de/politik/deutschland/schweigsamer-koehler-geraet-in-die-kritik-1.2295413 vom 17.03.2010.
120 http://www.sueddeutsche.de/politik/bundespraesident-koehler-der-wegzauberer-1.22859 vom 16.3.2010.
121 http://www.bild.de/politik/2010/horst-koehler/wo-ist-eigentlich-super-horst-11764182.bild.html vom 17.3.2010.

122 http://www.ftd.de/politik/deutschland/:bundespraesident-koehler-fehlende-autoritaet-im-schloss-bellevue/50089439.html vom 16.3.2010.

123 http://www.spiegel.de/panorama/gesellschaft/missbrauch-in-der-katholischen-kirche-liste-des-schreckens-a-684769.html vom 20.3.2010.

124 http://www.bundespraesident.de/SharedDocs/Reden/DE/Horst-Koehler/Interviews/2010/20100322_Rede.html.

125 Langguth, *Horst Köhler*, S. 109.

126 Interview des Verfassers mit Hans-Olaf Henkel im Juni 2012.

127 Stratfor: EUROPE (TIER 1) ANALYTICAL GUIDANCE. Mailanhang vom 21.7.2009. Quelle: *Wikileaks*: http://wikileaks.org/gifiles/docs/286265_fw-monitor-guidance-.html.

128 http://www.spiegel.de/politik/deutschland/ruecktritt-des-bundespraesidenten-gauweiler-stellt-die-148-milliarden-euro-frage-a-702722.html vom 26.6.2010.

129 http://www.faz.net/aktuell/wirtschaft/europas-schuldenkrise/euro-rettungspaket-148-000-000-000-euro-sind-beschlossen-1985620.html vom 21.5.2010.

130 Zit. nach: http://www.spiegel.de/politik/deutschland/ruecktritt-des-bundespraesidenten-gauweiler-fordert-aufklaerung-von-koehler-a-701663.html vom 19.6.2010.

131 Interview mit Hans-Olaf Henkel im Juni 2012.

132 http://www.dradio.de/aktuell/1191138/ Abschrift des am 22.5.2010 ausgestrahlten Interviews.

133 Bundespräsidialamt: Pressemitteilung vom 13. 8.2010; http://www.bundespraesident.de/SharedDocs/Pressemitteilungen/DE/2010/08/20100813_Meldung.html.

134 Auswärtiges Amt, Bundesministerium der Verteidigung, Bundesministerium für wirtschaftliche Zusammenarbeit und Entwicklung: *Für eine kohärente Politik der Bundesregierung gegenüber fragilen Staaten – Ressortübergreifende Leitlinien vom September 2012*.

135 *Berliner Zeitung* vom 21.11.2012.

136 Siehe zum Folgenden: Bernhard Pörksen/Hanne Detel: *Der entfesselte Skandal. Das Ende der Kontrolle im digitalen Zeitalter*, Köln 2012, S. 30ff.

137 http://www.spiegel.de/politik/deutschland/bundeswehr-in-afghanistan-koehler-entfacht-neue-kriegsdebatte-a-696982.html vom 27.5.2010.

138 http://www.ad-hoc-news.de/opposition-kritisiert-koehler--/de/News/21350020 vom 28.5.2010.

139 http://www.ad-hoc-news.de/trittin-vergleicht-koehler-wegen-aeusserung-zu-bundeswehr-mit--/de/News/21349986 vom 28.5.2010.

140 http://www.spiegel.de/spiegel/print/d-70701690.html vom 31.5.2010.

141 Interview mit Hans-Olaf Henkel im Juni 2012.

142 http://www.focus.de/politik/deutschland/konflikte-merkel-schweigt-zu-koehlers-afghanistan-aeusserungen_aid_513388.html vom 28.5.2010.

143 Zit. nach: http://www.focus.de/politik/deutschland/tid-16659/angela-merkel-der-bruch-des-maedchens-mit-ziehvater-kohl_aid_465202.html.

144 Angela Merkel: *Mein Weg. Im Gespräch mit Hugo Müller-Vogg*, Hamburg 2004, S. 104.

145 Michael Spreng über Angela Merkel in: http://www.sprengsatz.de/?tag=roland-koch vom 18.8.2012.

146 http://www.spiegel.de/politik/deutschland/im-wortlaut-koehlers-ruecktrittserklaerung-a-697798.html vom 31.5.2010.

147 http://www.bundeskanzlerin.de/Content/DE/Mitschrift/Pressekonferenzen/2010/05/2010-05-31-bk-zu-ruecktritt-koehler.html vom 31.5.2010.

148 http://www.bundeskanzlerin.de/Content/DE/Mitschrift/Pressekonferenzen/2010/05/2010-05-31-bk-zu-ruecktritt-koehler.html.

149 Zit. nach: http://www.welt.de/politik/deutschland/article7864279/Koehler-Freund-Waigel-gibt-Regierung-Schuld.html vom 31.5.2010.

150 http://www.faz.net/aktuell/politik/ausland/horst-koehler-jenseits-von-limousinen-11904729.html vom 26.9.2012.

151 http://mallorcamagazin.com/aktuelles/nachrichten/bundesprasident-bricht-urlaub-ab.html vom 30.7.2010.

152 Bettina Wulff: *Jenseits des Protokolls*, München 2012, S. 56f.

153 Ebda.

154 http://www.bild.de/politik/2010/politik/loveparade-duisburg-tochter-sms-gesimst-13486778.bild.html vom 1.8.2010.

155 Wulff, *Jenseits des Protokolls*, S. 120.

156 http://www.welt.de/vermischtes/article109247479/Die-Deutschen-haben-kein-Mitleid-mit-Bettina-Wulff.html vom 16.9.2012.

157 Wulff, *Jenseits des Protokolls*, S. 11f.

158 http://www.rp-online.de/politik/spott-und-haeme-im-heute-journal-1.2988110 vom 10.9.2012.

159 Zit. nach: http://www.ndr.de/fernsehen/sendungen/zapp/medien_politik_wirtschaft/wulff1399.html.

160 http://www.ndr.de/fernsehen/sendungen/zapp/medien_politik_wirtschaft/wulff1399.html.

161 http://detektor.fm/politik/warum-weiter-nervositaet-wulffs-amtszeit-bestimmen-wird-und-er-nichts-dageg/ vom 5.1.2012.

162 Ebda.

163 http://www.welt.de/politik/deutschland/article13861853/Wulff-nutzte-Handy-von-einer-Firma-Groenewolds.html vom 10.2.2012.

164 Stand: Juni 2012.
165 Interview mit Christian Keppel am 29. Oktober 2012.
166 Wulff, *Jenseits des Protokolls*, S. 215.
167 http://www.haz.de/Meinung/Uebersicht/Matthias-Koch-zu-den-
   Geruechten-um-Bettina-Wulff vom 9.9.2012.
168 Google-Suchanfrage, Stand: 29.10.2012.
169 Wulff, *Jenseits des Protokolls*, S. 167.
170 *Berliner Zeitung* vom 16.12.2011.
171 *Bild*-Zeitung vom 16.12.2011.
172 Schriftliche Antwort der Axel Springer AG vom 10.1.2013 (siehe
   Anhang).
173 http://derhonigmannsagt.wordpress.com/2012/03/29/neue-
   abmahnwelle-wegen-der-ehre-von-bettina-wulff-oder-will-man-
   uns-bloggern-einen-maulkorb-verpassen vom 29.3.2012.
174 http://www.antizensur.de/?s=Bettina+Wulff vom 12.4.2012.
175 Michel Foucault, *Analytik der Macht*, Frankfurt am Main 2005, S. 106.
176 http://www.spiegel.de/wirtschaft/unternehmen/ex-awd-chef-
   maschmeyer-hat-schroeder-million-fuer-buchrechte-gezahlt-a-
   748892.html vom 4.3.2011.
177 Siehe zum Folgenden: http://www.ndr.de/regional/niedersachsen/
   hannover/kluengel101.html.
178 http://www.welt.de/print/die_welt/politik/article13808847/Buchautor-
   erhielt-Geld-von-Wulff-Freund.html.
179 http://www.spiegel.de/politik/deutschland/moralapostel-christian-
   wulff-die-schoensten-zeigefinger-a-804812.html vom 20.12.2011.
180 *Frankfurter Allgemeine Zeitung* vom 11.8.2010.
181 »Es gibt keine Maschsee-Mafia«, *Frankfurter Allgemeine Sonntagszeitung*
   vom 5.2.2012.
182 Christian Wulff: *Besser die Wahrheit – Ein Gespräch mit Hugo Müller-
   Vogg*, Hamburg 2007, S. 45.
183 Karl Hugo Prays: *Christian Wulff. Deutschland kommt voran*, Berlin
   2006, S. 141.
184 http://www.handelsblatt.com/archiv/wulff-laesst-sich-scheiden-
   politische-privatsphaere/2663540.html vom 7.6.2006.
185 Siehe zum Folgenden: http://www.spiegel.de/politik/deutschland/
   moralapostel-christian-wulff-die-schoensten-zeigefinger-a-804812.html
   vom 20.12.2011.
186 http://www.spiegel.de/politik/deutschland/0,1518,63517,00.html vom
   9.2.2000.
187 ARD-Magazin »Kontraste« vom 9.3.2000.
188 Wulff, *Besser die Wahrheit*, S. XVII.
189 http://www.zeit.de/politik/2010-06/erzchristlich vom 25. 6.2010.

190 Siehe zum Folgenden: *Telepolis* vom 29.6.2010 .http://www.heise.de/tp/ artikel/32/32871/1.html.

191 Ebda.

192 Ebda.

193 Niedersächsischer Landtag: Stenografischer Bericht, 74. Sitzung. Hannover, 10.6.2010, S. 9282.

194 *Der Spiegel* vom 30.6.2003. Online: http://www.spiegel.de/spiegel/print/d-27497155.html.

195 http://www.cicero.de/berliner-republik/alle-gegen-eine/37182 vom 23.11.2005.

196 Gerd Langguth: *Angela Merkel. Biografie*, München 2010, S. 237.

197 Gertrud Höhler: *Die Patin. Wie Angela Merkel Deutschland umbaut*, München 2012, S. 17.

198 Wulff, *Besser die Wahrheit*, S. 117.

199 http://www.cicero.de/berliner-republik/alle-gegen-eine/37182 vom 23.11.2005.

200 Wulff, *Besser die Wahrheit*, S. 22f.

201 http://www.sueddeutsche.de/politik/christian-wulff-einer-gegen-den-wahlverein-merkel-1.204225 vom 17.5.2010.

202 http://www.welt.de/politik/article1603293/Merkels-Kronprinz-kommt-aus-Niedersachsen.html vom 27.1.2008.

203 http://www.sueddeutsche.de/politik/christian-wulff-einer-gegen-den-wahlverein-merkel-1.204225.

204 http://www.spiegel.de/politik/deutschland/bin-kein-alphatier-wulff-traut-sich-kanzleramt-nicht-zu-a-566120.html vom 16.7.2008.

205 http://www.stern.de/politik/deutschland/beate-baumann-merkels-schatten-583587.html vom 5.3.2007.

206 Wulff, *Besser die Wahrheit*, S. 114.

207 Siehe zum Folgenden: http://www.stern.de/politik/deutschland/beate-baumann-merkels-schatten-583587.html vom 5.3.2007.

208 http://m.faz.net/aktuell/politik/inland/geruechte-ueber-bettina-wulff-der-vertagte-gegenschlag-11884422.html vom 9.9.2012.

209 Vgl. ARD-Magazin »Monitor« vom 17.6.2010.

210 Höhler, *Die Patin*, S. 246.

211 Siehe zum Folgenden: Sascha Adamek: *Die Atomlüge*, München 2011, S. 94ff.

212 *Berliner Zeitung* vom 4.7.2009.

213 Ökoinstitut: Erste Auswertung des am 5. September 2010 ausgehandelten Modells für die Laufzeitverlängerung der deutschen Kernkraftwerke, S.14.

214 Pressemitteilung RWE vom 6.9.2010.

215 http://www.bundestag.de/dokumente/textarchiv/2010/32009392_kw43_de_atompolitik/ind ex.html vom 28.10.2010.

216 http://www.faz.net/s/Rub594835B672714A1DB1A121534F010EE1/
Doc~E67678645A02 D485B9FA2E7B685413951~ATpl~Ecommon~
Scontent.html vom 31.10.2010.

217 Vgl. *Telepolis* vom 21.10.2010 http://www.heise.de/tp/blogs/2/
148650.

218 http://www.faz.net/s/Rub594835B672714A1DB1A121534F010EE1/
Doc~E67678645A02 D485B9FA2E7B685413951~ATpl~Ecommon~
Scontent.html vom 31.10.2010.

219 http://www.zeit.de/politik/deutschland/2010-12/wulff-atomgesetz-
laufzeiten vom 8.12.2010.

220 Siehe zum Folgenden: http://blog.greenpeace.de/blog/2011/12/22/
ein-freund-ein-guterfreund/?utm_source=feedburner&utm_
. medium=feed&utm_campaign=Feed%3A+greenpeace_
blog+%28Greenpeace+Blog%29.

221 Hans-Joachim Maaz: *Die narzisstische Gesellschaft. Ein Psychogramm*,
München 2012, S. 194.

222 Ebda., S. 195.

223 »Der umstrittene Präsident – das Protokoll einer Affäre«. NDR,
6.1.2012.

224 http://www.faz.net/aktuell/politik/inland/ermittlungen-der-
staatsanwaltschaft-wulff-war-knapp-bei-kasse-11915979.html vom
6.10.2012.

225 http://www.spiegel.de/politik/deutschland/urlaub-bei-aufsichtsrat-
wulff-ruehmte-sich-seiner-verdienste-um-die-versicherungswirt-
schaft-a-807773.html vom 7.1.2012.

226 Der Brief des Vorstands der Hannover Rück an Finanzminister Möllring
vom 17.9.2007 liegt dem Autor vor.

227 Der Brief des Vorstands der Hannover Rück an Ministerpräsident Wulff
vom 18.9.2007 liegt dem Autor vor.

228 *Bild*-Zeitung vom 6.6.2006.

229 *Bild*-Zeitung vom 22.6.2006.

230 *Bild*-Zeitung vom 30.1.2007.

231 Siehe zum Folgenden: http://www.ftd.de/politik/deutschland/:wahl-
zum-bundespraesidenten-wulffs-angst-vor-den-promis/50130138.html
vom 20.6.2010.

232 *Bild*-Zeitung vom 21.6.2010.

233 Telefoninterview mit Jörg Kachelmann, Oktober 2012.

234 *Der Spiegel* vom 8.10.2012, S. 142.

235 Landgericht München I, schriftl. Urteilsbegründung vom 17.6.2011,
AZ: 22 Ns260 Js206153/10.

236 Interview mit Ottfried Fischer im Februar 2012.

237 Hans-Jürgen Arlt/Wolfgang Storz: »Bild« und Wulff – ziemlich beste Partner. Fallstudie über eine einseitig aufgelöste Geschäftsbeziehung, Frankfurt am Main 2012, S. 32.
238 Wulff, Jenseits des Protokolls, S. 181.
239 Bild-Zeitung vom 6.10.2010.
240 Arlt/Storz, »Bild« und Wulff, S. 12.
241 Zit. aus: Ebda., S. 18.
242 http://www.bild.de/unterhaltung/kino/berlinale/ein-abend-unter-freunden-7339200.bild.html vom 9.2.2009.
243 Arlt/Storz, a.a.O., S. 37.
244 Siehe zum Folgenden: Sascha Adamek/Christiane Meier: Bild. Macht. Politik. ARD-Dokumentation 2012.
245 http://blog.toonpool.com/interview/wir-sind-keine-papierhandler/ vom 21.5.2012.
246 http://www.bild.de/politik/inland/politik-inland/christian-bettina-wulff-trennung-27984824.bild.html vom 3.1.2013.
247 http://de.wulffplag.wikia.com/wiki/Wulffs_Mailbox-Nachricht_an_ Diekmann (Anm. Verf.: Diese Zusammenschau wurde von den Autoren um Füllwörter – in eckigen Klammern – ergänzt und kann keinen Anspruch auf Vollständigkeit und eine authentische Wiedergabe des Wortlauts bieten, sondern nur Hinweise.
248 http://www.sueddeutsche.de/politik/bundespraesident-in-der-kritik-wie-wulffs-kreditaffaere-bekannt-wurde-1.1236319 vom 16.12.2011.
249 http://www.spiegel.de/politik/deutschland/dokumentation-das-gesamte-wulff-interview-in-video-und-wortlaut-a-807232.html vom 4.1.2012.
250 Siehe zum Folgenden: Adamek/Meier, Bild. Macht. Politik.
251 Adamek/Meier, Bild. Macht. Politik.
252 Dem Autor liegen hierzu mehrere Aussagen aus unterschiedlichsten Quellen vor, die in zeitlicher Abfolge und Inhalt ein schlüssiges Gesamtbild zu ergeben scheinen.
253 Wulff, Jenseits des Protokolls, S. 180.
254 Ebda., S. 180.
255 Schriftliche Antwort der Axel Springer AG vom 10.1.2013, (siehe Anhang).
256 Adamek/Meier, Bild. Macht. Politik.
257 http://www.bundespraesident.de/SharedDocs/Reden/DE/Christian-Wulff/Reden/2011/08/110824-Wirtschaftsnobelpreistraeger.html.
258 Schriftliche Antwort des Bundespresseamtes vom 21.12.2012, (siehe Anhang).
259 Schriftliche Antwort der Axel Springer AG vom 10.1.2013, (siehe Anhang).
260 Schriftliche Antwort des Bundespresseamtes, a.a.O.
261 Stand: 6.11.2012.

262 Siehe zum Folgenden: http://www.welt.de/politik/deutschland/
article13815260/Wie-sich-Altmaier-in-der-Causa-Wulff-vertwitterte.
html vom 14.1.2012.

263 Ebda.

264 http://www.stern.de/politik/deutschland/wulffs-letzter-verteidiger-
peter-hintze-merkels-messdiener-1787118.html vom 15.2.2012.

265 http://m.faz.net/aktuell/politik/inland/geruechte-ueber-bettina-
wulff-der-vertagte-gegenschlag-11884422.html vom 9.9.2012.

266 Antwort des Bundespresseamtes, a.a.O.

267 Schriftliche Antwort des Bundespräsidialamtes vom 7.1.2013,
(siehe Anhang).

268 Siehe zum Folgenden: http://www.faz.net/aktuell/politik/inland/
wulffs-ruecktritt-der-toedliche-vermerk-11654412.html vom 19.2.2012.

269 Zit. nach: Ebda.

270 http://www.bild.de/politik/inland/wulff-kredit-affaere/hintze-
bemerkung-loeste-ermittlungslawine-gegen-wulff-aus-22719864.bild.
html vom 19.2.2012.

271 Zit. nach: http://www.faz.net/aktuell/politik/inland/wulffs-ruecktritt-
der-toedliche-vermerk-11654412.html vom 19.2.2012.

272 Schriftliche Antwort des Rechtsanwalts der Wulffs, Gernot Lehr vom
9.1.2013.

273 http://www.bild.de/news/aktuell/news/wulff-ehe-einsamkeit-509656.
bild.html vom 11.6.2006.

274 http://www.rp-online.de/digitales/rp-plus/bettina-wulff-die-first-
class-lady-1.2182909 vom 18.5.2011 (zuletzt aufgerufen am
26.10.2012).

275 Richard Wagner: »Die perforierte Republik«, http://www.faz.net/aktuell/
politik/wulffs-praesidiales-tattoo-die-perforierte-republik-11010921.
html vom 4.7.2010.

276 http://www.welt.de/politik/deutschland/article13772535/Auf-den-Spu-
ren-des-Praesidenten-Schlamassels.html.

277 http://www.sueddeutsche.de/politik/praesidentenpaar-christian-und-
bettina-wulff-wenn-glamour-zur-gefahr-wird-1.1238342 vom
19.12.2012.

278 *stern* vom 23.2.2012.

279 http://www.merkur-online.de/nachrichten/politik/bettina-wulff-
praesidentengattin-geruechte-meta-mm-1552553.html.

280 http://www.spiegel.de/politik/deutschland/ex-bundespraesident-wulff-
distanziert-sich-von-olaf-glaeseker-a-850813.html vom 18.8.2012.

281 http://www.spiegel.de/politik/deutschland/wulff-zahlte-10-000-euro-
preisgeld-auf-privatkonto-ein-a-840613.html vom 24.6.2012.

282 /www.ndr.de/regional/niedersachsen/hannover/wulff1385.html vom
24.8.2012.

283 Niedersächsischer Landtag Drucksache 16/5249: Kleine Anfrage mit Antwort vom 8.10.2012.

284 Interview des Autors mit Justizminister Bernd Busemann, Dezember 2012.

285 *Süddeutsche Zeitung* vom 8./9.9.2012.

286 http://www.stuttgarter-zeitung.de/inhalt.bettina-wulff-suche-nach-einer-dubiosen-quelle.31d568a9-d099-458 vom 9.9.2012.

287 Schriftliche Antwort des Justizministers Bernd Busemann vom 12.12.2012.

288 Hartz, *Macht und Ohnmacht*, S. 169.

289 Ebda., S. 171.

290 http://www.focus.de/finanzen/news/vw-intrigen-wollte-piech-wulff-stoppen_aid_334618.html vom 20.9.2008.

291 http://www.stern.de/wirtschaft/news/vorwuerfe-von-betriebsratschef-hueck-wulff-soll-porsche-kredite-torpediert-haben-706302.html vom 15.7.2009.

292 http://www.faz.net/frankfurter-allgemeine-zeitung/volkswagen-und-porsche-milliardenforderung-an-wulff-11595773.html vom 6.1.2012.

293 Aussage von zwei Zeugen gegenüber dem Autor.

294 Schriftliche Antwort der Staatsanwaltschaft Hannover vom 24.9.2012.

295 Ebda.

296 Schriftliche Antwort des Rechtsanwalts der Wulffs, Gernot Lehr, vom 9.1.2013.

297 http://detektor.fm/politik/warum-weiter-nervositaet-wulffs-amtszeit-bestimmen-wird-und-er-nichts-dageg/ vom 5.1.2012.

298 Ebda.

299 Schriftliche Antwort des Bundespräsidialamtes vom 7.1.2013, a.a.O.

300 Schriftliche Antwort des Bundespresseamtes, a.a.O.

301 *Bild*-Zeitung vom 15.1.2007.

302 http://www.tagesspiegel.de/politik/deutschland/csu-krise-stoiber-deutet-fuer-2008-verzicht-an/798810.html vom 15.1.2007.

303 Adamek/Meier: *Bild. Macht. Politik.*

304 Adamek/Meier: *Bild. Macht. Politik.*

305 http://www.sueddeutsche.de/politik/streit-um-seehofer-stoiber-setzt-sich-gegen-merkel-durch-1.786345.

306 Zit. nach: Jochen Bittner/Elisabeth Niejahr: »Die Berater-Republik«, http://www.zeit.de/2004/07/Berater/seite-4 vom 5.2.2004.

307 Zit. nach: http://www.sueddeutsche.de/politik/csu-vorsitz-seehofer-will-sein-amt-behalten-1.827566.

308 http://www.handelsblatt.com/politik/deutschland/union-hat-2004-nicht-optimal-genutzt-seehofer-kritisiert-merkel-scharf/2461406.html vom 4.1.2005.

309 http://sz-magazin.sueddeutsche.de/texte/anzeigen/4231/Weshalb-wird-nicht-mehr-ueber-Horst-Seehofer-und-sein-Baby-berichtet.

310 Zit. nach: http://www.spiegel.de/politik/deutschland/csu-seehofer-gegner-kommen-aus-der-deckung-a-466502.html vom 15.2.2007.

311 Ebda.

312 http://www.spiegel.de/politik/debatte/csu-krise-sex-als-waffe-a-460193.html vom 16.1.2007.

313 Siehe zum Folgenden die Chronologie unter http://www.anstageslicht.de/index.php?UP_ID=1&NAVZU_ID=14&STORY_ID=62&M_STORY_ID=432

314 Angela Böhm: »So entwickelte sich der Skandal«, http://www.anstageslicht.de/index.php?UP_ID=1&NAVZU_ID=16&STORY_ID=62&M_STORY_ID=431

315 *Abendzeitung* vom 19.12.2006.

316 http://www.nordbayern.de/nuernberger-nachrichten/region-bayern/bespitzelte-staatskanzlei-landratin-pauli-1.753243 vom 19.12.2006.

317 www.focus.de/politik/deutschland/stoiber/pauli-affaere_aid_66311.html vom 12.7.2007.

318 http://www.sueddeutsche.de/politik/schmutzige-machtkaempfe-in-der-csu-liebe-sex-und-oeffentlichkeit-1.780254 vom 17.5.2010.

319 Zit. nach: http://www.tagesspiegel.de/politik/geschichte/parteipolitik-mit-gott-und-hinterlist/v_print/1055844.html vom 29.9.2007.

320 http://www.sueddeutsche.de/politik/schmutzige-machtkaempfe-in-der-csu-liebe-sex-und-oeffentlichkeit-1.780254 vom 17.5.2010.

321 Ebda.

322 http://www.spiegel.de/fotostrecke/affaeren-spitzenpolitiker-und-ihr-privatleben-fotostrecke-17881-4.html vom 8.12.2006.

323 Siehe zum Folgenden: http://www.spiegel.de/politik/deutschland/angeblicher-ehebruch-csu-familienministerin-unter-beschuss-a-84498.html vom 10.7.2000.

324 http://www.spiegel.de/politik/deutschland/bse-skandal-druck-auf-barbara-stamm-waechst-a-111846.html vom 11.1.2001.

325 http://www.faz.net/aktuell/politik/stamm-ruecktritt-das-aus-fuer-die-maechtigste-frau-der-csu-116581.html vom 23.1.2001.

326 http://www.spiegel.de/politik/deutschland/wahlfaelschungsaffaere-csu-mann-wirft-hohlmeier-luege-vor-a-351318.html vom 14.4.2005.

327 Siehe zum Folgenden: Minderheitenbericht der Fraktionen der SPD und Bündnis 90/Die Grünen zum Untersuchungsausschuss Monika Hohlmeier, Landtagsdrucksache 15/ 2432, S. 77.

328 Ebda., S. 80.

329 http://www.spiegel.de/politik/deutschland/csu-hohlmeier-beklagt-muenchner-intrigantenstadl-a-367337.html vom 29.7.2005.

330 Zit. nach: http://www.tagesspiegel.de/politik/geschichte/parteipolitik-mit-gott-und-hinterlist/v_print/1055844.html vom 29.9.2007.

331 Siehe zum Folgenden: http://www.welt.de/politik/article1480032/Markus-Soeder-und-seine-uneheliche-Tochter.html vom 1.5.2007.

332 Zit. nach: http://www.sueddeutsche.de/panorama/markus-soeder-und-seine-kinder-eine-ganz-bunte-geschichte-1.923934.

333 http://www.bild.de/regional/muenchen/horst-seehofer/stark-staerker-seehofer-26703394.bild.html vom 15.10.2012.

334 http://www.bildblog.de/5704/wie-ich-freiherr-von-guttenberg-zu-wilhelm-machte/

335 Petra Hemmelmann: »Der Liebling der Medien«, http://www.taz.de/!66448/ vom 25.11.2011.

336 http://www.sueddeutsche.de/wirtschaft/gm-und-opel-eine-chronik-das-lange-zittern-von-ruesselsheim-1.1106985 vom 9.6.2011.

337 Adamek/Meier: *Bild. Macht. Politik.*

338 Interview mit Axel Wallrabenstein im November 2012.

339 Adamek/Meier: *Bild. Macht. Politik.*

340 Rede Karl-Theodor zu Guttenberg am 21.1.2011 vor dem Deutschen Bundestag, http://www.youtube.com/watch?v=2vWQP0y_POY.

341 http://www.bild.de/politik/2011/karl-theodor-zu-guttenberg/des-kapitaens-ab-15644870.bild.html vom 22.1.2011.

342 *Bild am Sonntag* vom 23.1.2011.

343 Siehe auch Adamek/Meier, *Bild. Macht. Politik*

344 Guttenplag Wiki vom 3.4.2011.

345 *Die Zeit* vom 24.11.2011.

346 http://www.bild.de/video/clip/karl-theodor-zu-guttenberg/guttenberg-buch-im-handel-agvideo-21286044.bild.html vom 29.11.2011.

347 http://www.bild.de/politik/inland/karl-theodor-zu-guttenberg/vorerst-gescheitert-guttenberg-meldet-sich-mit-neuem-buch-zu-rueck-21140908.bild.html vom 21.11.2011.

348 http://www.bild.de/video/clip/karl-theodor-zu-guttenberg/guttenberg-buch-im-handel-agvideo-21286044.bild.html vom 29.11.2011.

349 Karl-Theodor zu Guttenberg/Giovanni di Lorenzo: *Vorerst gescheitert. Wie Karl-Theodor zu Guttenberg seinen Fall und seine Zukunft sieht. Karl-Theodor zu Guttenberg im Gespräch mit Giovanni di Lorenzo,* Freiburg i. Brsg./Basel/Wien 2011, S. 19.

350 Ebda., S. 31.

351 Pressemitteilung der Staatsanwaltschaft Fürth vom 23.11.2011.

352 Zu Guttenberg/Di Lorenzo, *Vorerst gescheitert*, S. 207.

353 Telefonat mit der Pressestelle des Herder Verlages am 25.11.2011.

354 *Bild*-Zeitung vom 12.9.2011.

355 *Bild*-Zeitung vom 29.9.2011.

356 http://www.spiegel.de/politik/ausland/comeback-nach-plagiatsaffaere-guttenberg-wird-vordenker-a-788969.html vom 29.9.2011.

357 Zu Guttenberg/Di Lorenzo, *Vorerst gescheitert*, S. 151.

358 Ebda., S. 167f.

359 http://www.spiegel.de/politik/deutschland/csu-chef-fuer-guttenberg-comeback-seehofer-umschmeichelt-den-karl-theodor-a-806382.html vom 30.12.2011.

360 http://www.spiegel.de/politik/deutschland/horst-seehofer-redet-auf-dem-parteitag-der-csu-a-862424.html vom 20.10.2012.

361 http://www.spiegel.de/politik/deutschland/seehofer-laestert-ueber-guttenberg-und-roettgen-a-872362.html

362 http://www.berliner-zeitung.de/medien/zeit-chefredakteur--di-lorenzo-bereut-interview-buch-mit-guttenberg-,10809188,14643878.html vom 3.4.2012.

363 Zu Guttenberg/Di Lorenzo, *Vorerst gescheitert*, S. 9.

364 http://www.faz.net/aktuell/politik/inland/2.1673/wie-ken-den-kopf-verlor-guttenbergs-verschleppter-ruecktritt-14058.html vom 7.3.2011.

365 Ebda.

366 http://www.sueddeutsche.de/politik/2.220/guttenbergs-erklaerung-im-wortlaut-ich-habe-die-grenzen-meiner-kraefte-erreicht-1.1066386 vom 1.3.2011.

367 Zit. nach: *Focus* vom 16.5.2011.

368 *Frankfurter Allgemeine Zeitung* vom 13.10.2010.

369 *Bild am Sonntag* vom 17.10.2010.

370 Ebda.

371 *Der Spiegel* vom 18.10.2010.

372 *Financial Times Deutschland* vom 18.10.2010.

373 Zit. nach: Ebda.

374 http://www.zeit.de/politik/deutschland/2011-02/guttenberg-doktorarbeit-plagiat-reaktionen vom 16.2.2011.

375 Siehe zum Folgenden: http://www.welt.de/politik/deutschland/article13737090/Professoren-wussten-frueh-von-Guttenbergs-Plagiaten.html vom 27.11.2011.

376 Siehe zum Folgenden: http://www.zeit.de/politik/deutschland/2011-03/guttenberg-chronologie-plagiatsaffaere vom 1.3.2011.

377 *Financial Times Deutschland* vom 21.2.2011.

378 http://www.tagesschau.de/inland/guttenberg748.html vom 28.2.2011.

379 http://www.sueddeutsche.de/politik/kanzlerin-und-ihre-bildungsministerin-warum-schavan-so-wichtig-fuer-merkel-ist-1.1496888 vom 15.10.2012.

380 *Süddeutsche Zeitung* vom 28.2.2011.

381 www.welt.de/politik/deutschland/article12707769/Die-CSU-braucht-eine-Schuldige-fuer-den-Ruecktritt.html vom 5.3.2011.

382 Bei YouTube leider gelöscht, aber hier verfügbar: http://gloria. tv/?media=134745.

383 http://www.n-tv.de/politik/Merkel-liess-sich-nichts-anmerken-article2735366.html vom 1.3.2011.

384 http://www.sueddeutsche.de/politik/verteidigungsminister-guttenberg-tritt-zurueck-es-ist-der-schmerzlichste-schritt-meines-lebens-1.1066293 vom 1.3.2011.

385 http://www.sueddeutsche.de/politik/guttenbergs-erklaerung-im-wortlaut-ich-habe-die-grenzen-meiner-kraefte-erreicht-1.1066386 vom 1.3.2011.

386 *Bild*-Zeitung vom 17.11.2008.

387 *Bild am Sonntag* vom 3.1.2010.

388 http://www.stern.de/politik/deutschland/2-gruenen-vorsitz-cem-oezdemir-eine-deutsche-karriere-645397.html vom 13.11.2008.

389 Siehe zum Folgenden: www.focus.de/politik/deutschland/affaere-die-krake-vom-main_aid_207922.html vom 22.7.2002.

390 Ebda.

391 http://www.spiegel.de/politik/deutschland/hunzinger-affaere-oezdemir-erhielt-darlehen-und-pr-honorar-a-206141-druck.html vom 21.7.2002.

392 Ebda.

393 Heiner Boehncke: »Der Menschenmacher«, in: Rupert Ahrens/ Eberhard Knödler-Bunte (Hrsg.): *Public Relations in der öffentlichen Diskussion. Die Affäre Hunzinger*, Berlin 2003, S. 41.

394 Referenzliste Hunzingers, http://www.hunzinger.de/home2/deutsch1. html.

395 http://www.welt.de/print-welt/article661488/Hunzinger-Joschka-Fischer-weiss-dass-ich-recht-habe.html vom 15.4.2005.

396 http://jungle-world.com/artikel/2002/31/23540.html vom 31.7.2002.

397 http://www.spiegel.de/politik/deutschland/pr-berater-hunzinger-und-der-scharping-fall-verfangen-im-eigenen-netz-a-205958-druck.html vom 19.7.2002.

398 http://www.spiegel.de/politik/deutschland/rent-a-ruettgers-im-schatten-reich-des-sponsoring-a-679865.html vom 23.2.2010.

399 Erklärung von Renate Künast vom 23.2.2010, http://www.youtube.com/ watch?v=ibGto4KqvUM.

400 http://www.bz-berlin.de/archiv/oezdemir-will-vernunft-ehe-mit-ruettgers-article734223.html vom 14.2.2010.

401 http://www.spiegel.de/politik/deutschland/parteiengesetz-bundestags-verwaltung-prueft-cdu-sponsoring-in-sachsen-a-681065.html vom 1.3.2010.

402 http://www.zeit.de/1999/20/199920.krieg_.xml vom 12.5.1999.
403 Vgl. Sascha Adamek: Bomben auf Chemiewerke – Der NATO-Krieg gegen Serbien. Arte-Dokumentation 1999.
404 Human Rights Watch: »Civilian deaths in the NATO air campaign«, http://www.hrw.org/sites/default/files/reports/natbm002.pdf.
405 http://www.spiegel.de/politik/deutschland/wortlaut-auszuege-aus-der-fischer-rede-a-22143.html vom 13.5.1999.
406 Zit. nach: Jutta Ditfurth: *Krieg, Atom, Armut. Was sie reden, was sie tun: Die Grünen*, Berlin 2011, S. 177.
407 Ebda.
408 http://www.ag-friedensforschung.de/themen/NATO-Krieg/ard08-02-01.html.
409 Zit. nach: Ditfurth, *Krieg, Atom, Armut*, S. 266.
410 /www.ippnw-ulm.de/fnw/projekte/reader-ruestungsexporte.pdf auf Basis von Daten des Bundeswirtschaftsministeriums und des Friedensratschlages Uni Kassel.
411 Offener Brief, abrufbar unter: http://basisgruen.gruene-linke.de/gruene/bund/allgemein/zweite-chance.html.
412 Referenzliste Hunzingers, http://www.hunzinger.de/home2/deutsch1.html.
413 Boehncke, »Der Menschenmacher«, a.a.O., S. 41.
414 Siehe zum Folgenden: ots-Vorabmeldung, http://www.presseportal.de/pm/6329/365118/stern-veroeffentlicht-dokumente-ueber-zweifelhafte-geschaefte-rudolf-scharpings vom 16.7.2002.
415 http://www.spiegel.de/politik/deutschland/pr-berater-hunzinger-und-der-scharping-fall-verfangen-im-eigenen-netz-a-205958.html vom 19.7.2002.
416 Rupert Ahrens/Eberhard Knödler-Bunte (Hrsg.): *Public Relations in der öffentlichen Diskussion. Die Affäre Hunzinger*, Berlin 2003, S. 370f.
417 ots-Vorabmeldung, http://www.presseportal.de/pm/6329/365118/stern-veroeffentlicht-dokumente-ueber-zweifelhafte-geschaefte-rudolf-scharpings vom 16.7.2002.
418 Ebda.
419 http://www.spiegel.de/politik/deutschland/steuerhinterziehung-ermittlungen-gegen-scharping-a-212315.html vom 3.9.2002.
420 http://www.netzeitung.de/politik/deutschland/230689.html vom 13.3.2003.
421 Siehe zum Folgenden: http://www.welt.de/print-welt/article473601/Graefin-Pilati-ist-buergerlicher-Herkunft.html vom 3.9.2001.
422 Boehncke, »Der Menschenmacher«, a.a.O., S. 43.
423 http://www.heise.de/tp/artikel/28/28061/1.html vom 4.6.2008.

424 http://www.gmfus.org/wp-content/blogs.dir/1/files_mf//galleries/ ct_publication_attachments/Annual_Report_2003.pdf und http:// www.gmfus.org/galleries/pdf/GMFAnnualReport2004.pdf.
425 Project for a new American Century: »Open Letter to the Heads of State and Government of the European Union and Nato«, http://www.newamericancentury.org/russia-20040928.htm vom 28.9.2004.
426 PNAC: Statement of Principles, http://www.newamericancentury.org/ statementofprinciples.htm vom 3.6.1997.
427 https://www.allianzdeutschland.de/unternehmen/aufsichtsrat/
428 Antwort der Bundesregierung auf eine Kleine Anfrage der Fraktion Die Linke DS 17/8542 vom 2.3.2012. http://dipbt.bundestag.de/dip21/btd/17/085/1708542.pdf.
429 http://www.taz.de/!29975/ vom 06. Februar 2009.
430 Rede von Richard Holbrooke auf der Münchner Sicherheitskonferenz 2009. http://www.securityconference.de/Richard-C-Holbrooke.228+M5 2f05f2021b.0.html
431 Zit. nach: http://www.taz.de/!29975/ vom 6.2.2009.
432 http://www.spiegel.de/politik/ausland/us-depeschen-ueber-deutschland-im-netz-der-denunzianten-a-731601.html vom 28.11.2010.
433 http://www.taz.de/!62013/ vom 29.11.2010.
434 Ebda.
435 http://www.oezdemir.de/presse/3877912.html vom 30.11.2010.
436 http://www.tagesspiegel.de/berlin/us-botschaftsdepeschen-was-wikileaks-ueber-kuenast-weiss/4575340.html vom 5.9.2011.
437 Das Original ist zu finden unter http://www.tagesspiegel.de/berlin/ dokumentiert-wikileaks-und-die-strategie-der-gruenen/4575782.html.
438 http://www.merkur-online.de/nachrichten/politik/gruene-kuendigen-knallharte-opposition-gegen-schwarz-gelb-501800.html vom 24.10.2009.
439 http://www.sueddeutsche.de/politik/gruenen-parteitag-gruene-abgren-zung-1.151405 vom 26.10.2009.
440 http://www.faz.net/aktuell/politik/inland/militaereinsatz-gegen-libyen-deutsche-soldaten-beteiligen-sich-nicht-1611451.html vom 18.3.2011.
441 http://www.nato.int/cps/en/natolive/topics_71652.html.
442 http://www.spiegel.de/politik/ausland/human-rights-watch-nato-soll-in-libyen-72-zivilisten-getoetet-haben-a-832981.html vom 14.5.2012.
443 Zit. nach: http://www.welt.de/politik/deutschland/article13562180/ Deutschland-will-bei-Libyens-Wiederaufbau-helfen.html vom 24.8.2011.
444 http://www.sueddeutsche.de/politik/streitfall-libyen-einsatz-deutsche-aussenpolitik-eine-farce-1.1075362 vom 23.3.2011.

445 http://www.dradio.de/dlf/sendungen/hintergrundpolitik/1195261/
vom 2.6.2010.
446 http://www.atlantik-bruecke.org/ueber-uns/
447 http://www.oezdemir.de/zur_person/biographie/index.html
(Stand: November 2012).
448 http://www.bvmw.de/uploads/media/Grundsatzprogramm.pdf.
449 http://www.bvmw.de/der-bvmw/politischer-beirat.html
(Stand: November 2012).
450 http://www.stiftung-nv.de/143707,1031,138667,-1.aspx
(Stand: November 2012).
451 Siehe zum Folgenden: http://www.taz.de/!80743/ vom 28.10.2011.
452 Energieverantwortung für Deutschland. Analyse und Strategische
Empfehlungen. Düsseldorf, Dezember 2008 Abrufbar als PDF auf:
http://www.taz.de/!80743/.
453 http://www.faz.net/aktuell/wirtschaft/wirtschaftspolitik/kernenergie-
geschichte-eines-realitaetsverlusts-1829454.html vom 2.7.2009.
454 Deekeling Arndt Advisors: Kampagne Energieverantwortung für
Deutschland, Chart 29, abrufbar auf: http://blogs.taz.de/
rechercheblog/2011/10/28/atomlobby/
455 http://lobbypedia.de/index.php/Margareta_Wolf.
456 Vgl. http://lobbypedia.de/index.php/Kategorie:Seitenwechsel.
457 Nicholas A. Christakis/James H. Fowler: *Connected! Die Macht sozialer
Netzwerke und warum Glück ansteckend ist*, Frankfurt am Main 2010,
S. 261.
458 Ebda., S. 262.
459 Siehe zum Folgenden: *stern* vom 2.2.2012.
460 http://mallorcamagazin.com/aktuelles/nachrichten/vips-mit-meerblick.
html vom 21.4.2006.
461 http://www.spiegel.de/politik/deutschland/superrealo-cem-oezdemir-
buerschle-musst-immer-das-letzte-wort-haben-a-578959.html vom
10.8.2008.
462 *stern* vom 2.2.2012.
463 http://www.taz.de/!86913/ vom 2.2.2012.
464 *Welt am Sonntag* vom 12.2.2012. .http://www.welt.de/politik/deutsch-
land/article13863449/Den-Stab-ueber-sich-muss-Wulff-selber-brechen.
html.
465 *Bild am Sonntag* vom 3.4.2011.
466 Ditfurth, a.a.O., S. 244.
467 http://www.swr.de/report/presse/-/id=1197424/nid=1197424/
did=5286062/1mipo3d/index.html vom 24.8.2009.
468 http://www.faz.net/aktuell/wirtschaft/der-erste-prozesstag-das-einzige-
land-in-dem-die-erfolgreichen-vor-gericht-stehen-1143006.html vom
21.1.2004.

469 http://www.focus.de/finanzen/boerse/aktien/mannesmann-millionen_
aid_121008.html vom 13.12.2006.

470 http://www.tagesspiegel.de/wirtschaft/chefberater-die-kuendigung-fuer-
ackermann/1842974.html vom 21.5.2010.

471 Vgl. http://www.sueddeutsche.de/politik/merkel-und-ackermann-
machtmenschen-zwischen-naehe-und-distanz-1.162557 vom 29.8.2009.

472 http://www.sueddeutsche.de/wirtschaft/thilo-bode-zum-ackermann-
abendessen-auf-ackermanns-fersen-1.1082418 vom 8.4.2011.

473 http://netzpolitik.org/2012/exklusiv-die-offizielle-gasteliste-von-acker-
manns-geburtstagsdiner-die-das-kanzleramt-geheim-halten-will/ vom
25.7.2012.

474 http://www.fr-online.de/wirtschaft/betrugsvorwuerfe-us-regierung-
verklagt-deutsche-bank-,1472780,8404874.html vom 3.5.2011.

475 Der Spiegel vom 10.3.2008.

476 Dirk Kurbjuweit: Angela Merkel. Die Kanzlerin für alle?, München 2009,
S. 55ff.

477 Ebda., S. 57.

478 http://www.hyporealestate.com/pdf/Group_GB07_
deutsch_080326_19_25_final_GL.pdf.

479 Siehe zum Folgenden: BaFin-Sitzungsprotokoll, erstellt am 9.10.2008.

480 http://www.spiegel.de/politik/deutschland/finanzkrise-bundestag-
stimmt-banken-rettungspaket-zu-a-584718.html vom 17.10.2008.

481 http://www.spiegel.de/wirtschaft/folgen-der-finanzkrise-deutsche-
bank-rueckt-von-renditeziel-ab-a-584925.html vom 18.10.2008.

482 http://www.merkur-online.de/nachrichten/politik/ackermannmerkel-
geschichte-einer-zerruettung-mm-453961 vom 27.8.2009.

483 Ebda.

484 Zit. nach: ARD-Magazin Monitor vom 25.11.2012.

485 ARD-Magazin Monitor vom 6.10.2011.

486 http://www.spiegel.de/politik/ausland/einigung-auf-eu-gipfel-euro-
laender-schliessen-rettungspakt-fuer-athen-a-685742.html vom
25.3.2010.

487 http://nachrichten.t-online.de/griechenland-hilfe-merkel-rechtfertigt-
hilfen-in-regierungserklaerung-/id_41536450/index vom 6.5.2010.

488 http://www.handelsblatt.com/unternehmen/banken/schuldenkrise-
ackermann-aeussert-zweifel-an-griechenland-rettung/3435380.html
vom 13.5.2010.

489 http://www.spiegel.de/wirtschaft/soziales/griechenland-zweifel-des-
bankchefs-ackermann-vergraetzt-merkel-a-694811.html vom 14.5.2010.

490 http://www.faz.net/aktuell/wirtschaft/europas-schuldenkrise/rettungs-
chirme-zahlen-bitte-1984451.html vom 12.5.2010.

491 ARD-Magazin Monitor vom 6.10.2011.

492 Rede von Bundeskanzlerin Angela Merkel vom 20.5.2010. http://www.bundesregierung.de/Content/DE/Rede/2010/05/2010-05-20-finanzmarkt.html.

493 http://www.tagesspiegel.de/wirtschaft/chefberater-die-kuendigung-fuer-ackermann/1842974.html vom 21.5.2010.

494 https://geschaeftsbericht.deutsche-bank.de/2010/gb/lagebericht/risikobericht/kreditrisiko/kreditrisikoengagement.html.

495 ttps://geschaeftsbericht.deutsche-bank.de/2012/q1/lagebericht/risikobericht/kreditrisikoengagement/kreditengagementgegenueberge schaeftspartnerninverschiedeneneuropaeischenlaendern.html.

496 http://www.spiegel.de/politik/ausland/reaktionen-auf-griechenland-paket-das-trifft-uns-hart-a-775858.html vom 22.7.2011.

497 http://www.focus.de/finanzen/banken/griechenland-rettung-banken-kommen-bei-glaeubigerbeteiligung-guenstig-davon_aid_648367.html vom 22.7.2011.

498 http://www.sueddeutsche.de/geld/streit-um-sonderweg-der-bundesregierung-ackermann-sucht-die-konfrontation-mit-merkel-1.1114017 vom 29.6.2011.

499 Bild-Zeitung vom 15.10.2011.

500 http://www.aktienboard.com/content/201109/ackermann-fordert-zuegige-laender-zustimmung-fuer-efsf-erweiterung-n604342 vom 25.9.2011.

501 http://www.handelsblatt.com/politik/international/griechenland-folgen-ackermann-warnt-vor-italien-pleite/4678232.html vom 30.9.2011.

502 Zit. nach: http://www.faz.net/aktuell/politik/harte-bretter/harte-bretter-irrweg-in-der-krise-11712359.html vom 15.4.2012.

503 http://www.faz.net/aktuell/wirtschaft/europas-schuldenkrise/schulden-krise-retten-ohne-ende-11832561.html vom 28.7.2012.

504 http://www.ftd.de/politik/europa/:schuldenkrise-in-europa-merkel-beerdigt-die-glaeubigerbeteiligung/60139703.html vom 7.12.2011.

505 Rede Josef Ackermann vom 31. Mai 2012 https://www.deutsche-bank.de/medien/de/downloads/RedeACKERMANN_FINAL_deutsch.pdf.

506 http://www.sueddeutsche.de/politik/spd-kandidat-steinbrueck-ich-habe-kein-schlechtes-gewissen-1.1488862 vom 6.10.2012.

507 »Zapp«, NDR, vom 17.6.2009.

508 Michel Foucault: Analytik der Macht, Frankfurt am Main 2005, S. 297.

509 Niccolò Machiavelli, Der Fürst, Frankfurt am Main 1990, S. 78.

LITERATURVERZEICHNIS

Adamek, Sascha / Otto, Kim: *Der gekaufte Staat*, Köln 2008

Adamek, Sascha: *Die Atomlüge*, München 2011

Ahrens, Rupert / Knödler-Bunte, Eberhard (Hrsg.): *Public Relations in der öffentlichen Diskussion. Die Affäre Hunzinger*, Berlin 2003

Arendt, Hannah: *Macht und Gewalt*, München 2006

Arlt, Hans-Jürgen / Storz, Wolfgang: *»Bild« und Wulff – ziemlich beste Partner. Fallstudie über eine einseitig aufgelöste Geschäftsbeziehung*, Frankfurt am Main 2012

Brandt, Willy: *Erinnerungen*, München 2011

Christakis, Nicholas A. / Fowler, James H.: *Connected! Die Macht sozialer Netzwerke und warum Glück ansteckend ist*, Frankfurt am Main 2010

Deloire, Christophe / Dubois, Christophe: *Sexus Politicus*, Paris 2006

Ditfurth, Jutta: *Krieg, Atom, Armut. Was sie reden, was sie tun: Die Grünen*, Berlin 2011

Foucault, Michel: *Analytik der Macht*, Frankfurt am Main 2005

Guttenberg, Karl-Theodor zu / di Lorenzo, Giovanni: *Vorerst gescheitert. Wie Karl-Theodor zu Guttenberg seinen Fall und seine Zukunft sieht. Karl-Theodor zu Guttenberg im Gespräch mit Giovanni di Lorenzo*, Freiburg i. Brsg./Basel/Wien 2011

Hartz, Peter: *Macht und Ohnmacht. Ein Gespräch mit Inge Kloepfer*, Hamburg 2007

Henkel, Hans-Olaf: *Rettet unser Geld.*, München 2010

Höhler, Gertrud: *Die Patin. Wie Angela Merkel Deutschland umbaut*, München 2012

Koelbl, Herlinde: *Spuren der Macht. Die Verwandlung des Menschen durch das Amt*, München 1999

Kosser, Ursula: *Hammelsprünge – Sex und Macht in der deutschen Politik*, Köln 2012

Kurbjuweit, Dirk: *Angela Merkel. Die Kanzlerin für alle?*, München 2009

Langguth, Gerd: *Angela Merkel. Biografie*, München 2010

Langguth, Gerd: *Horst Köhler*, München 2007

Maaz, Hans-Joachim: *Die narzisstische Gesellschaft. Ein Psychogramm*, München 2012

Machiavelli, Niccolò: *Der Fürst*, Frankfurt am Main 1990

Machiavelli, Niccolò: *Discorsi*, Frankfurt am Main 2000

Merkel, Angela: *Mein Weg. Im Gespräch mit Hugo Müller-Vogg*, Hamburg 2004

Merseburger, Peter: *Willy Brandt – Visionär und Realist*, München 2002

Pörksen, Bernhard / Detel, Hanne: *Der entfesselte Skandal. Das Ende der Kontrolle im digitalen Zeitalter*, Köln 2012

Schölderle, Thomas: *Das Prinzip der Macht – Neuzeitliche Politik und Staatsdenken bei Thomas Hobbes und Niccolò Machiavelli*, Berlin 2002

Skinner, Quentin: *Niccolò Machiavelli – zur Einführung*, Hamburg 2008

Waske, Stefanie: *Nach Lektüre vernichten! Der geheime Nachrichtendienst von CDU und CSU im Kalten Krieg*, München 2013

Weber, Max: *Wirtschaft und Gesellschaft. Grundriss der verstehenden Soziologie*, Frankfurt am Main 2010

Wulff, Bettina: *Jenseits des Protokolls*, München 2012

Wulff, Christian: *Besser die Wahrheit – Ein Gespräch mit Hugo Müller-Vogg*, Hamburg 2007

Wulff, Christian / Pruys, Karl Hugo: *Deutschland kommt voran*, Berlin 2006

Zastrow, Volker: »Der Verdacht«, in: Brandt, *Erinnerungen*

REGISTER